Untermainbrücke
Schaumainkai
B 43
Museum der Weltkulturen
Galerie 37
Museumspark
Filmmuseum
Architekturmuseum
Bundespostmuseum
Metzlerstr.
467
524
525
Altenheim
Gartenstr.
Oppenheimer Platz
522
Spielplatz
Städelstr.
Hans-Thoma-Str.
Souchaystr.
Landsstr.
520
Dannecker
Gutzkowstr.
Cranachstr.
519
U-Bahnhof Schweizer Platz
Schweizer Platz
Schillerschule
527
518
Wallschule
Kita 14
Kita 46
Ev. Kirche Lukaskirche
Morgenstemstr.
Schneckenhofstr.
Außenst.-Schurz-Schule

Das Frankfurter

MALERVIERTEL

und der Aufstieg von Sachsenhausen

Heinz Schomann

Das Frankfurter MALERVIERTEL
und der Aufstieg von Sachsenhausen

Eine Dokumentation des Kuratoriums Kulturelles Frankfurt

MICHAEL IMHOF VERLAG

Michael Imhof Verlag GmbH & Co. KG
Stettiner Straße 25 · 36100 Petersberg
Tel. 0661/29191660 · Fax 0661/29191669
www.imhof-verlag.com · info@imhof-verlag.de

Reproduktion und Gestaltung: Margarita Licht (Michael Imhof Verlag)
Lektorat: Karin Kreuzpaintner (Michael Imhof Verlag)
Druck: B.O.S.S Medien GmbH, Goch

Printed in EU

ISBN 978-3-86568-492-9

zur Erinnerung an

Dieter Berndt (1923-1995)

während vieler Jahre Vorsitzender des Kuratoriums Kulturelles Frankfurt,
Mitglied von Denkmalkommission und Denkmalbeirat seiner Stadt,
engagierter Streiter für das architektonische Erbe der Mainmetropole
und Bewohner ihres Malerviertels

INHALT

EINLEITUNG 9

Lage, Grenzen, Namen

Sachsenhausen / Einwohnerstatistik (1324–2015)

1. VORAUSSETZUNGEN 13

1.1 Stadtflucht / Landhäuser an Mühlberg und Mainufer (1757–1864) 13

1.2 Vor Oppenheimer Port und Aventor / frühe Stadtentwicklung (1821–1879) 16

1.3 Dampf überm Hed(d)erich / die Eisenbahn kommt (1844–1875) 18

1.4 Vom Kaiserplatz zum Schweizer Platz / der 4. Brückenschlag (1839–1874) 20

1.5 Zum Sachsenhäuser Ufer / ein Museum plant den Seitenwechsel (1815–1873) 22

2. ZWISCHEN PFAFFENÄCKERN UND ZIEGELFELD / DIE ENTSTEHUNG DES MALERVIERTELS (1874–1939) 23

2.1 Ein neues Stadtquartier / Gewerbegebiet oder Villenviertel? 23

2.2 Planung / vom Alignement zur Asphaltierung – Straßen statt Wege 24

2.2.1 Vom Heiligengässchen zur Schweizer Straße (1876–1910)

2.2.2 Schneise durch den Schneckenhof / die Cranachstraße (1873–1896)

2.2.3 Südwärts zwischen Schweizer-, Dürer- und Holbeinstraße / erste Planungsphase im Osten (1874–1899)

2.2.4 Westwärts beiderseits der Steinlestraße / zweite Planungsphase im Norden (1888–1898)

2.2.5 Im Winkel zwischen Kennedyallee und Holbeinstraße / dritte Planungsphase im Südwesten (1888–1911)

2.2.6 „Öffentliches Grün“ im Streit und private Gärten (1878–1931)

2.3 Bebauung / Häuser zum Wohnen und andere Gebäude 39

Gebäudezahl und -zuwachs (pro Jahr) / Diagramme und Planskizzen (1874–1939)

2.3.1 Knappe Typologie der Wohngebäude (1880–1939) Villen chronologisch (1876–1939)

2.3.2 Zur Architektur des Städelmuseums / im Vergleich mit Oper und Börse (1873–1880)

2.3.3 Vom Sammlerschloss zum Kunstmuseum / das Liebieghaus und andere Bürgerburgen (1889–1905)

2.3.4 Für Sport und Dressur / Hippodrom und Germania (1885–1928)

2.3.5 Quintett für die Bildung / die Schulen (1899–1909)

2.3.6 Patron der Maler, Apostel der Deutschen / die Kirchen (1912–1932)

2.3.7 Verflechtungen / Bauherren, Baumeister, Bauunternehmer

2.3.8 Grundstückspreise in Neu-Sachsenhausen (1876–1910)

2.4 Straßennamen 86
2.4.1 Künstler und Stifter (1873–1917)
2.4.2 Thoma, Rembrandt, Dürer – „des Volkes liebste Maler“ (1874–1919)
Maler als Straßenpaten in Frankfurt und München
2.4.3 Nationalstolz und Lokalpolitik (1915–1935)
Daten wichtiger Straßen in Neu-Sachsenhausen (1849–1928)

2.5 Würdigung / Stadtgestalt und Straßenbild 91
Fünf Stadtviertel im Datenvergleich
2.5.1 Baugestaltung und Architekturdekor / Motive und Materialien
Erker, Giebel, Gauben und Kuppeln, Türen und Fenster
Mauer- und Maßwerk, Fach- und Gitterwerk
2.5.2 Kunst am Bau und auf der Straße /
Märchen und Mythen, Allegorien und Symbole, Tiere und Pflanzen
2.5.3 Architektur zweidimensional / verworfene Entwürfe, verfälschte Fassaden
2.5.4 Über die Grenzen des Quartiers hinaus /
verschmähte Planungen zwischen Hasenpfad und Hühnerweg

2.6 Dokumentation 133
2.6.1 Straßen und Gebäude / Katalog
2.6.2 Architekten und Bauunternehmer / Kurzbiografien

2.7 Exkurse 285
2.7.1 Flussab: Fortsetzung zum Forsthaus
2.7.2 Bergauf: Dependance entlang der Landwehr /
zwischen Sachsenhäuser Warte und Goetheturm

3. VERÄNDERUNGEN 325

3.1 Weltkrieg – ausgelaufene Löschbecken, ausgebrannte Gebäude (bis 1945) 325
3.2 Wirtschaftswunder – Aufbau und Neubau (bis 1970) 326
3.3 Markt und Museen / Kunst und Krempel (bis 1990) 328
3.4 Ausblick / vom Holbeinsteg zum Holbeinviertel (bis 2015) 335

ANHANG

Quellenhinweise 337
Literaturauswahl 342
Abbildungsnachweis 344

NACHWORT 345

V
U
Sachsenhausen

EINLEITUNG

LAGE, GRENZEN, NAMEN

*„Frankinford imperialis est urbs atque tripartita.
Prima pars antiquum oppidum…,
secunda pars novum oppidum…,
tertia pars Sassinhusen, a parte meridionali atque
dextra ultra Mogum site."
(Baldemar von Petterweil, 1350)*

Am Main gegenüber von Frankfurt liegt *Sachsenhausen*, die südliche Vorstadt – 1193 erstmals urkundlich erwähnt und während mehr als einem halben Jahrtausend befestigter Brückenkopf für eine Gemeinde aus Handwerkern und Adligen. Die Mitte dieses Stadtteils war einst durchzogen von zunft- oder standesgemäß nach Bewohnern benannten Straßen (wie Färber-, Löher-, Rittergasse) und beiderseits der hier vom jenseitigen Ufer axial anlandenden *Alten Brücke* unterteilt in *Ober-* und *Unterhausen*. Solch traditionelle Namen sind längst vergessen – ebenso wie die Einteilung in *Ober-, Mittel-* und *Unterfeld* für die Sachsenhäuser Feldmark, die nachträglich erst im Halbkreis einer *Landwehr* aus Hecken, Zäunen, Graben umschlossen (ab 1393) und am höchsten Punkt (150 m) vom Wehrturm der *Sachsenhäuser Warte* (ab 1470/71; der rückwärtige *Wehrhof* entstand 1767 neu) dominiert wurde. Von ihr aus lässt sich noch heute jene Sachsenhäuser Landwehr in beide Richtungen entlang dem gleichnamigen Weg verfolgen – nach Osten bis zum *Wendelsweg*, mit dem sie nordwärts hinunter ins Tal abbiegt, um über *Lettigkautweg* und *Auf dem Mühlberg* den Main zu erreichen, oder nach Westen bis zum *Ziegelhüttenweg*, der sie in spitzem Winkel bergab bis zur *Oppenheimer Landstraße* begleitete, wo in erneutem Abbiegen *Tiroler Straße* und – jenseits der Stresemannallee – die *Bebraer Eisenbahn*, schließlich aus deren Verschneidung mit der *Main-Neckar-Bahn* mit letztem Knick die *Sandhöfer Allee* den einstigen Verlauf markieren. Noch 1372, als *Karl IV.* diesen Teil des Reichsforsts *Dreieich* an die *Freie Reichsstadt* veräußerte, überzog dichter Wald die Hänge. Zwei Jahre später gab der Frankfurter Rat daraus 1 200 Morgen zum Abholzen frei. 1380 war fast die Hälfte davon gerodet, parzelliert, verkauft und auf Geheiß der Obrigkeit ab 1389 mit Rebstöcken bepflanzt. Zuvor schon verfügte hier *in villis Sassenhusen* auch der Ministeriale *Rudolf von Sachsenhausen* (†1370; seine Grabplatte befindet sich im Dom), der sich der Gunst zweier Kaiser erfreute und unter *Ludwig dem Bayern* 1338 sogar als Frankfurter Schultheiß amtierte, über Grundbesitz links des Mains. Es mag sogar sein, dass bereits *Kuno von Münzenberg*, als Reichskämmerer beiderseits des Flusses mit Lehen von den Stauferkaisern bedacht, statt jenem sich mit 14 Bögen über die Furt aus Wasser und Inseln wölbenden Bauwerk eine ältere Anlage in Holz oder gar Stein konstruieren ließ (um 1190; 1419 ersetzt und später erneuert). Bis um die Mitte des 19. Jahrhunderts blieb diese Brücke die einzige Verbindung der ungleichen Stadtteile *Hibb-* und *Dribb-de-Bach* (für *hüben* = diesseits bzw. *drüben* = jenseits des Flusses). Allerdings ist sie im Gegensatz zu der vergleichbaren mittelalterlichen Mainbrücke von *Würzburg* oder der Donaubrücke von *Regensburg* seit 1926 ersetzt (2014 modernisiert) und längst flussauf wie flussab durch mehr als ein Dutzend neuer Brücken entlastet.

Der Blick auf historische Stadtpläne zeigt die aus Frankfurter Sicht periphere Position jenes Bauwerks, welches den Main oberhalb des altstädtischen Zentrums um *Dom* und *Römer* überspannt. Nach Abbruch der beide Stadtquartiere sichernden Mauern und Bastionen – immerhin schützten sie bis ins Jahr 1800 am Frankfurter Ufer etwa 3000, südlich knapp 500 Gebäude – bot sich beiderseits des Flusses die Chance zur Stadterweiterung. Die danach in steigender Rasanz anhebende Urbanisierung wird auf der Sachsenhäuser Seite begrenzt durch markante Baugruppen, die in allen drei Himmelsrichtungen der Versorgung einer rasch auf ein Vielfaches gewachsenen Einwohnerzahl dienten (dabei übertrifft Neu-Sachsenhausen mit ca. 11 000 Bewohnern seit 1885/86 Alt-Sachsenhausen): jeweils dicht am Ufer und zeitgleich ab 1886 flussab im Westen das *Städtische Krankenhaus* (Universitäts-Klinikum), flussauf im Osten der *Schlachthof* (durch ein Wohnquartier ab 2001 ersetzt), schließlich erhöht im Süden vor der Warte der *Friedhof* von 1868 – und im selben Jahr ergänzt mit dem *Eisernen Steg* als zentraler Verbindung zur Kernstadt jenseits des Flusses (s. u. 1.4).

Die Alte Brücke / Stich von Matthäus Merian, 1628

Jene drei Anlagen entstanden an der äußeren Peripherie von *Neu-Sachsenhausen*, d.h. in unmittelbarer Nähe der *Landwehr*, deren Grenzlinie erst seit dem Jahr 1900 mit der Eingemeindung von *Ober-* und *Niederrad* baulich überschritten werden konnte. Insgesamt gilt Sachsenhausen als Frankfurts einzige Vorstadt, die mit selbständigen Nachbargemeinden eine gemeinsame Grenze hat – nämlich mit *Offenbach* und *Neu-Isenburg*. Zwischen alle anderen (d.h. *Ost-, Nord-, Westend*) und die Region schiebt sich ein Ring aus Dörfern und Kleinstädten, die zwischen 1877 und 1977 als Vororte Frankfurts eingemeindet wurden.

Rudolf von Sachsenhausen, Grabplatte im Dom

Daraus ergibt sich, dass mit dem geographischen Begriff *Sachsenhausen* offensichtlich zwei in Alter und Größe differierende Teile der Stadt bezeichnet werden: einerseits der historische Stadtkern *Alt-Sachsenhausen*, andererseits die ihn sichelförmig umgebende und vielfach größere Vorstadt *Neu-Sachsenhausen*, wobei sich die Übergänge nach Abbruch der Stadtmauern ohne Zäsur kaum merklich vollziehen. Städtebaulich liegt darin – abgesehen von der Dominanz der Bebauung nördlich des Mains – der wichtigste Unterschied zur Frankfurter Seite; denn den Sachsenhäusern blieb ein *Anlagenring* vorenthalten. Stattdessen wurde das gesamte Areal zwischen inneren und äußeren Wallstraßen (also in der Breite zwischen *Schul-* und *Schifferstraße* bis zum *Wasserweg*) parzelliert und bebaut. Dem gegenüber sind am Nordufer die Teile der Frankfurter City klar getrennt: innerhalb des Ringparks der Anlagen die *Innenstadt* aus Alt- und Neustadt, außerhalb seines gezackten Umrisses *Ost-, Nord-* und *Westend* (zu ihm gehörte bis 1891 auch das vergleichsweise kleine *Bahnhofsviertel*). Für die südliche Vorstadt hat sich die konsequentere Bezeichnung *Südend* allerdings nicht durchgesetzt (entsprechend dem Vorbild von *London* mit seinem *East-* und *Westend*, das ab 1860 in *Paris* mit *le Westend* ebenso wie für *München* kopiert wurde und das Frankfurt schließlich als leicht deutbaren Anglizismus auch für Ost- und Nordend aufgriff) – in abermaligem Gegensatz zu Bayerns Hauptstadt, die ihrer Süderweiterung (in Richtung Obersendling) zumindest mit einer *Südendstraße* entsprochen hat. Ein einziges Indiz zugunsten der fehlenden Himmelsrichtung findet sich in den Magistratsakten der Mainstadt im Jahr 1903, als für den Sachsenhäuser Bahnhofsvorplatz der Vorschlag *Südend-Platz* auftauchte (als Pendant zum rechtsmainischen Nord-, Ost-, Westendplatz); er heißt aber seit 1905 *Diesterwegplatz*. Und noch etwas unterscheidet die linksmainische Vorstadt vom Nordufer: Sachsenhausen wird seit 1875 flussparallel auf voller Länge all seiner Wohngebiete von einem über dem einstigen *Mühlbruch* aufgeschütteten Bahndamm zerschnitten (ähnlich wie das angrenzende Offenbach), der eine sicher weitgehend der Bevölkerung unbewusste Trennung von Tal- und Bergsiedlung schafft, dadurch aber für eine kontinuierliche Stadtentwicklung eher hinderlich gewesen sein dürfte.

Am Sachsenhäuser Mainufer, dessen Länge besonders stromab auf das Vierfache ausgegriffen hatte, besetzt das *Malerviertel* mit 900 Metern nur etwa ein Fünftel. Hier reihen sich die durch Form und Inhalt weit über die Stadt hinaus bekannten Gebäude des *Museumsufers* (s.u. 3.3). Gemessen daran erscheint das weitgehend großbürgerliche Wohnquartier lediglich als Hinterland dieser Kulturmeile. Malerkolonie, Malerschule, Malerwinkel mögen Parallelen zu Orten wie Worpswede, Kronberg, Tegernsee vermuten lassen. Gewohnt haben Maler in Frankfurt aber keineswegs benachbart in einem einzigen Stadtviertel (etwa nach Vorbild von Handwerkern einer Zunft wie z.B. Kannengießer oder Schwertfeger in den bis 1864 durch eine Gewerbeordnung eigentlich nur ihnen vorbehaltenen Gässchen der Altstadt), und zum Gebaren der Pariser Bohème mit Ateliergemeinschaft oder Modelltausch bot die bürgerliche Handelsstadt am Main ebenso wenig einen Anlass. Im Gegenteil: Der Romantiker *Moritz von Schwind* ließ sich seine Villa nach eigenem Entwurf im damals noch spärlich bebauten Westend errichten (1845; Bockenheimer Anlage 3), *Carl Morgenstern* wohnte in einem (vermutlich) vom Malerkollegen *Karl Ballenberger* entworfenen Haus im heutigen Bahnhofsviertel (1854; Niddastr.16), *Hans Thoma* lebte mehr als zwei Jahrzehnte in Nord- und Westend (ab 1877 in der Lersnerstr. 20 bzw. 1885–99 in der Wolfsgangstr. 150) –Wand an Wand mit dem Malerfreund *Wilhelm Steinhausen* (Nr. 152), der die *Lukaskirche* (s.u. 2.3.6) ausgemalt hat. Noch viel später wählte der Expressionist *Max Beckmann* seine Wohnung nahe dem südlichen Mainufer (1915–33; Schweizer Straße 3). Dennoch: Sie alle standen während vieler Jahre mit der von *Johann Friedrich Städel* 1815 gestifteten Pinakothek und deren Akademie als Lehrende oder Lernende in Verbindung (s.u. 2.3.2). Darin steckt der Schlüssel für die Deutung des Quartiernamens, denn er geht indirekt auf Städel zurück.

Ein Spaziergänger benötigt kaum mehr als zehn Minuten, um unter dem Laubdach der doppelreihigen Platanen auf dem *Schaumainkai* von der *Untermain-* zur *Friedensbrücke* zu schlendern. Damit ist die vom Main gebildete Nordgrenze des *Malerviertels* gekennzeichnet. Ähnlich klar lassen sich mit der *Stresemannallee* die Westgrenze und mit dem ebenfalls fast 900 Meter vom Fluss entfernten Damm der *Bebraer Eisenbahn* die Südgrenze benennen. Somit umfasst das Areal für seine heute etwa 800 Gebäude (inkl. Hinterhäuser) etwas mehr als 80 Hektar (und entspricht dadurch knapp zwei Dritteln der bis 1800 beiderseits des Flusses ummauerten Stadtfläche). Zweifelhaft bleibt lediglich die Präzisierung der östlichen Ausdehnung des Quartiers: Zunächst böte sich die *Holbeinstraße* dafür als Grenze an, gewährt doch

Sachsenhäuser Mainufer – am Schaumainkai

die erhöhte Position auf der modernen Südterrasse des nach den Malern benannten Stegs geradlinig den unverbauten Blick entlang dieser Promenade bis hin zu jenem Bahndamm. Zudem wechseln die sie von Osten kreuzenden Straßen – nämlich *Schneckenhof-*, *Schwanthaler-*, *Textor-*, *Hedderichstraße* – exakt vor jener Achse den Namen zugunsten eines Künstlers (*Burnitz, Thorwaldsen, Nordheim, Passavant*). Andererseits aber stünde dann der pompöse Palazzo des *Städelmuseums* außerhalb des Viertels. Wählbar wäre ebenso die historische *Oppenheimer Landstraße*; denn erst westlich von ihr scheinen die das Viertel prägenden Vorgärten und Straßenbäume obligatorisch. Zur überzeugenden Fixierung einer Ostgrenze mag – wenn auch nicht unbestritten – schließlich die *Schweizer Straße* als zwar großzügiger, aber dennoch akzeptabler Kompromiss gelten, wirkt sie doch als sichtbare Schneise nahezu als Magistrale und präzisiert den Umriss des Quartiers fast zum Quadrat. Außerdem ist sie eine der wesentlichen Voraussetzungen, denen das offiziell nie in den Rang eines Stadtteils oder Stadtbezirks erhobene Gebiet seine Bedeutung verdankt (s. u. 1.4); denn ihre Läden versorgen nicht nur die östlich wohnenden Sachsenhäuser, sondern ebenso die etwa 7.000 Einwohner des Malerviertels. Weitgehend diesen Grenzen folgen auch die Gleise öffentlicher Verkehrsmittel: Unter Main und Schweizer Straße führen sie für die U-Bahn aus dem Stadtzentrum bis zum Südbahnhof – als Ersatz einstiger Trambahnschienen, wie sie noch immer flussab durch die Gartenstraße zur Stresemannallee über das Uniklinikum hinaus nach *Niederrad,* flussauf nach *Offenbach* oder neuerdings wieder südwärts jenseits der Mörfelder Landstraße durch den Stadtwald nach *Neu-Isenburg* verlaufen.

Von der Schweizer Straße aus bewältigt ein Autofahrer die diagonale Durchquerung des Viertels in zwei bis drei Minuten, wenn er der *Hans-Thoma-Straße* und der anschließenden *Kennedyallee* folgt. Diese beiden Namen ersetzten erst im 20. Jahrhundert den noch immer geschätzten Traditionsnamen *Forsthausstraße*; denn das einst umwaldete *Oberforsthaus* war seit 1729 – wenn auch zunächst ab *Alter Brücke* über benachbart trassierte Feldwege – ihr Ziel. Als Bundesstraße und zur nahen Autobahn hin ausgebaut, gilt sie heute als die wichtigste Verkehrsader der Südstadt, die zugleich mit Galopprennbahn (ab 1865), Stadion (ab 1925) und Flughafen (ab 1936) verbindet, dadurch allerdings auch viel Lärm ins Viertel bringt. Doch dieses bietet andererseits für Erziehung wie Bildung mit fünf Schulen, zwei Kirchen und seinen sechs Museen (von insgesamt zehn allein am Sachsenhäuser Mainufer) weit mehr als jeder andere Stadtteil. Von den knapp 400 unterschiedlich bezeichneten Straßen, deren unregelmäßiges Netz das bis heute mit knapp 60.000 Einwohnern auf mehr als die Hälfte einer Großstadt gewachsene Sachsenhausen unterteilt, durchziehen oder rahmen 33 das *Malerviertel* – und deren Hälfte heißt nach mehr oder weniger bekannten Malern. Nur sie rechtfertigen den Quartiernamen; denn kein politisches Gremium der Stadt hat ihn je beschlossen. Ältere Dokumente nennen ihn nie – wenn ihn auch das städtische Tiefbauamt 1892 offensichtlich verwaltungsintern akzeptiert hatte: *„Es bedarf wohl keiner weiteren Begründung, dass für jene Gegend in der Umgebung des Städel'schen Kunstinstituts die Namen von Künstlern, Bildhauern und sonstiger um die Kunst verdienter Männer zu Straßenbenennung verwendet werden"* (s. JNo I 8992 vom 29.12.). Erstmals zwischen den Weltkriegen wertete ihn schließlich die Bevölkerung als Teil ihrer mündlichen Tradition auf. Offiziell wurde er erst später und zwar durch Makler, die ihn werbewirksam zur besseren Vermarktung begehrter Villen aufgriffen. Das *Malerviertel* gilt als überschaubares Stadtquartier inmitten eines weitläufigen Stadtteils – entstanden bei der Urbanisierung an Sachsenhausens damaliger Peripherie zwischen Tiefkai und Hochdamm, im Verlauf weiteren Wachstums ans Zentrum gerückt und nur zögernd als besonderes Wohngebiet wahrgenommen.

SACHSENHAUSEN / EINWOHNERSTATISTIK (1324–2015)

Einwohnerzahl:

	1885 21.400
1324 ca. 250	1890 24.000
1354 1.600	1900 36.000
1389 2.700	1916 50.000
1761 *4.000	1939 53.000
1811 5.000	1945 35.000
1845 6.700	1995 58.200
1866 8.000	2015 59.700

Handwerker (anno *1761):

435 Gärtner & Weingärtner
125 Fischer
30 Brauer
22 Bäcker
20 Gerber

1 VORAUSSETZUNGEN

Bevor mit raschen Retortensiedlungen im Städtebau Europas die vorläufig letzte Phase erreicht wurde, zog sich die planvolle Urbanisierung größerer Flächen lange hin. Dabei war das Ziel am Anfang allenfalls pauschal umrissen, aber kaum präzise durchdacht. Nicht selten verlängerten Gewohnheit und Tradition additiv diesen Prozess, der schließlich – ungeachtet vielfacher Variation – zu allgemeiner Akzeptanz eines neuen Stadtquartiers führen sollte. Beim *Malerviertel* verstrichen dafür etwa 65 Jahre.

1.1 STADTFLUCHT / LANDHÄUSER AN MÜHLBERG UND MAINUFER (1757–1864)

„Die schönsten Partien von Gärten und Landhäusern findet man an den beiden Ufern des Mains … und auf den Höhen des Mühlberges. Von letzterem aus bietet sich die herrlichste Aussicht dar … Auf der linken Mainseite findet man bis jetzt wohl Landhäuser genug, aber noch keine Lustwege um die Stadt her … Einsamer ist das jenseitige Ufer, wo der am Schaumain angelegte und mit Bäumen besetzte Platz den Lustwandlern eine freundliche Aussicht nach den Uferstraßen der Stadt, und auch den Schiffern durch Verlängerung des Leinpfads eine kleine Erleichterung gewährt …“
(Anton Kirchner, 1818)

Gemeinhin verbindet man mit dem Begriff *Landflucht* den kollektiven Wechsel äußerer Lebensumstände. Vorwiegend gilt er für die zweite Hälfte des 19. Jahrhunderts, als bäuerliche Bevölkerung durch die Verlockungen der Industrialisierung prosperierende Städte auffüllte. Diesem Phänomen verdankt auch Frankfurt wie viele andere Metropolen Europas im hier behandelten Zeitraum 1874–1939 seinen Bevölkerungsanstieg von 100.000 auf 500.000 Einwohner. In umgekehrter Richtung lässt *Stadtflucht* eher an junge Menschen und nähere Vergangenheit denken – beispielsweise an die Jugendbewegung zwischen den Weltkriegen und ihr Lied *„aus grauer Städte Mauern … durch Wald und Feld“* (Text u.a. von Hermann Löns, posthum vertont; der *Hauptbahnhof* bietet dazu an seiner Südfassade ein Relief von 1924). Was für die Mainstadt im Zusammenhang ihrer städtebaulichen Entwicklung hierzu relevant scheint, begann jedoch bereits im 18. Jahrhundert; denn innerhalb ihrer Sicherheit bietenden Befestigung aus dem Mittelalter war bis zu deren Abbruch auch das ständig dichter bebaute Frankfurt eng und stickig, infolge mangelhafter Be- und Entwässerung unhygienisch, durch Abfall und Haustiere auf den Gassen voller Gestank. Dem mit Leibeigenschaft verbundenen Satz *„Stadtluft macht frei“* ließe sich als konträrer Slogan *„Landluft hält gesund“* entgegensetzen – was demnach nicht erst seit 1881 für *Johanna Spyri*s (1827–1901) Bestseller *„Heidi“* gilt.

Wer es sich also damals leisten konnte, zog zumindest während der heißen Monate hinaus auf seinen Landsitz im Umfeld, wo noch die *Landwehr* leidlichen Schutz vor Überfällen bieten konnte. Als favorisierte Areale zu derartiger Ansiedlung vor der Stadt galten westwärts weisende Landstraßen und Flussufer. *Matthäus Merian*s vielfach ergänzter Vogelschauplan (1628/1761) der Freien Reichsstadt Frankfurt lässt von der *Sachsenhäuser Befestigung* entlang dem Fluss eine geschlossene Mauer erkennen – dominiert vom mächtigen *Brückenturm*, unter dem sich ein Tor auf die *Alte Brücke* (s. o.) öffnet. Den mainaufwärts anschließenden Mauerabschnitt überragen (im regelmäßigen Abstand einer Schusslänge mit der Armbrust) fünf spätgotische Wehrtürme, von denen als einziger der *Kuhhirtenturm* (1490) erhalten blieb. Die Reihe endet flussab am Nordwesteck im Turmzylinder des *Ulrichsteins* (vor 1391 erbaut, 1635 zerschossen, 1812 weitgehend abgebrochen, 1930 restlos entfernt), dessen einstigen Standort heute das begrünte Plätzchen vor der *Dreikönigskirche* markiert. Erst daneben am ehemaligen Eck des Berings öffnete sich bis gegen 1800 endlich der weite Blick auf den Main. Wohl nur deshalb trug das hier von mittelalterlicher Barbakane und barocker Bastion doppelt geschützte Tor den Namen *Schaumainport*; denn durch die Stadtmauer hat man den Main nicht sehen können, und erst außerhalb lag der Fluss bis zum *Griesheimer Ufer* sichtbar vor jedem, der aus diesem Westtor trat. Es war Fußgängern vorbehalten, die über schmalen Steg den Wassergraben kreuzen und das flussab unbebaute Mainufer errei-

Relief vom Hauptbahnhof, 1924

Frankfurt mit südlichem Mainufer von F. W. Hirt, 1757

chen konnten. (Merians Ansicht zeigt übrigens knapp unterhalb von Sachsenhausen auf dem Treidelpfad, der *Schaumainstraße* bzw. *Schaumainkai* vorausging, eine Mannschaft mit Leinreiter, die ein Schiff mit kaum geblähten Segeln flussauf zieht).

Als unauffälliges Detail sind auf *Friedrich Wilhelm Hirts* großformatigem Gemälde *„Das Mainufer am Fahrtor“* (1757) jenseits des Flusses in der Ferne am heutigen *Schaumainkai* frontal mehrere Villen dargestellt. Mehr als ein Jahrhundert später bildet der aus Südosten von oben die Stadt zeigende Frankfurtplan *Friedrich Wilhelm Delkeskamps* (1864) Sachsenhausen deutlicher ab: Am ondulierten Südufer schieben sich Buhnen wenige Meter in den Fluss, den schmalen Ufersaum begleitet Gestrüpp mit verschlungenen Wegen, auf dem flachen Hang dahinter dehnen sich Wiesen mit Bleichhäusern (insgesamt sechs), und erst darüber reihen sich auf Parzellen von unterschiedlicher Breite jene inzwischen bis zur Größe eines Palasts gewachsenen Lust- und Sommerhäuser aus Barock und Klassizismus. Von ihnen stehen acht im Areal des zukünftigen *Malerviertel*s (ab Schaumainkai Nr. 41/= ehem. Nr. 13; von insgesamt 15 entlang dem gesamten Schaumainkai 15–61 /= ehem. Nrn. 4–19). Bis zum einstigen *Mittelweg* ziehen sich dahinter mit Pavillons durchsetzte, im französischen oder englischen Geschmack gestaltete Gärten, denen seit 1849 die *Gartenstraße* ihren bis heute gültigen Namen verdankt. Vor 150 Jahren standen im Hinterland (bis zu den 1875 abgebauten Gleisen der Offenbacher Lokalbahn, die den Verlauf von Textor- und Thorwaldsenstraße markieren) nur fünf nennenswerte weitere Gebäude (darun-

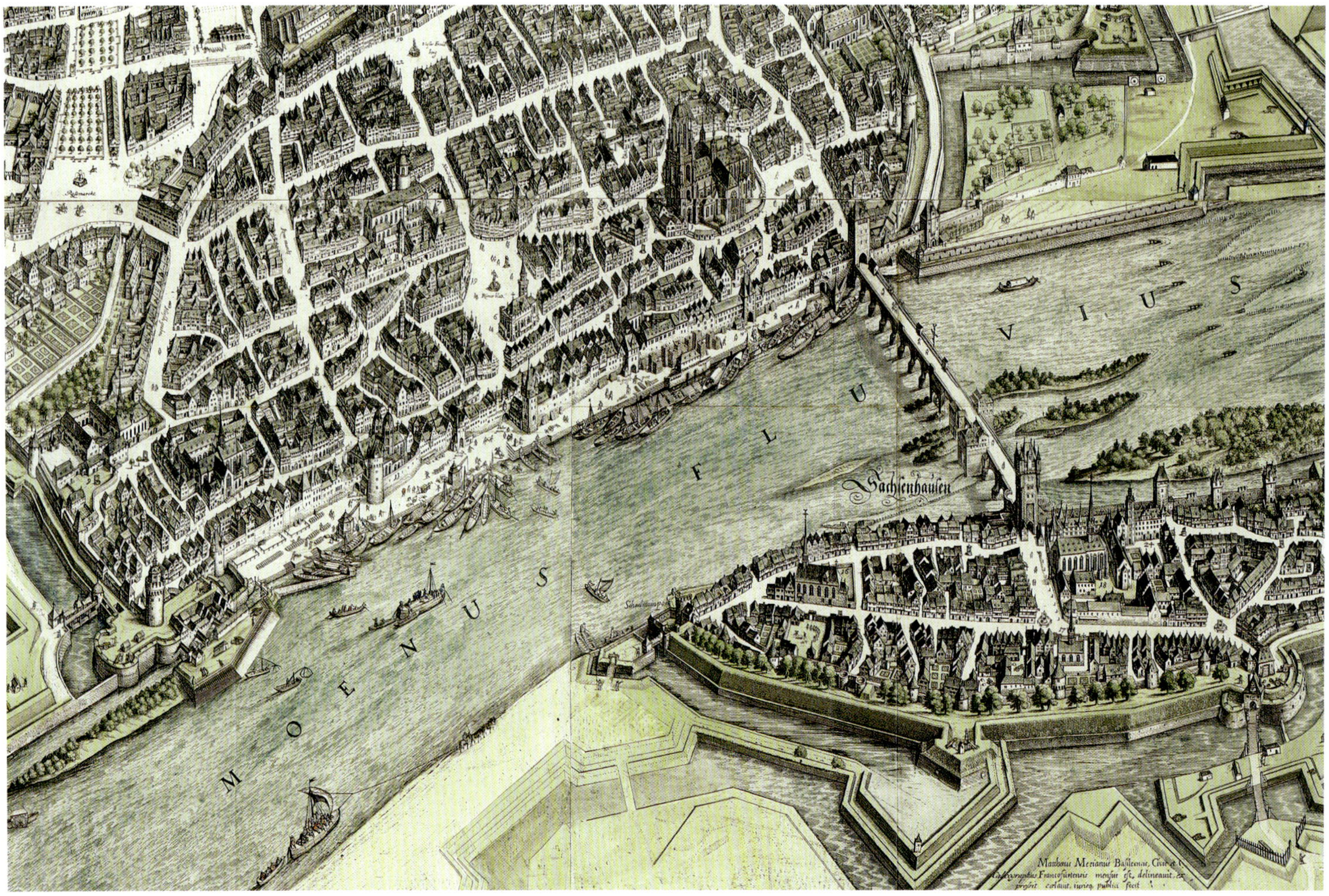

Sachsenhausen / Planausschnitt von M. Merian, 1761

ter der *Schneckenhof* an der Kreuzung von Schneckenhof- und Cranachstraße und eine *Maschinenfabrik* am Eck von Oppenheimer Land- und Textorstraße) als Erstbebauung jenes zukünftigen Quartiers – also lediglich ein Prozent vom Baugeschehen in der gesamten Stadt während der Jahre 1720 bis 1800, als etwa 500 meist genehmigte Baugesuche beim Ackergericht als der für den Ring zukünftiger Vorstädte zwischen Stadtmauer und Landwehr zuständigen Behörde eingegegangen sind.

Im Areal des heutigen *Malerviertels* blieb von all dem nichts erhalten, und entlang dem Schaumainkai sind nach 1870 sämtliche Sommer-und Landhäuser durch aufwändige Villen des Historismus ersetzt worden. Ostwärts jedoch trägt die gesamte Uferzone noch immer zwei Wohnhäuser, die vor mehr als zwei Jahrhunderten außerhalb der Sachsenhäuser Mauern entstanden sind – zwar unterschiedlich in Position und Stil, doch von annähernd gleicher Größe: Keines der beiden Gebäude hat seine alte Bezeichnung bewahrt; denn die Namen *Villa Metzler* oder *Villa Hahn* lassen nicht auf die Erbauer schließen. Dass diese sich aber kannten, ist zu vermuten: *Peter Salzwedel* betrieb seine Apotheke am Römerberg, auch der Handelsmann *Johann Kleig* hatte sein Kontor nahe dem Stadtzentrum. Zwischen den Entstehungsjahren ihrer Sommerhäuser in der noch weitgehend grünen Vorstadt liegen nur zwei Dekaden: Kleig baute 1782 oben am Hang (Auf dem Mühlberg 45) nach Plänen des Zimmermeisters *Johann David Heimpel*, Salzwedel ab 1802 unten am Ufer (Schaumainkai 15) nach Entwurf des Baumeisters *Adam Friedrich Kayser.* Der Bankier Georg Friedrich Metzler übernahm 1855 das Salzwedel'sche, der Glaser Heinrich Hahn 1928 das Kleig'sche Haus. Verallgemeinert man Aussehen und Wirkung beider Bauten, so kann man sich

Joh. Kaspar Zehender, Schaumainkai, 1772

Sachsenhausen / Planausschnitt von F. W. Delkeskamp, 1864

Villa Metzler (Schaumainkai 15)
Villa Hahn (Mühlberg 45)

durchaus vorstellen, wie es zur Zeit *Goethe*s vor den Toren Sachsenhausens ausgesehen hat (und der Dichter erlebte es ein letztes Mal 1814/15 anlässlich seines Besuchs weiter oben bei Familie *Willemer*, wo der Hausherr *Johann Jacob* während 20 Jahren seit 1809 für seine Frau *Marianne* ein unauffälliges Weinberghäuschen zum Aussichtsturm erhöhen ließ (Hühnerweg 74). Doch unabhängig von der schönen Aussicht, die bereits der Frankfurter Historiker *Anton Kirchner* (1779–1834) gerühmt hat (s. o.), vermitteln jene beiden Wohnhäuser im Innern – ob als Privathaus wie Villa Hahn oder als öffentliches Museum wie Villa Metzler – eine Vorstellung von gehobener Wohnkultur in Barock bzw. Biedermeier, wie sie etwa 120 Jahre lang zwischen 1750 und 1870 auch jene entlang dem Main gereihten Sommerhäuser vermögender Frankfurter Familien boten; denn der bewohnte Landsitz am Berg entspricht bis heute mit seiner von vier Generation sensibel ergänzten Möblierung dem Zustand der Bauzeit, und die museale Ufervilla bietet gleiche Perfektion im Geschmack des frühen 19. Jahrhunderts. Jedoch mehr noch als die entlang dem Mainufer gereihten Landhäuser zieht das alte Sommerhaus auf dem Mühlberg aus der Flussebene den Blick auf sich, *„als sei die Zeit stehen geblieben"*.

1.2 VOR OPPENHEIMER PORT UND AVENTOR / FRÜHE STADTENTWICKLUNG (1821–1879)

Aus der Topographie südlich des Mains hatte sich nach dem Abbruch der Stadtbefestigung für die Vorstadt *Sachsenhausen* eigentlich nur eine Möglichkeit zu bequemer Ausdehnung ergeben – nämlich flussab, also westwärts. Unterhalb der von der *Alten Brücke* genutzten Maininsel – der einzig erhaltenen von ehemals fünf – weichen die Hügel bis zu zwei Kilometer zurück und verlieren sich jenseits der mittelalterlichen Stadtgrenze allmählich in der Ebene. Ostwärts hingegen schiebt sich der dem Sachsenhäuser Berg vorgelagerte *Mühlberg* bis auf wenige hundert Meter an den Fluss – als trockengelegter *Mühlbruch* zwar ausreichend für Parallelstraßen, Bahntrassen und Gemüsefelder, kaum aber für dichte Bebauung. Dass sie dennoch früh einsetzte, ist das Ergebnis privater Initiative für sozialen Wohnungsbau, der 1862–64 mit gereihten Einfamilienhäusern und einer Mietskaserne auf der Talsohle als *Mühlbruchsiedlung* zwischen den Eisenbahnstrecken entstand. Den allgemein sichtbaren Anlass zu planvoller Stadterweiterung südlich des Mains lieferte 1868 der Magistrat der preußischen Provinzstadt, als er – vier Jahrzehnte nach Gründung des *Hauptfriedhofs* (1828) auf der Frankfurter Seite durch den Senat der Freien Stadt – endlich auch in Sachsenhausen den Hygiene-Vorstellungen der Aufklärung durch Anlage des neuen *Südfriedhofs* oben an der Darmstädter Landstraße entsprach. Beide Gräberfelder sind damals weit vor die Stadt fast bis zur einstigen Landwehr hinausgeschoben worden. Die spätmittelalterlichen Kirchhöfe nahe der aufgelassenen Stadtbefestigung waren fortan entbehrlich; dennoch blieben sie aus Gründen der Pietät erhalten. Dass aber das Brachland um den *Alten Sachsenhäuser Friedhof* (1812 eröffnet) auf Dauer nicht durch Gräber der Toten blockiert, sondern für die Lebenden zum Wohnen genutzt werden sollte, stand spätestens 1872 fest: Der im Tal gelegene Westteil der Sachsenhäuser Gemarkung (Gewanne XVIII u. XIX) sollte durch neue

Straßen und anschließende Bebauung erschlossen werden (s. Mag.Beschl. v. 17.09.1872, 04.03.1873, 13.01. u. 20.06.1875). Betroffen schien zunächst nur das trapezförmige Areal zwischen *Darmstädter-* und *Oppenheimer Landstraße*, die den historischen Chausseen vor dem *Affentor* bzw. der *Oppenheimer Pforte* folgen und bis heute ungefähr die Grenzen des seit Errichtung eines Wildzauns 1378 in *Zingelfeld* umbenannten Mittelfelds markieren (die Bezeichnung leitet sich ab von *„umzingeln"* = einzäunen). Über Streubesitz im fraglichen Gelände verfügten die beiden Pfarrgemeinden, d.h. die katholische Kirche *St. Maria* und die evangelische *Dreikönigkirche* – diese gestiftet von *Haile Dymar* (1338; seit 1452 zunächst ebenfalls kath. Pfarrkirche, 1880 neugotisch ersetzt), jene durch *Kuno von Münzenberg* gegründet (1193; 1309 u. 1751 vom Deutschen Ritterorden erneuert). Durch die bis in die Gründungsphase beider Kirchen als Spitalkapellen zurückreichenden Stiftungen der um ihr Seelenheil besorgten Sachsenhäuser waren über Jahrhunderte auch ansehnliche Ländereien zusammengekommen, so dass weite Flächen des Zingelfelds lange als die *Pfaffenäcker* galten (noch 1832 tradiert der Stadtplan von *Carl Adam Ulrich* die Bezeichnungen *An den Pfaffengärten* und *Kirchhofsweg*, die erst 1849 der endgültige Name *Schifferstraße* ablöste). Als Spätfolge der Säkularisierung waren jene Güter der Geistlichkeit 1821 mitsamt dem Immobilienbesitz sämtlicher historischen Kirchengemeinden der Stadt Frankfurt zugefallen, verbunden mit der Auflage, zukünftig die Finanzierungslast der Sakralbauten zu tragen. – Übrigens dürfte bei solchen Transfers die Stadt vielfach zum zweiten Mal Eigentümer desselben Terrains geworden sein, das sie nach Kauf unter Karl IV. (1372), Verkauf an einzelne Bürger (ab 1380) und deren Stiftung für Kirchen nun aus klerikalem Grundbesitz erneut übernahm (s. Einleitung).

Doch blieb die städtische Verwaltung bestrebt, die weitere Entwicklung von Sachsenhausen nicht unbedingt einzelnen Investoren zu überlassen, sondern selbst zu steuern. Nach Verhandlungen der Behörden mit den seit dem 17. Jahrhundert hier ansässigen Kaufmannsfamilien *Bansa* (urspr. Apotheker) und *Bernus* (urspr. Seidenhändler) sowie weiteren Privateigentümern über Erwerb, Entschädigung oder Umlegung zugunsten zukünftiger Bebauung, war z.B. seit dem Frühjahr 1878 das ehemals Bernus'sche Dreieck zwischen *Garten-* und *Oppenheimer Landstraße* für 23 Bauplätze vorgesehen (Gewann XVIII No 42–43 v. 08.03.1878), 13 Monate später östlich ergänzt mit dem zuvor teilweise Bansa'schen, inzwischen aber parzellierten Areal zwischen *Garten-* und

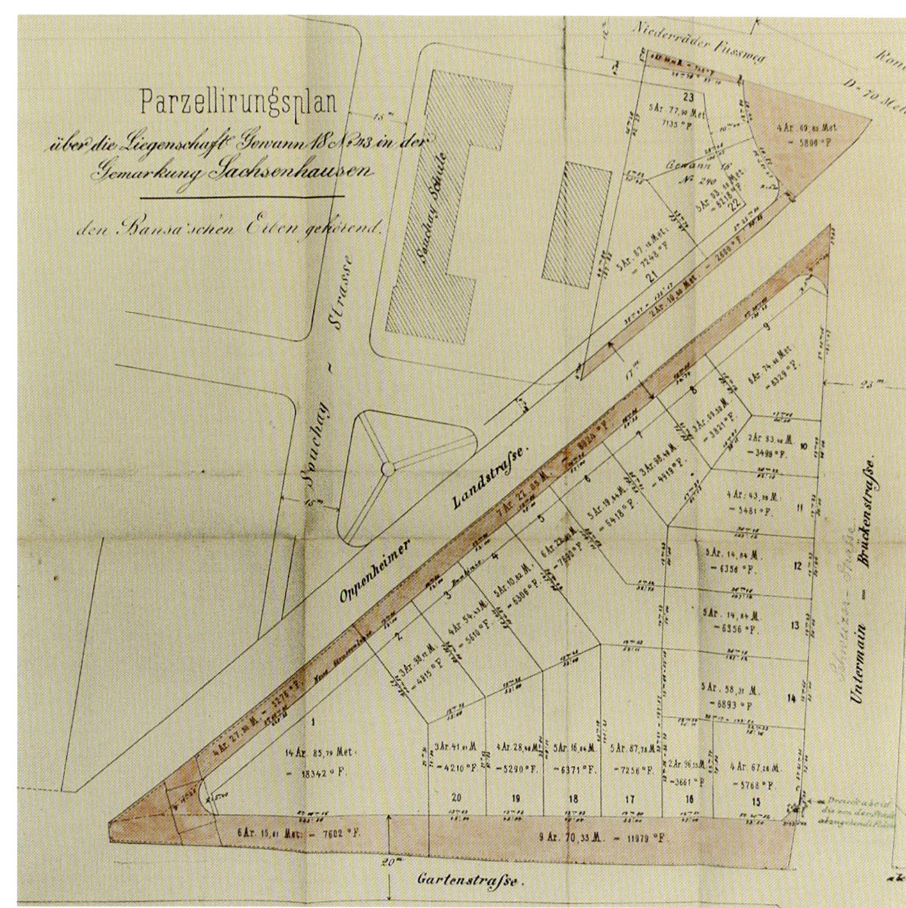

Parzellierungsplan / am Schweizer Platz, 1878

Parzellierungsplan / am Oppenheimer Platz, 1879

Gutzkow- bzw. *Steg-* und *Souchaystraße*, dessen 53 Bauplätze nach dem Willen der Stadt bis zum Ende des Jahres 1880 verkauft sein sollten (Gewann XVI No 214 u. 246 v. April 1879 bzw. Mag.Beschl. v. 06.05.1879). Beide Parzellierungspläne sahen eine jeweils weitgehend geschlossene Randbebauung mit Mietshäusern vor, deren Straßenraster im Westen vom *Schweizer-*, im Osten vom *Oppenheimer Platz* aufgelockert werden sollte. Spätestens damit hatte die Stadtentwicklung die *Schweizer Straße* (s. 1.4) und dadurch den Rand des zukünftigen *Malerviertels* erreicht. Dass bereits dabei neue Straßen nach zeitgenössischen Bildhauern wie *Eduard Schmidt v.d. Launitz* (1797–1869; durch Grabplastik auf dem Hauptfriedhof vertreten) oder *Johann Heinrich Dannecker* (1758–1841; von ihm u.a. die *Bethmann'sche Ariadne* im Liebieghaus) benannt wurden, könnte auf systematische Namenswahl, zu der ebenso die kurzfristige Umbenennung der oberen Gartenstraße nach dem Nazarener-Maler und später in Ungnade gefallenen Städeldirektor *Philipp Veit* (1793–1877) gehört, deuten. Vielleicht aber galt es nur, kurz zuvor Verstorbene zu ehren, wie es bei weiteren Straßen für den Lokalpolitiker *Eduard Franz Souchay* (1800–1872) und den Dichter *Karl Gutzkow* (1811–1878) nahe liegt.

Weniger erfolgreich entwickelte sich die *Stegstraße*; denn ihr 1874 geplanter Durchbruch bis zum *Eisernen Steg* (s.u. 1.4 u. 2.5.4) gelang nicht: Zwar schien trotz dem repräsentativ aufs Eck von Schaumainkai und Schifferstraße (*Schifferstr. 98*) gesetzten Neubau von 1891 noch die geringe Chance auf eine gradlinige Schneise durch die letzten Gärten bis hin zum Brückenkopf gewahrt. Doch als zwei Jahrzehnte später der Bauunternehmer *Carl Schad* östlich daneben seine Zwillingshäuser (*Schaumainkai 5–5a*) genau in die Achse des Eisernen Stegs gestellt hatte, war diese Lücke endgültig geschlossen. Daher blieb der traditionelle Verlauf der zur einstigen Mainfähre führenden *Schifferstraße* bis heute gewahrt.

Sachsenhäuser Eisenbahnstrecken, 1864

1.3 DAMPF ÜBERM HED(D)ERICH / DIE EISENBAHN KOMMT (1844–1875)

Nicht neu ist der Zusammenhang von Urbanisierung und Trassierung. Dass diese jener förderlich war, lässt sich weltweit nachweisen. Doch gilt das Zusammenwirken nicht nur als symbiotisch, sondern gleichermaßen als problematisch; denn neben dem Vorteil für beide gibt es die Minderung des einen zugunsten des anderen – meist bemerkte man das zu spät. Der Faszination des neuen Verkehrssystems *Eisenbahn* erlag die Freie Stadt Frankfurt innerhalb einer Generation durch Konzessionen und Beteiligungen vielfach, nicht aus sentimentalen, sondern aus wirtschaftlichen Erwägungen – entsprechend ihrer zentralen Position innerhalb Deutschlands, der sie über Jahrhunderte ihre Bedeutung als Handelsmetropole verdankte. Gleich vier der zunächst insgesamt neun ab 1839 in sämtliche Richtungen ausgreifenden Bahnstrecken kamen von Süden und mussten auf einer einzigen Brücke den Main überwinden. Kaum jemand, der seit der Wende zum 20. Jahrhundert den Fluss auf der heutigen *Friedensbrücke* quert, wird nur einen Gedanken darauf verschwenden, dass sie ursprünglich nicht für eine Straße, sondern für Schienen gedient hatte (obwohl sie bereits im September des Revolutionsjahrs 1848, als die *Alte Brücke* blockiert war, den raschen Mainübergang deutscher Bundestruppen aus Hessen-Darmstadt mitsamt ihrer Artillerie ermöglichte). Nach Entwurf des städtischen Oberingenieurs *Remigius Eyssen* (s.u.

Frühe Frankfurter Bahnhöfe, um 1850

1.4) entstand sie ab 1844. Ursprünglich überspannte sie den Main mit neun engen Sandsteinjochen, flankiert von einer achtteiligen Vorlandbrücke auf der Frankfurter und einem Schiffsdurchlass mit Drehbrücke auf der Sachsenhäuser Seite. Dienen sollte sie zunächst lediglich der aus Neu-Isenburg durch den Wald trassierten und 1848 eröffneten *Main-Neckar-Bahn*, die – gemäß gemeinsamem Vertrag der Großherzogtümer Baden und Hessen mit der Freien Stadt Frankfurt – auf Staatskosten in knapp 95 Kilometern von Heidelberg über Darmstadt nach Frankfurt in einen Kopfbahnhof an der *Gallusanlage* führte. Auch die ebenfalls als Staatsbahn zwischen dem einst großherzoglich-hessischen *Offenbach* und Frankfurt 1842 beschlossene und 1848 bis zum ehemaligen Lokalbahnhof an der *Darmstädter Landstraße* in Betrieb genommene *Lokalbahn Sachsenhausen-Offenbach* ist bereits 1849 geradlinig westwärts verlängert und in einer Kurve vor der heutigen Friedensbrücke mit der Main-Neckar-Bahn verbunden worden. Damit aber nicht genug: Die weitgehend vom Königreich Preußen über 144 Kilometer von *Bebra* nach Hanau 1863–68 realisierte *Bebraer Bahn* war die dritte Strecke, die von jener zunächst *Main-Neckar-Brücke* genannten Anlage profitieren konnte; denn durch die Annektion des Kurfürstentums Hessen-Kassel wurde Preußen 1866 ihr alleiniger Eigentümer und konnte dadurch zusätzlich seit 1873 eine Ergänzung um 30 Kilometer bis zum *Bebraer* (= Sachsenhäuser) *Bahnhof* bzw. zur Trasse der Main-Neckar-Bahn durchsetzen. Diese brachte den nachhaltigsten Eingriff für das Areal des späteren *Malerviertel*s mit sich: Zunächst machte sie die einstige Verlängerung jener *Lokalbahn* überflüssig (deren geradliniger Verlauf bestimmte ab 1877 den Verlauf von *Textor-* und *Thorwaldsenstraße*; s. 2.2.5). Aber sie sorgte mit ihrer der Lokalbahn parallelen Streckenführung auf der Talsohle des *Mühl-* bzw. *Sachsenhäuser Bruchs* neben der historischen *Offenbacher-* bzw. *Mörfelder Landstraße* für jene weitgehende Trennung Sachsenhausens in Tal- und Bergsiedlung; denn in jener Ost-West-Senke verlief sie von Anfang an auf einem hoch aufgeschütteten Damm, den überbrückte Durchlässe für kreuzende Straßen öffneten (s. Einleitung). Dem Malerviertel lieferte er seine Südgrenze – wie zuvor schon die Gleise der Main-Neckar-Bahn zur Brücke, durch die eine Westgrenze markiert worden war. Kaum eine Rolle spielte es, dass schließlich als letzte Strecke 1879 von Worms her die *Riedbahn* dazu kam und dabei das längst brach liegende *Ziegelfeld* noch mehr zerschnitten wurde (s.u. 2). Noch weniger von Bedeutung schien nahe der Gleiskurve das Verbreitern des Bahndammes für Rangierverkehr, Lokschuppen und Güterbahnhof; denn der hierzu veränderte Geländestreifen trug

Main-Neckar-Brücke, um 1850

von alters her nur Unkraut. Daran erinnert die ihn schon seit 1868 an der Nordseite als Fortsetzung der Mühlbruchstraße flankierende *Hedderichstraße*: Hederich gilt als wild wachsender Rettich, der wie die Brennnessel ganze Felder mit seinen bis zu einem halben Meter hohen Pflanzen zu überwuchern vermag und ebenso die Münchener bewog, nach ihm eine Straße zu benennen. Einigermaßen überzeugend lässt sich der Name eigentlich nur auf diese Weise erklären (wenn auch das Frankfurter Adressbuch von 1868/69 einen in der Fahrgasse 43 wohnenden, aber niemals öffentlich hervorgetretenen Schriftsetzer namens *Wilhelm Hedderich* nennt und neuere Frankfurter Telefonbücher die Bezeichnung als Familiennamen mit doppeltem „d" auflisten; s.u. 2.4.1).

Dreiseitig umhegt von Fluss und Bahn, präsentierte sich die Fläche des künftigen Quartiers spätestens seit 1875 – offen lediglich nach Osten zur noch namenlosen *Schweizer Straße* (s.u. 1.4). Doch noch Jahrzehnte wird seine Funktion innerhalb der Gesamtstadt unentschieden bleiben: Einerseits lockte zum Wohnen das Mainufer, andererseits bot für Gewerbe der nahe *Güterbahnhof-Süd* ideale Voraussetzungen (s.u. 2.1), zumal bereits 1864 *Philipp Hirschel* vom städtischen Senat die Konzession erhalten hatte, weitab von Wohnhäusern dicht an der *Lokalbahn* eine Maschinenfabrik zu errichten (Oppenheimer Landstr. / Ecke Textorstr. 100 – in Delkeskamps Stadtplan gut am Schornstein zu erkennen). Angesichts solch polarisierender Alternativen entschieden sich Frankfurts beamtete Stadtplaner fürs Abwarten und überließen weitere Initiativen zur Stadtentwicklung Erschließungsgesellschaften oder Einzelinvestoren.

1.4 VOM KAISERPLATZ ZUM SCHWEIZER PLATZ / DER 4. BRÜCKENSCHLAG (1839–1874)

Ab 1839 hatte sich der Frankfurter Senat mit zwei zukünftig bedeutenden Verkehrsprojekten intensiv beschäftigt: Nachdem die Stadt im Frühjahr dieses Jahres durch die zunächst nur bis Höchst freigegebene Strecke der *Taunusbahn* mühsam den Anschluss an das neue Verkehrssystem *Eisenbahn* erreicht hatte, wurde ebenso im Herbst erstmals der Wunsch nach einer zweiten Straßenbrücke über den *Main* laut. Von der *Neuen Mainzer Straße* sollte sie als Kettenkonstruktion über eine damals noch der *Untermainanlage* vorgelagerte Insel hinweg den Fluss überspannen. Entwickelt hatte sie der Schweizer Ingenieur *Du Ban*, und sein belgischer Kollege *Neufville* griff nach einem Jahrzehnt diesen Vorschlag erneut auf. Erst 1861 schien er Gestalt anzunehmen, doch der Schein trog. So begannen die Frankfurter Bürger – müde der ewigen Diskussionen ihrer Obrigkeit –, selbst zu handeln: Ein Konsortium aus Privatleuten ergriff die Initiative zu Planung und Finanzierung eines Brückenschlags flussauf zwischen den Anlegeplätzen der Mainfähre. Nach 30 Jahren konnte 1869 zumindest der exakt auf das Zentrum Frankfurts gerichtete *Eiserne Steg* eingeweiht werden (Länge 174 m) – allerdings nicht als Straßenbrücke. Dass ihn die Sachsenhäuser dennoch und ungeachtet des zunächst zu zahlenden Brückenzolls für das bequeme Überwechseln zu Fuß akzeptiert haben, beweist der seiner Achse 1874 folgende Durchbruch der *Stegstraße* zum *Südbahnhof* – auch wenn die Trassierung von deren nördlicher Hälfte an den Privatgärten am *Schaumainkai* dauerhaft scheiterte (s.o. 1.2). Nach dem Entwurf von *Peter Schmick* und *Re-*

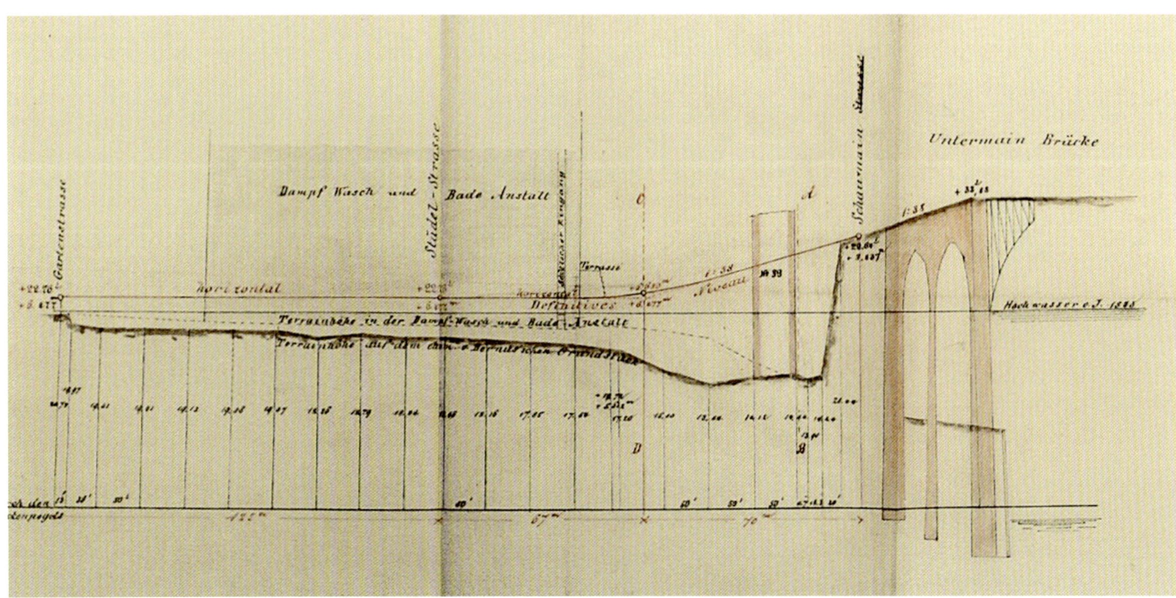

Nivellierung / Uferaufschüttung und Brückenanschluss am Schaumainkai, 1875

Untermainbrücke, um 1885

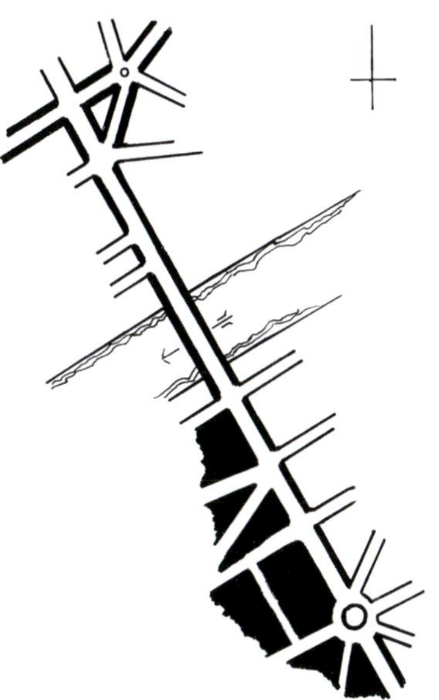

Kaiserplatz bis Schweizer Platz

migius Eyssen hatte ihn die seit 1817 benachbart in Sachsenhausen ansässige Eisengießerei und Maschinenfabrik von *J.S. Fries Sohn* (Schulstr. 13) ausgeführt, wobei die Gestaltung der Brückenköpfe dem bis dahin kaum bekannten *Oskar Sommer* überlassen wurde, der vier Jahre später von sich Reden machte (s. 2.3.2). Jene drei gelten als Vertreter einer in Frankfurt allmählich gewachsenen Ingenieurtradition, die im selben Jahr 1874 endlich mit der *Untermainbrücke* die längst dringend benötigte Straßenbrücke beginnen konnte (ursprünglich eine Konstruktion mit fünf Eisenbögen auf vier Flusspfeilern aus Buntsandstein zwischen vier- bzw. doppeljochigen Vorlandbrücken für insgesamt eine Million Goldmark). Dadurch hatte *Sachsenhausen* von einem Tag auf den andern sichtbar den Verkehrsanschluss zum bedeutenderen Teil der erst wenige Monate zuvor zur Großstadt aufgestiegenen Handelsmetropole gefunden.

Eigentlich ist dieser vierte Brückenschlag lediglich Teil einer städtebaulich weitaus bedeutenderen Gesamtplanung, der sich – nach Art eines *Masterplans* – ebenso die beiden eingangs erwähnten Projekte integrieren lassen, nämlich des gleichzeitigen Ausbaus von Straßen und Schienen zu Ringen beiderseits des Mains (s.u. 2.5.4): Zwar brachten kurz zuvor kriegerische Auseinandersetzungen (1866 bzw. 1870/71) sowie die damit verbundenen Veränderungen von Frankfurts politischem Status Verzögerungen mit sich. Doch hatten sich die städtischen Behörden bereits unmittelbar danach mit langwierigem Überprüfen von Wasserständen und dem Berechnen von Brückenprofilen befasst. Wichtiger für die gesamte Kommune waren jedoch Beschlüsse des Magistrats, um vom zentralen Platzensemble *Hauptwache / Rossmarkt* aus einen Durchbruch zu den gegenüber der *Gallusanlage* seit 1839 auf schließlich drei Gebäude gewachsenen *Westbahnhöfen* einzuleiten. Dazu gab es schon seit 1871 den Entwurf für ein Platzpentagon mit dreißig Meter breiter Hauptschneise. Diese nach *Wilhelm I.* (†1888) benannte *Kaiserstraße* mit *Kaiserplatz* hat dem städtischen Straßensystem seit 1873 eine neue Dimension verliehen (in den 80er Jahren fand sie ostwärts mit der *Neuen Zeil* über die *Konstabler Wache* hinaus bis zum *Zoo* auf der alten *Pfingstweide* und westwärts über das einstige *Galgenfeld* durch das zukünftige Stadtquartier *Bahnhofsviertel* zum *Hauptbahnhof* ihre Verlängerungen). So kann es nicht verwundern, dass auch Sachsenhausen hiervon verkehrstechnisch profitierte – zumal sich seiner weiteren Ausdehnung zunächst lediglich die Ebene flussab zu bieten schien. Hauptsächlich darin hatte die Rechtfertigung für den Bau jener *Untermainbrücke* gelegen, die vier Jahre später – axial zum Anlagenring – ebenso flussauf durch die *Obermainbrücke* ihre Ergänzung und Entlastung finden sollte (1878).

Untermainbrücke, um 1890

1.5 ZUM SACHSENHÄUSER UFER / EIN MUSEUM PLANT DEN SEITENWECHSEL (1815–1873)

Dass Frankfurt bis gegen 1870 eher als Handels-, weniger als Industriestadt galt, hat sie während Jahrhunderten geprägt. Allein zwei Handelsmessen pro Jahr (die *Frühjahrsmesse* erst seit 1333) und in deren Gefolge eine traditionsreiche Devisenbörse (spätestens ab 1585) festigten ihren Ruf als Stätte des Geldes (Martin Luther bezeichnete sie als *„Geldloch Frankfurt"*). Bereits früh hatte der patrizische Stadtadel, dessen Ziel nicht der Gewinn von Kriegen, sondern von Geld war, sein Seelenheil durch Stiftungen an bzw. von Kirchen oder Klöstern zu sichern gesucht. Diesem Zweck dienten bis in die neueste Zeit ebenso Stiftungen für karitative Zwecke und für Belange der Bildung: Spitäler, Hospize, Kliniken wie Bibliotheken, Sammlungen, Universität. Zu den bekanntesten Frankfurter Philantropen gehört – neben dem Arzt *Dr. Johann Christian Senckenberg* (1707–72; auf ihn gehen *Bürgerhospital* und *Senckenbergmuseum* zurück) – der Bankier und Kaufmann *Johann Friedrich Städel* (1728–1816): In seinem Testament vermachte er vor 200 Jahren Vermögen und Sammlung einem noch zu gründenden Kunstinstitut aus Galerie und Schule, das als älteste Bürgerstiftung eines Kunstmuseums in Deutschland gilt. Infolge langwieriger Erbstreitigkeiten konnten beide Institutionen aus Städels Wohnhaus (am Rossmarkt) erst 1833 in ein völlig erneuertes Gebäude umziehen (das von *Joh. Friedrich Christian Hess* umgebaute *Vrints-Treunfeld'sche Palais*), für das der Name *„Städel"* sich rasch einbürgerte. Hier in der Neuen Mainzer Straße (Nr. 47–49) erfüllte die Administration die Maßgaben ihres Stifters, dessen Gemäldesammlung durch Verkauf oder Zukauf zu verbessern und zu vermehren. Daher stieg während vier Jahrzehnten z.B. die ursprüngliche Anzahl von 500 Gemälden derart an, dass für sie alle im Palast der Platz nicht mehr ausreichte. Bereits 1852 hatte der großherzoglich-hessische Hofbaumeister aus Darmstadt *Heinrich Hübsch* (1795–1863) Pläne für einen völligen Neubau vorgelegt, was seine Kollegen am Frankfurter Städel *Maximilian Hessemer* (1800–1860; zudem Hübschs Neffe) und *Johann David Passavant* (1787–1861) zu konkurrierenden Entwürfen veranlasste. Doch keiner von ihnen überzeugte in seinem romantisierenden Klassizismus, außerdem erwies sich das Gelände am Anlagenring als zu klein. Die dadurch ausgelöste Verlagerung von Exponaten auf ein Grundstück im *Westend* löste unerwartet das wachsende Problem; denn die Stadt benötigte das Gebäude dringend zur Erweiterung ihres *Palmengartens* (ab 1866): Der erzielte Preis brachte beträchtlichen Gewinn. Mit dem zusätzlichen Angebot der Stadt, der Administration ein großes Areal am Sachsenhäuser Mainufer in unmittelbarem Anschluss an die traditionelle Reihe von Land- und Sommerhäusern günstig zu überlassen, war über den endgültigen Standort des Städels entschieden: Es war der fortan leicht über die neue *Untermainbrücke* erreichbare Westwinkel zwischen *Schaumainkai* und dem hier abzweigenden *Sandhöfer Fußweg* (er wird auf alten Stadtplänen auch als Niederräder Fußweg bezeichnet), der ab 1874 als *Dürerstraße* bis auf die zugleich trassierte *Forsthausstraße* ausgebaut wurde (s.u. 2.3.2).

Palais Vrints-Treunfeld, um 1850

Städelentwurf von Heinrich Hübsch, 1852

2 ZWISCHEN PFAFFENÄCKERN UND ZIEGELFELD

DIE ENTSTEHUNG DES MALERVIERTELS (1874–1939)

„ohne Zweifel ein Villenviertel ersten Ranges, welches den Besitzern ein ruhiges, von dem Betriebe der Großstadt entferntes Wohnen ermöglicht“
(Sachsenhäuser Bezirksverein, 1918)

Auf Stadtplänen um 1860/70 trägt das Gelände beiderseits der Gleiskurve zur Main-Neckar-Brücke (der heutigen Friedensbrücke) den Namen *Ziegelfeld*. Es war Teil jenes mittelalterlichen *Unterfelds* (also nicht identisch mit dem östlich anschließenden Mittelfeld, das nach 1378 Zingelfeld hieß; s.o. 1.2). Dass es beiderseits des Bahndammes so genannt wurde, deutet darauf, dass jene Flurbezeichnung in die Zeit vor dem Aufschütten des Bahndammes und die Gleisverlegung zurückreicht. Woraus sie sich herleitet, führt zu konträren etymologischen Hypothesen. Außer, dass eine Verwechslung von Zingel- mit Ziegelfeld naheliegen könnte, erweist sich eine archäologische Deutung als unwahrscheinlich: Im Gegensatz zu der weit flussab gleichermaßen Ziegelfeld genannten Fläche in der Gemarkung *Nied* sind hier keine antiken Ziegel gefunden worden; denn Sachsenhausen war kein Siedlungsgebiet der Römer. Die realistischste Deutung des Feldnamens (entsprechend dem englischen *brick-field*) weist auf eine jüngere Zeit – zumal bis heute weiter südlich am Hang *Ziegelhüttenweg* und *-platz* auf einstige Lagerung von Dachziegeln oder Backsteinen deuten; zudem ist seit 1607 eine später als Hofgut erweiterte *Ziegelhütte* (ab 1766 im Besitz der Familie *Du Fay*) dokumentiert, die zumindest bis 1864 bestand. In der lehmhaltigen Ebene nahe dem Main wurde noch in der Neuzeit auch Tonerde ergraben, die noch vor Ort in Wanderziegeleien zu groben Feldbrandklinkern gehärtet und anschließend am Hang des *Lerchesbergs* bis zu Verkauf und Verwertung gestapelt wurde (daran erinnert ebenso die Bezeichnung des *Lettigkautwegs* nach einer Lehmgrube am Mühlberg). Noch um 1900 zeigten am Stadtrand viele unverputzt belassene Häuser kaum geglättete und geschwärzte Ziegelsteine aus solch vorindustrieller Fertigung. Wenn auch diese primitive Produktionsart bereits nach 1850 reduziert bzw. industriell ersetzt wurde, scheint der Flurname noch zwei Jahrzehnte überdauert zu haben.

Für die Zukunft der 80 Hektar zwischen *Pfaffenäckern* und *Ziegelfeld* galt ab 1872 ein Generalplan, dem der Wunsch einer Erweiterung von Sachsenhausen nach Westen zugrunde lag (s.o. 1.2). Ihr rechtliches Instrumentarium zu rascherer Realisierung offizieller Planungen hatte die Stadt im Sommer 1875 aktualisiert, wodurch novellierte Kommunalgesetze über Enteignung und Baufluchten in Kraft treten konnten (11.06. bzw. 02.07.).

2.1 EIN NEUES STADTQUARTIER / GEWERBEGEBIET ODER VILLENVIERTEL?

Vom Frankfurter Bahnhofsviertel führt die *Friedensbrücke* ins *Malerviertel*. Links an deren Südende steht seit 1910 auf hohem Postament die Bronzestatue eines Mannes – ein *Lastträger*: Kleidung, Schnürstiefel sowie sein von den Haaren auf die Schultern

„Lastträger“ von Constantin Meunier, 1896

Maschinenfabrik Hirschel, 1864

fallendes Kapuzentuch lassen auf einen der Hafenarbeiter schließen, wie sie damals noch beim Be- und Entladen der am südlichen Mainufer anlandenden Lastkähne oder im *Kohlehafen* unterhalb der Brücke beschäftigt waren. Den Entwurf für diese überlebensgroße Figur hatte der Belgier *Constantin Meunier* (1831–1905) geliefert (1906 ging sie in städtisches Eigentum über; s.u. 2.5.2). Allerdings war sie nicht eigens für Frankfurt modelliert; denn außer dem Sachsenhäuser Exemplar (1896) gibt es ältere Abgüsse (u.a. in Wien, Dresden, Berlin). Ungeachtet seiner hohen künstlerischen Qualität gibt dieses Werk einen Hinweis auf die geplante Funktion des Stadtquartiers, dessen nordwestlichen Eckpunkt es markiert; denn offensichtlich agierten im Jahr der Aufstellung des Lastträgers bei Magistrat und Ämtern noch immer Verfechter einer gewerblichen Nutzung jenes Gebiets, wie es sich bereits anlässlich der Festlegung einer neuen Polizeiverordnung angedeutet hatte. Optimistisch hieß es 1888: „*Bei den städtischen Behörden wurden Zweifel darüber vorgebracht, ob das fragliche Gebiet sich vorzugsweise als Villenviertel entwickeln würde, oder ob vorwiegend Geschäftshäuser und künftigen gewerblichen Zwecken dienende Gebäude dort errichtet würden. Nachdem nunmehr durch die neue Bauverordnung [...] das fragliche Quartier zum Wohnviertel bestimmt worden ist, halten wir die früher aufgeworfenen Zweifel über die zukünftige Entwicklung dieses Quartier im Sinne der städtischen Kollegien für beseitigt*“. Die seit der Wende zum 20. Jahrhundert geplanten und alsbald realisierten *Schulen* (s.u. 2.3.5) sowie die noch vor dem Ersten Weltkrieg vollendete *Lukaskirche* (s.u. 2.3.6) machen deutlich, dass weiterhin eine politische Mehrheit die Wohnnutzung favorisierte. Als ältere eindeutige Festlegung lässt sich allerdings bereits ein Beschluss der Stadtverordneten-Versammlung vom Sommer 1910 werten (also knapp nach dem Aufstellen des Meunier'schen *Lastträgers*). In ihm wird zumindest der westliche Teil des Malerviertels erstmals offiziell „als *Wohnviertel der äußeren Zone* bezeichnet“ (StVV. Ber. § 638 v. 28.06.1910).

Schriftgießerei David Stempel, 1910

Ungeachtet der kleinen Werkstätten in den Hinterhäusern am Ostrand des Quartiers (zwischen Schweizer- u. Oppenheimer Landstr.) lassen sich während der 65 Jahre seiner Urbanisierung in Neu-Sachsenhausen ca. 150 produzierende bzw. verarbeitende Betriebe nachweisen (anhand der Unterlagen der hiesigen *Industrie- und Handelskammer*); davon reihten sich dauerhaft mehr als 35 ehemals selbständige Brauereien bergauf entlang Hainer Weg und Darmstädter Landstraße (s.u. 2.7.2). Im *Malerviertel* gab es um 1895 nur drei erwähnenswerte Fabriken: Zunächst die ab 1864/65 direkt neben den Gleisen der Lokalbahn L-förmig mit großem Schornstein errichtete Maschinenfabrik *Hirschel* bzw. *Wiesche & Scharffe* (Oppenheimer Landstr. 66 / Textorstr. 100; sie wich 1924 einem Wohnblock), dann ab 1899 die schließlich monumentale *Schriftgießerei David Stempel* (Hedderichstr. 104–114) – in ihr ging 1908 die östlich benachbarte *Tabakfabrik* der *Gebr. Bolongaro* (ehem. in *Höchst*) auf; ebenfalls 1908 hinzu kam die *Anilinfabrik Gebr. Seitz* (Gartenstraße 49) sowie schließlich 1924 das Bürohaus der Bauunternehmer *Wayss & Freytag* (Schaumainkai 101–103). Diesen wenigen Bauten gegenüber steht etwa ein Dutzend Gebäude für Bildung und Kultur, wie sie für ein Gewerbegebiet kaum typisch sind, und die überwältigende Zahl von 772 Wohnhäusern. 99 Prozent der Bauten im *Malerviertel* dienten also dem Wohnen oder gehörten zu dessen unverzichtbarer Infrastruktur –wie Schulen, Kirchen, Museen. Dass diese sich eher an der gut verdienenden Mittelschicht westlich der Holbeinstraße orientierten – Rentiers, Bankiers und Fabrikanten, Ärzte, Anwälte und Lehrer sowie Künstler und überraschend viele Architekten –, dürfte kaum verwundern.

2.2 PLANUNG / VOM ALIGNEMENT ZUR ASPHALTIERUNG – STRASSEN STATT WEGE

Allen zur Urbanisierung nötigen Planungen vorauszugehen hatte die statische Sicherung des Mainufers als nördlicher Grenze des zukünftigen Stadtquartiers. Noch um 1870 schoben sich Bleichwiesen mit sandgesäumten Buchten für Boote und Nachen in den Fluss. Dahinter stieg das Gelände gegen die Vorgärten der bis zur späteren *Dürerstraße* gereihten Villen um bis zu vier Meter an und war daher mitsamt der seit 1851 befahrbaren *Schaumainstraße* vor Hochwasser weitgehend sicher. Südwärts wandten sich drei Wege von Osten her durch das für schmale Streuobstwiesen parzellierte *Ziegelfeld*. Am Main setzte jener *Sandhöfer Fußweg* an, der nach 1874 teilweise in Dürer- bzw. *Forsthausstraße* aufging. Im Süden verlief der *Niederräder Fußweg*, den ab 1899 die *Schneckenhofstraße* benutzte, und den *Mittelweg* dazwischen nahm die *Gartenstraße* für ihren unteren Teil in Anspruch.

Für die Besitzer der Villen am Flussufer war es nach dem Brückenschlag am Untermain mit der Ruhe vorbei – wenn auch eigentliche Bauarbeiten nur zögerlich begannen. Als vordringlich erwies sich der Anschluss an die zur Schiffsdurchfahrt hoch trassierte *Untermainbrücke* und somit die Sicherung der auf Brückenhöhe aufzuschüttenden *Schaumainstraße*. Anlieger – wie Gerichtsrat Dr. Jeanrenaud (Nr. 43), Kaufmann Hermann Schmidt (Nr. 45), Witwe Emma Behrends (Nr. 47), Kommerzienrat Gustav de Neufville (Nr. 53–57) oder Bankier Albert Metzler (Nr. 61) – hatten noch zehn Jahre nach Beginn der städtischen Planungen (1873–1878) Veränderungswünsche bei Tiefkai-Rampen, Baufluchten oder Vorgärten. Das wird umso eher verständlich, weil ihnen die Stadt weitgehend die Baukosten aufbürden, für die Abtretung von ihrem Gartengelände aber wenig bezahlen

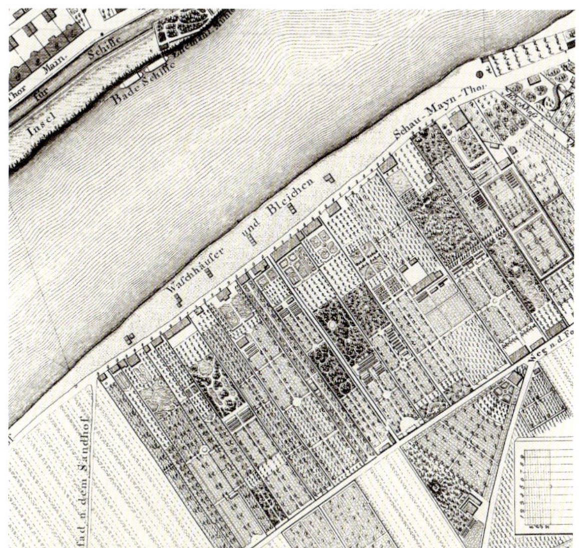

Schaumainkai 15–61 auf Stadt- und Lageplänen

1832

wollte (Mag.Akt. T20/919 IIIb). Die während eines Jahrzehnts eilig und schludrig ausgeführten Maßnahmen hielten bereits 1884 dem Frühjahrshochwasser nicht stand: Die Mauer des Hochkais wurde unterspült und fiel in sich zusammen. Erst in den beiden nächsten Jahren erfolgte ihre Rekonstruktion (übrigens ohne weitere Auflagen erneut durch die Baufirma Vering aus Hannover) mitsamt dem Tiefkai und bis 1896 die Verlängerung zur Friedensbrücke (888 m Gesamtlänge für geschätzte 173.400 Mark; lt. Mag.Akt T 20/919 IIIa–c). Das neue Quartier schien nun vor den Wogen des Mains sicher, und Parzellen – wie Bau-

1864

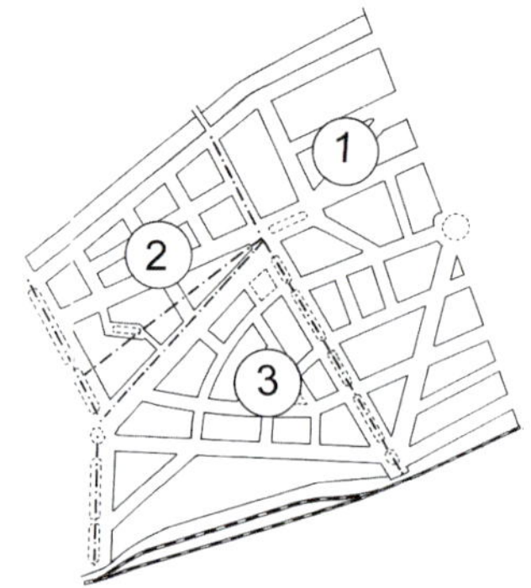

Planungsphasen

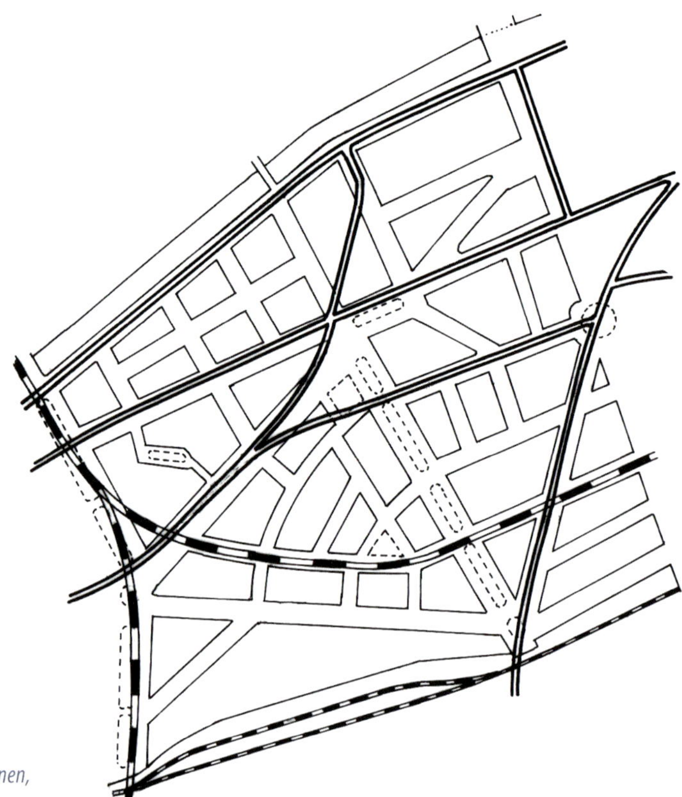

Wege, Straßen, Schienen, 1864 (fett) und 2014

grenzen – konnten zum Main hin vorgeschoben werden.

Die 1872 einsetzende neue Straßenplanung für das Quartier lässt sich vereinfacht auf drei Phasen zusammendrängen (s.u. 2.2.3–2.2.5): Sie fußen auf den wichtigsten Fluchtlinienplänen (Alignements) der städtischen Bauverwaltung von 1874, 1888, 1911. Ihre Areale reihen sich von Ost nach West, die Realisierung überschnitt sich, und sie alle sind räumlich wie zeitlich durchsetzt vom individuellen Agieren einzelner Investoren, was nachträglich zu ständigem Aktualisieren des Gesamtkonzepts führte. Sie reihen sich – nach den Durchbrüchen von Schweizer- bzw. Cranachstraße – als breiter Siedlungsstreifen im Osten (zwischen Schweizer- und Holbeinstr.), im Norden (beiderseits der Steinlestr.) und im Winkel nach Südwesten (zwischen Kennedyallee und Holbeinstr.). Dabei sind die zweite und dritte Phase weitgehend durch den Bau des Frankfurter *Hauptbahnhofs* und die damit verbundene Verlegung seiner Zufahrtsgleise bestimmt. Zumindest in diesem Zusammenhang verdient es der Bahnbauinspektor *Alfred Hottenrott*, gewürdigt zu werden; denn seine geniale Streckenkombination sämtlicher Bahngleise in Frankfurts Westen werten ihn v.a. für Sachsenhausen zum visionären – doch leider vergessenen – Stadtplaner auf (s.u. 2.7.1).

2.2.1 Vom Heiligengässchen zur Schweizer Straße (1876–1910)

Wer zu Fuß den Fluss auf der *Untermainbrücke* südwärts quert, könnte drüben in Sachsenhausen angesichts der beiden völlig unterschiedlich gestalteten Eckhäuser am Beginn der *Schweizer Straße* erstaunt sein. Daraus ergäbe sich die Frage, warum diese prominente Position nicht zur Errichtung von Zwillingsbauten verlockt hat – wie etwa am Ostrand des *Bahnhofsviertels*, wo die Gebrüder *Lönholdt* an der Kaiserstraße symmetrische Kuppelbauten als repräsentatives Quartiersportal gestaltet haben (1894; Kaiserstr. 31 & 32, 1944 zerstört). Zugegeben: Außer in der *Altstadt* bei *Rudolf Burnitz'* doppeltürmigem *Malakoff*-Ensemble gab es es zuvor in Frankfurt nichts Vergleichbares (1855; ehemals Liebfrauen- / Ecke Bleidenstr. bzw. Töngesgasse). Für *Sachsenhausen* setzte ein Jahrzehnt nach vollzogenem Brückenschlag das Eckhaus flussauf (Schweizer Straße 1 / Schaumainkai 39) den Maßstab (1887; Planung und Ausführung: Gebr. *Seeger*): Fünfgeschossig mit Eckfassaden, die Axialerker, -giebel und -turmdach zentrieren. Das formal differierende Pendant flussab gehört bereits zum *Malerviertel*, ist aber fast ein Viertel-

1883

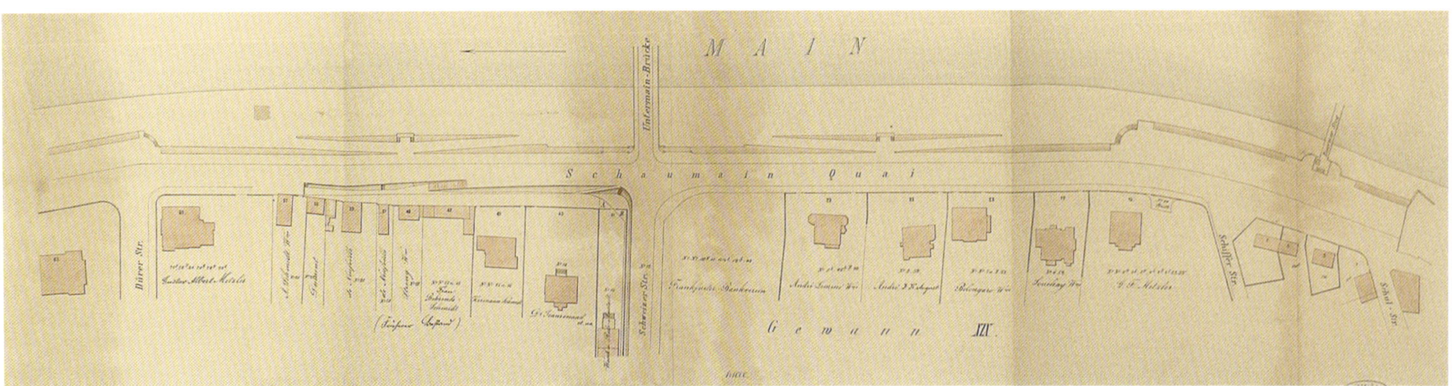

jahrhundert jünger (Schaumainkai 41 / Schweizer Str. 2) – und dafür gibt es eine Begründung, die in die Zeit der Straßenplanung zurückreicht:
Noch 1864 war die Zeile von Villen und Landhäusern entlang der *Schaumainstraße* (ab 1874 *Schaumainkai*) von einer Sackgasse unterbrochen, die fast in der Achse der ein Jahrzehnt später vollendeten *Untermainbrücke* auf den Fluss traf. Sie hieß *Heiligengässchen* und wurde noch 1870 bis zur Gartenstraße verlängert. Dass sie nicht in das Konzept eines großzügigen Straßendurchbruchs beiderseits des Mains passen würde, ahnte wohl auch *Franz Jacob Alfred von Bernus* (1808–84), dessen Familie exakt in der zukünftigen Brückenachse eine Villa mit anschließendem Gartenstreifen am Westrand des Heiligengässchens (ehem. Schaumainkai 11, später Nr. 39/41) besaß. Da er Auseinandersetzungen mit seiner Vaterstadt gescheut haben dürfte, war ihm vermutlich das Angebot des Kaufmanns *Heinrich (Hayum) Strauss,* dieses Gelände zu erwerben, willkommen (Mag.Akt. T20/919 IIIa). Spätestens 1872 konnte Strauss hier seine anspruchsvoll firmierende *Frankfurter Bade- und Reinigungsanstalt* eröffnen – gemäß dem Hygienetrend der Zeit, der entlang beider Mainufer vielfach öffentliche Badeanstalten entstehen ließ. Was das neue Etablissement auszeichnete, waren Unabhängigkeit vom Wetter und Nähe zum Wasser (Frankfurts Wasserleitungssystem folgte erst wenige Jahre später). So entstand entlang dem Gässchen ein schmales Gebäude, das mit seiner Länge von 65 Metern schließlich bis zur Gartenstraße reichte. Unverständlicherweise sah die Stadtverwaltung, obwohl seit 1870 Planungen für die Achse aus *Untermainbrücke* und *Schweizer Straße* vorlagen, keinen Grund, ihm Bau- und Betriebsgenehmigung zu verweigern. Dass die Badeanstalt florierte, erwies deren Gewinn- und Verlustrechnung für das Geschäftsjahr 1875/76. Anlässlich des plötzlichen Wunschs der Stadtverwaltung, das Gelände von Strauss zu erwerben, legte er sie offen: Bei Einnahmen von 102.163,25 Goldmark blieb knapp ein Viertel als Reingewinn (nämlich 23.383,85 Mk = ca. 230.000 Euro). Daraus vermutbar hohe Kosten bei geplantem Grunderwerb schreckte die Stadtkämmerei ab. Doch statt über den Kaufpreis zu verhandeln, schuf nun die Bauverwaltung Tatsachen: Im Zusammenhang der wegen des Brückenniveaus notwendig gewordenen Geländeerhöhung ließ sie Strauss' nördliches Badetor am Schaumainkai zuschütten (21.06.1876). Einen deshalb bis vor den Königlichen

Schweizer Str. – von der Untermainbrücke bis zur Sachsenhäuser Warte

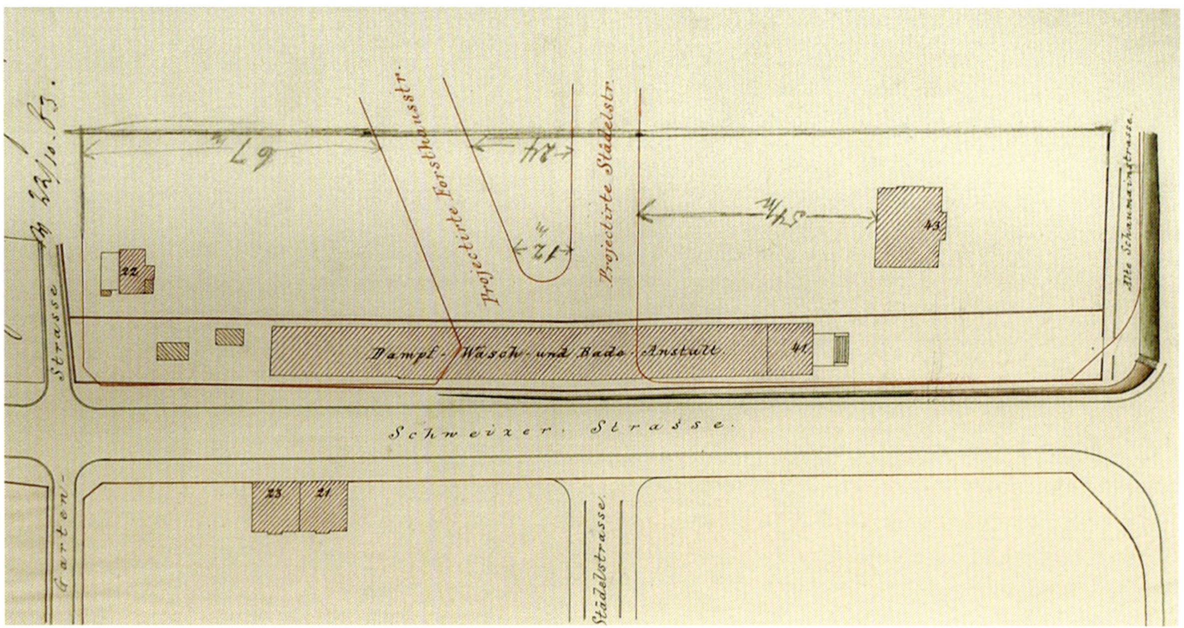

Schweizer Straße mit Badeanstalt, 1883

Gerichtshof in Berlin als letzter Instanz vorangetriebenen Prozess hat Strauss ein halbes Jahr später gewonnen (13.01.1877): Die Stadt erhielt ein Bauverbot, und ungestört florierte der Badebetrieb zwölf weitere Jahre. Unterdessen war die Schweizer Straße (ursprünglich noch mit den wechselnden, wenig originellen Bezeichnungen *Neue Mainzer Straße* bzw. *Untermainbrückenstraße*) planiert worden und ihre östliche Häuserzeile (mitsamt dem Eckhaus Nr. 1 / Schaumainkai 39) südwärts gewachsen. Dann jedoch folgte ein neuer Vorstoß – diesmal vom Tiefbauamt – mit dem Ansinnen, für die *Frankfurter Waldbahn* auf dem Strauss'schen Geländestreifen das westliche Trottoir der Schweizer Straße zu verbreitern (20.08.1889). Sein Protest ließ Strauss wiederum Zeit gewinnen, und 20 Jahre nach Beginn der Auseinan-

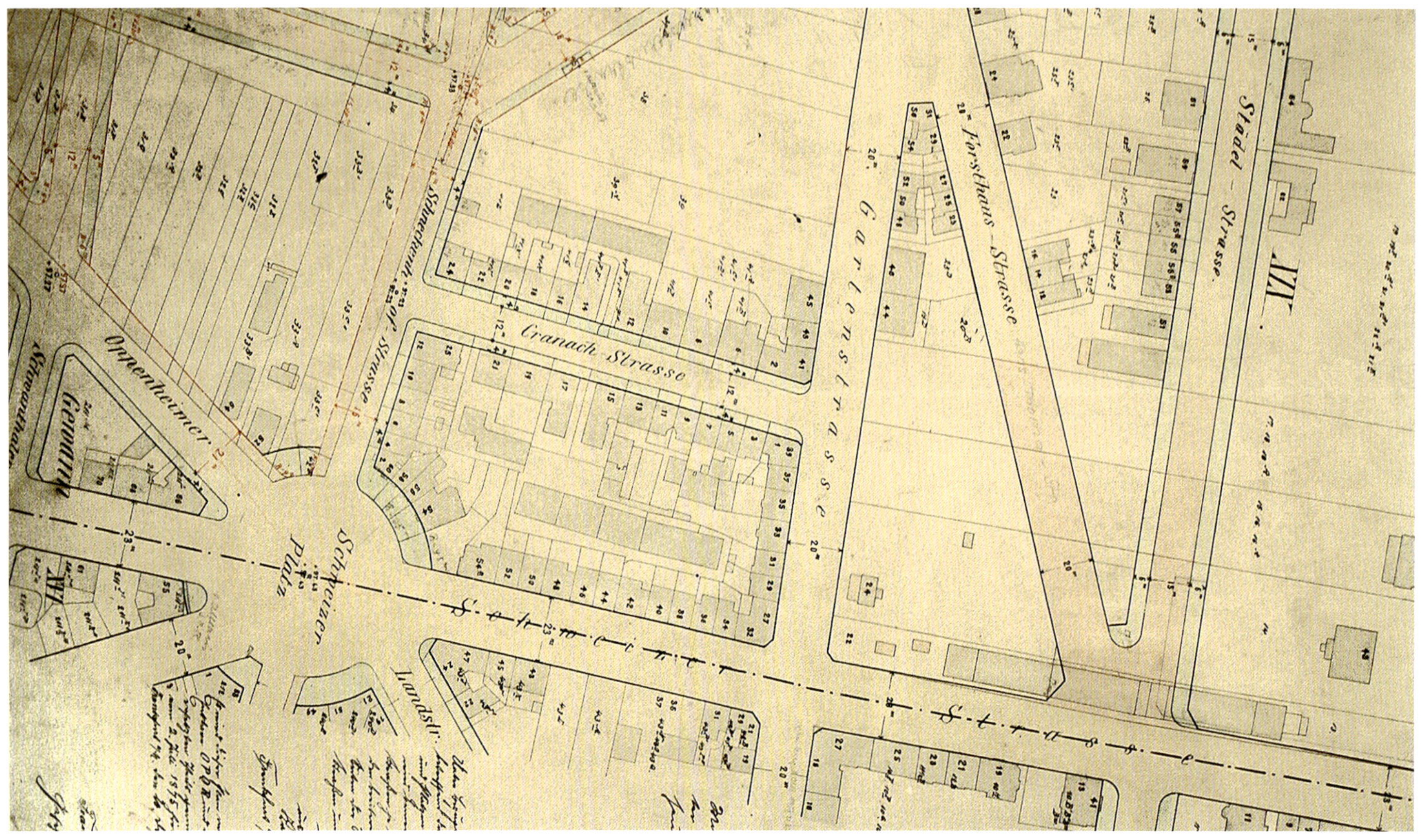

Strauss'sche Badeanstalt, Fluchtlinienplan, 1896

dersetzung um die Wahrung seiner Existenz stellte er im September 1896 sogar den Antrag zur Errichtung einer Halle von der Größe eines Wohnzimmers (35 qm). Erstmals wählte nun die Baupolizei das Gegenargument, dass es sich hier um ein für das *Wohnviertel* unpassendes Vorhaben handele. Vollends widersprüchlich empfahl dagegen der Magistrat zunächst, Herrn Strauss für sein Projekt einen Dispens zu erteilen (Mag.Beschl. v. 22.09.1896), beugte sich schließlich aber dem vernünftigeren Veto von Baupolizei und Baudeputation (25.11.1896 u. 02.08. 1897). Wünsche für die Badeanstalt blieben daher unerfüllt. Ihr Eigentümer verlor schließlich das Interesse an diesem Gelände, das übrigens in Frankfurt nicht sein einziges war, und veräußerte es nach dem ein Vierteljahrhundert währenden Streit an die Stadt. Diese erwarb darüber hinaus 1909 im Rahmen einer noch weiter westwärts reichenden Transaktion für 890.000 Goldmark von Nachbarn – wie dem Geh. Commerzienrat Dr. Christian Jeanrenaud (Nr. 41) – ebenso die Grundstücke Schaumainkai 41–43 und verkaufte – nach Abzug der Fläche zu öffentlicher Nutzung für Bahn und Bürgersteig – etwa die Hälfte des Areals für 462.420 Mark weiter an die hier ausnahmsweise gemeinsam agierenden Bauunternehmer *Jacob Carl Junior* und *Alexander Cohn & Peter Kreh* (29.10.1909), wobei Junior selbst bereits seit 1900 das damalige Nachbarhaus (Nr. 45) bewohnte. Vom einstigen *Heiligengässchen* blieb nichts, und im folgenden Jahr 1910 ist mit dem neuen Eckhaus im Westen (Nr. 41) nach 35 Jahren die endgültige Anfangsbreite der *Schweizer Straße* asymmetrisch markiert worden. Damals war diese Straße längst bis zum gleichnamigen Platz und darüber hinaus beidseitig bebaut bis zur Bahnbrücke, vor der an den Ecken mit den beiden Häusern der ehemaligen *Bebraer Bahn* ihre beiden ältesten Bauwerke (Hedderichstr. 63 u. 65) stehen. Längst waren inzwischen sämtliche Pläne zur geradlinigen Verlängerung der Schweizer Straße jenseits ihrer Kreuzung mit der *Mörfelder Landstraße* bergauf zur *Sachsenhäuser Warte* aufgegeben worden (s.u. 2.5.4), und ihre kümmerliche Fortsetzung als Hasenpfad blieb akzeptiert.

2.2.2 Schneise durch den Schneckenhof / die Cranachstraße (1873–1896)

Erstmals 1864 auf jenem Delkeskamp'schen Frankfurtplan gewinnt der ungewöhnliche Name *Schneckenhof* vorstellbare Form: An dem von Westen auf ihn gerichteten Weg gleichen Namens erscheint er am Rand einer von Wirtschaftswegen in Streifen zerlegten Streuobstwiese als ein nach Süden gerichtetes Ensemble aus drei Gebäuden. Rechts dominiert

Schweizer Platz, 1929

ein klasssizistisch anmutendes Herrenhaus von zwei Geschossen, aus dessen Walmdach sich wie ein Fassadengiebel eine große Mittelgaube vorschiebt, links davon – niedrig, schmal und lang gestreckt – ein Wirtschaftsgebäude (vermutlich ein Viehstall), schließlich am Nordrand des alles in allem rechteckigen Grundstücks ein doppelgeschossiges Hinterhaus von geringerer Dimension mit Walmdach. In seinem insgesamt strengen Erscheinungsbild könnte all das unmittelbar nach 1800 entstanden sein. Schriftliche Quellen zur Geschichte existieren offensichtlich nicht. Stadthistoriker scheinen das Anwesen daher geflissentlich zu ignorieren, und woher es seinen Namen hat, muss wahrscheinlich ungewiss bleiben. Auf ursprüngliche Funktion wie z.B. beim *Schafhof* deutet er wohl kaum, vielleicht aber auf einstige Molluskenplage in feuchten Sommern, oder doch wohl eher auf den bis heute in Frankfurt gebräuchlichen Familiennamen *Schneck* als ehemalige Eigentümer. Schwer lässt er sich der Reihe anderer in Sachsenhausen nachweisbarer Agrarbetriebe integrieren (wie am Rand von Sachsenhausen der gemäß seiner

Schneckenhof, 1864

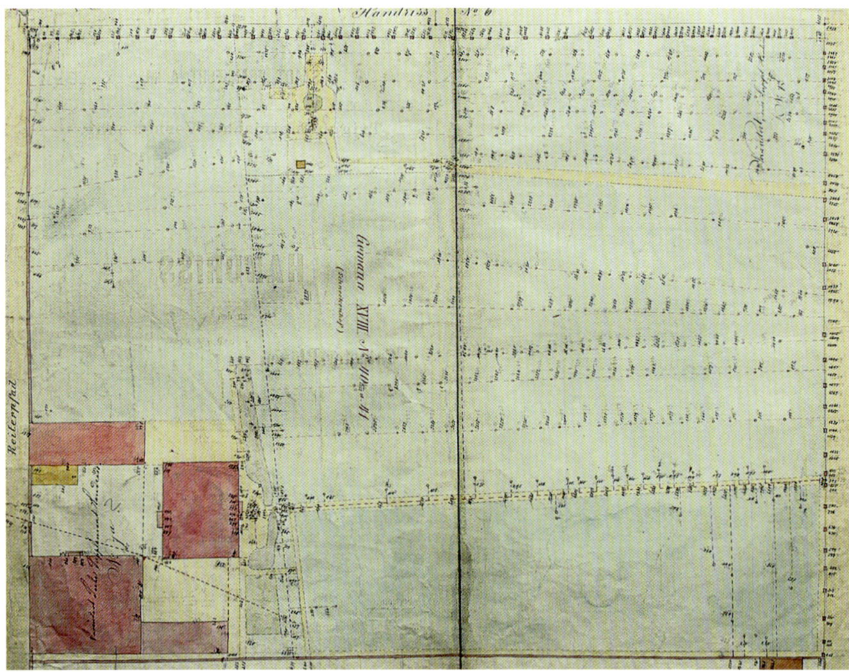

Schneckenhof, 1873

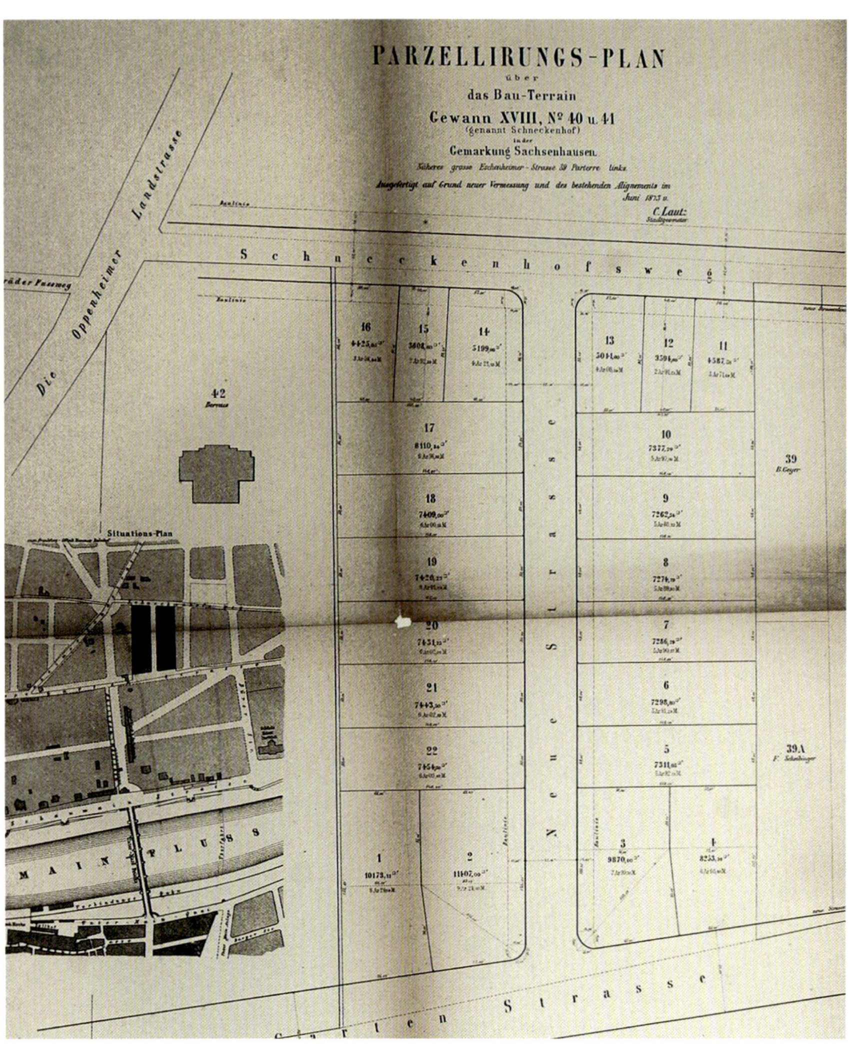

Bebauungsplan Cranachstraße, 1873

Topographie benannte *Wasser-*, *Sand-* oder *Riedhof*; s. 2), deren Geschichte gut dokumentiert ist und – wie beim Hofgut *Goldstein* – bis ins Mittelalter und somit in die Epoche der frühen Rodungen zurückreicht. Der *Ravenstein*-Stadtplan von 1870 sowie ein wenig später gezeichneter Lageplan des Schneckenhof-Geländes tragen zur Deutung wenig bei. Gleichwohl lässt damals Sachsenhausens durch Initiativen von Investoren geförderte Westausdehnung unvermittelt die agrarische Phase des Schneckenhofs enden: Das Gelände zwischen Schweizer-, Garten- und Schneckenhofstraße war eigentlich *Bernus*'scher Besitz (s. Mag.Akt T20/919 IIIa v. 08.03.1878): Doch seit Juni 1873 firmierte ein *Schneckenhof-Consortium* als neuer Eigentümer des gesamten Areals. Zu dessen Nutzung legte es den Alignements-Plan für eine neue Straße vor (*Gewann XVIII, No 40–41*). Ein Dutzend Bauplätze flankieren sie, und weitere zehn umgreifen die Ecken zu dem wenig später als *Schneckenhofstraße* aufgewerteten Feldweg, der mit direkter Verbindung zur Gartenstraße seine traditionelle Bezeichnung *Niederräder Fußweg* einbüßte (als stattdessen der *Bürgerverein Sachsenhausen* 1917 und 1919 den Namen *Boehlestraße* durchsetzen wollte, ist er beim Magistrat abgeblitzt). Die neue Straße erhielt 1874 den Namen des altdeutschen Malers *Lucas Cranach*. Ihr entlang entstanden bis 1880 erste Mietshäuser, 1894 ist sie beidseitig bebaut, und der *Schneckenhof ist* fünfgeschossigen Wohnhäusern gewichen (Cranachstr. 25 u. Schneckenhofstr. 10). Auch die ihm teilweise einst zugehörige Fläche zwischen *Cranach-* und *Garten-* bzw. *Schneckenhof-* und *Schweizer Straße* war fast gleichzeitig als erstes Karrée des *Malerviertels* mit insgesamt 39 Mietshäusern in geschlossener Blockrand-Bebauung und von ihr umschlossenen Hinterhäusern für Werkstätten vollständig besetzt. Deutlich wird dabei, dass private Investoren bei der Urbanisierung Sachsenhausens ein sehr viel rascheres Tempo vorlegten als die Stadtverwaltung mit ihrem Umlegungs- und Parzellierungsverfahren. Städtebaulich interessant ist, dass mit der Cranachstraße für das Malerviertel ein erstes Beispiel für einen Raster aus rechtwinklig sich schneidenden Straßen bzw. von ihnen umgrenzenden Bauinseln vorlag (s.u. 2.5).

2.2.3 Südwärts zwischen Schweizer-, Dürer- und Holbeinstraße / erste Planungsphase im Osten (1874–1899)

Generell sah die bereits 1874/77 entwickelte Straßenplanung für die Westhälfte des neuen Quartiers die drei parallelen Nord-/Süd-Achsen *Schweizer-*, *Dürer-*, *Holbeinstraße* vor, die vom Main bis zum zeitgleich aufgeschütteten Bahndamm reichen sollten, wobei an eine gemeinsame Unterführung gedacht war. Störend in diesem durch Querstraßen zur Rasterbildung von Baublocks zu ergänzenden Konzept wirkte allerdings die traditionell vorgegebene Diagonalführung der *Oppenheimer Landstraße* (ab Schweizer Platz). Immerhin kam noch 1888 ein ergänzender Fluchtlinienplan zustande, auf dem beiderseits des Städel-Geländes eine *Östliche-* und eine *Westliche Städelstraße* ausgreifen sollten (für den Teil flussab setzte sich erst ab ca. 1900 der Name *Steinlestraße* durch). Auf dem Papier reichte damals noch die *Dürerstraße* über die Forsthausstraße hinaus nach Süden – genau wie die (erst nachträglich so benannte) Morgensternstraße. Als spätestens 1895 zu erkennen war, dass sich die *Holbeinstraße* nicht zur Hauptverkehrsachse entwickeln würde – also auch eine bis dahin geplante Mainbrücke hinüber zur Achse der *Windmühlstraße* nicht nötig werden würde (s.u. 3.4), verzichtete man ebenso auf die Verlängerung der unwichtigen *Dürerstraße* (Mitteil.Protokoll StVV., Nr. 278 v. 02.04.), und von der parallelen *Morgensternstraße* blieb nur der Südteil (ab Schneckenhofstraße); die beiden amputierten Straßenstümpfe wurden schließlich durch eine Diagonale verbunden. Den vom Mainufer dem *Sandhöfer Fußweg* folgenden Verlauf der Dürerstraße griff später ab Schneckenhofstraße die *Schadowstraße* auf. Damit war eine komplette Rasterbebauung vermieden und für den späteren Bau von *Lukaskirche* und *Schillerschule* ein ausreichend tiefes Areal freigehalten. – Im Zusammenhang dieser Ideen stand 1899 die X-förmige Verschneidung der beiden älteren Verkehrswege von *Garten-* und *Forsthausstraße* (= Kennedyallee), die südlich des ursprünglich bis an deren Rand reichenden Städel-Areals erst 1924 mittels eines kleinen Parks kaschiert wurde (s.u. 2.2.6).

Dennoch erkennbar bleiben Reste einer von der parallelen *Morgensternstraße* ergänzten Ausbildung von bebaubaren *insulae*, wobei die südlich nach der *Schneckenhofstraße* als zweite querende *Schwanthalerstraße* jenen Parallelen ein Ende setzte, da inzwischen Entwürfe zum Bau der bis zur *Textorstraße* reichenden Doppelschule mit ihrem großen Schulhof entwickelt waren (s.u. 2.3.5).

2.2.4 Westwärts beiderseits der Steinlestraße / zweite Planungsphase im Norden (1888–1898)

Mit Vollendung des *Städel'schen Museums* (1878; s.u. 2.3.2) erlosch zunächst das Interesse an weiterer Bebauung entlang dem Schaumainkai. Doch nach einem Jahrzehnt war es erneut geweckt; denn gegenüber am Nordufer ging der Bau des *Hauptbahnhofs* seinem Ende entgegen: Statt drei kleiner Bahnstationen, die 1839–48 fast in der Achse der späteren *Untermainbrücke* stadtnah entstanden und auf Schienen von Süden über die *Main-Neckar-Brücke* erreichbar waren (s.o. 1.3), standen für den neuen Zentralbahnhof entsprechend seiner weit vor die Stadt geschobenen Position zwei 1882 über den Fluss gespannte Bahnbrücken zur Verfügung. Daher wechselte deren Vorgängerkonstruktion Funktion und Namen: Als *Wilhelmsbrücke* diente sie statt dem Bahnfortan dem Straßenverkehr (heute: Friedensbrücke). Dass sie dafür verändert, v.a. verbreitert werden musste, liegt nahe. Wie am Nordufer verschwanden die Schienen, und statt ihrer wurden neue Straßen planiert. Dem wachsenden Malerviertel gab die somit entstehende *Wilhelmstraße* (heute: *Stresemannallee*) seine gewandelte Westgrenze und städtebaulichen Auftrieb. Diese Entwicklung hatte der Architekt *Alfred Günther* erahnt und daher bereits 1884/85 ein großes Areal erworben, das er selbst zu vermarkten trachtete (s.u. 2.3.7).

Unmittelbar bevor schließlich 1889 fast das gesamte Gelände in das Eigentum der Stadtgemeinde übergegangen war, lag im Dreikaiserjahr 1888 für den interessanter gewordenen Uferstreifen neben dem Städel – also zwischen Holbein- und Morettostraße (= Schaubstraße) – ein Alignement vor, mit dem das

Fluchtlinienplan Dürer- / Morgensternstraße, 1888

Bekanntmachung.

Nachdem der Fluchtlinienplan über das von der **Rembrandtstraße, Steinlestraße, Rubensstraße** und dem **Schaumainkai** eingeschlossene Bauviertel in der **Gewann XIX** Sachsenhäuser Gemarkung die Genehmigung aller zuständigen Behörden gefunden hat, wird derselbe in Gemäßheit des § 7 des Gesetzes vom 2. Juli 1875 (G. S. S. 561) zu Jedermanns Einsicht bei unserer Abtheilung für Straßenbau in den Vormittagsstunden zwischen 9 und 12 Uhr offengelegt, was wir hierdurch mit dem Bemerken bekannt machen, daß Einwendungen gegen den Plan innerhalb einer am 10. October cr. beginnenden Ausschlußfrist von 4 Wochen bei uns schriftlich zu erheben sind.

Frankfurt a. M., den 30. September 1893.

86 **Tiefbau-Amt.**

Bekanntmachung 30.09.1893

gestreckte Trapez beiderseits einer zentralen Längsachse (*Steinlestraße*) durch drei Querstraßen (*Rembrandt-*, *Rubens-*, *Moretto-/ =Schaubstraße*) bis hin zur ehemaligen Gleiskurve der *Bebraer Bahn* zerlegt werden sollte. Für diesen zeittypischen Rasterplan drängte sich eine Nutzung als kleines geschlossenes Wohnquartier geradezu auf. – Eigentlich hätten sich die drei Querstraßen zumindest bis zur *Forsthausstraße* fortsetzen sollen, doch scheiterte diese Erweiterung zunächst an dem erst 1905 aufgegebenen Plan, das Gelände des *Rosengärtchen*s langfristig in einen Vergnügungspark zu verwandeln (s.u. 2.2.6).– Günther war daran gelegen, dass zum Fluss hin ungewöhnlich tiefe Vorgärten entstehen durften – und er hat sich durchgesetzt: Der Schaumainkai wurde in seiner Breite auf 22,5 Meter verringert, *„da das Günther'sche Bauterrain mit Villen besetzt werden soll"*, deren Vorgärten somit bis zu sieben Meter tief werden konnten (Bericht d. Tiefbauamts Nr. 2725 v. 23.03.1889). Dementsprechend entstanden hier um 1900 fast ausschließlich Einfamilienhäuser – und viele davon nach Günthers Plänen. Offen blieb die Entwicklung an der Wilhelmsbrücke: Um deren Anschluss rasch zu erreichen, wählte die Stadt das unpopuläre Mittel der Enteignung. Das Feilschen um die zu zahlenden Grundstückspreise sollte sich bis zum Sommer 1891 hinziehen. Allerdings blieb der westliche Schaumainkai bis 1908 hinter der tatsächlichen Entwicklung des Stadtviertels zurück; denn er präsentierte sich geschottert als Chaussee, danach erst erhielt er sein dauerhaftes Granitpflaster.

2.2.5 Im Winkel zwischen Kennedyallee und Holbeinstraße / dritte Planungsphase im Südwesten (1888–1911)

Besonders für die letzte Entwicklungsphase des *Malerviertel*s bedeutete die Gleisverlagerung nach Westen eine entscheidende Voraussetzung. Dabei sollte nicht außer Acht bleiben, dass bereits seit 1874 mit Fixierung des Bauplatzes für den neuen *Centralbahnhof* durch das preußische *Ministerium für öffentliche Arbeiten* auch in Sachsenhausen die Weichen für neue Straßen gestellt waren. Mit dem Gleisrückbau

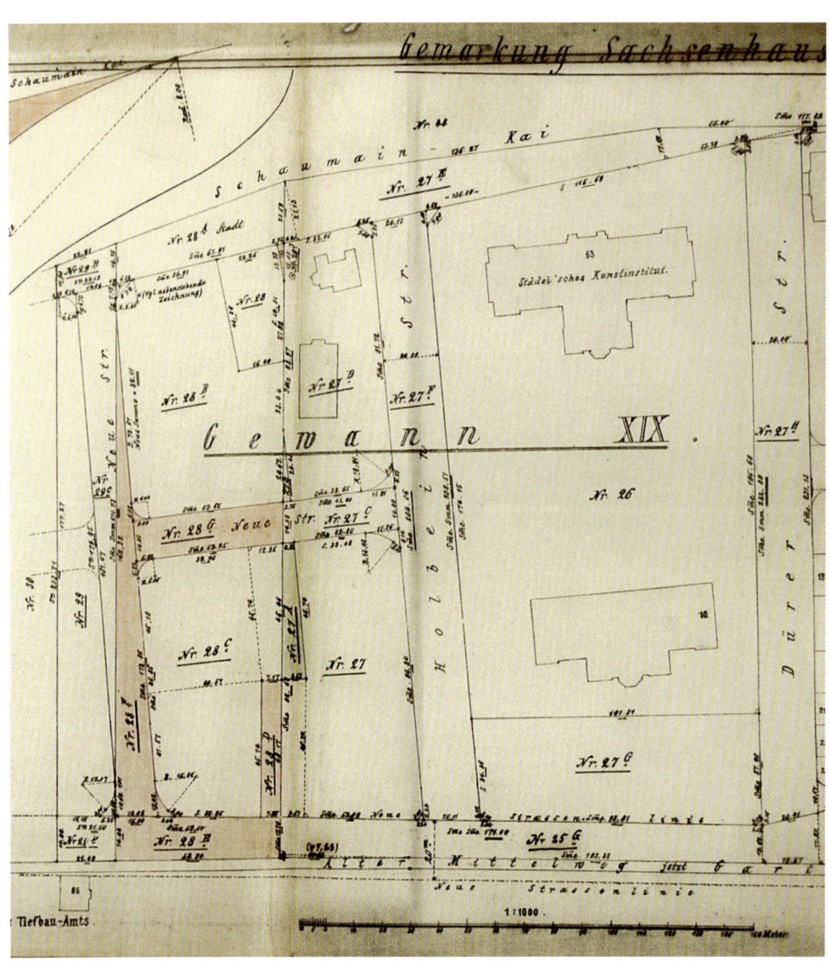

Fluchtlinienplan obere Steinlestr. (südl. der „Germania"), 1886

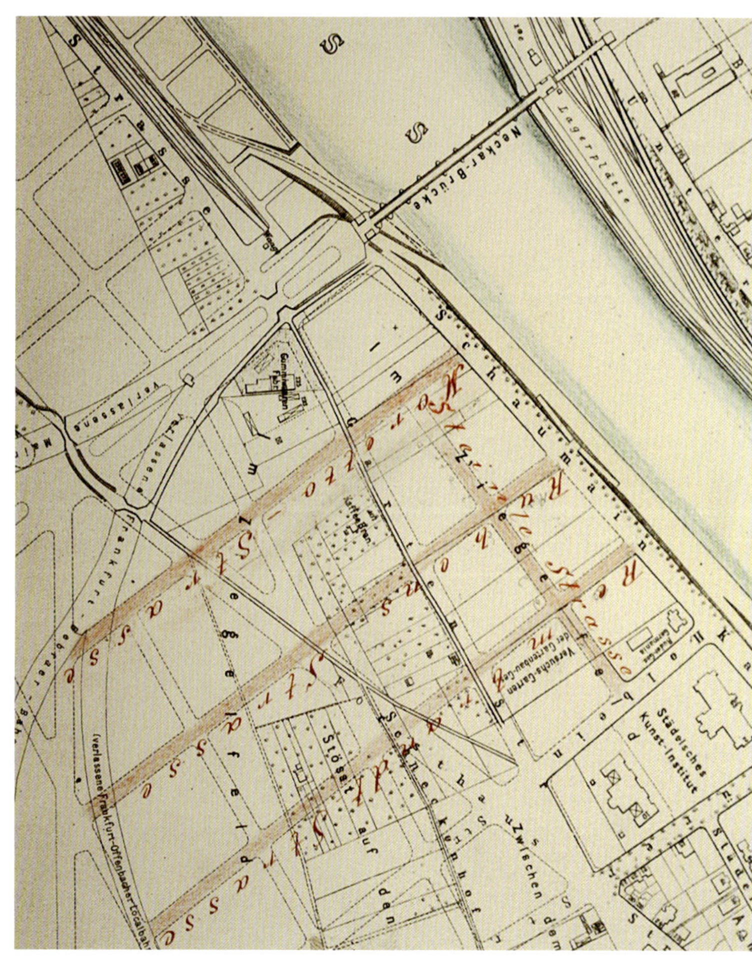

Fluchtlinienplan Steinlestr. mit verlängerten Querstraßen, 1888

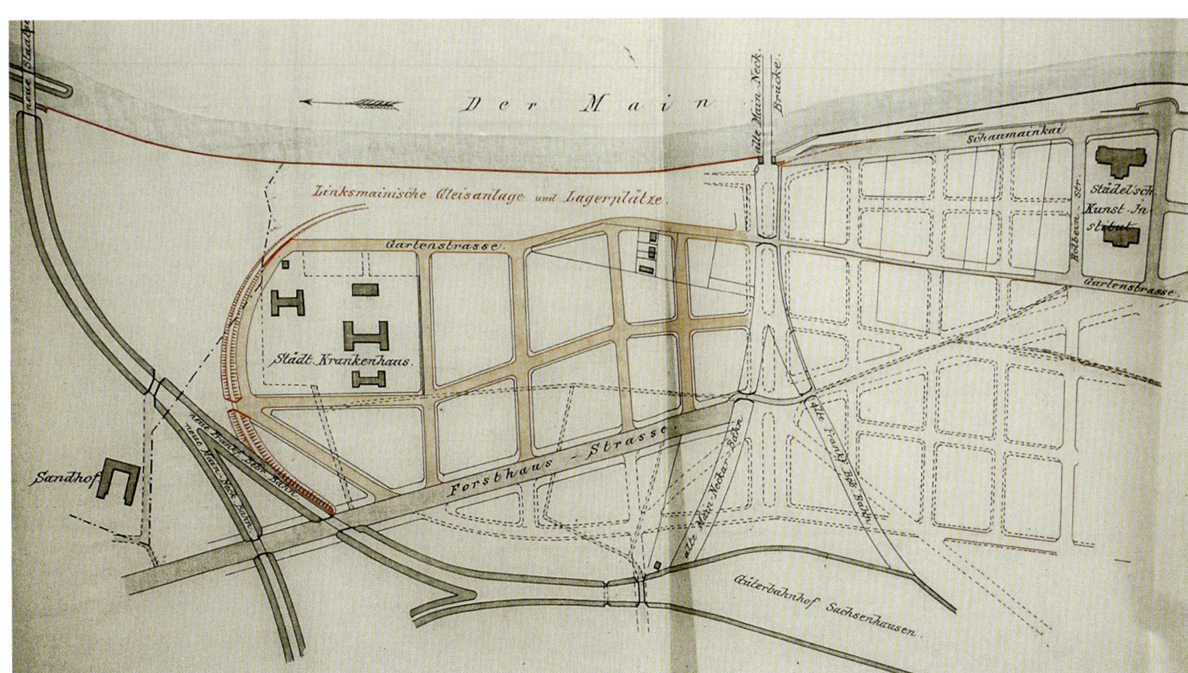

Fluchtlinienplan Holbein-/ Wilhelmstr., 1886

Fluchtlinienplan Holbein-/ Wilhelmstr., 1909

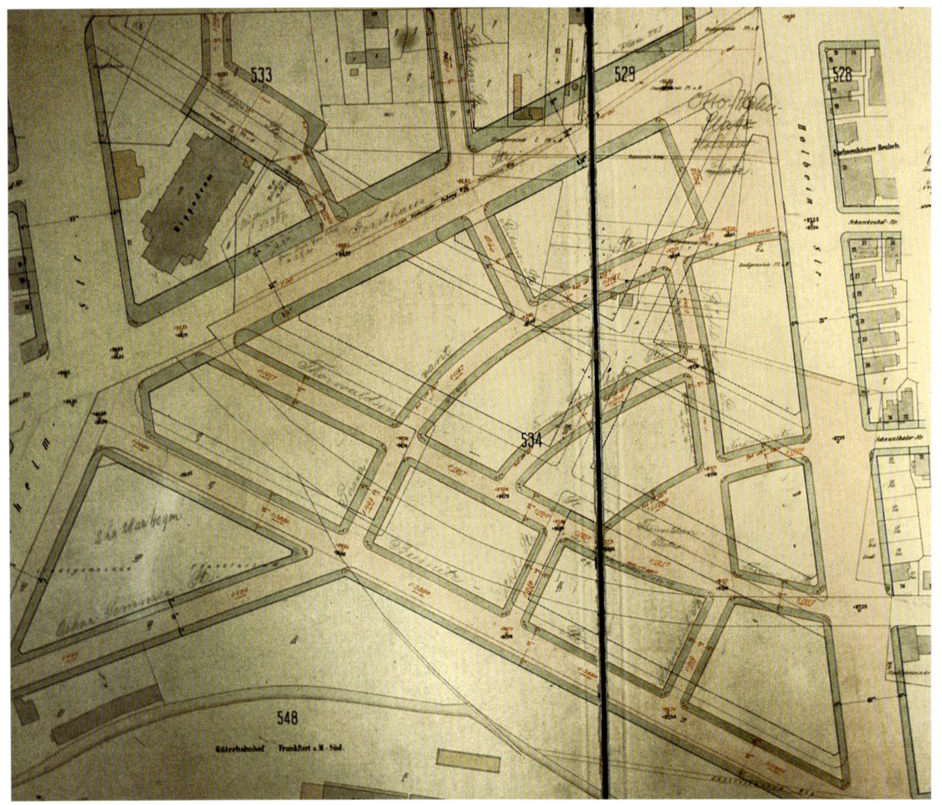

Fluchtlinienplan Holbein/ Forsthausstr., 1910

der eingestellten *Lokalbahn* (s.o. 1.3) war 1875 für *Textor-* und *Thorwaldsenstraße* der Verlauf festgelegt, und deren Endkurve sollte ebenso die Kongruenz der in Form eines Tortenstücks nachfolgenden Verkehrswege bestimmen. Weitgehend überwunden war somit eine regelmäßige Rasterbildung, wie sie sich bei den beiden vorangegangenen Planungsphasen vereinzelt angedeutet hatte (s.o. 2.2.4); denn *Rembrandt-* und *Morettostraße* sollten an der *Garten-* bzw. vor der *Forsthausstraße* enden oder sogar wie die *Rubensstraße* noch weiter südwärts reichen, und auch die zwischen jenen beiden gedachte Ost-West-Verbindung (in der Achse der späteren *Sandhof- / Paul-Ehrlich-Straße*; s.u. 2.7.1) entfiel schließlich.

Mit dem Abbruch des Gleisdamms der *Bebraer Bahn*, von dem herab fortan weder Dampf das Gelände vernebeln noch Russ auf die Gebäude rieseln konnte, setzte jene letzte Entwicklungphase ein: Auf der Grundlage des Umlegungsgesetzes von 1902 begannen allerdings erst 1909 (25.07.) Verhandlungen mit insgesamt 41 Grundeigentümern über Erwerb und Aufteilung von knapp 42 Hektar Bauland (inkl. Verkehrsflächen) westlich der Holbeinstraße (s. Mag.Akt: T20/1121). 15 Monate haben sie sich hingezogen (02.03.1910), wobei die Familie des Apfelwein-Kelterers *Heinrich Philipp Freyeisen* als bedeutendster Eigentümer innerhalb des Gebiets der Innenkurve galt. Bis zu diesem Datum scheinen sämtliche geplanten Verkehrswege im Westwinkel von Holbein- und Forsthausstraße, zu deren Verlauf schließlich zwei grundsätzlich unterschiedliche Varianten lange diskutiert worden waren, lediglich Straßennummern getragen zu haben. Als Vorschläge, dies durch Namen zu ändern, nannte die dafür eingesetzte Historikerkommission die Künstler *Johann David Passavant* (1787–1861), *Christian Rauch* (1777–1857), *Alfred Rethel* (1816–59), *Ernst Rietschel* (1804–61), *Bertel Thorwaldsen* (1770–1844), *„weil sich das neue Baugebiet unmittelbar an dasjenige Gebiet anschließt, in welchem mit der Benennung der Straßen nach hervorragenden Künstlern der Anfang gemacht worden ist und daher bei der Annahme der jetzigen Vorschläge beide Gebiete zusammen in Bezug auf Straßenbenennung ein abgerundetes Ganzes ergeben"* (s. Mag.Beschl. No 2013 v. 24.10.1911). Bis auf die Bildhauer Rauch und Rietschel, an deren Stelle die Architekten *Heinrich Burnitz* (1827–80) und *Oskar Sommer* (1840–94) traten, entsprachen die städtischen Gremien den Wünschen der Wissenschaftler und ergänzten sie sogar um *Andreas Achenbach* (1815–1910), *Arnold Böcklin* (1827–1901), *Franz von Lenbach* (1836–1904), *August von Nordheim* (1813–84) und *Adolf Schreyer* (1828–99). Von den fünf Jahren, die der Magistrat bis zur Fertigstellung dieser neuen Straßen veranschlagt hatte, waren inzwischen bereits mehr als zwei vergangen, in denen immerhin die Grundstücke städtischer Besitz wurden und seine im Verlauf annähernd festge-

Parzellierungsplan Holbein/ Forsthausstr., um 1913

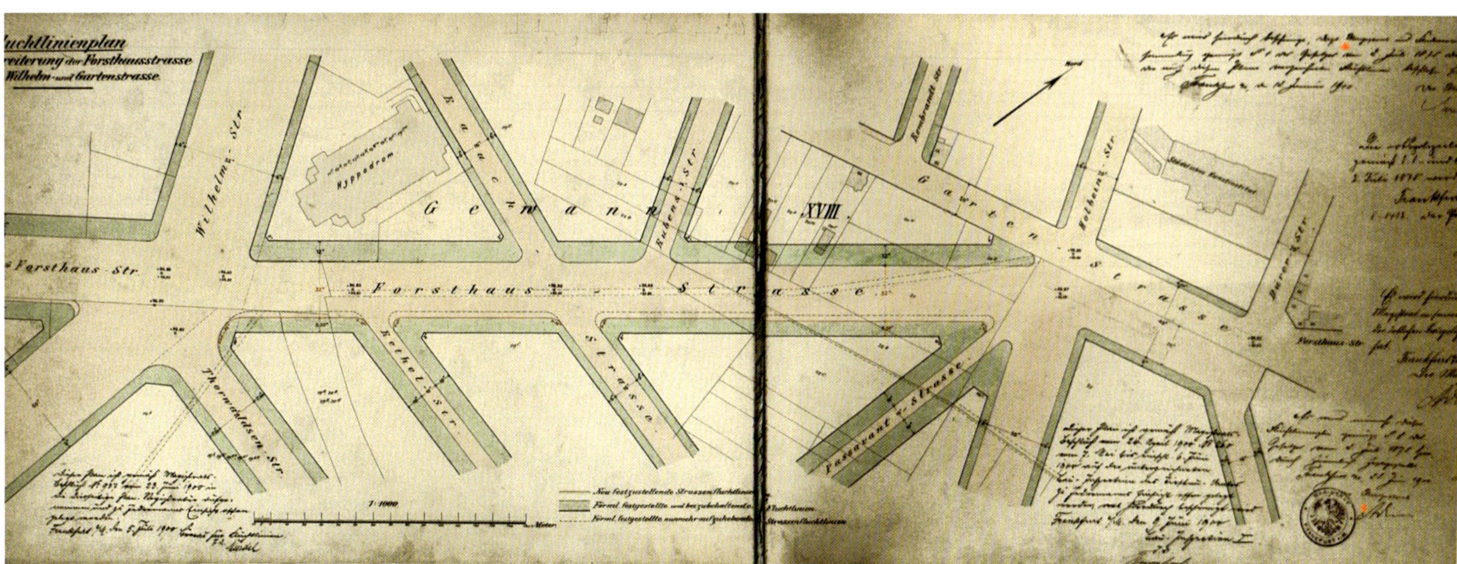

Fluchtlinienplan Forsthausstr., 1910

legten Straßen nach Künstlern benannt waren. Jene beiden letzten Varianten von 1905 und 1911 beschränken sich auf eine dreieckige Fläche: Nach Norden gerichtet mit Rückgriff auf Rasterbebauung und mit Ausbildung eines quadratischen *Thorwaldsenplatzes* am Südrand (bei Verzicht auf Nutzung der Lokalbahn-Trasse) bzw. nach Südosten gerichtet mit konzentrischen Straßenzügen (gemäß der kurvigen Lokalbahn-Trasse) und entsprechend dreieckigem *Thorwaldsenplatz*; realisiert wurde diese Alternative. Selbst wenn das äußerlich am Straßenbild wenig änderte, bildete fortan die *Holbeinstraße* offiziell die Zäsur zwischen der *„gemischten inneren Zone"* im Osten, wo neben dem Wohnen auch Gewerbe zugelassen war, und dem reinen *„Wohngebiet der äußeren Zone"* im Westen.

2.2.6 „Öffentliches Grün" im Streit und private Gärten (1878–1931)

„Gartenplätze dienen vorwiegend der öffentlichen Gesundheit und Erholung,
sind aber zugleich die freundlichsten Schmuckmittel unserer Städte.
Sie bieten Gelegenheit zum Ausruhen auf schattigen Sitzen
und in anmutender Umgebung,
sie erfreuen durch den frischen Pflanzenwuchs,
durch Blumen und durch grünen Rasen das Auge.
In Verbindung mit Promenaden und Parkanlagen
ersetzen sie der Stadtbevölkerung
die Naturschönheiten des Landes."
(Josef Stübben, 1907)

Lärm und Gestank innerhalb der Festungsmauern hatten nach 1750 reiche Bürger veranlasst, vor der Stadt im Grünen ihre Sommerhäuser zu errichten (s.o. 1.1). Nach 150 Jahre waren diese fast alle verschwunden, dennoch bot das *Malerviertel* zumindest punktuell den Eindruck einer Gartenstadt – v. a. entlang der alleeartigen Straßen mit ihren Baumreihen und Vorgärten oder durch kleine Gartenplätze, die zwischen bebauten Karrées übrig blieben. Angesichts der Sachsenhäuser Straßenpläne hatte sich Stadtgärtner *Andreas Weber* (1832–1901), der seit dem Tod seines berühmten Großvaters *Sebastian Rinz* (1782–1861) dessen Position einnahm, längst Gedanken über zu pflanzende Baumarten gemacht. Er empfahl v.a. Platanen, Ulmen, Linden, Kastanien (s. Mag.Akt: 25/1373 I; Pappeln, wie um 1900 entlang der *Hedderichstraße* gepflanzt, hat er allerdings nie favorisiert); schon 1878 wollten die Stadtverordneten den *Schweizer Platz* in ein Rondell von Platanen verwandeln (15.10.; s. Mag.Akt. T25/1393). Als schwierig erwies sich zwei Jahrzehnte später die Anlage des Parks an der *Tischbeinstraße*, der zunächst *Holbein-*, später *Otto-Hahn-Platz* hieß. Sein volkstümlicher Name *„Rosengärtchen"* verweist auf eine besondere Vorgeschichte: 1897 hatte auf dem noch unbebauten Gelände zwischen *Holbein-* und *Forsthausstraße* zur Präsentation unterschiedlicher Rosenzüchtungen eine Ausstellung stattgefunden (ortsübliche Methode zur Zwischennutzung zukünftiger Baugebiete, wie sie Frankfurt schon 1891 im späteren *Bahnhofsviertel* mit der *„Elektrotechnischen Ausstellung"* angewandt hatte). Als nach einem halben Jahr im November '97 die Rosenausstellung endete, hofften Anwohner und der rührige *Sachsenhäuser Bezirksverein* auf eine dauerhafte Grünanlage, sahen sich aber getäuscht. Stattdessen plante die Stadtverwaltung eine westwärts bis zur *Rubensstraße* reichende Festwiese für Karussells, Schießbuden und ähnliche Etablissements, d.h. einen lauten *Rummelplatz*. Bis 1905 zogen sich Proteste der ringsum wohnenden Bürger hin, danach

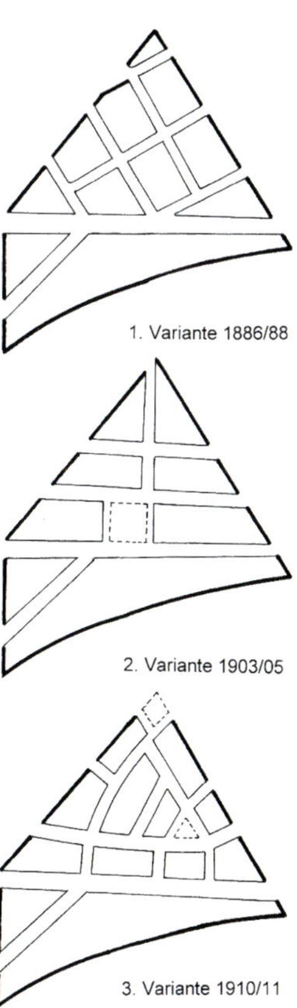

Planungsphasen 1–3 im Südwesten

erst ist der kleine Park angelegt worden (wenn auch ohne ein zentrales Kunstwerk, das zu stiften die Beschwerdeführer noch 1910 bereit gewesen waren; s.u. 2.5.2). – Bereits 1906 (07.11.) beschwerten sich erste Anlieger der *Wilhelmstraße* (= Stresemannallee) – wie *Johann Christoph Welb* (Architekt des Hippodroms; s.u. 2.3.4) und *Eduard Beit von Speyer* (reichster Bürger der Stadt; s.u. 2.7.1) – über fehlende Bepflanzung und daher unpassende Nutzung von deren Mittelstreifen für Schutt und Baumaterial. *„Die Folge davon ist, dass [...] dadurch ein Zustand herbeigeführt wird, der für die Anwohner höchst unangenehm ist und den villenartigen Charakter jener Gegend erheblich beeinträchtigt"* (s. Mag.Akt. T25 /1475). – 1910 erhielt die *Schreyerstraße* zum Kaschieren ihres Knicks ein begrüntes Platzoval (StVV. § 628 v. 28.06.; s.u. 2.4.2). 1912 folgte als winziger Park der *Thorwaldsenplatz*, der sich erst 1911 als unbebaubare Restfläche inmitten eines Straßendreiecks erwiesen hatte (s.o. 2.2.5).

Rosenausstellung, 1897

Rosengärtchen

rechts: Schaumainkai flussab zur Friedensbrücke

Kreuzung Kennedyallee / Gartenstraße und Thorwaldsenplatz

Gleichzeitig brach aber erneuter Streit zum *„öffentlichen Grün"* aus: Noch bevor die Westseite der *Holbeinstraße* bebaut war, sollte im Frühjahr 1912 deren Mittelstreifen eingesät und bepflanzt werden, doch er blieb *„brach liegen"* als *„Tummelplatz für die lärmende Straßenjugend"* (s. Mag.Akt. T 25/ 1381). Es waren wiederum Bewohner der kaum älteren Gebäude an der östlichen Straßenseite, die sich mit dem einleuchtenden Argument beschwerten, *„dass die zukünftigen Anwohner jenes westlichen Teils der Holbeinstraße diese Bauplätze gewählt haben in der Meinung und in der Erwartung, dass ein ruhiges und vornehmes Wohnen hier ermöglicht und gewährleistet sei durch Familienhäuser oder Mietshäuser, dass an dieser Stelle schon jetzt gärtnerische Anlagen hergestellt werden, die eine Freude für das Auge, eine Verbesserung der Luft und ein ruhiges, angenehmes Wohnen herbeiführen und sichern können"* (15.06.1912 u. 08.04.1913). Sie hatten Erfolg. – Schließlich entstand 1924, wo die Holbeinstraße die X-förmige Verschneidung von *Garten-* und *Forsthausstraße* kreuzt, eine von Bäumen gerahmte grüne Insel, in der die Straßenbahn hält (s. StVV. § 174 v. 16.09.).

Schaumainkai westlich der Untermainbrücke (mit Dom und Dreikönigskirche)

Auf einer Bank unterhalb des *Schaumainkais* am Fluss zu sitzen und auf Schleppkähne oder Ausflugsdampfer zu blicken, entspannt. Man könnte annehmen, dass dies seit Vollendung des *Städel'schen Kunstinstituts* 1878, spätestens aber seit 1888 möglich war; denn während dieses Jahrzehnts hatten oftmals Lastkähne hier angelegt, um ihre Fracht roter Quader aus den Sandsteinbrüchen um *Miltenberg* zu löschen. Gleich vor Ort fügte sich aus ihnen die den Fluss begleitende Ufermauer des Tiefkais und darüber die Hochkaimauer, die ein Abrutschen der um vier Meter aufgeschütteten Uferstraße verhindern sollte (s.o. 2.2.1). Der Uferstreifen zum Anlanden hieß damals zunächst *Städelwerft* – und das deutete keineswegs auf friedvolle Beschaulichkeit (genau wie der spätere Name *Skagerrakufer*; s.u. 2.4.3): Als 1910 die städtische Verwaltung zudem die gerade gepflasterte *Schaumainstraße* und ihre Rampen für nächtliches Umladen von Kehricht und Abfall aus Pferdefuhrwerken auf Müllschiffe nach *Niederrad* nutzen wollte, erhob sich lautstarker Protest der Anrainer (07.11.; s. Mag.Akt. T25/1330): Diese Entwicklung stünde *„im Widerspruch dazu, dass das ganze Gebiet als Villenviertel bestimmt worden ist und den Anliegern dasselbst mit Rücksicht hierauf weitgehende Auflagen bezüglich der Bebauung und Ausnutzung gemacht werden"*. Das der städtischen Verwaltung vorgelegte Schreiben trug u.a. Unter-

Garten der Villa de Neufville

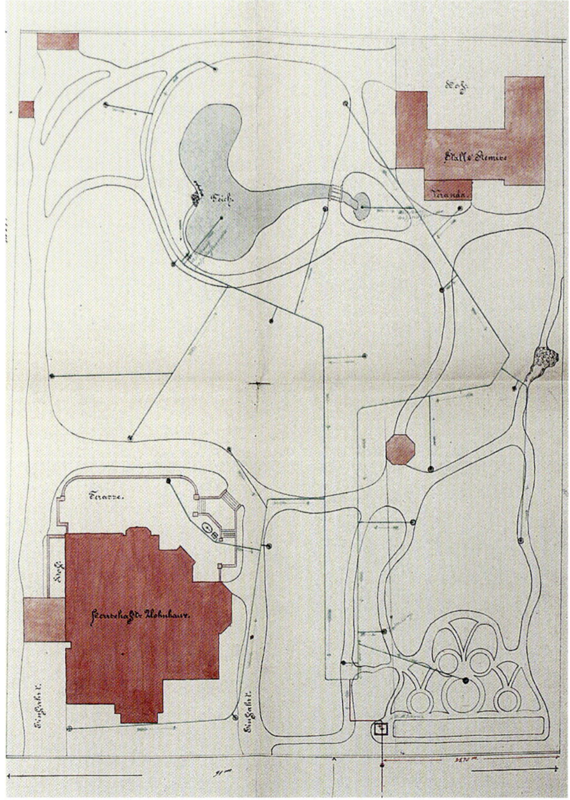

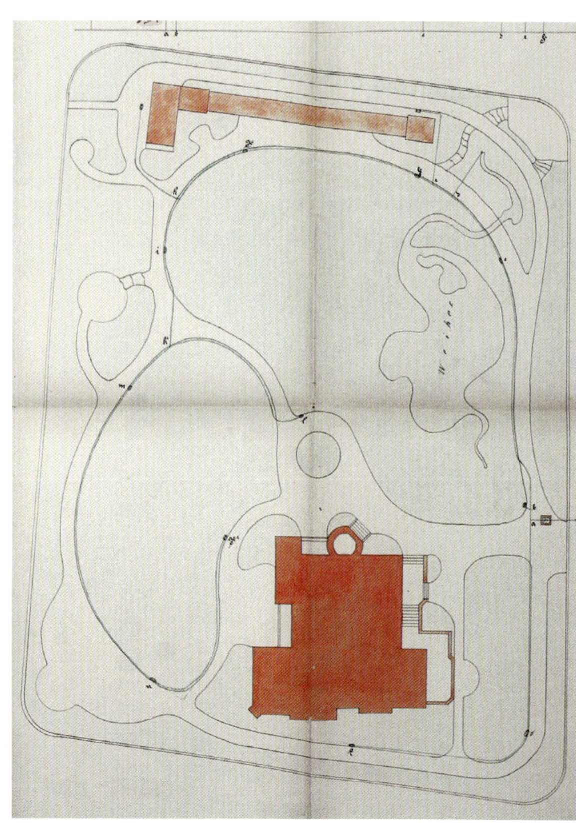

rechts: Garten der Villa v. Liebieg

schriften der Bankiers *Otto Hauck* (Schaumainkai 47) und *Albert Metzler* (Nr. 61), der Architekten *Jacob Carl Junior* (Nr. 45), *Hermann Ritter* (Nr. 67), *Alfred Günther* (Holbeinstr. 8) und *Eduard Holzmann* (Nr. 83) sowie der Malerin *Lina von Schauroth* (Nr. 91). Und es barg den noch älteren Vorwurf, *„dass die Angrenzer des Schaumainkais ohnedies seit einigen Jahren dadurch stark geschädigt sind, dass der Tiefkai längs des ganzen Schaumainkais von der Stadt an diverse Unternehmer als Lagerplätze für Sand und andere Materialien vermietet worden ist"*. Als kalkulierte Unwahrheit erwies sich alsbald das behördliche Versprechen, diese Belästigungen durch *Lärm und Gestank* würden mit der bevorstehenden Vollendung des *Osthafens* 1912 enden; denn noch nach dem Ersten Weltkrieg lagen dort häufig Lastkähne mit Baumaterial vor Anker, was nicht auf eine Änderung deutete. Zwei Jahrzehnte dauerte es noch, bis endlich 1931 die gärtnerische Gestaltung des Uferstreifens begann.

Die 50 Jahre zuvor am Hochufer gepflanzte Doppelreihe aus Platanen bot damals zumindest Sichtschutz – durch ihn hätten die Villenbewohner am *Schaumainkai* neidvoll auf das gegenüber am *Untermainkai* bereits 1861 unter Stadtgärtner *Sebastian Rinz* begonnene *Nizza* blicken können. Das jedoch war kaum nötig; denn die schönsten und größten Gärten dehnten sich oben hinter dem Hochkai aus: Zwar hatten meterhohes Auffüllen und Befestigen des Ufers ältere Strukturen zerstört. Doch mit neuen Wohnhäusern entstanden auch andere Hausgärten – auch wenn sie nicht mehr bis zur Gartenstraße, sondern nur bis Städel- oder Steinlestraße reichten. Heute vermitteln lediglich historische Gestaltungspläne eine Vorstellung von solch großzügigen Privatparks. Parzellenstreifen, deren geringe Breite vom Sommerhaus am Fluss bestimmt war, die aber zum Ausgleich bis zu 100 Meter ins Gelände ausgriffen, gab es in jener zweiten Bauphase nicht mehr – stattdessen ausgedehnte, fast quadratische Anlagen mit gewundenen Wegen und künstlichen Gewässern, wie es als einziges teilweise erhaltenes das Liebieg'sche Areal bietet – das galt gleichermaßen für die Metzlers, die Haucks, die Neufvilles, über deren Grundbesitz sich die Landesversicherungsanstalt ausdehnen durfte. Und flussauf sah es ganz ähnlich aus (s. Schaumainkai 29).

Zum Trost: Als *„öffentliches Grün"* gelten ebenso die Museums- und Schulgärten, über deren Anlage es nie zum Streit kam. Auch steigt von Osten nach Westen noch immer die Anzahl öffentlicher Parkflächen und Alleebäume wie die privater Vor- und Hausgärten – also vom Sachsenhäuser Stadtkern zum Wald. Andererseits sind mehr als drei Dutzend einst begrünter Gartenparzellen nach dem Ende des Zweiten Weltkriegs bebaut worden.

2.3 BEBAUUNG / HÄUSER ZUM WOHNEN UND ANDERE GEBÄUDE

Zwischen Stadtplanung und -bebauung existiert ein ebenso natürlicher Zusammenhang wie eine sinnvolle Reihenfolge. Dennoch bedurfte es noch 1875/76 in der inzwischen auf eine Dekade als preußischer Provinzstadt zurückblickenden Mainmetropole erneut deutlicher Regulierungs- und Ausführungshinweise der königlichen Bezirksregierung in Wiesbaden, um hier ordnend einzugreifen. Knapp formuliert lauteten diese: Zuerst werden Fluchtlinien- und Bebauungspläne beschlossen, erst danach durfte gebaut werden. Dass dabei Bürger nicht entrechtet, sondern beteiligt sind, garantieren die bis heute gültigen Fristen zur Offenlegung derartiger Planungen – publiziert allerdings nur im städtischen Amtsblatt, worauf die Tagespresse hinzuweisen pflegt. Wer sol-

Erbpachthäuser beiderseits der Oppenheimer Landstraße, 1906–07

che Fristen versäumt, begibt sich seines Mitspracherechts (so wie noch im Dezember 1911, als beim Entstehen des *Dichterviertels* die zu spät protestierenden Bürger der gerade eingemeindeten Dörfer *Eschersheim* und *Ginnheim* das Angebot der Stadtverwaltung nicht gekannt und es nicht genutzt hatten).

Da die Stadtgemeinde auch im *Malerviertel* durch Kauf oder Tausch zum Eigentümer großflächiger Baugebiete geworden war, bestimmte sie die Voraussetzungen zu deren Ausnutzung. Für die meisten galt die Weitergabe an zukünftige Bauherren mittels Erbpacht. Solche *Erbpachthäuser* entstanden v.a. in Arealen, wo zukünftig eine unterschiedliche Entwicklung nicht ausgeschlossen werden konnte – z.B. eine spätere öffentliche Nutzung zwischen Schwanthaler- und Textorstraße westlich der gleichnamigen Doppelschule, wo bis heute die niedrige Bebauung mit paarigen Einfamilienhäusern überrascht. Beeinflusst wurde die Bauentwicklung ebenso durch leer belassenen Baugrund – wie auf dem lang gestreckten Trapez zwischen Burnitz- und Thorwaldsenstraße –, wo sich der Eisenbahnfiskus nahe der Bahnlinie (wie 50 Jahre zuvor an der Hedderichstraße) zum Wohnungsbau für Bahnbedienstete eine Baulandreserve vorbehalten hatte.

Insgesamt überzeugt allein die Liste sämtlicher Gebäude, dass sich zwischen Schweizer Straße und Stresemannallee im Lauf von 65 Jahren das Malerviertel als geschlossenes Wohngebiet entwickelt hatte. Auch wenn man heute nach 75 weiteren Jahren darin spazieren geht, bleibt dieser Eindruck gewahrt. Von den 772 Hauseinheiten, die erfasst wurden (Stand: 1939; s. 2.6.1) gelten ursprünglich lediglich 20 als öffentliche Bauten (Museen, Schulen, Kirchen), Büro- bzw. Fabrikgebäude oder Ähnliches (s.u.). Zu diesem kleinen Anteil von knapp drei Prozent gehört als eines der ältesten das zugleich architektonisch bedeutendste Bauwerk des Viertels – und leicht möchte man glauben, dass es nur dieses *Städelmuseum* war, das 1874 den entscheidenden Impuls zur Entwicklung des gesamten Quartiers gab. Bei Grundsteinlegung des Städels existierten in dem zukünftigen Baugebiet 18 Gebäude – die Hälfte davon als Villen entlang dem Schaumainkai, außerdem der Schneckenhof, jene Fabrik nahe der Lokalbahn und u.a. eine Badeanstalt (ohne die sechs Bleichhäuser auf den vorgelagerten Uferwiesen) – von denen lediglich fünf die folgende Jahrhundertwende überdauerten. 1904 – also eine Generation später – sind bereits mehr als 312 Neubauten errichtet, davon erreichte das Jahr 1902 mit 46 die dauerhaft höchste Bauleistung pro Jahr. Bis 1908 hatte sich jene Zahl mit 392 auf 50 Prozent vom Bestand bei Ausbruch des Zweiten Weltkriegs gesteigert. Unmittelbar vor dem Ersten Weltkrieg entstand allein in den Jahren 1912/13 mit 77 neuen Hauseinheiten

1881 (Cranachstr. 1)
1890 (Cranachstr. 2)

1899 (Textorstr. 90)
1899 (Schweizer Str. 100)

1900 (Kaulbachstr. 39)
1901 (Hedderichstr. 96)

1903 (Gartenstr. 122)
1903 (Morgensternstr. 33)

1904 (Schneckenhofstr. 19)
1908 (Gartenstr. 49)
1911 (Gartenstr. 99a)
1913 (Passavantstr. 11)

ein Zehntel jener 1939 insgesamt vorhandenen Gebäude (in dieser Zahl sind die ca. 30 Hinterhäuser nicht enthalten).
Manchmal verwundern dürfte die verhältnismäßig große Zeitdifferenz zwischen amtlicher Festlegung des Straßenverlaufs mit seinen Fluchtlinien und dem Beginn der Bebauung. Zwar sind es am Anfang der Forsthausstraße (d.h. in der heutigen Hans-Thoma-Straße) nur zwei Jahre (1874–76). Bereits bei der Cranachstraße wurden es fünf Jahre (1873–78). Ein Jahrzehnt verging in der Schweizer Straße (1874–84) und später in der Steinlestraße (1888/90–99). In der Thorwaldsenstraße benötigte man schließlich 14 (1899–1913) und in der Achenbachstraße sogar 17 Jahre (1911–28). Eine der Ursachen dürfte darin gelegen haben, dass Verkauf bzw. Verpachtung des weitgehend zuvor durch die Stadt erworbenen Baugeländes durch Krieg und Krisen nur zögerlich erfolgten.

Es mag als Gegensatz befremden, dass die Bebauung des *Malerviertels* 1874 zugleich mit *„Schinkels Enkel"* und *„Sempers Schüler"* begonnen hat: Die damals im Auftrag des preußischen *Ministeriums der öffentlichen Arbeiten* entlang der Hedderichstraße (östlich der Schweizer Straße die Nrn. 55–63, westlich die Nrn. 65–69a) errichteten Wohn- und Verwaltungsgebäude sind stilistisch nichts anderes als schlichte Zeugnisse des Berliner *Klassizismus*, dessen führender Vertreter *Friedrich Schinkel* damals bereits seit 33 Jahren tot war. Und Sommers *Städelmuseum* am Schaumainkai (Nr. 63) in seiner üppigen *Neurenaissance*-Architektur wäre ohne den Ein-

Gebäudezuwachs 1874–1939
(unterlegt ist der Straßenraster von 1939 – jedoch nicht maßstäblich, d.h. die Straßen sind zu breit, die Gebäude zu klein dargestellt)

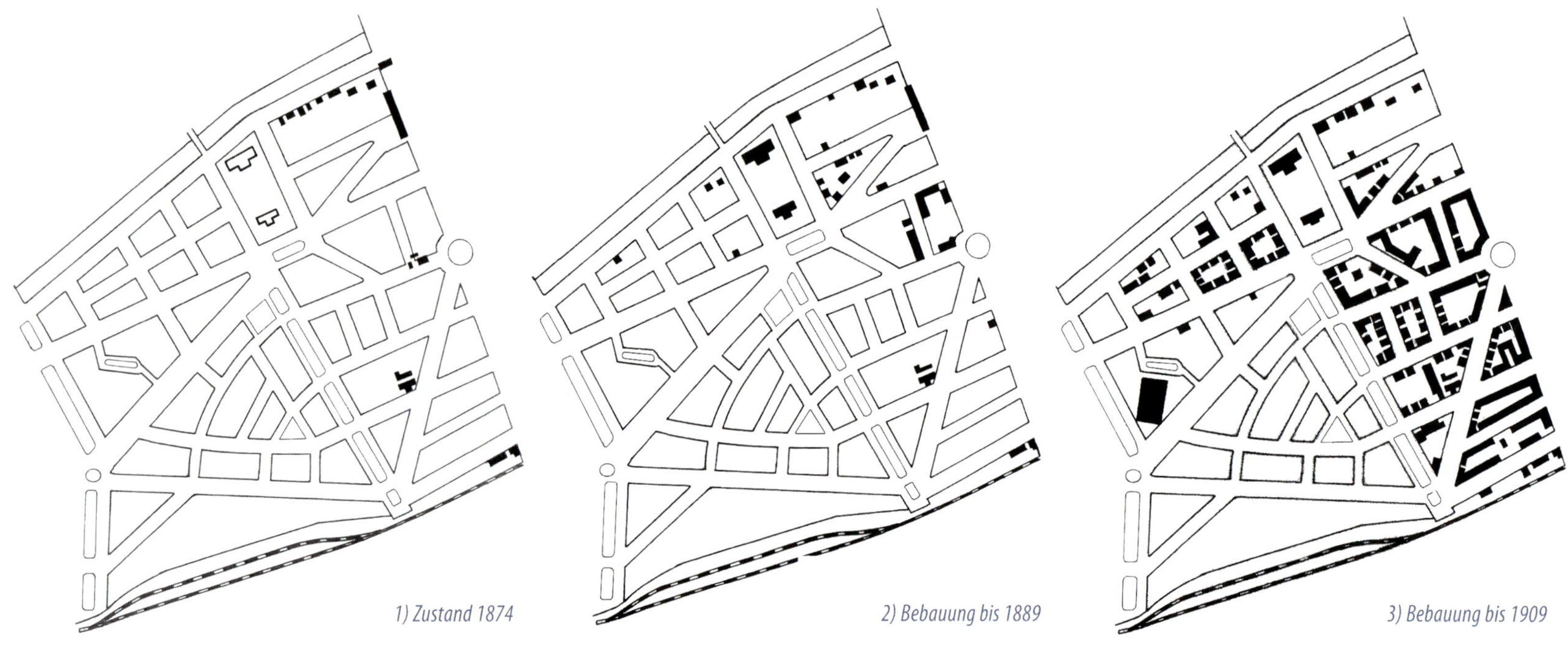

fluss von *Gottfried Semper*, der die Eröffnung um nur ein Jahr überlebt hat, in dieser Form nicht begonnen worden. – Allenfalls einige der frühen Mietshäuser am Eck Schneckenhof- / Cranachstraße (Nr. 24–22) knüpfen stilistisch mit ihrem *romantischen Klassizismus* an jene Putzbauten am Südrand des Viertels an. Dem prominentesten Gebäude am Nordrand stehen die während der folgenden Generation reihenweise fast uniform entlang seiner Straßen errichteten Mietshäuser entschieden näher – auch wenn für ihre Fassaden vom Formenreichtum der Renaissance nur wenige stereotype Motive übrig blieben. Die letzte Dekade vor Ausbruch des Ersten Weltkriegs brachte schließlich mit noblen Elementen aus *Jugendstil* und *Neoklassizismus* eine Phase dekorativer Steigerung – optisch wirkungsvoll am Eck Hol-

Bahnbauten Hedderichstr. 55–63

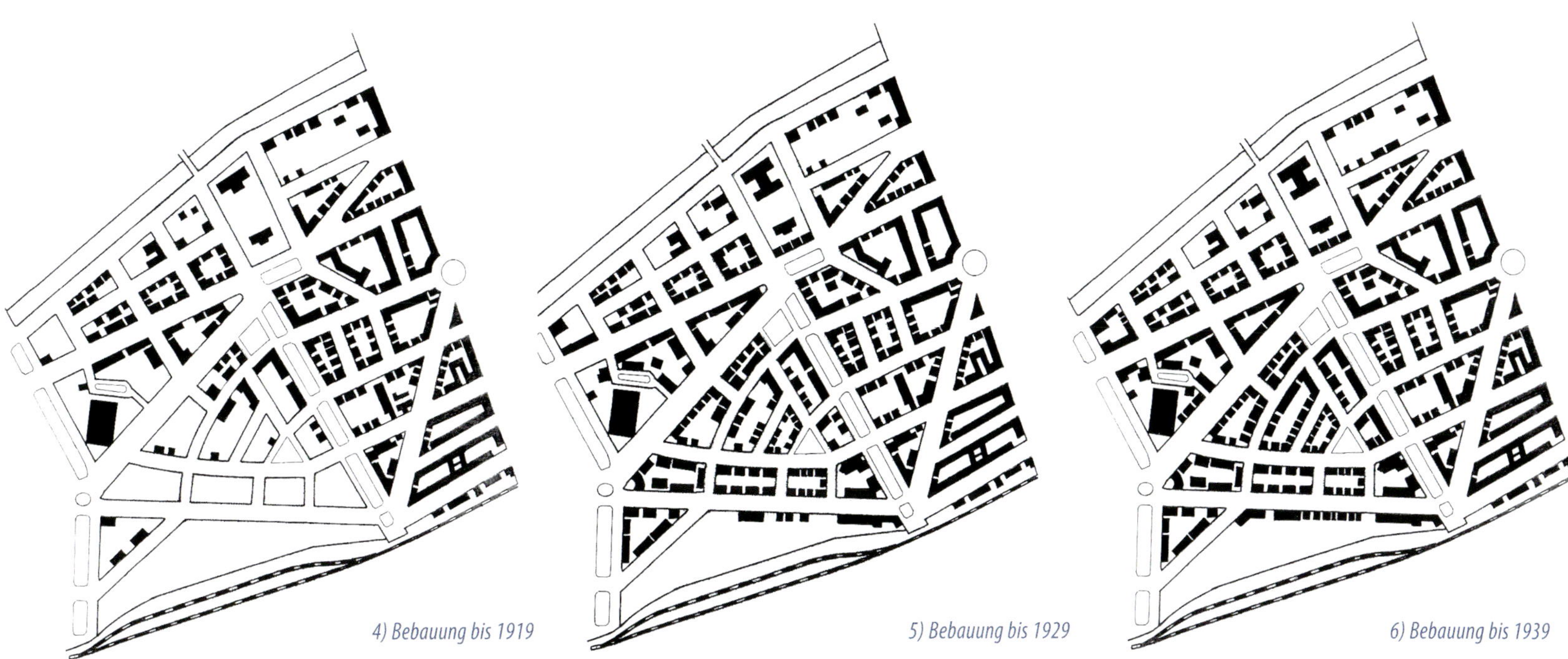

4) Bebauung bis 1919

5) Bebauung bis 1929

6) Bebauung bis 1939

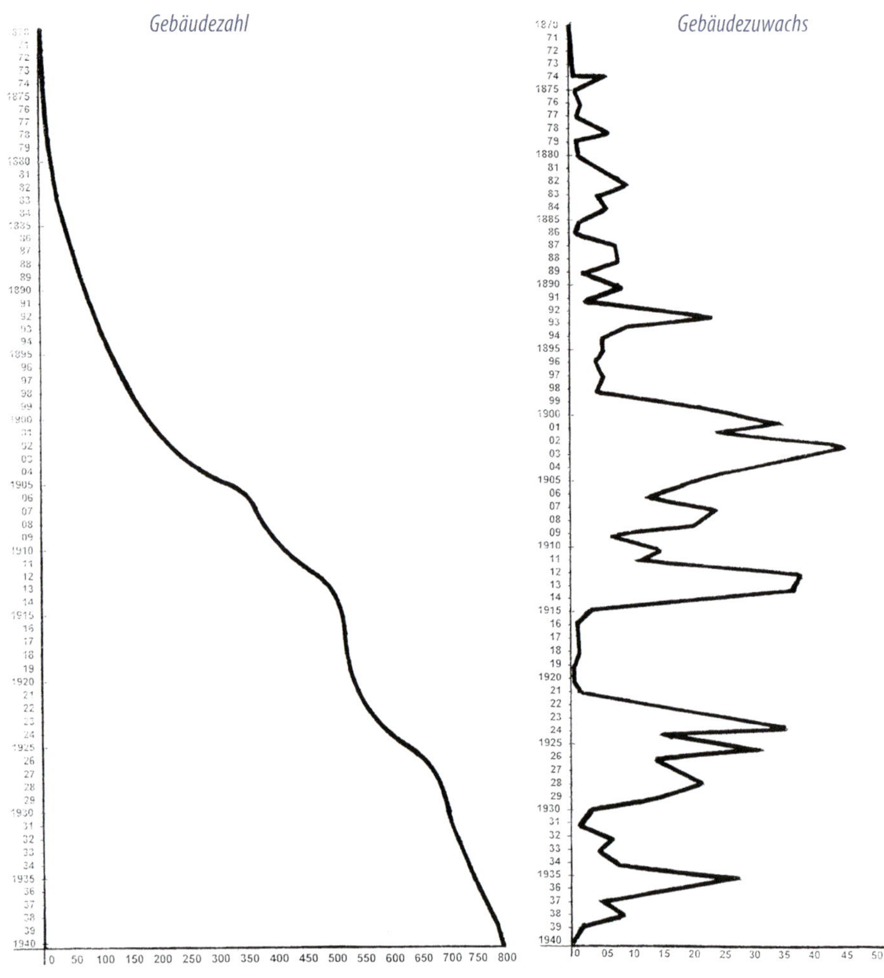

Gebäudezahl und -zuwachs 1874–1939 (pro Jahr)

bein- bzw. Böcklin- zur Passavantstraße oder in der Schadowstraße –, die nach 1925 in funktionaler Einfachheit der *frühen Moderne* verebbte. – Soweit die pauschale Kurzanalyse der Außenwirkung einer weitgehend trivialen Wohnarchitektur, wobei diese Bewertung auch außerhalb des Quartiers für die gesamte Kernstadt und ebenso generell für die Architektur des Historismus anderer Städte gilt.

2.3.1 Knappe Typologie der Wohngebäude (1880–1939)

Für das *Malerviertel* frühe Formen von Wohngebäuden folgen um 1878 noch dem Schema des Klassizismus mit hell verputzten *Mietshäusern*, die über vier Vollgeschossen in Halbgeschoss (= Mezzanin) und niedrigem Satteldach enden. Als auch hier selten gewordenes Beispiel gilt die *Cranachstraße* (Nr. 22–24). Wenig später dominiert bereits die Neurenaissance vom Ostrand her mit gereihten Bauten entlang und zwischen *Schweizer-* und *Oppenheimer Landstraße*. Sie setzen die bereits von den Zeilen an Dannecker-, Launitz- oder Textorstraße her gewohnte Bauweise fort: vier- bis fünfgeschossige Zins- oder Miet(s)häuser mit spärlicher Gliederung aus Buntsandstein – jeweils mit drei- bis fünfachsiger Fassade, d.h. mit einer oder zwei Wohnungen pro Etage. Sie bilden fast lückenlose Baublöcke und ermöglichten dadurch eine maximale Ausnutzung der Bauparzellen; hinzu kam durch deren oft ungünstigen Zuschnitt – nicht alle Straßen kreuzen sich rechtwinklig – die zusätzliche Chance, niedrigere Hinterhäuser zum Wohnen oder als Werkstätten in die Höfe zu stellen, wie es im *Nordend* um 1895/1905 üblich war (da diese zumeist stark verändert oder ersetzt wurden und für das Straßenbild ohne Bedeutung sind, blieben sie außerhalb der städtebaulichen Betrachtung dieses Buchs). – Westwärts präsentieren sich Mietshäuser seltener in geschlossener Blockrandbebauung, sondern zunehmend in offenerer, d.h. durch Bauwich durchbrochener Bauweise, dadurch mit seitlichen Treppenhäusern und auf L-förmigem Plan für herrschaftliche Wohnungen (oft 200 qm) – häufig symmetrisch in Zwillings- oder Drillingskombination auf insgesamt in U-Form rückwärtig ausladendem Grundriss mit Winkelbalkonen (wie *Oppenheimer Landstr. 52–56, Morgensternstr. 32–36*, Schweizer Str. 6–10), als Vierergruppe (wie *Böcklinstr. 2–6 / Lenbachstr. 2, Gartenstr. 112–118, Kennedyallee 40–46, Oppenheimer Landstr. 70–76*) oder sogar als siebenteiliges Ensemble, das z.B. zur *Tex-*

Hinterhaus / Schneckenhofstr. 15H

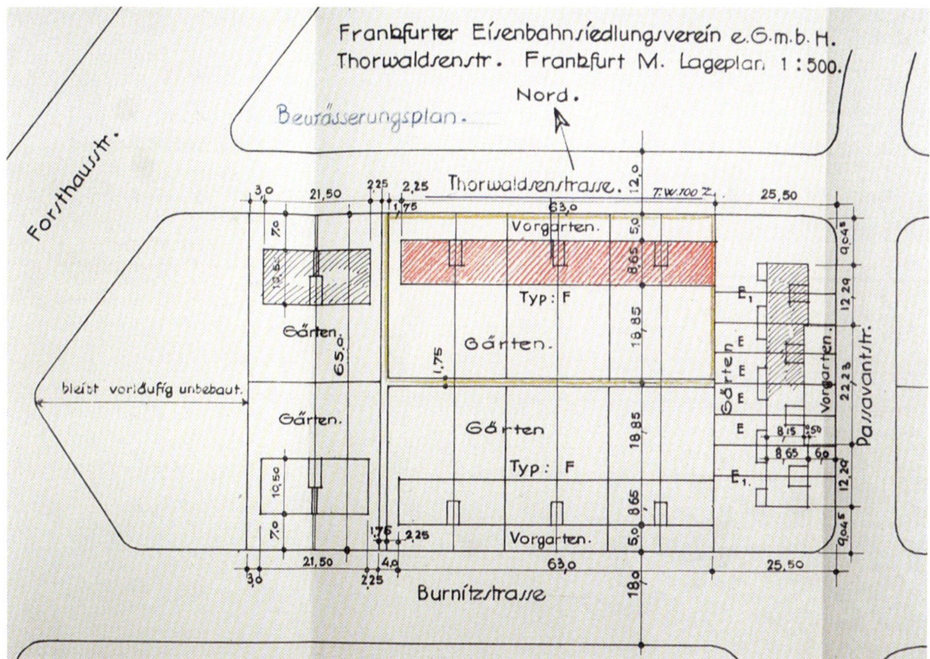

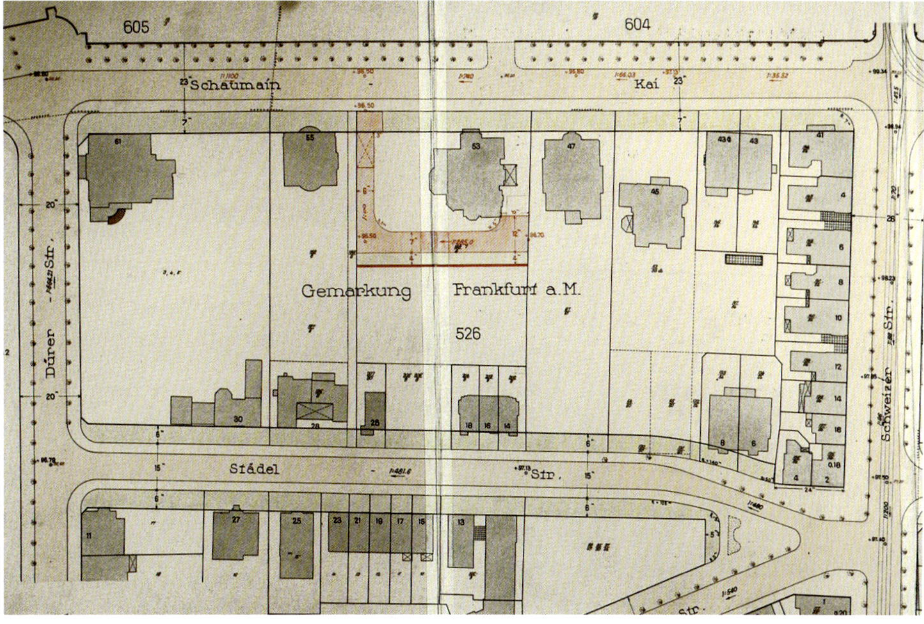

Reihenhäuser (Rembrandtstr. 19–25), 1892
Eisenbahnersiedlung Thorwaldsen- / Burnitzstraße, 1923
Villenreihe am Schaumainkai, 1934

torstraße als offenes U-Ensemble der Nrn. *82–88* eine Grünanlage rahmt – übrigens eine originelle und intensive Flächennutzung, die sich um 1900 ähnlich in anderen Vorstädten vollzog (z.B. im *Nordend* mit Germaniastr. 59–87 oder Lenaustr. 63–69). Die Gattung der *Mietshäuser* stellt im *Malerviertel* mit 536 Gebäuden den weitaus größten Teil der Gebäude (nämlich ca. 70 %). – Dem gegenüber stehen lediglich 168 *Ein-* bzw. *Zweifamilienhäuser* (ca. 20 %) als Doppel- oder Reihenhäuser, wobei wiederum symmetrische Zwillingshäuser zahlreich, Reihenhäuser selten und schlicht sind (wie *Rembrandtstr. 19–25, Passavantstr. 32–46* oder *Städelstr. 1–9*). – Eine klare Minderheit bilden die *Villen* (d.h. freistehende Einfamilienhäuser): Davon gab es lediglich 51 (ca. 7 %) – einfach (z.B. Böcklinstr. 11) bis opulent (wie Schreyerstr. 17–19). Bemerkenswert scheint, dass sich bis zum Zweiten Weltkrieg von jenen Villen beinahe die Hälfte am äußersten Nord- bzw. Südrand des Quartiers reihte (10 am Schaumainkai, 8 an der Burnitzstr.), wobei das Haus Schaumainkai 85 offensichtlich das einzige am unteren Schaumainkai zu sein scheint, das nach den drei Phasen der Villenbebauung (etwa 1750, 1800 u. 1900) außer seiner Form auch die Funktion bewahren konnte. Natürlich wäre es übertrieben, daraus auf ein reines *Villenviertel* zu schließen. – Während der Spätphase des behandelten Zeitraums zeigt sich im Malerviertel eine Entwicklung des Wohnbaus, die sich ebenso bei anderen Frankfurter Nobelquartieren nachweisen lässt: Statt Villen und Einzelhäusern fallen seit ca. 1930 Ansätze zur Ausbildung von *Siedlungen* auf – wenn auch nicht großflächig wie bei der benachbarten *Heimatsiedlung* (1928), jedoch immerhin als geschlossene Zeilen, v.a. auf der von Burnitz-, Passavant- und Thorwaldsenstraße begrenzten Fläche des Eisenbahnfiskus. Und dafür gab es zwei Gründe: gesteigerter Bedarf an preiswertem Wohnraum und gesunkene Nachfrage für Repräsentationsbauten. Als Stadtbaurat hatte *Ernst May* (1886–1970) dem bereits mit peripheren Siedlungsprojekten zu entsprechen versucht (immerhin ließ die Stadt Frankfurt während seiner fünf Amtsjahre 1925–30 in 21 Siedlungen insgesamt 12.000 preiswerte Wohnungen errichten). Dass all das mit verlorenem Ersten Weltkrieg und anschließender Wirtschaftskrise zusammenhängt, ist nicht neu. Andererseits bot sich innerhalb des als Wohnviertel längst akzeptierten Quartiers damals noch immer Brachland, dessen umgehende Bebauung nunmehr keine Einzelinvestoren, sondern Genossen- und Gesellschaften anstrebten (z.B. die *Süddeutsche Großbauten AG*, der *Frankfurter Eisenbahner Siedlungsverein* oder die *Baugesellschaft Sachsenhausen-West GmbH)*, wenn auch manche solcher Siedlungs-Projekte erst nach dem Zweiten Weltkrieg vollendet werden konnten (z.B. Oskar-Sommer-Str. 9–13; s.u. 3.1).

Villen chronologisch (1876–1939)
(= nicht mehr vorhanden; s.u. 2.6.1)*

Nördliches Villengebiet (1876–1913)

01) **1876** *Villa Müller-Gouvernon (Hans-Thoma-Str. 24)
02) **1876** *Villa Schmidt (Schaumainkai 45)
03) **1877** *Villa Metzler (Schaumainkai 61)
04) **1882** *Villa Borgmann (Schaumainkai 87)
05) **1885** *Villa Behrends (Schaumainkai 47)
06) **1889** *Villa W. Günther (Schaumainkai 67)
07) **1891** *Villa Neufville (Schaumainkai 53)
08) **1896** *Villa Landauer (Dürerstr.11)
09) **1896** Villa Liebieg (Schaumainkai 71)
10) **1900** Villa Roessler (Schaumainkai 85)
11) **1902** Villa A. Günther (Holbeinstr. 8)
12) **1906** *Villa Hauck (Schaumainkai 47)
13) **1910** *Villa Hauck (Hans-Thoma-Str.13)
14) **1911** *Villa Heunisch (Rembrandtstr. 9)
15) **1911** Villa Holzmann (Schaumainkai 83)
16) **1911** *Villa Schauroth (Schaumainkai 91)
17) **1912** Villa H. Günther (Rubensstr. 2)
18) **1913** *Villa O. Günther (Schaumainkai 69)
19) **1936** Villa Fischer (Schaubstr. 8)
20) **1939** *Villa Engel (Schaubstr.10)

Südliches Villengebiet (1914–1936)

21) **1914** Villa Stahl (Oskar-Sommer-Str. 6)
22) **1922** Villa Holzbacher (Böcklinstr. 11)
23) **1922** Villa Pollatschek (Kennedyallee 61)
24) **1922** Villa Sayn-Wittgenstein (Kennedyallee 43)
25) **1923** Villa Metz (Schreyerstr. 17–19)
26) **1923** Villa Egli (Burnitzstraße 51)
27) **1923** Villa May (Kennedyallee 49)
28) **1923** Villa Wilke (Kennedyallee 51)

Villa Metzler / Mainfront, um 1880

29) **1923** Villa Zybell (Kennedyallee 57)
30) **1925** *Villa Cunz (Thorwaldsenplatz 1)
31) **1925** Villa Heil (Böcklinstr. 16)
32) **1925** Villa Kalscher (Böcklinstr.14)
33) **1925** *Villa Marx (Kennedyallee 53)
34) **1925** *Villa Messer (Schreyerstr. 13)
35) **1926** Villa Greffenius (Schreyerstr. 4–6)
36) **1926** Villa Schrader (Böcklinstr. 22)
37) **1926** 1927 Villa Faulstroh (Franz-Lenbach-Str. 5)
38) **1926** Villa Naumann (Burnitzstr. 35)
39) **1928** Villa Junior (Kennedyallee 55)
40) **1928** Villa Klamm (Franz-Lenbach-Str. 18)
41) **1928** *Villa Knorr (Franz-Lenbach-Str. 15)
42) **1928** Villa Müller (Thorwaldsenstr. 16)
43) **1929** Villa Kerber (Burnitzstr. 33)
44) **1930** Villa Beil (Burnitzstr. 29)
45) **1930** Villa Laubenheimer (Burnitzstr. 27)
46) **1932** Villa Mohr (Burnitzstr. 37)
47) **1934** Villa Schreiber (Passavantstr. 31)
48) **1935** Villa Walch (Burnitzstr. 25)
49) **1936** Villa Achenbach (Passavantstr. 30)
50) **1936** Villa Baumann (Thorwaldsenstr. 4)
51) **1936** Villa Schenk (Burnitzstr.31)

2.3.2 Zur Architektur des Städelmuseums / im Vergleich mit Oper und Börse (1873–1880)

„Ueber die Lage von Sammlungs-Gebäuden können keine besonderen Regeln aufgestellt werden, wenn nicht gefordert werden möchte, dass sie auf freien Plätzen zu erbauen sind. Eine solche Stellung gebührt den Museen, weil sie Monumental-Bauten sein sollen. Die freie Lage sichert sie gegen Feuersgefahr und gibt Gelegenheit, die Beleuchtung der Innenräume so vorteilhaft wie möglich zu ordnen. Für den Aufbau von Gemäldegalerien ist eine reichliche Entwicklung der Fronten nach Norden wünschenswert, um nach dieser Himmelsrichtung möglichst viele seitlich beleuchtete Räume anlegen zu können. Ihre Entfernung von anderen Gebäuden muss eine so grosse sein, dass alles störende Reflexlicht von solchen vermieden wird.“ (Baurat A. Tiede, 1884)

Mit dem Statuswandel Frankfurts von einer weitgehend selbständigen Freien Stadt (1806) zur preußischen Provinzstadt (1866) und deren Aufstieg zur Großstadt (1873) einher ging nicht nur die Anlage neuer Straßen auf bisher unbebautem Vorstadtgelände oder der Durchbruch großzügiger Schneisen durch die Enge historischer Bebauung im Stadtzentrum, sondern ebenso das Errichten isolierter Monumentalbauten, wie sie die Mainstadt zuvor nicht gekannt hatte. Bis heute bilden *Städelmuseum*, *Alte Oper* und *Neue Börse* sowie *Hauptbahnhof* ein imponierendes Quartett wilhelminischer Repräsentationsarchitektur, mit dem zugleich vier neue, wesentliche Baugattungen dieser Epoche erfasst sind.

Sie alle entstammen ungeachtet ihrer unterschiedlichen Funktionen zumindest in der Planung einer einzigen Dekade (1873–83), wenn auch der Bau der Bahnstation als weitaus größte dieser Anlagen fünf Jahre darüber hinaus griff. Sie präsentieren sich als symmetrische Solitäre aus hellem, gelblichem Sandstein in traditionellen Formen einer durch Frankreich und Italien beeinflussten Neurenaissance, wobei der architektonische Motivkanon des *Cinquecento* dominiert. Ihrer jeweils prominenten Position entsprechen sie mit reichen Schaufassaden, die sie durch Gliederung und Bauplastik zum Blickpunkt machen oder zumindest als Platzwand aufwerten. Bis auf das barocke *Komödienhaus* gingen dreien jeweils schlichtere Gebäude im Geschmack des romantischen Klassizismus voraus (1833–48). – Jene Neubauserie begann 1871 mit dem Wettbewerb für ein neues ***Opernhaus*** (die Bezeichnung *Alte Oper* ist erst seit dem Wiederaufbau 1980 offiziell), bei dem der Entwurf des Berliner Architekten *Richard Lucae* (1829–77) dem des Frankfurters *Heinrich Burnitz* (1827–80) vorgezogen wurde. Dieser wiederum erhielt den Auftrag zum Bau einer größeren ***Börse*** zusammen mit *Oskar Sommer*, nach dessen alleiniger Planung wiederum gleichzeitig das ***Städelmuseum*** entstand. Im selben Jahr 1880, das die Vollendung der Oper brachte, setzte sich beim Wettbewerb zum Bau des Frankfurter *Hauptbahnhofs* mit *Hermann Eggert* (1844–1920) erneut ein Architekt aus Berlin gegen die Frankfurter Konkurrenz durch, zu der außer Oskar Sommer jetzt auch *Paul Wallot* (1841–1912) gehörte. Spätestens mit dessen bis 1894 realisierten Plänen für den *Reichstag*, der als sein Meisterwerk gilt, wurde deutlich, dass die Provinzstadt architektonisch den Anschluss zur Reichshauptstadt

Johann Friedrich Städel

Oskar Sommer (Architekt)

Städelentwurf von Mylius & Bluntschli, 1873/74

gefunden hatte, wodurch der Transfer von Baumeistern und Bauentwürfen nicht einseitig von der Spree zum Main blieb. Natürlich simplifiziert eine solch komprimierte Sequenz die Zusammenhänge – zumal der Name eines die gesamte Generation prägenden Baumeisters fehlt: *Gottfried Semper* (1803–79). In dessen Züricher Atelier hatte *Oskar Sommer* (1840–94) seit 1861 gearbeitet, hier erhielt er die Anregung zur Bildungsreise nach Italien, die ihn nachhaltig prägte.

1873 stand es fest: Das *Städel'sche Kunstinstitut* wird mit Sammlung und Schule aus der Neuen Mainzer Straße über den Fluss nach Sachsenhausen ziehen (s.o. 1.5). Und weil bisherige Entwürfe konkurrierender Traditionalisten nicht weitergeführt hatten, beschränkte sich die Städel-Administration jetzt auf zwei moderne Frankfurter Büros: Mylius & Bluntschli und Sommer. Alle drei Architekten waren etwa 40 Jahre alt und bei Gottfried Semper ausgebildet, der übrigens beim Wettbewerb um die Frankfurter Oper wie Burnitz gescheitert war. Oskar Sommer ging aus dem internen Wettbewerb um das Städel als Sieger hervor – während sich *Jonas Mylius* (1839–83) und *Friedrich Bluntschli* (1842–1930) mit dem Auftrag zum Bau des Grand-Hotels *Frankfurter Hof* trösten konnten. Im Vergleich mit deren Entwurf brachte Sommers überarbeitete Planung die endgültige Trennung beider Institutionen. 1874–78 errichtete die führende Frankfurter Baufirma *Philipp Holzmann* rückwärtig zur Gartenstraße die Kunstschule, zu Stadt und Fluss am Schaumainkai das Kunstmuseum: Auf dem sich über insgesamt 180 Meter zwischen frisch planierter Dürer- und Holbeinstraße erstreckenden Gelände umgreifen Zaun und Park beide Bauten, zwischen denen sich ehemals ein geometrisches Gartenparterre mit künstlichem Wasserbassin dehnte. Auf kreuzförmigem Grundriss schlossähnlich und axial in der Längsachse platziert ist dabei die Gemäldegalerie – vom Frankfurter Ufer her gut sichtbar zentriert in kantiger Tambourkuppel über zentralem Vestibül und flankiert von Eckrisaliten, deren Fassaden die Form des reicher gestalteten Mittelrisalits reduziert wiederholen. Erneut hingewiesen wird somit auf die exponierte Lage – einmalig für beide Mainufer in Frankfurt. Das Städel wurde *Point de vue* – deutlicher als die gleichzeitigen Vergleichsbauten (Alte) *Oper* oder (Neue) *Börse*; denn vor diesen liegen nur Plätze von weniger als 100 Metern Länge, und allein die Flussbreite beträgt bereits 200 Meter. Andererseits: Der Blick südwärts über das zukünftige *Malerviertel* von der Dachbalustrade des Städels in Richtung der Bebraer Bahntrasse

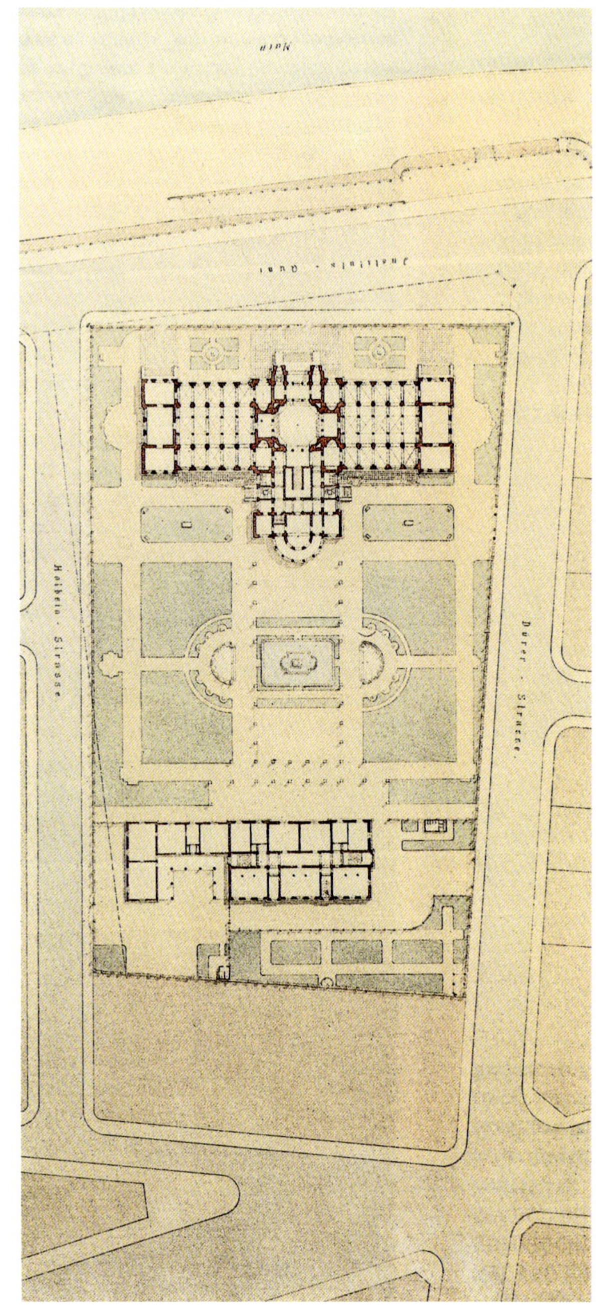

Städel, Lageplan von Sommer

Städel – Museum u. Schule, 1931

hätte 1878 von den bis heute bestehenden Bauten lediglich die beiden Bahnhäuser am Eck von Schweizer und Hedderichstraße erfassen können (alles andere ist verschwunden oder entstand später; s.o.).

Während sich bei der gemeinsam mit Burnitz geplanten Börse mit *Andrea Palladio*s Basilica in Vicenza (ab 1549) und *Lukas von Hildebrandt*s Belvedere in Wien (ab 1721 für Prinz Eugen) ferne historische Vorbilder benennen lassen, griff Sommer beim Städel Zeitgenössisches auf; denn aus dem ehemals kreuzförmigen Städel-Grundriss rechtfertigt sich jenes Kuppeloktogon, für das es eine direkte Parallele gibt: Das *Kunsthistorische Museum* in *Wien*. So wie Lucae für die Oper in Frankfurt auf *Charles Garnier*s (1825–98) Operà (1860–75) in Paris oder *Gottfried Semper*s Oper (1871–78) in Dresden zurückgriff, ließ sich Sommer am Main von Sempers Museum (1871–82) an der Ringstraße inspirieren; allerdings ist diese Wiener Anlage insgesamt größer dimensioniert und umgreift beidseitig zwei Höfe. In Wien wie in Frankfurt wurde das Obergeschoss durch seine Möglichkeit für Oberlicht zur eigentlichen Gemäldegalerie. Im Erdgeschoss hatten Kupferstichkabinett (nach Osten) bzw. Skulpturensammlung (nach Westen; später z.T. ins Liebieghaus übergewechselt – s.u. 2.3.3) Aufnahme gefunden. Und aus dem achteckigen Vestibül führt südwärts eine repetierende Treppe in die ehemaligen Räume von Verwaltung und Administration. (Ein Besuch in der einstigen Hauptstadt des Habsburgerreichs lässt im Vergleich deutlich werden, was im Frankfurter Städel bei den Bombardements von 1944 an Interieurs verloren ging.)

Städel, Oper und Börse entstanden nicht nur durch dieselbe Baufirma zur selben Zeit aus ähnlichem Material in prominenter Position, sondern weisen ebenso eine zeittypisch-enge stilistische Verwandtschaft auf, wie sie über die innen im *Piano nobile* ursprünglich von offenen Säulenarkaden umfassten Zentraltreppenhäuser hinaus bereits an der äußeren Architektur ablesbar wird. Alle drei Solitäre zeigen Sym-

Städelmuseum / Gartenseite, um 1900

Städelfassade / Entwurf Sommers (mit Figuren)

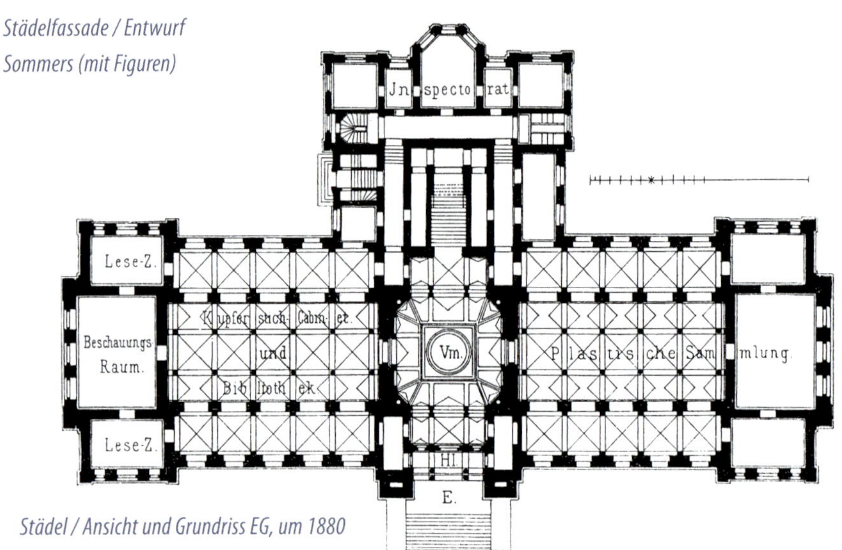

Städel / Ansicht und Grundriss EG, um 1880

metrie (horizontal wie vertikal): Städel und Börse an der Langseite (73 m bzw. 109 m), die Oper – was den Vergleich erschwert – an der Schmalseite (45 m; ihre Längsseite misst 95 m). Dem rustizierten Erdgeschoss am Sachsenhäuser Ufer entsprechen die beiden anderen auf der Frankfurter Seite, auch wenn sie nicht konsequent Bogenfenster aufweisen, und nur die Oper trennt nicht mit breitem Triglyphenfries zur ersten Etage. Diese ist an allen drei Gebäuden von kannelierten Säulen bzw. Pilastern gegliedert, die an den Risaliten von Börse und Städel eine Steigerung erfahren: hier seitlich durch das bereits im Unterbau vorgegebene Palladiomotiv und Zwillingssäulen, dort durch gleiche Dopplung und in darüber verbleibenden Zwickeln beider Bauten durch allegorische Genienreliefs. Sie schuf *Gustav Kaupert* (1819–97; Lehrer an der Städelschule und ebenso an Oper und Hauptbahnhof tätig). Balustraden tragen alle drei Bauten, doch nur am Städel sind sie nicht von Statuen besetzt. Sommer hatte sie durchaus als allegorischen Zyklus geplant. Er beschränkte sich dann aber auf die beiden Nischenfiguren *Dürer* und *Holbein*, die *August von Nordheim* (1813–84) für den wie ein Triumphbogen als Palladiomotiv gestalteten Portalrisalit nach seinem Entwurf meißeln ließ – z.B. im Gegensatz zum Kunstmuseum in Wien, dessen Fassaden auf wesentlich mehr Künstler verweisen; und sogar jenseits des Mains zeigt das von Paul Wallot entworfene ehemalige *Bankhaus Müller-Kolligs* (Kaiserstraße 25) an einem Fries – außer Dürer und Hol-

Börse / Ansicht und Grundriss EG, um 1880

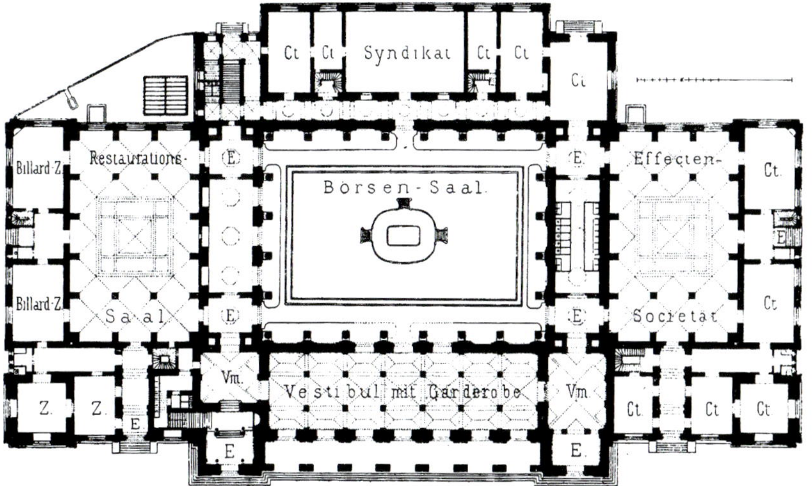

bein – ebenso Porträtmedaillons von Peter Fischer und Adam Krafft bzw. Bramante, Michelangelo und Raffael. Ältere Städel-Entwürfe zeigen sogar, dass zunächst nicht an Künstlerfiguren, sondern an allegorische Frauenstatuen gedacht war, die vermutlich Malerei und Bildhauerei symbolisieren sollten. Hinsichtlich seiner Architektur hat das Städel die Qualität der noch gegen Ende des 19. Jahrhunderts am Schaumainkai entstehenden Villen geprägt. Das gilt besonders gegenüber an der Ecke zur Dürerstraße für eines der Hauptwerke von Sommers zeitweiligem Kollegen und Konkurrenten – die *Villa Metzler* von Heinrich Burnitz (Schaumainkai 61; s.u. 2.6.1).

Wiederum durch die Firma Holzmann ist das *Städel* südwärts zu einem Baukomplex auf insgesamt H-förmigem Grundriss mehrfach erweitert worden (1907 durch den Architekten *Franz von Hoven*, 1914/15 bzw. 1921/26 unter dessen Sohn *Hermann* und *Franz Heberer*), wobei – wie beim Hauptbahnhof (1924) – gleiches Material und ähnliche Formen den flüchtigen Betrachter diese Erweiterungen auf fast doppelte Fläche äußerlich kaum erkennen lassen (die *Städelschule* von 1875–77 im Süden ist bereits 1899 verändert und 1922 weitgehend ersetzt worden). Jeweils konkurrierende Entwürfe von *Clemens Musch & Ernst May* (1914) bzw. von *Paul Paravicini* (1920), bei denen ein neuer Ostflügel an der Dürerstraße mit einer dem gerade zwei Jahre alten Universitätsgebäude ähnelnden Hauptfassade bzw. Sommers Galeriebau durch drei zusätzliche Flügel zum Karrée mit Binnenhof ergänzt werden sollte, waren zuvor gescheitert.

Bei allen drei Vergleichsobjekten blieb zwar die Baufirma dieselbe, doch fielen die Kosten unterschiedlich aus: Bei einem Kubikmeterpreis von jeweils rd. 30 Goldmark betrugen sie beim Städelmuseum ca. 1,3, bei der Börse ca. 3,0, bei der Oper ca. 4,2 Millionen Goldmark (für 1875 gilt ein Verhältnis von

Alte Oper / Ansicht und Grundriss, um 1880

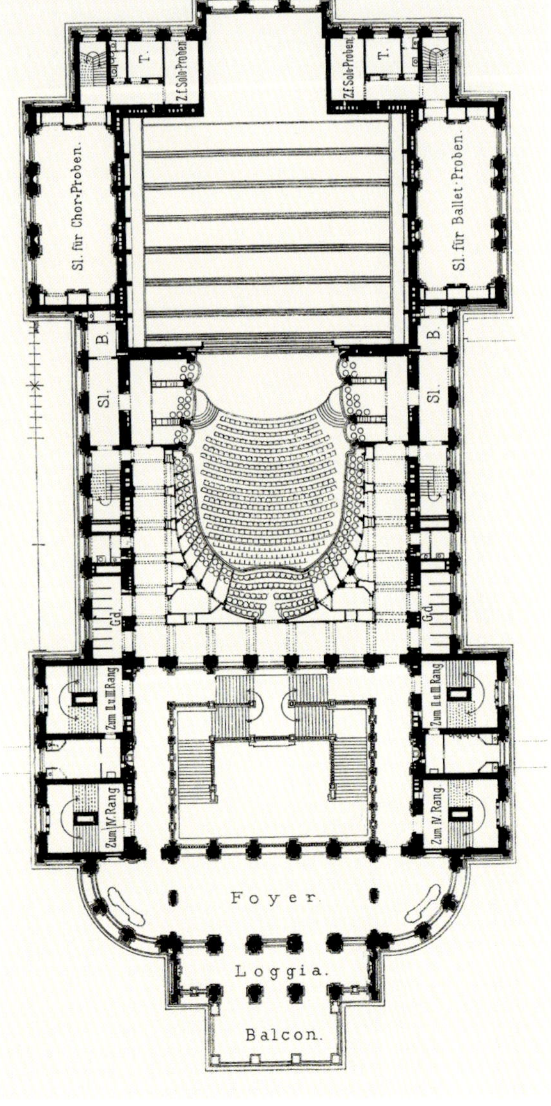

Goldmark zu Euro wie 1 : 10, bis 1910 hat es sich halbiert auf 1 : 5; s. u. 2.3.8). Beim Städelmuseum haben moderner Wiederaufbau von Eckrisaliten und Dächern (1960), mehrfache Umgestaltung der Innenräume, Einschub eines verglasten Restaurants an der Westseite sowie ergänzende Neubauten entlang der Holbeinstraße (1990) und unter dem einstigen Garten (2012) dem Sommer'schen Meisterwerk viel vom ursprünglichen Charme genommen, dafür aber seine Ausstellungsfläche bedeutend vergrößert (s.u. 3.3).

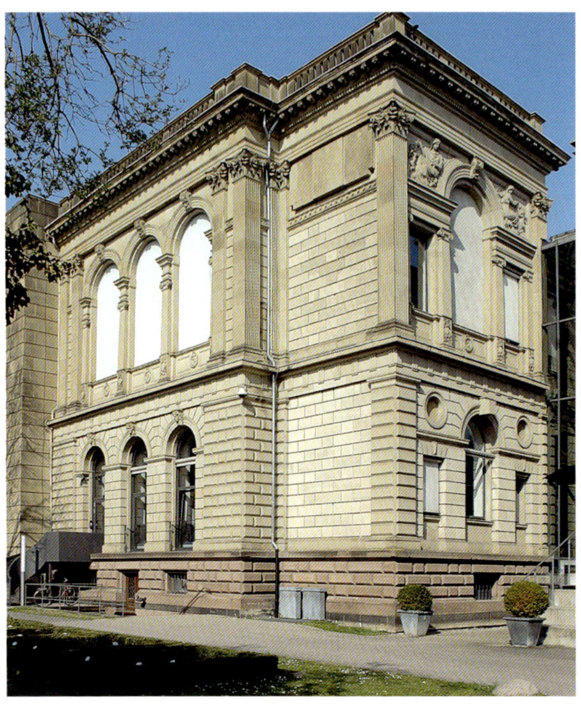

Städelmuseum / Südwestecke Fassadenmitte (Ausschnitt)

STAEDELSCHES KUNSTINSTITUT
STIFTUNG
1815.
NEUBAU
1877.

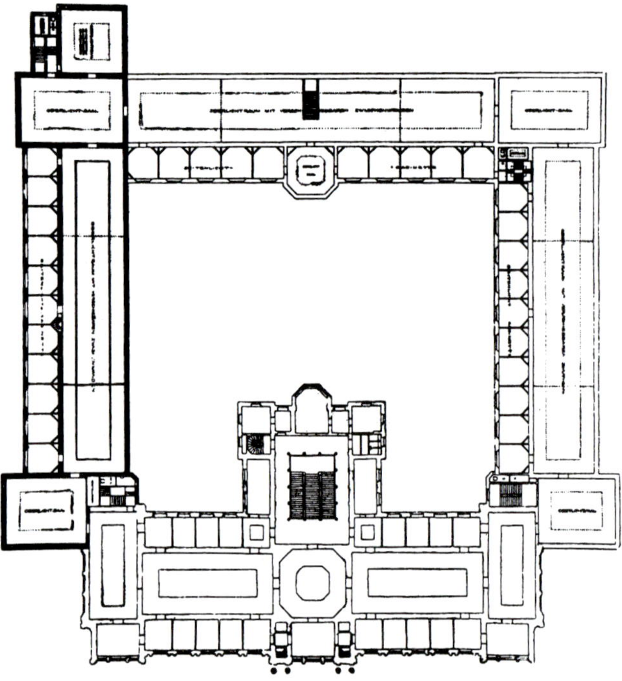

Erweiterung:
Entwurf von Paravicini
Isometrie und Grundriss, 1920

Erweiterung:
Entwurf Musch & May
Ostfassade, 1914

Villa Metzler / Schaumainkai 61

2.3.3 Vom Sammlerschloss zum Kunstmuseum / das Liebieghaus und andere Bürgerburgen (1889–1905)

„… nicht symmetrisch sondern durch Mannigfaltigkeit pittoresk“
(Ludwig II., König von Bayern, 1869)

Beim Blick von der *Friedensbrücke* setzt benachbart in der südlichen Ufersilhouette der Turm eines weitgehend von Platanen verdeckten Gebäudeensembles einen ungewöhnlichen Akzent. So wie der *Hauptbahnhof* als Schloss des nach ihm benannten Viertels empfunden werden kann, erscheint das ***Liebieghaus*** als *Burg von Sachsenhausen*. Doch es entstand als Villa eines Fabrikanten, wenn auch – entsprechend dem Geschmack erfolgreicher Unternehmer der Gründerzeit – in den Formen vergangener Feudalarchitek-

Liebieghaus

Heinrich von Liebieg

tur: *Heinrich von Liebieg* (1839–1904) war allerdings kein Sektfabrikant, von denen sich mancher seinen Wohnsitz zwischen echten Burgen um Eltville am *Rhein* errichten ließ. Für Sachsenhausen am *Main* hätte man eher einen reich gewordenen Apfelwein-Kelterer oder einen Bierbrauer erwarten können, kaum aber einen kunstsinnigen Baron und Besitzer von Tuchfabriken im fernen Böhmen, dessen bürgerliche Familie in den habsburgischen Verdienstadel aufgestiegen war (1867; s. Liebieg-Katalog). Nachweisbar in Frankfurt ist seine Familie spätestens 1885, wo sie zum Villenbau im *Holzhausenviertel* ein weitläufiges Areal zwischen Fürstenberger- und Vogtstraße erworben hatte. Verlockender aber erschien dem Kunstsammler wenig später die Nähe zur Städel-Galerie mit dem Blick auf den Main – zumal mit Ausweisung der Steinlestraße klar wurde, dass auch hier ein Villengebiet im Entstehen war. Daher nahm er bald nach 1888 das Angebot von *Johann Wilhelm Günther* an und kaufte ihm das für seine Pläne ausreichend scheinende Gelände am Fluss ab (Schaumainkai 71). Unmittelbar danach wurde der Münchener Villenarchitekt *Leonhard Romeis* (1854–1904) mit dem Entwurf beauftragt, der Baubeginn lässt sich bereits für 1892 vermuten. – Ergänzend bemerkt sei, dass auf jener zuvor im *Nordend* erworbenen Fläche an der Eschersheimer Landstraße ab 1896 *Fürstenberger-* und *Elisabethenschule* entstehen konnten; denn die Familie von Liebieg hatte sie an die Stadt Frankfurt weiterverkauft. – In jenem Jahr 1896 stand das Liebieghaus zumindest als Rohbau. Und bis zur Jahrhundertwende ist daraus ein Märchenschloss ritterlicher Romantik gewachsen.

Leonhard Romeis

Einig blieben sich Bauherr und Baumeister darin, ein Gesamtkunstwerk zu schaffen – auch wenn sie beide dessen Vollendung nur um zwei Jahre überlebt haben. Dabei traf ihr Bemühen sowohl für die Architektur wie für die Ausstattung zu. Dem zugrunde lag der Wunsch, den Kunstsammlungen des Barons ein würdiges Ambiente zu schaffen. Erste Pläne von Romeis lagen 1889 vor, weitere mit z.T. wechselnden Details folgten in den frühen 90er Jahren, und über deren Umsetzung wachte der Frankfurter Architekt *Karl Friedrich Rau* als Bauleiter: Was sich vom Ostrand des Grundstücks gegen dessen als Park gestaltete Mitte vorschiebt, erscheint vom Grundriss her annähernd komprimiert in T-Form, die allseitig von Vor- und Rücksprüngen ergänzt wird.

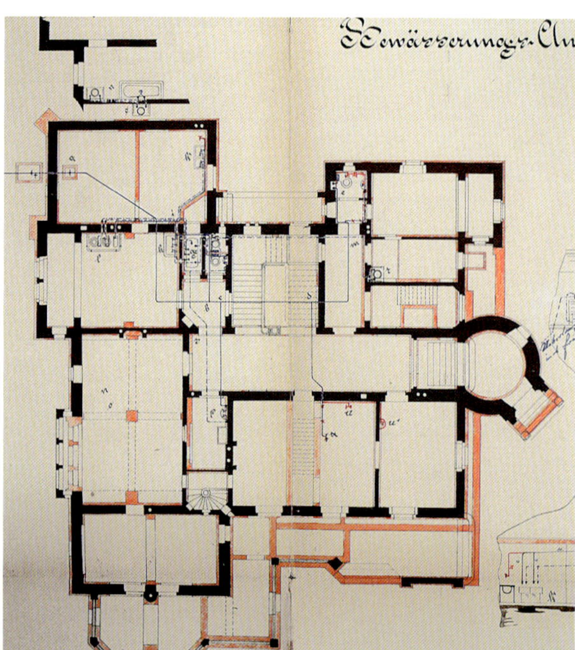

Grundriss

Unterschriften Liebieg & Romeis, 1889

Lageplan

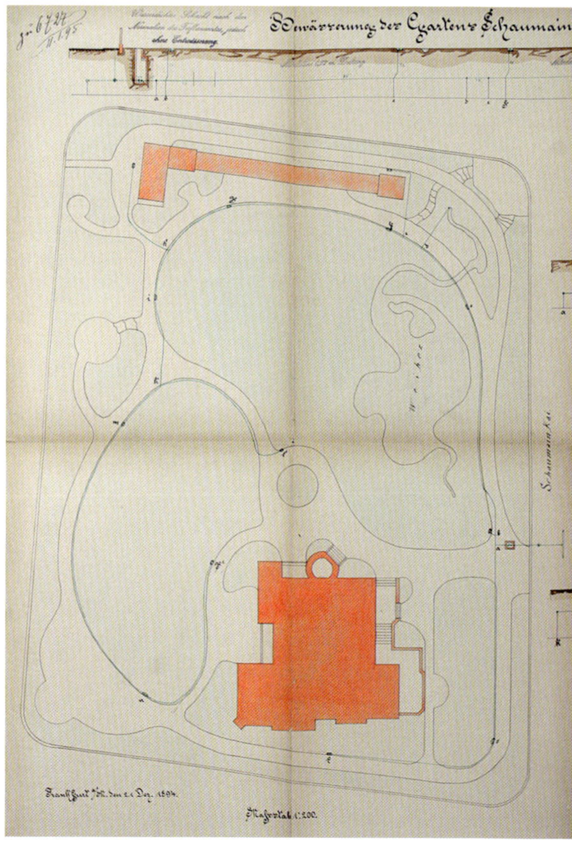

Beim dreidimensionalen Gebäude kehrt sich dem Fluss nach Norden eine symmetrische Fassade mit gestuftem Giebel und Erker (auf einer Säule wie ein *„Nürnberger Chörlein“*), am zurückweichenden Haupttrakt in der auf den Park gerichteten Westfront ein deren Asymmetrie ausgleichender Rundturm zu, als dessen Vorbild der unter Kaiser *Maximilian I.*, dem *„letzten Ritter“*, errichtete *Münzerturm* (1490) von *Burg Hasegg* im Tiroler Hall erst jüngst identifiziert wurde (s. Six, S. 373); auch die Turmbekrönung (1581) der nahen *Ronneburg* könnte Pate gestanden haben. Für all die Giebel und Gauben, die Zelt- und Stufendächer, für Fach- und Rollwerk sowie den reichen Skulpturenschmuck (u.a. Wappen von Reich, Diözese, Stadt und Familie; Maria und hl. Georg) lieferte die *altdeutsche* Renaissance bzw. der *horror vacui* des Manierismus der Jahrzehnte um 1600 Anregungen und Vorbilder. Das gilt noch umfänglicher für die meist gewölbten Innenräume, die stilistisch z.T. ins 15. bis 18. Jahrhundert zurückgreifen. Dass dadurch den historischen Möbeln, Gemälden und Waffen des Barons für wenige Jahre ein würdiger Rahmen geschaffen wurde, leuchtet ein. Westlich entlang der Rubensstraße war ein offener Wandelgang mit Ecktürmen geplant. Der herzkranke Heinrich von Liebieg hat seine Schwester Gabriele als Erbin eingesetzt mit der Einschränkung, im Gebäude *„für ewige Zeiten ein öffentliches Kunstmuseum einzurichten“* (s. Six, S. 366). Sie verkaufte es – weitgehend ausgeräumt – 1908 an die Stadt Frankfurt, und diese ließ es 1909 nach Plänen des Stadtbauinspektors *Paul Kanold* entlang der Steinlestraße (Nr. 16; s. Kanold, S. 116) mit einem symmetrisch konzipierten Galerieflügel für ihre Skulpturensammlung erweitern. Als *Museum alter Plastik* verfügte das Liebieghaus bereits 1936 über rd. 1100 zumeist vorzügliche Exponate sämtlicher Stilepochen (der Galerieflügel wurde erst 1990 in modern reduzierten Formen vollendet; s.u. 3.3).

Liebieghaus / Westseite mit Hauptturm

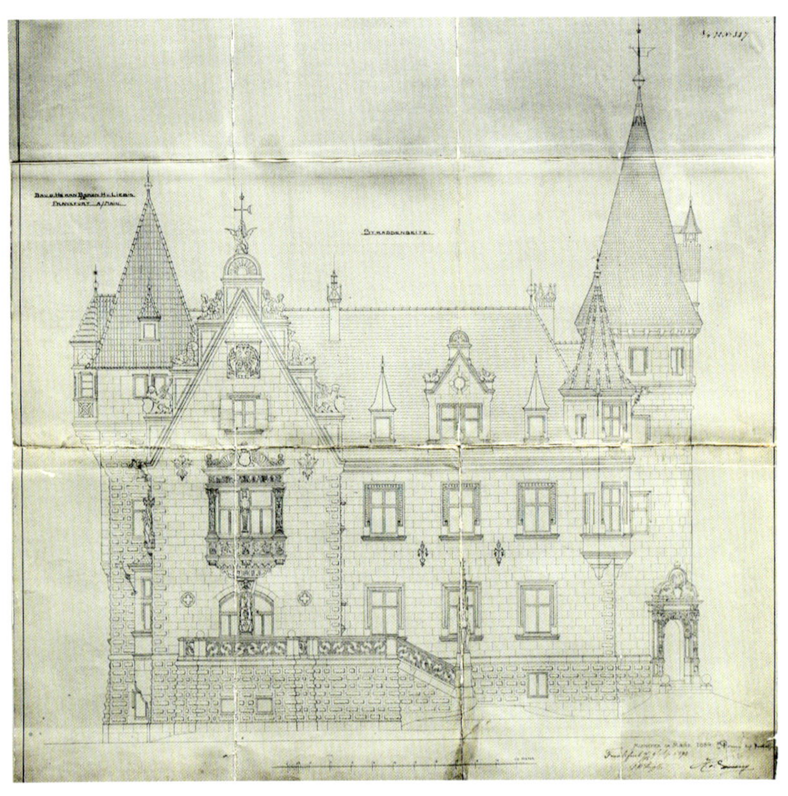

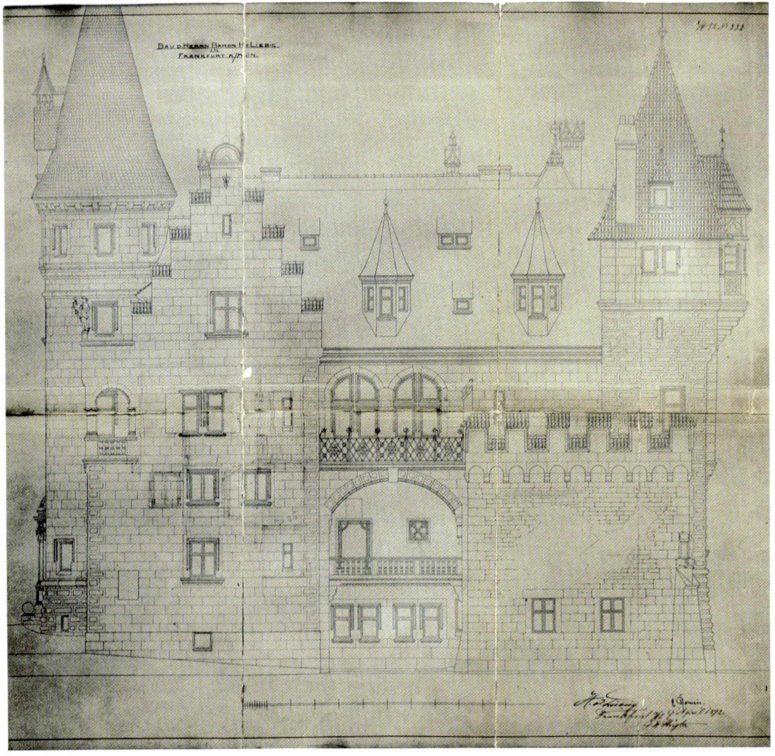

Liebieghaus / Nordseite

Ostseite

Südseite

Westseite

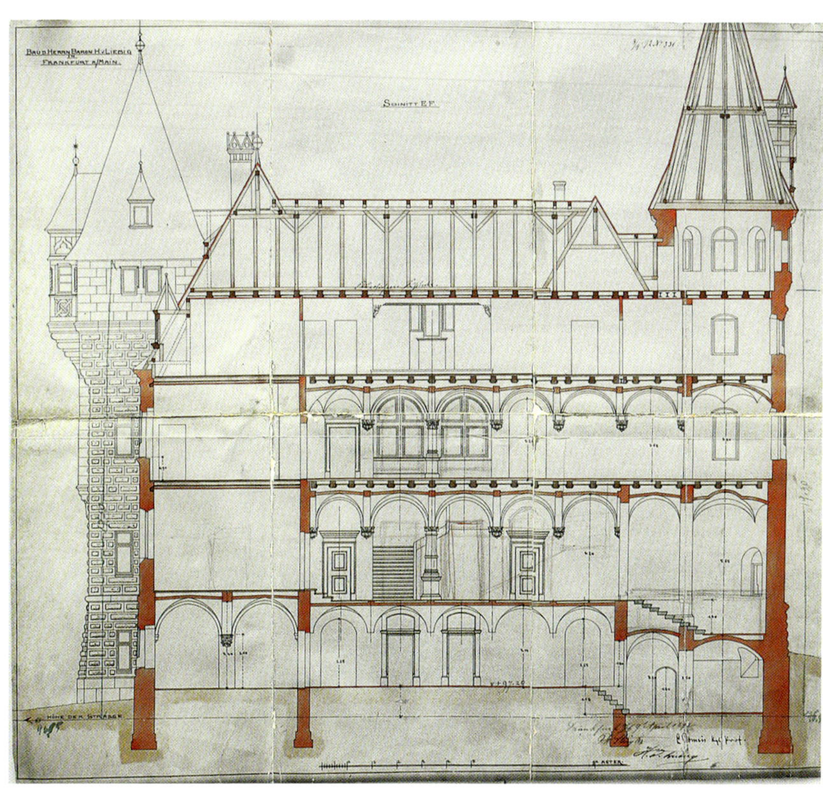

Ost-/West-Schnitt

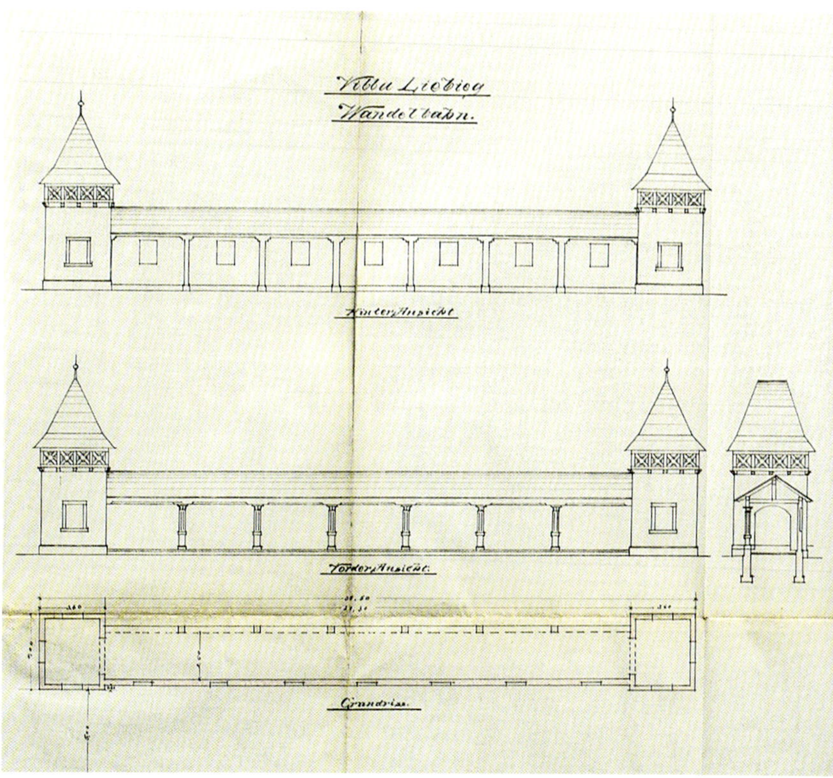

Wandelgang

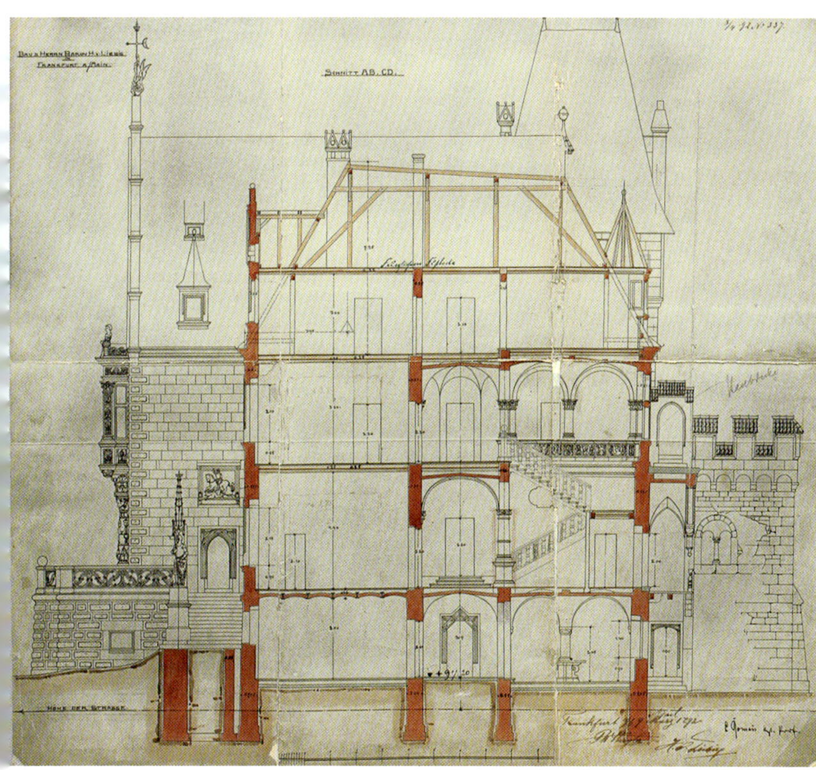

Nord-/Süd-Schnitt

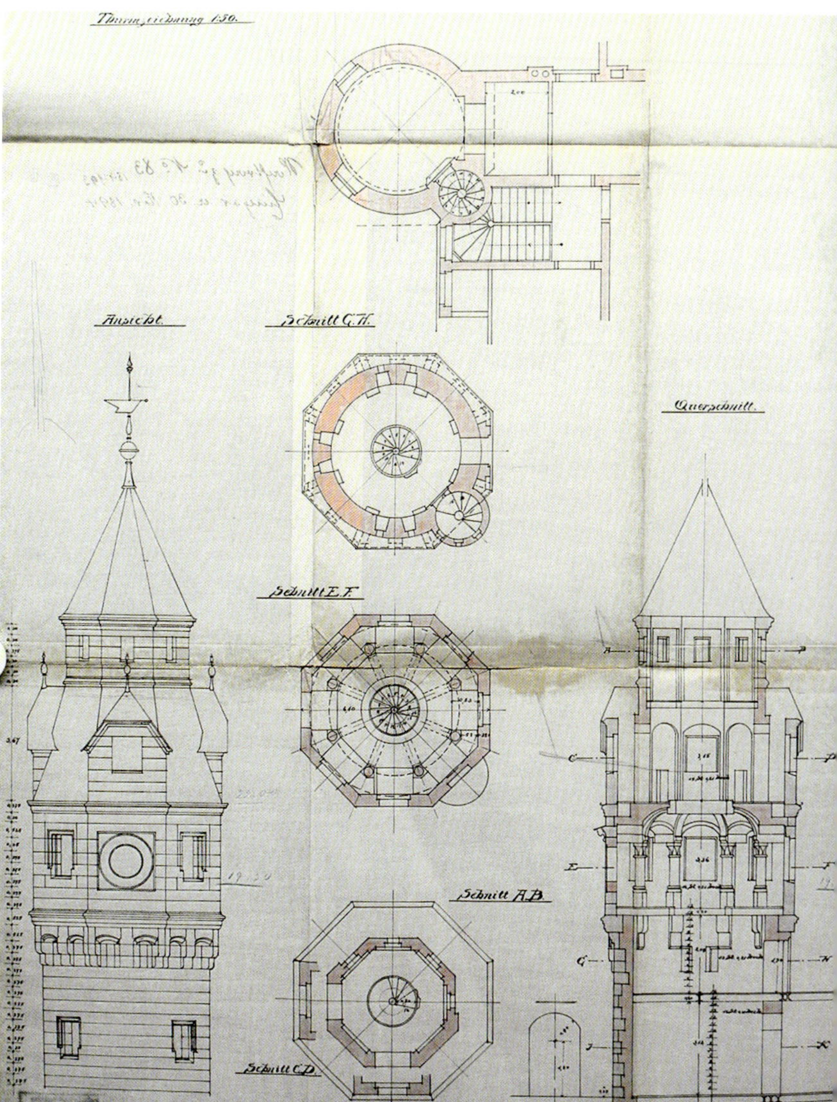

Turm / Aufriss, Schnitte

Südseite / Neubau, Aufriss A

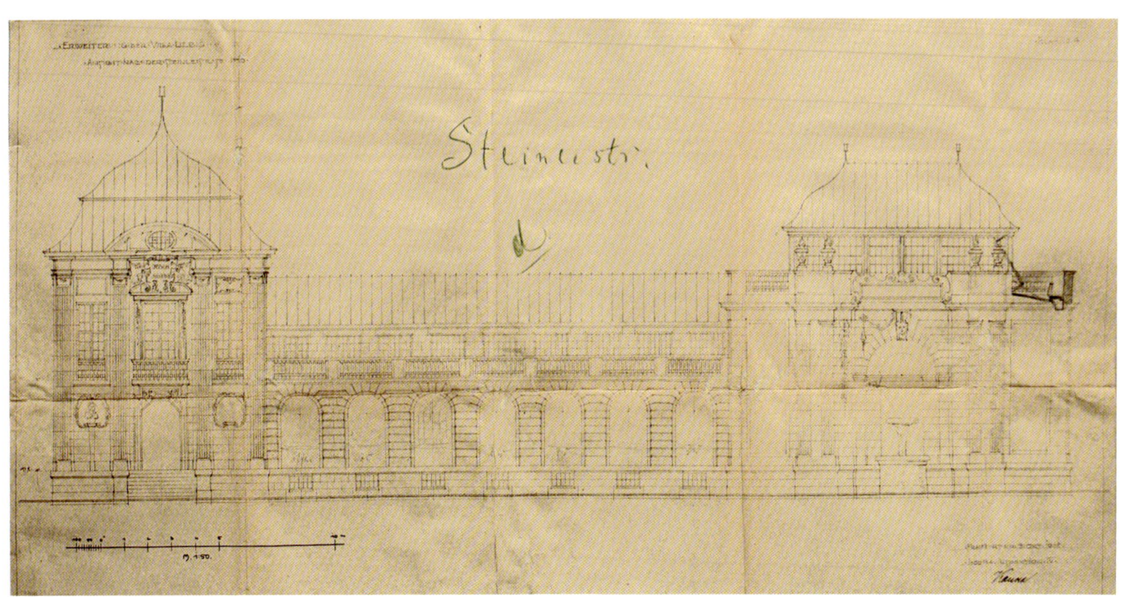

Südseite / Neubau, Aufriss B

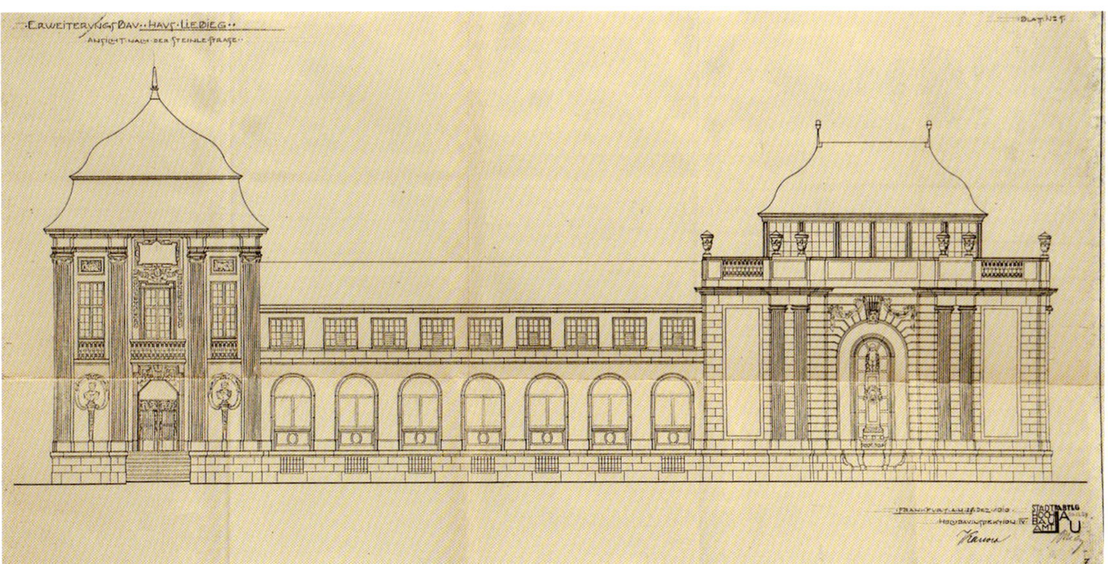

Südseite / Neubau (Steinlestr. 16)

Südseite / Neubau, Grundrisse

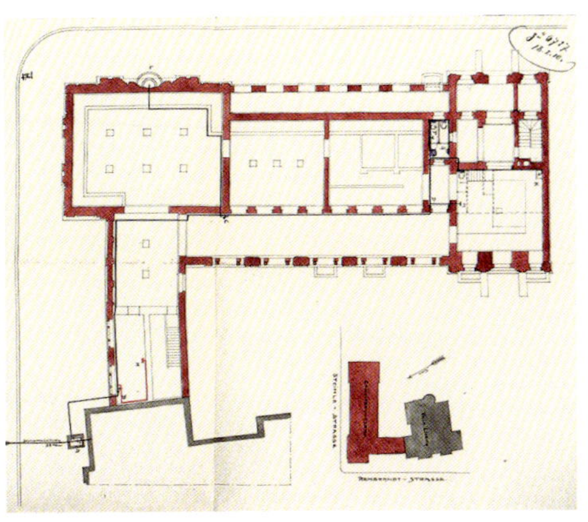

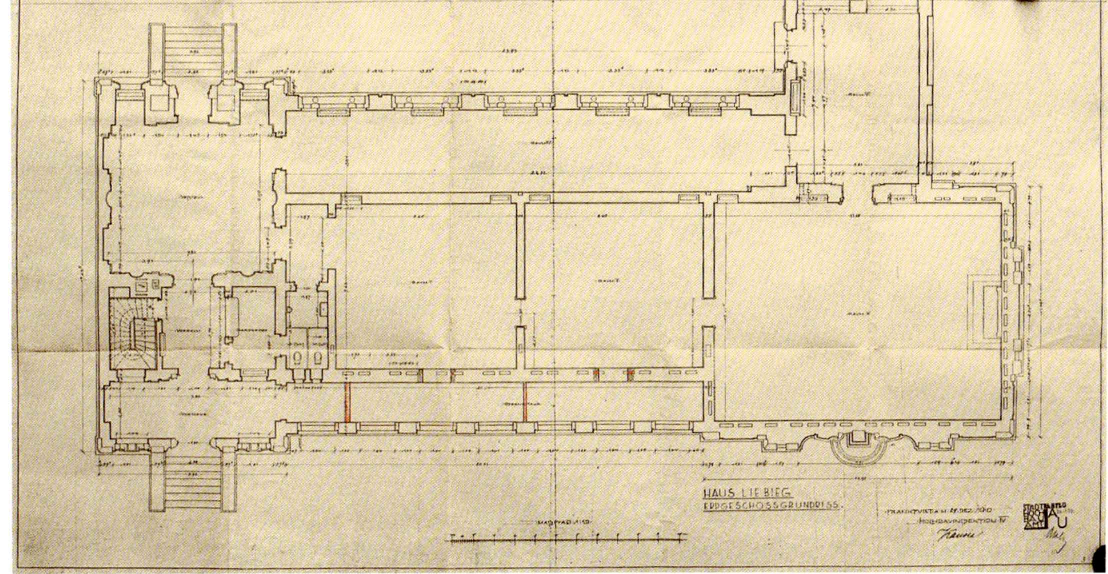

Liebieghaus / Nordseite *Liebieghaus / Ostseite (Rembrandtstr.)*

Zumindest an die Familien- bzw. Baugeschichte der Villa Liebieg erinnert die ***Villa Speyer*** (Kennedyallee 70 – also knapp außerhalb des Malerviertels; s. 2.7.1): Bald nach der Wende zum 20. Jahrhundert wählte der Bankier *Eduard Beit von Speyer* (1860–1933), einer der reichsten Männer des Kaiserreichs, der seinem sozialen und wissenschaftlichen Engagement kaiserliche Gunst wie wilhelminischen Adelsbrief (1910) verdankte, die prominente Position am Eck von Stresemann- und Kennedyallee (damals: Wilhelm- und Forsthausstr.) für die Errichtung seines Domizils. Auch die opulente Villa Speyer entstand auf einem Areal, das zuvor die Familie Günther erworben hatte; so fiel dem Architekten Alfred Günther ebenso die Planung des 1904 vollendeten Gebäudes zu (seit 2000 zum Hotel umgebaut). – Im folgenden Jahr 1905 haben die Gebrüder Heunisch nach Valentins romantischem Entwurf mit ihrem Mietshaus

Liebieghaus / Ostturm

Villa Speyer (Kennedyallee 70

Villa Manskopf (Flughafenstr. 4), 1986

Haus Heunisch (Schneckenhofstr. 29)

an der ***Schneckenhofstraße*** (Nr. 29) das malerische Burgentrio komplettiert – und dies zugleich als Bauherrn, -planer, -unternehmer und -vermieter. Wenn auch auf kleinerer Parzelle und in der Wirkung gemindert durch gleichhohe Nachbarhäuser, dominiert hier ebenfalls ein Turm auf fast quadratischem Grundriss, bekrönt von hoher Dachpyramide, die zwischen runden Kuppelerkern und Ecktourellen hochstrebt. (Weit westlich an der Niederräder Gemarkung war bereits 1894 mit dominierendem Turm als *Bürgerburg* die ***Villa Manskopf*** (Flughafenstr. 4 / gegenüber dem Oberforsthaus; Architekt: Franz von Hoven) entstanden, die – unabhängig von Funktion und Position weit außerhalb des Malerviertels – ebenso jener Baugattung zuzurechnen ist.)

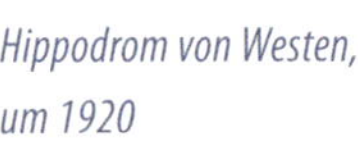

Hippodrom von Westen, um 1920

2.3.4 Für Sport und Dressur / Hippodrom und Germania (1885–1928)

Zwei Jahrzehnte, nachdem am Nordrand des Malerviertels mit dem *Städel* einer der für das wilhelminische Frankfurt charakteristischen Monumentalbauten errichtet wurde, wuchs 1893–98 an seiner Westgrenze (gegenüber der Villa Speyer) als zweiter das ***Hippodrom*** aus dem Boden – gleichsam im Vorgriff auf die auch dieses nach zwei weiteren Dekaden jenseits des Flusses übertreffende *Festhalle*.

Bis 1863 zurückverfolgen lässt sich in Frankfurt organisierter Pferdesport, und diese Tradition blieb während 150 Jahren mit der 1865 am äußersten Westrand von Sachsenhausen entstandenen *Galopprennbahn* erhalten, wird jedoch 2015 abrupt enden. Kaum etwas dokumentiert deutlicher die Übernahme adliger Attitude durch das Bürgertum als jenes Datum; denn 1863 war Frankfurt Gastgeber des *Deutschen Fürstentags*, dessen aus allen Teilen des Landes angereiste Vertreter während ihrer Debatten über die Organisation des alten Reichs die Gelegenheit zu unpolitischen Prognosen an den Renntagen – zunächst noch auf dem Exerzierplatz an der Mainzer Landstraße – als angenehme Abwechslung genossen haben dürften. Vergleichbares für das Dressurreiten bot die Stadt trotz des ausgeprägten Interesses wohlhabender Bürger allerdings kaum. Das änderte sich, als im Auftrag des *Frankfurter Reit- und Fahrvereins* auf dem bis dahin weitgehend brach liegenden Gelände im Winkel von Wilhelm- und

Forsthausstraße (das waren 11.500 qm zwischen Stresemann- und Kennedyallee) nach Entwurf von *Johann Christoph Welb* und *Adolf Hänle* jenes *Hippodrom* (Stresemannallee 19–23) entstand – und zwar diagonal von der Südecke her in das Grundstück geschoben. Beide Architekten waren seit den 70er Jahren innerhalb ihrer Vaterstadt mit Bauprojekten befasst, und die Zugehörigkeit des einer traditionsreichen Baumeisterfamilie entstammenden Welb zum Stadtparlament dürfte für dieses aufwändig von der Baufirma *Philipp Holzmann* ausgeführte Projekt kaum von Nachteil gewesen sein – ebenso wie Welbs in Sichtweite stehendes Wohnhaus (Kennedyallee 91) als Vorteil für die Bauleitung gelten konnte. Ein Gebäudeensemble von solcher Dimension hatte jedoch keiner der beiden Architekten je realisiert; denn außer der doppelgeschossigen Reithalle, die sich hinter dem Empfangsgebäude verbarg, gehörten Verwaltung und Werkstätten, Schmiede und Kantine sowie Boxen für 118 Pferde dazu. Typisch für jene Jahrzehnte um 1900 ist die Umsetzung der antiken Baugattung *Hippodrom* in die Architekturform der damaligen Moderne; denn das vor weiter ausgreifender Reithalle geschobene Empfangsgebäude hätte mit seinem Säulenfrontispiz und der dahinter aufragenden Dachkuppel ebenso gut auf ein Opernhaus oder ein Museum deuten können. Dass somit – unmittelbar links im Anschluss an die den Namen des Kaisers tragende *Wilhelmsbrücke* – das Bauwerk dem Repräsentationsbedürfnis der wilhelminischen Epoche entsprach, versteht sich von selbst. Auf einer insgesamt überbauten Fläche von 3.325 Quadratmetern dominierte mit 25 Metern Firsthöhe die stützenlos auf rechteckigem Grundriss (50 m : 25 m) mittels eiserner Fachwerkträger und -bögen überwölbte Reithalle (ehemals eine Konstruktion ähnlich wie über der Börse; s.o. 2.3.2). Die Längsseiten ihrer Manege flankierten doppelgeschossig Logen mit insgesamt 1400 Sitz- und 1500 Stehplätzen, deren Anzahl bei Konzerten durch Bestuhlung der Innenfläche für 2000 weitere Besucher erweitert werden konnte. Vor die Südfassade waren ursprünglich antikisierende Statuen von *„Rossebändigern"* gestellt. Die Nordseite wandte sich zur Schreyerstraße, und deren platzartige Erweiterung erleichterte rückwärtig die Versorgung des Monumentalbaus.

Hippodrom von Osten, um 1925

Ausschlagebend für die Wahl des Bauplatzes war wohl auch, dass – allerdings außerhalb des Malerviertels – das Gelände schräg gegenüber am Main nahe dem ehemaligen *Kohlehafen* (zwischen Gartenstraße und Theodor-Stern-Kai, wo ab 1927 die AOK bzw. ab 1950 die AEG ihre modernen – längst durch die Allianz ersetzten – Verwaltungsgebäude errichteten würde) den Offizieren des Infanterieregiments der Gutleutkaserne bzw. den Soldaten der Bockenheimer Kavalleriekaserne als *Reitplatz* gedient hatte. Mit Ausbruch des Ersten Weltkriegs dürfte dieses Privileg des Militärs geendet haben. Stattdessen erhielt es jedoch eine neue, wenn auch nur temporäre Nutzung – es wurde zur Spielstätte für den *Wanderzirkus*. Wie beim Reitsport hat Frankfurt für Tierdressur und Akrobatik ebenfalls eine bis ins Jahr

Hippodrom, um 1900

Hippodrom / Grundrisse und Schnitte

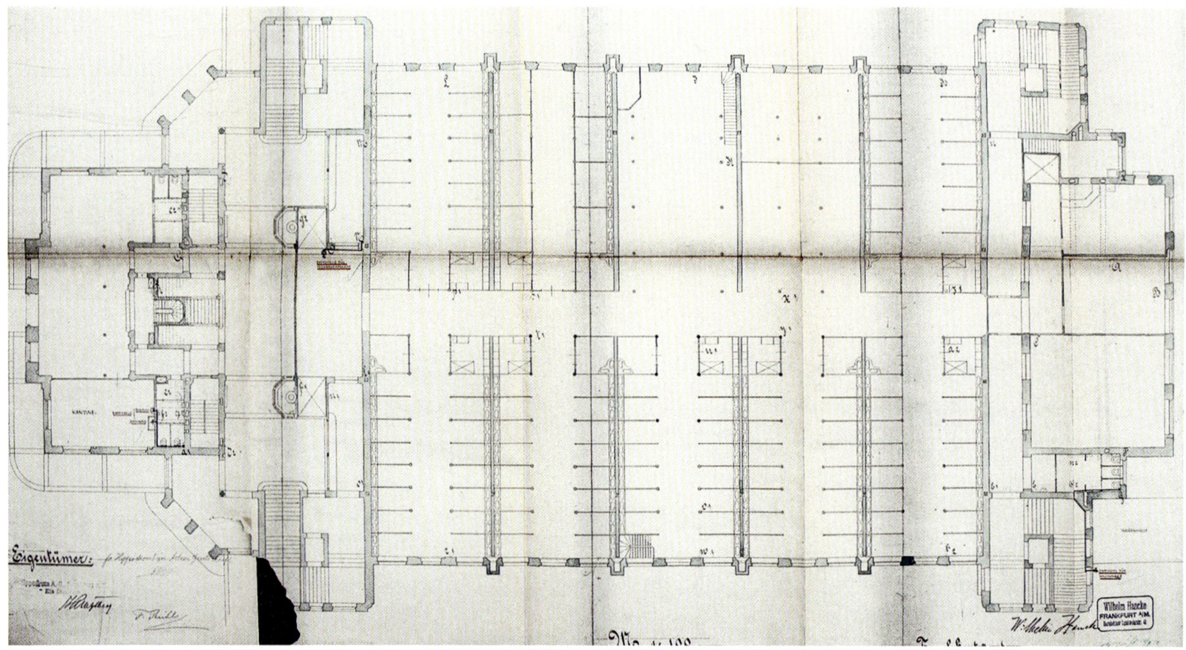

1863 zurückreichende Tradition, die sich jedoch nicht auf einen Platz beschränkte; denn der bereits in diesem Jahr gegründete *Zirkus Renz* hatte einst seinen Rundbau nahe der Konstabler Wache im *Klapperfeld* aufgestellt. Auf dem Sachsenhäuser Gelände (Gartenstraße 138) gastierten 1914 und 1917 der ***Zirkus Charles Krone***, 1917 und 1921 der ***Zirkus Wilhelm Hagenbeck*** u.a., wobei dieser mit seinem Rundzelt für 2.800 Personen die wohl aufwändigste Konstruktion einer solch provisorischen Baugattung aufrichten ließ. Dass danach öfters und schließlich dauerhaft der *Festplatz* an den Ratsweg im *Ostend* verlegt wurde, gilt noch heute. – Eine Anekdote vor Ausbruch des Ersten Weltkriegs verdient im Zusammenhang mit Reitsport und Militär Erwähnung: Im März 1914 war es nahe dem Hippodrom zu einem spektakulären Reitunfall gekommen: Nach weniger bedeutenden Zivilisten *„stürzte auch seine Excellenz, der kommandierende Herr General, der sich dabei nicht unerheblich verletzte"*, von seinem Pferd. Und Schuld daran trug – aus Sicht des vehement wehklagenden *Reit- und Fahrclubs* – allein die städtische Straßenbaubehörde, weil sie zugunsten modern gewordener Automobile Straßen und Wege mit glattem Asphalt statt weiterhin mit Kopfsteinen ausgestattet hatte (Mag.Akt. T25/1373). Doch längst vorbei war die Ära, als es sich noch für Reiter lohnte, um Privilegien und eigene Wege neben Forsthausstraße oder Schaumainkai mit Ämtern zu ringen, und als gelegentlich Mitglieder der Fabrikantenfamilie von Weinberg aus ihrem Niederräder Anwesen hinter der *Buchenrode* (s.u. 2.7.1) entlang dem Südufer bis zu ihrem Casella-Werk in *Fechenheim* ritten. Wenige Monate später wurde das Hippodrom Lazarett für verwundete Soldaten aus Gefechten des Ersten Weltkriegs. Der Zweite Weltkrieg ließ von ihm 30 Jahre später nur eine Ruine übrig, die bis 1956 verschwand und bis 1961 durch den ehemaligen Verwaltungskomplex *Haus der Elektrotechnik* ersetzt wurde (s.u. 3.2). Vom Reiten zum Rudern: Im Jahr der Eröffnung der *Galopprennbahn* siedelte sich auf der größten Maininsel der frisch gegründete *Frankfurter Ruderverein* (FRV 1865) an. Doch bereits 1869 erwuchs ihm fluss-

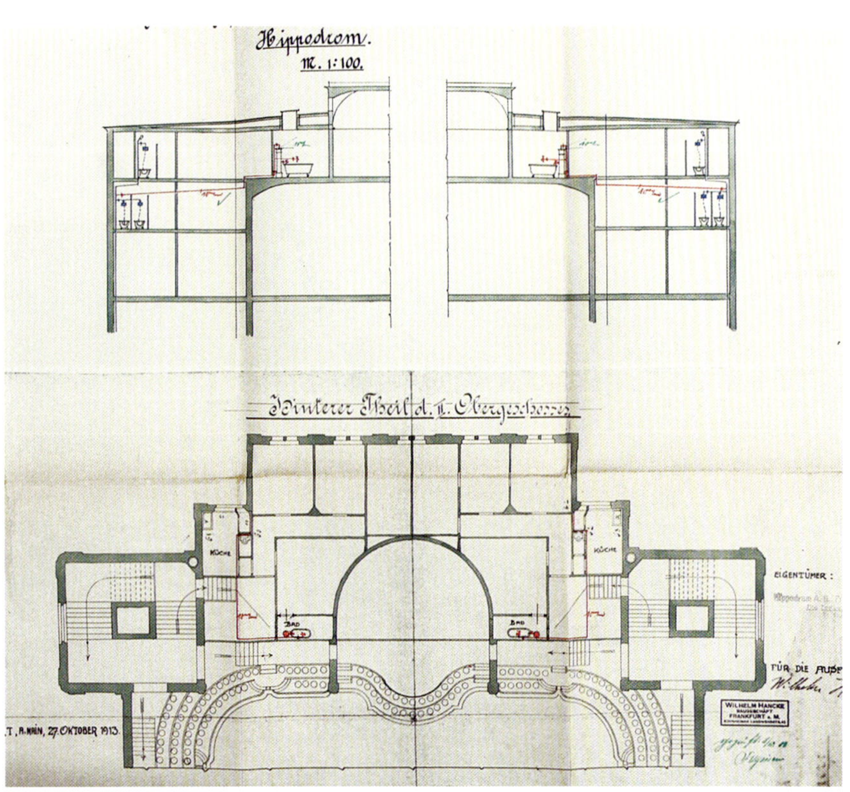

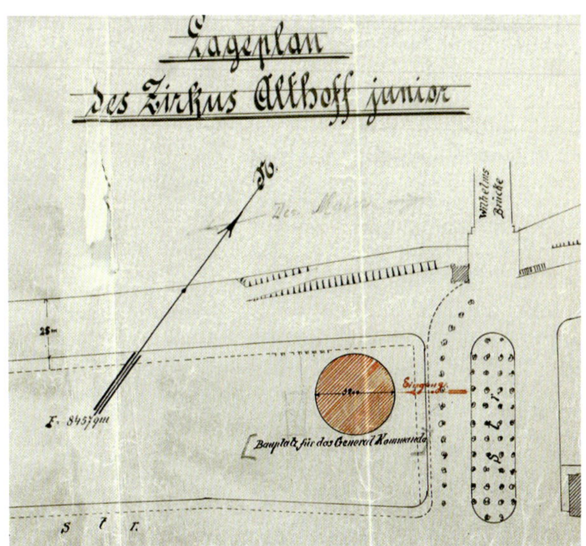

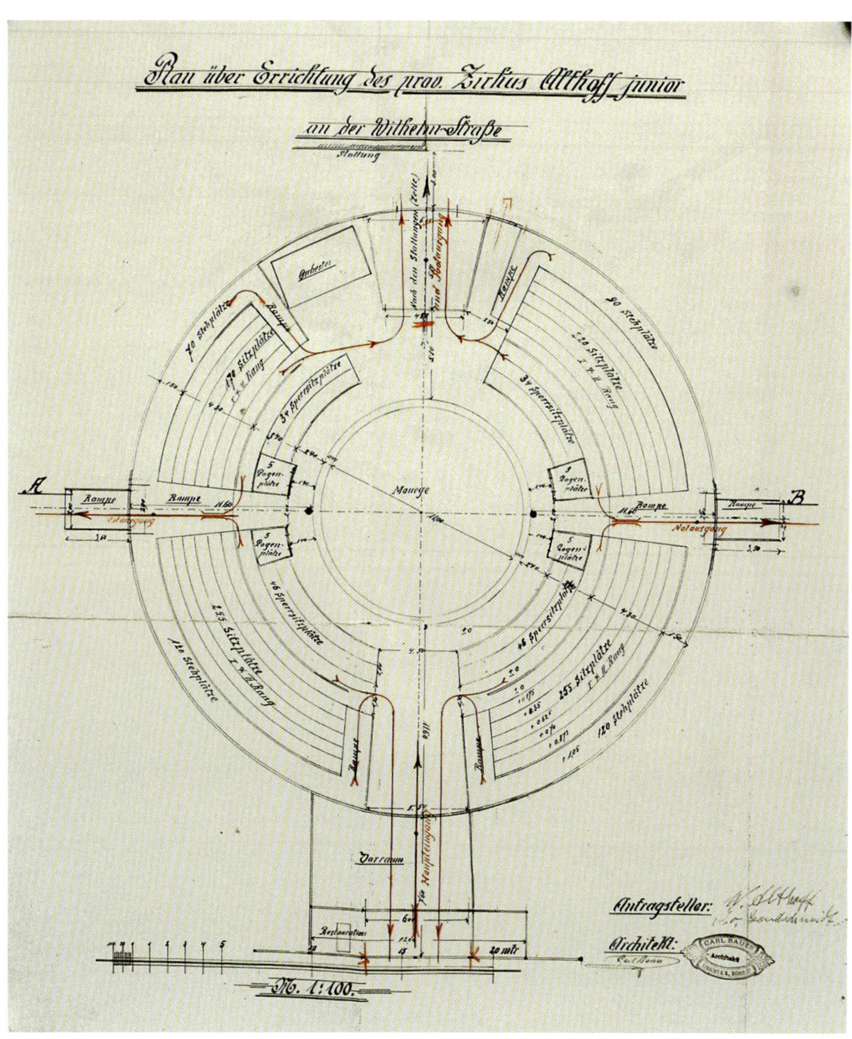

Zirkus Althoff / Pläne

ab in der *Rudergesellschaft Germania* eine sogar international erfolgreiche Konkurrenz, die allerdings erst 1875 ihren gültigen Namen und 1885 ihr endgültiges Domizil unmittelbar neben dem Städelmuseum fand (Schaumainkai 65). Dessen Architekt war *Alfred Günther*, der dafür eigens den Teil seines zur eigenen Nutzung verplanten Grundstücks abgab (s.u. 2.3.7), jedoch zum Ausgleich mit dem Entwurf des

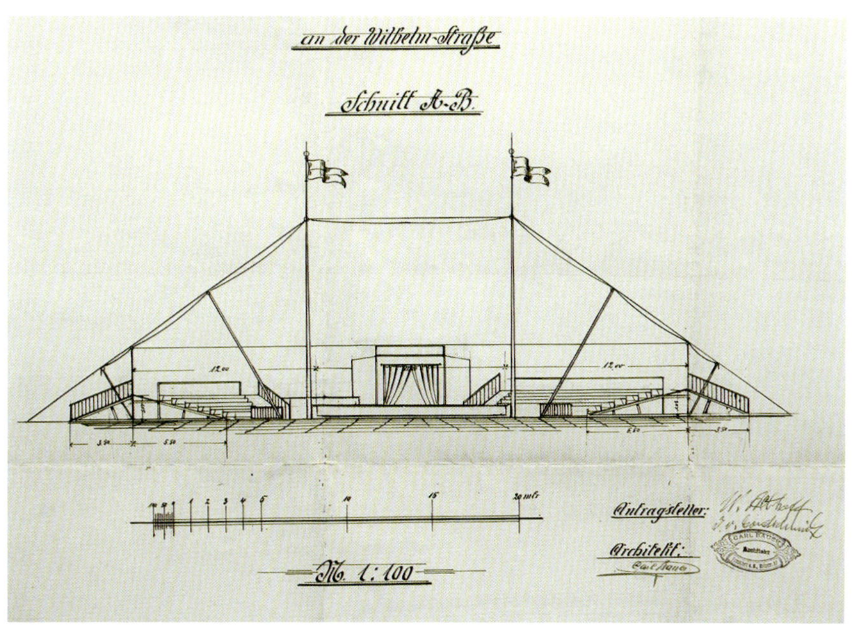

Clubhauses beauftragt wurde. Daraus entstand ein *altdeutscher* Fachwerkbau von bizarrer Form auf L-förmigem Grundriss, aus dessen Winkel sich zum Fluss hin ein Kuppelturm vorschob – bekrönt von Aus-

RG Germania / Clubhaus 1885, Ansicht

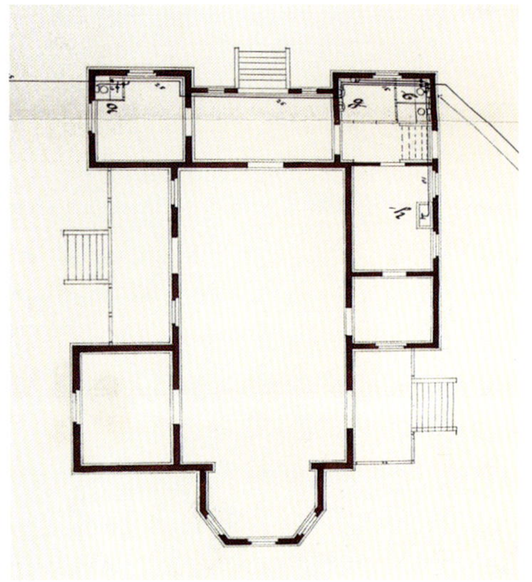

RG Germania / Clubhaus 1885, Grundriss

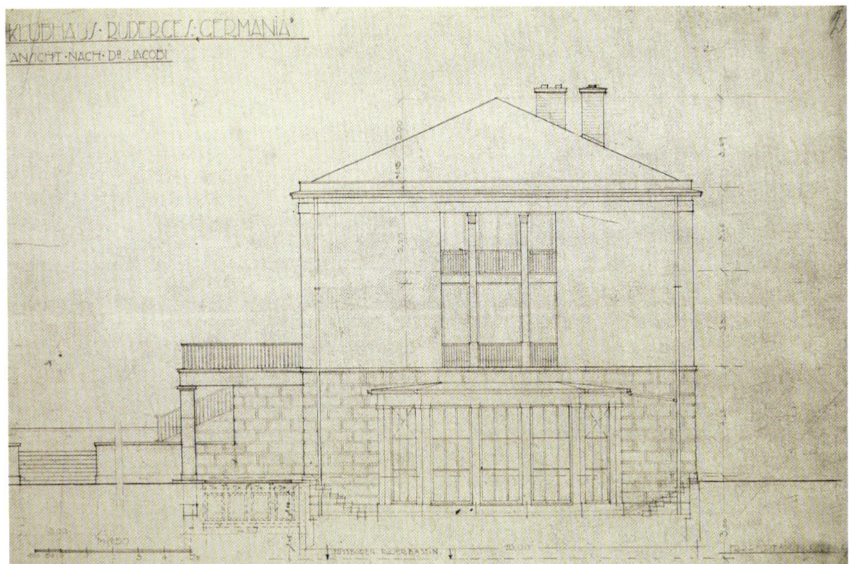

RG Germania / Clubhaus 1928, Nord- und Westseite
RG Germania, Ansicht, Ostseite

sichtsplattform und bunt bewimpeltem Mast mit Wanten und Korb wie bei einem Segelschiff. Er musste 1927 einem in die Bauflucht am Schaumainkai gerückten Neubau der frühen Moderne weichen, den *Fritz Josseaux* entworfen hatte – weniger romantisch, dafür aber funktionaler durch bewässertes Ruderbecken (Kellergeschoss) und großen Terrassensaal für Restaurant bzw. Veranstaltungen (Obergeschoss; eröffnet am 06.10.1928).

2.3.5 Quintett für die Bildung / die Schulen (1899–1909)

„Dem Wunsche der Bedeutung des Hauses im Kulturleben der Nation
auch in der äusseren Erscheinung desselben einen Ausdruck zu geben
– also das Schulhaus in monumentalem Sinn zu gestalten –
steht fast immer der Umstand entgegen,
dass bei dem Umfange der Ansprüche, die an die Gemeinden gestellt werden,
für den einzelnen Bau nur geringe Geldmittel bewilligt werden können".
(Bauinspektor E. Haesecke, 1884)

Erst mit der Wende zum 20. Jahrhundert reifte bei der Stadtverwaltung die Einsicht, dass südlich des *Städels* zu beiden Seiten der *Holbeinstraße* ein *Wohnquartier* im Wachsen begriffen war – höchste Zeit also, dass dafür außer einer Gemäldegalerie mitsamt Akademie auch andere Gebäude für Erziehung und Bildung zur Verfügung gestellt wurden; denn die damals bereits vorhandenen Schulbauten nahe Alt-

Sachsenhausen – z.B. von Stadtbaumeister *Karl Friedrich Henrich* (1812–93) die *Wallschule* (1871) und nach Entwürfen von Stadtbaurat *Gustav Behnke* (1837–1919) die *Souchay-Schule* (1876; Gutzkow-Str. 46–48, heute: Heinrich-von-Stephan-Schule), die *Sachsenhäuser Volksschule* (1887; Willemerstr. 12, heute: Willemer-Schule) und daneben von Stadtbauinspektor *Max Berg* (1870–1949) die *Deutschherrenschule* (1904; Deutschherrenufer), schließlich benachbart die *Bergiusschule* (1908; Frankensteiner Platz 4) und flussauf die *Mühlbergschule* (1906; Lettigkautweg 8) – waren für Schüler aus West-Sachsenhausen zu weit entfernt (das nahe *Freiherr-v.-Stein-Gymnasium* wurde erst 1913 eröffnet; Schweizer Str. 87). Es entstanden daher innerhalb eines Jahrzehnts im Mischgebiet östlich der Holbeinstraße auf fast gereihten Grundstücken, deren Verwendung sich die Stadt bereits bei Umlegung und Parzellierung des Geländes vorbehalten hatte, fünf neue Schulen. Ihre unterschiedlichen Abschlussmöglichkeiten entsprachen dem heute und hoffentlich dauerhaft üblichen Dreistufen-System: Den Anfang machte 1899 die ***Sachsenhäuser Realschule*** (Holbeinstr. 21–23; später: *Oberrealschule,* heute: *Carl-Schurz-Schule*) am Eck

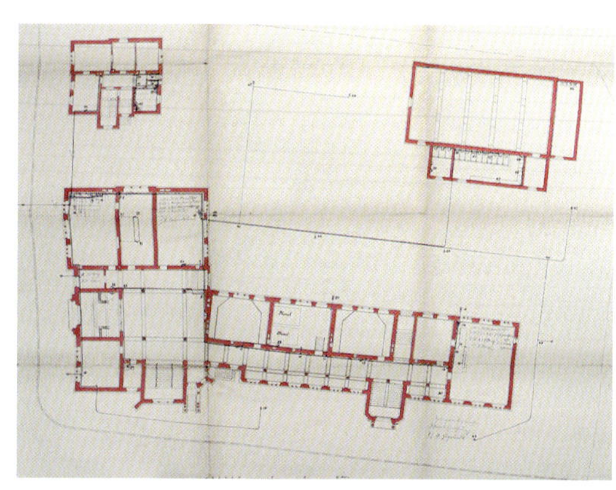

Carl-Schurz-Schule (ehem. Sachsenhäuser Realschule): Grundriss und Südansicht (vor der Erweiterung)

Nord- und Westansicht (Holbeinstr.)

Ostansicht (zum Hof)

Textor- / Schwanthalerschule:
Lageplan (rechts)
Grundriss / Längsschnitt
Westansicht (zum Hof)
Ostansicht (Ausschnitt)

zur Schneckenhofstraße nach einem Entwurf des im Schulbau bewährten Stadtbauinspektors *Gustav Adolf Koch*, auf den auch der Erweiterungsbau von 1901 zurückging. – ***Textor-/ Schwanthalerschule*** (Textorstr. 104 bzw. Schwanthalerstr. 61–63; ehem.

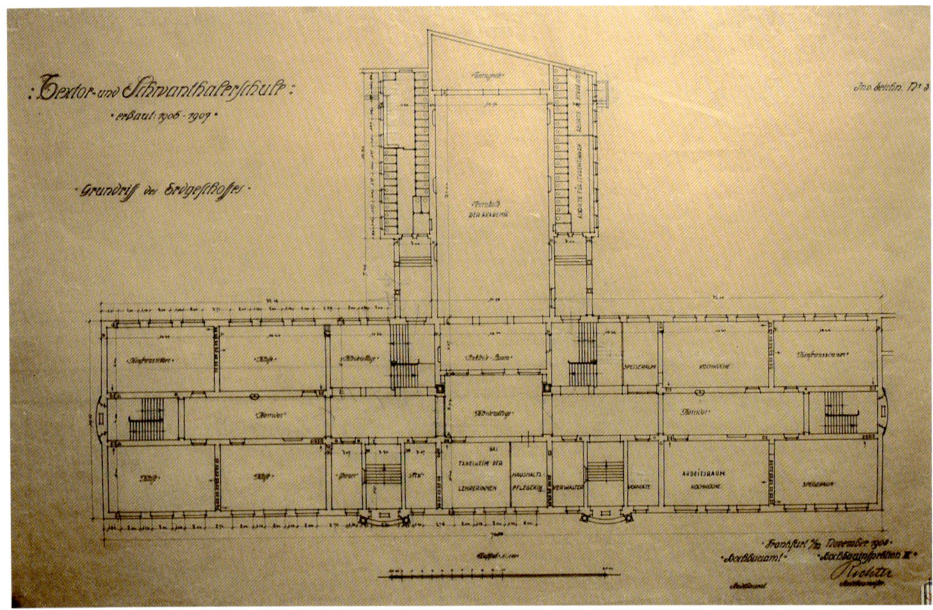

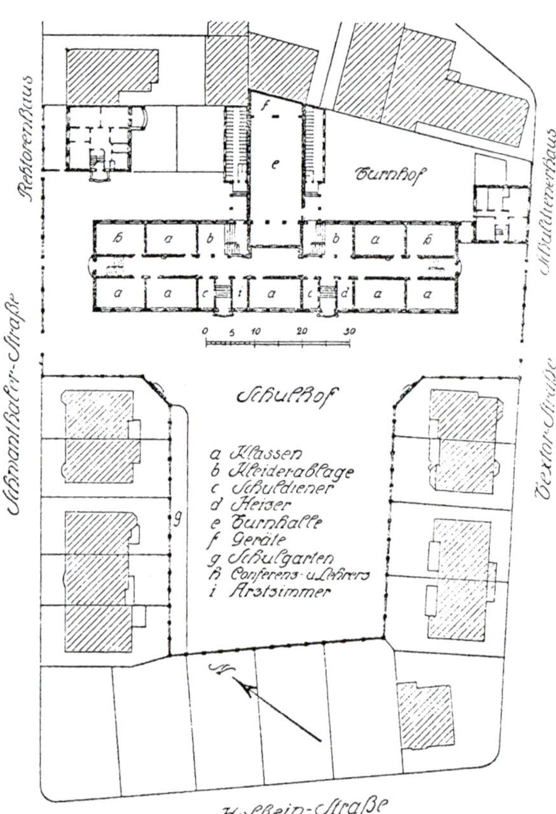

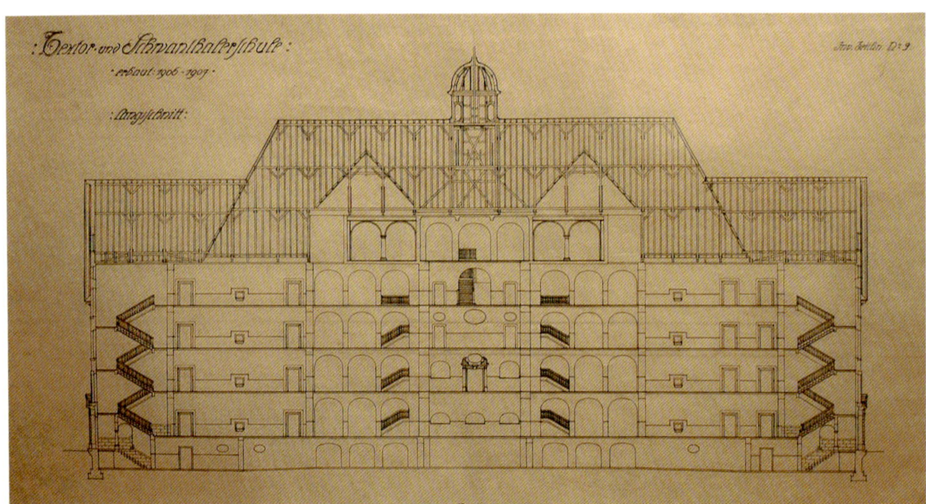

34 Klassen) folgten 1906–07 dem seit 1885 in Frankfurt entwickelten Schema der *Doppelbürgerschule* getrennt für Mädchen und Knaben (d.h. eine kombinierte Volksschule alter Prägung) nach Plänen von Stadtbaumeister *Joseph Ernst Richter*, der auch gegenüber die 1908–09 entstandene ***Holbein-Mittelschule*** (Textorstr. 111; ehem. 16 Klassen) entworfen hat und bei beiden Gebäudegruppen auf Vorentwürfe von *Gustav Schaumann* (1861–1937) zurückgreifen konnte. – Die Planung der ***Schillerschule*** (Gartenstr. 57–59 / Morgensternstr. 3) wurde dem bis

Süd- und Nordansicht

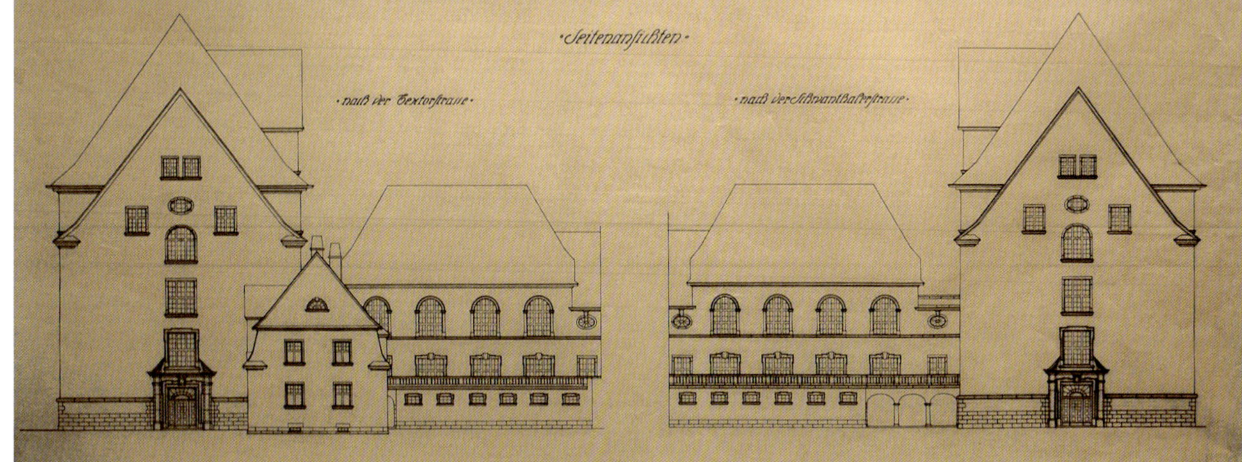

Fassade zum Schulhof

Portale und Hofbrunnen Doppelschule

1908 ebenfalls in Frankfurt als Stadtbauinspektor tätigen, ab 1917 in Offenbach als Gründer des Ledermuseums und Hochschullehrer bekannt gewordenen *Hugo Eberhardt* anvertraut. Vollendet wurde sie 1908. Übrigens entschied man sich bei dieser Höheren Mädchenschule (Lyzeum / Gymnasium) für den würdigen Namen eines Dichters; denn die anderen Bezeichnungen präzisierten lediglich die geographische Position in Stadtteil oder Straße (der Name *Carl-Schurz-Schule* wurde erst nachträglich im Zusammenhang des Aufstiegs zum Gymnasium für Jungen gewählt).

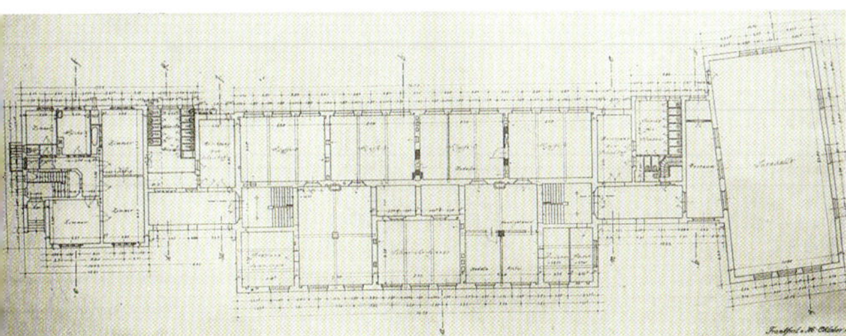

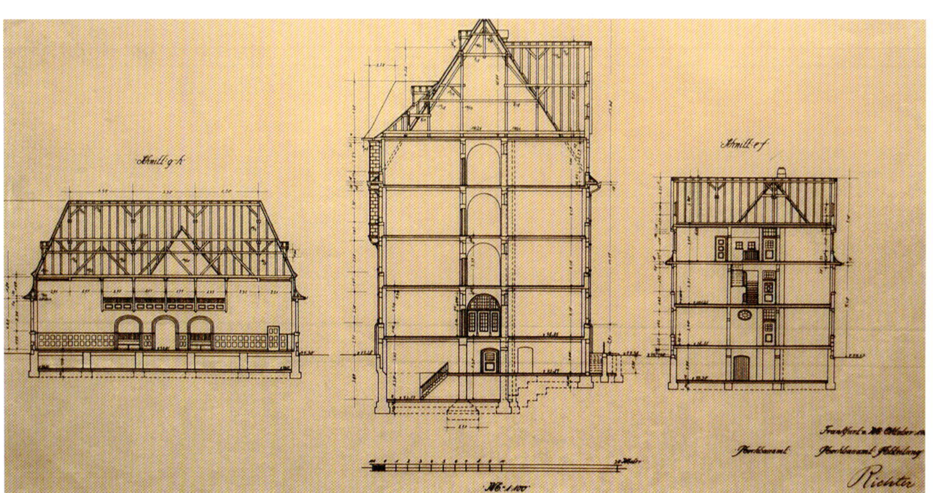

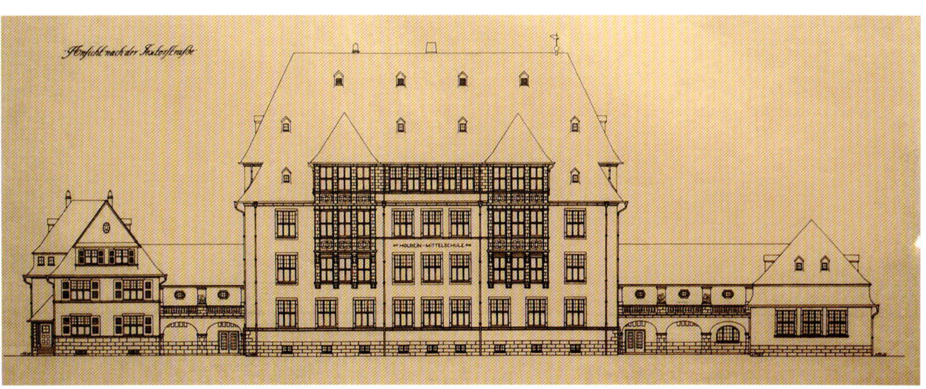

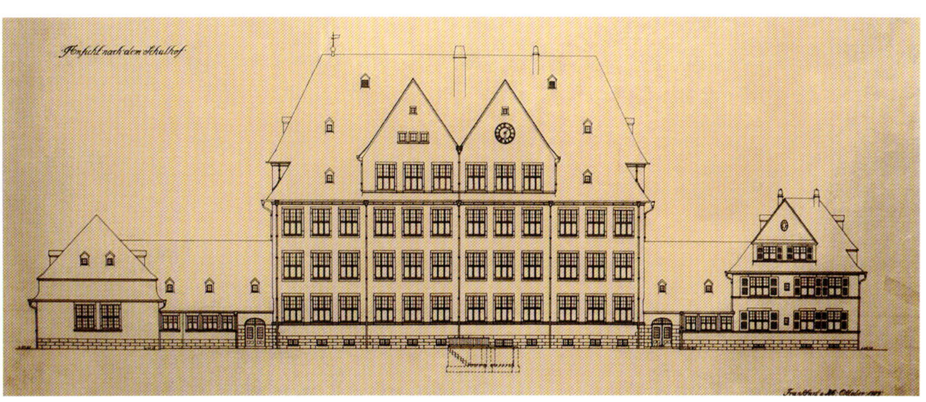

Holbeinschule: Grundriss

Längsschnitt
Querschnitt
Nordansicht (zur Textorstr.)
Südansicht (zum Hof)

Allen diesen Schulbauten gemeinsam war eine mit viel Aufwand realisierte Repräsentationsarchitektur, wie sie für die wilhelminische Ära typisch ist und sich am ehesten noch jenseits des Mains in Betrachtung des *Gerichtsgebäudes A* (1889; Heiligkreuzgasse 34) erhalten hat – d.h. also bevorzugt in traditionellen Formen von Neurenaissance und Neobarock, außer bei der mehr Neoklassizismus oder Jugendstil zuneigenden sowie städtebaulich exponierten *Schillerschule*. Sie waren ausnahmslos unter steilen Schieferdächern, die z.T. Dachreiter für die Schulglocke trugen, als symmetrische Putzbauten mit Gliederung und Dekor aus rotem Mainsandstein ausgeführt, wobei ihr Grundriss beiderseits zentraler Längsflure gereihte Klassenräume vorsah (im Zweiten Weltkrieg sind alle ruiniert oder beschädigt, danach – wie beide Gymnasien – modern ersetzt oder ohne Not formal simplifiziert worden; von der Schillerschule blieb im Nordwesten ein urspr. Gebäuderest). Im Prinzip weisen sie zwischen frei stehenden Dienstgebäuden (z.B. getrennte Wohnhäuser für Direktor und Pedell) ein gestrecktes Hauptgebäude mit Hauptfront nach West / Nordwest auf – viergeschossig bei den Grund-, dreigeschossig bei den höheren Schulen, unter deren Dächern direkt Zeichen- sowie Musiksaal untergebracht waren. Nur das ursprüngliche Gymnasium verfügte über eine Aula, ansonsten diente die Turnhalle für Veranstaltungen; die Schillerschule war gleich anfangs mit Chemie- und Physiksaal ausgestattet. An jede Schule schloss sich ein kleiner Garten mit sämtlichen Baumarten des Quartiers, um den botanischen Teil des Biologieunterrichts anschaulich zu machen. Zur Ausstattung gehörten ebenso Trinkbrunnen in Schulhaus und -hof (s. Schwanthaler-/ Textorschule), dessen Ausdehnung damals ein postulierter Platzbedarf von drei Quadratmetern pro Schüler zugrunde lag. Aktenkundig blieben die Baukosten für die Holbeinschule – immerhin 338.000 Goldmark allein für das Schulhaus. Demnach dürfte

Holbeinschule / Ansichten und Kindergruppe

Holbeinschule / Straßenfront

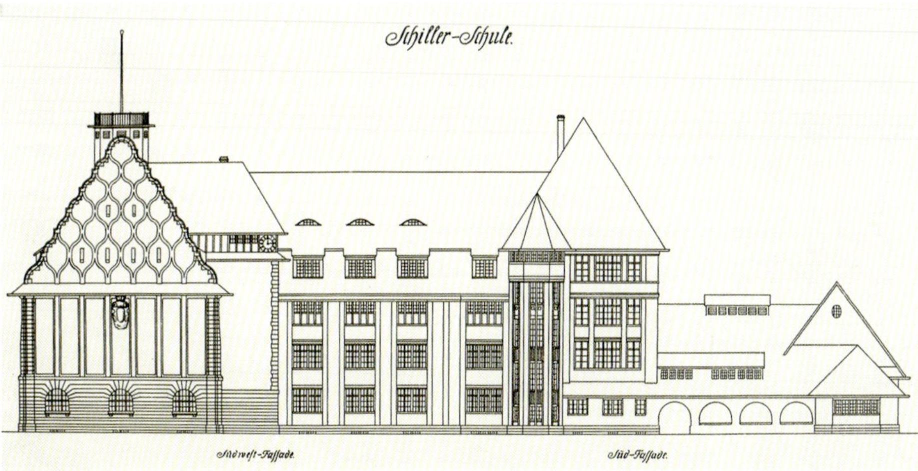

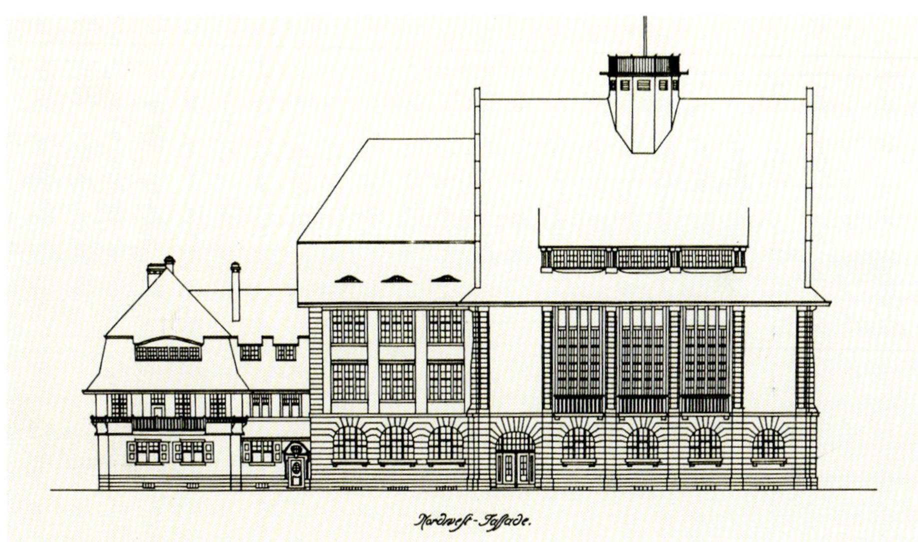

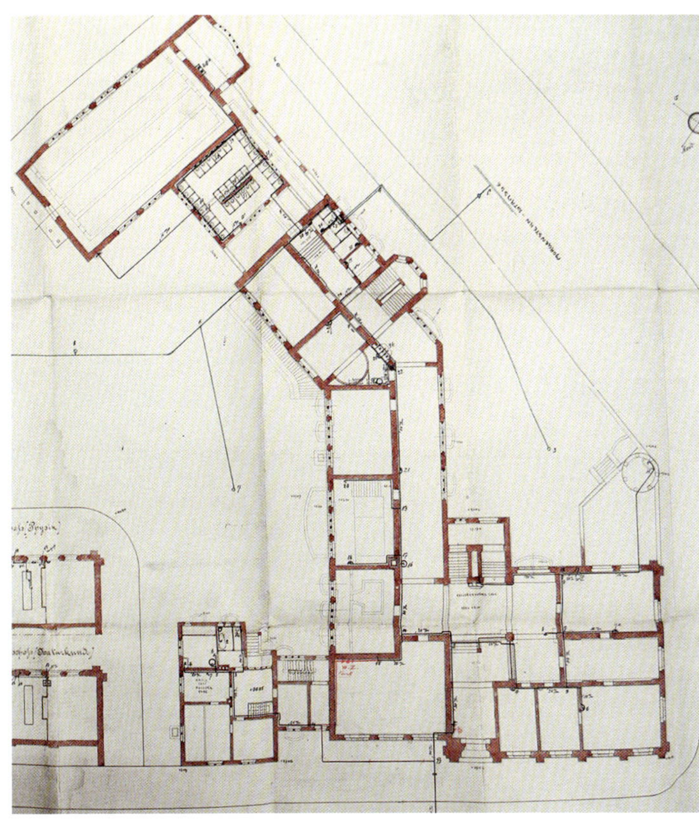

Schillerschule
W-Ansicht (zur Morgensternstr.)
N-Ansicht (zur Gartenstr.)
Bautorso im Nordwesteck (rechts oben)
Grundriss

die Stadt innerhalb des Jahrzehnts zwischen 1899 und 1909 für Schulanlagen im Malerviertel insgesamt etwa zwei Millionen Mark ausgegeben haben (das entsprach um 1910 etwa dem fünffachen Betrag in Euro; s. Behnke, S. 184 ff. u. Schaumann, S. 110 ff.). (Die Städelschule ist hierbei nicht erfasst; Dürerstr. 10; s.o. 2.3.1).

2.3.6 Patron der Maler, Apostel der Deutschen / die Kirchen (1912–1932)

Wenn es spät noch eines Indizes zur Namenswahl des wachsenden Wohnquartiers bedurft hätte, dann lieferte es der neue Kirchenbau der evangelischen *Dreikönigsgemeinde* von Sachsenhausen: Als Kirchenpatrone erscheinen im Frankfurter Stadtgebiet die Namen aller vier Evangelisten, wobei für Johannes als jüngstem das älteste Gebäude dieses Quartetts – nämlich die 1779 weitgehend barock erneuerte *Johanneskirche* in Bornheim (Turmstr. 12) erst 1896 ausgewählt wurde. Kein Zufall ist, dass die drei anderen innerhalb weniger Jahre vor dem Ersten

Weltkrieg gleichfalls ein weiteres evangelisches Gotteshaus erhielten: Als Ursache dafür gilt die um 1900 rasch gestiegene Einwohnerzahl in der sich ausdehnenden Stadt. Den Anfang machte die 1905 vollendete *Matthäuskirche* (Architekt: *Friedrich Pützer*) am Übergang vom Westend zum Bahnhofsviertel (Friedrich-Ebert-Anlage 33). 1912 folgten die *Markuskirche* (Architekt: *Ernst Faust*) in Bockenheim (Markgrafenstr. 14–16) und schließlich in Sachsenhausen die evangelische ***Lukaskirche*** (Gartenstr. 67), für die als Gewinner unter 65 Wettbewerbsteilnehmern der mehrfach – auch in der Nachbarschaft –

Lukaskirche / Nordseite und Innenraum

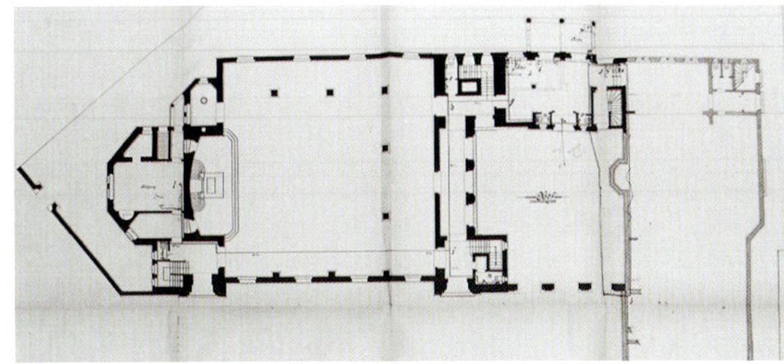

Grundriss

Ostseite

Westseite

als Architekt von Wohnhäusern mit überladenen Fassaden hervorgetretene *Carl Friedrich Wilhelm Leonhardt* den Entwurf lieferte. Es wurde sein letztes Werk. – Gerade die Wahl des Namens Lukas erscheint für das *Malerviertel* plausibel; denn der zum legendären Porträtisten der Gottesmutter Maria erhobene Evangelienschreiber galt als Patron der Maler und wurde daher seit dem Mittelalter in ganz Europa zum Schirmherrn von Malergilden und -bruderschaften. Allerdings reichen erste Überlegungen zu einem Kirchenneubau für die Pfarrei West-Sachsenhausen (d.h. westlich der Stegstraße) auf Betreiben der später ebenso als Stifter tätigen Familie von Metzler genau ein Jahrzehnt vor dessen Weihe als Lukaskirche am 12. Oktober 1913 zurück: Obwohl mit dem großzügigen Ersatzgebäude der spätgotischen *Dreikönigskirche*, deren Pfarrei noch innerhalb des ehemaligen Befestigungsrings seit 1452 bestand, ab 1885 der monumentale Sakralbau von *Joseph Denzinger*, der als südliches Pendant des Frankfurter Doms gilt, zur Verfügung stand, herrschte bei den Protestanten Raumnot. Um sie zu beheben, entwarf *C.Fr.W. Leonhardt* auf schlichtem Grundriss eines Rechtecks einen 970 Sitzplätze bietenden Kastenbau (22 m:17,5 m), dessen Saal ostwärts in eingezogenem Polygonalchor endet und im Westen von einem 41 Meter hohen Flankenturm beherrscht wird. Weil die markante Position infolge bereits vorhandener Nachbarbebauung keine Alternative zuließ, ist die nördliche Langseite auf die kleine Grünanlage an der Zusammenführung von Garten- und Forsthausstraße gerichtet. Zwei niedrige, jeweils die Ecken umgreifende Portalrisalite betonen hier die für diesen Architekten überraschende klassisch-strenge Symmetrie der vierachsigen Front, die – ragte dahinter nicht der Turm auf – mit ihren schlichten Fabrikfenstern und den Walmdächern zunächst kaum sakral wirkt; westwärts deuten Arkaden ein Atrium an. Spärlich blieb auch die äußere Dekoration – außer Rundfenstern an Chor und Risaliten v.a. allegorische einander zugewandte Ovalreliefs von *„Glaube"* und *„Liebe"* des Bildhau-

Bonifatiuskirche / Ostfassade

ers *Georg Eck* in der Tradition strenger Romanik. Eck schuf ebenso oben zwei der pathetisch-barockisierenden *Evangelistenstatuen* zwischen den Turmbalkonen, die beiden anderen stammen von seinem Städel-Kollegen *Peter Bauer* – sämtlich leicht expressiv in faltenreich verhüllender Gewandung (s.u. 2.5.2). Leonhardt fiel im Ersten Weltkrieg während der letzten deutschen Frankreich-Offensive im Frühjahr 1918 (15.05.). Die Bombardements des Zweiten Weltkriegs 1944 (22.03.) nicht überdauert hat die Ausstattung des Kirchenraums – d.h. Glasgemälde von *Rudolf* und *Otto Linnemann* sowie der erst 1918 vollendete Zyklus aus 21 biblischen Wandbildern von *Wilhelm Steinhausen* (1846–1924), einer Stiftung der zum Christentum konvertierten Rose Livingston, gingen zugrunde. Dass jene unter dem Eindruck der Schrecken des Ersten Weltkriegs entstanden, lassen Motive wie *„Strafgericht über Sodom und Gomorrha"* vermuten. Den durch ein Kruzifix zentrierten Chor flankierten die beiden Schächer aus der *„Kreuzigung"* – ihnen allen verdankte dieser Sakralbau die populäre Bezeichnung *„Bilderkersch"* (formal reduzierter Wiederaufbau 1948–53 als doppelgeschossige Anlage – unter dem Eindruck der Bonifatiuskirche).
Kaum weiter zurück reichen die vielfachen Bemühungen um eine katholische Pfarrkirche für das westliche Sachsenhausen; denn in *St. Marien*, dem erst 1889 zur Pfarrkirche der Südstadt erhobenen Gotteshaus der Deutschordens-Kommende, mussten bis zur folgenden Jahrhundertwende pro Sonntag schließlich bis zu sechs Gottesdienste für die auf mehr als das Doppelte angewachsenen 17.000 Gläubigen stattfinden. Daher formierte sich im Jahr 1900 ein *Kirchenbauverein*, dessen Ziele die Aufteilung Sachsenhausens in zwei Seelsorge-Bezirke und damit verbunden ein Kirchenneubau für den Westen

Westchor und Turm
Ostfassade

waren. Dazu fasste man anfangs ein Grundstück an der Hedderichstraße ins Auge. Dass aber schließlich der Bau der katholischen ***St.-Bonifatiuskirche*** nicht in die Entstehungszeit der Lukaskirche fiel, lag am Ausbruch des Ersten Weltkriegs. Die dadurch bedingte Verzögerung erwies sich jedoch nicht als Nachteil; denn Unterstützung bot sich aus Paderborn: Noch mitten im Krieg plante der dortige *Bonifatiusverein* 1916, das 1200-jährige Jubiläum seines Patrons aus Anlass von dessen erstem Missionsauftritt in Deutschland in dauerhafter Erinnerung durch Stiftung eines Kirchenbaus in Frankfurt zu bewahren. Eine Kollekte in Westfalen und im Bistum Limburg erbrachte ausreichend Geld, um das Areal im Winkel von Holbein- und Thorwaldsenstraße zu erwerben. Gereicht hätte die Summe ebenso für den Bau der Kirche, doch zwang die Inflation zu erneuter Geldsammlung, zu der entscheidend 1925 der *Gesamtverband der katholischen Pfarrgemeinden* in Frankfurt beitrug. Auch hierzu ausgeschrieben wurde ein *Wettbewerb zur Erlangung von Entwürfen für die neue St.-Bonifatius-Jubiläums-und Gedächtniskirche* (s. Risse, S.166 ff.). Gefordertes Ergebnis war – im Ensemble von Pfarr-, Schwestern- und Vereinshaus – ein verputzter Sakralbau mit Raum für 800 Sitz- und 600 Stehplätze, im Stil der Renaissance ohne mittelalterliche Reminiszenzen. Zum Abgabetermin (25.09.) lagen von 34 Architekten 36 Entwürfe vor. Den Sieg davon trug *Martin Weber* (immerhin wurde der 2. Preis dem Stuttgarter *Hans Herkommer* zuerkannt, dessen Entwurf ab 1927 im *Diplomatenviertel* die *Frauenfriedenskirche* folgt). Für Weber, der zuvor bereits am Rand der Altstadt das *Kapuzinerkloster* entworfen hatte, war die 1926–32 errichete Bonifatiuskirche der Beginn einer bemerkenswerten Karriere als Kirchenbaumeister des ka-

Bonifatiuskirche, Westturm

Ostportal

Westportal

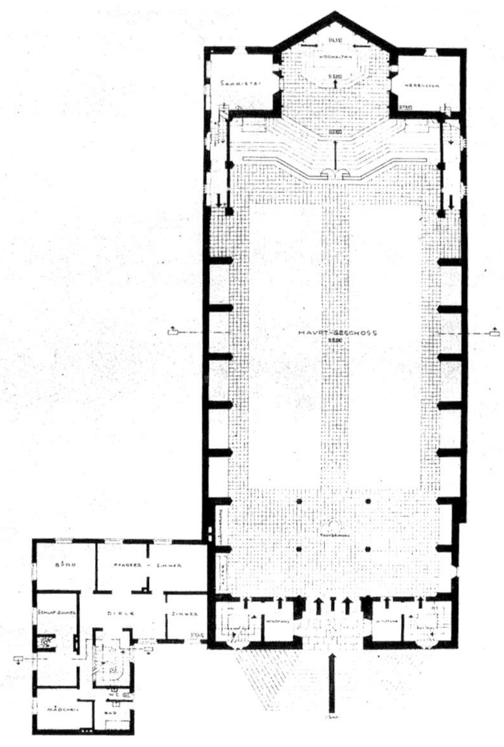

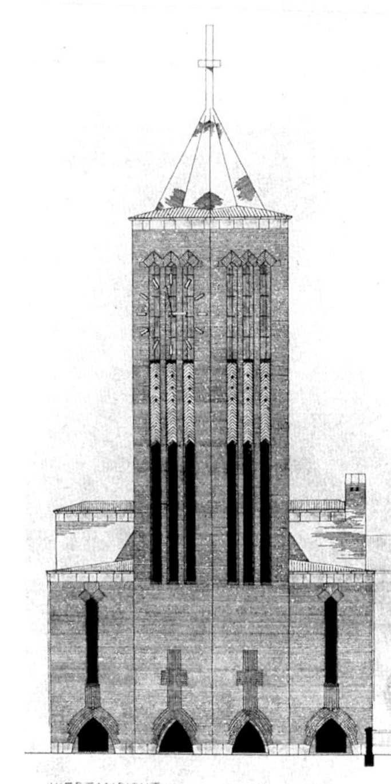

tholischen Frankfurt, und es spricht für die Jury, dass sie den 1. Preis und den Auftrag zur Ausführung an ihn vergab; denn seine beiden (addierten) Vorschläge entsprachen weitgehend überhaupt nicht dem Text der Ausschreibung: In Sichtweite der Lukaskirche schuf er mit der Bonifatiuskirche stilistisch ein von Elementen des Expressionismus belebtes Bauwerk spätester Neugotik, das sich unverputzt im Zierverband dunklen Klinkers präsentiert (s.u. 2.5.1). Doch mehr noch als die vom Chorturm (im Westen) dominierte Baugruppe, die sich ostwärts auf die Holbeinstraße richtet, überrascht der Raum: Ein zehn Joche tiefer Wandpfeilersaal – zugänglich über eine geschosshoch führende Freitreppe vor der zwischen Turmstümpfen eingezogenen Giebelfassade und überspannt von spitz zusammenlaufenden Eisenbetonbögen, die sich über Wandpfeilern aus der im Erdgeschoss untergebrachten Unterkirche beim Hauptraum sogleich einander zuneigen; eingespannt im Osten die Empore, im Westen freier Blick in das übereck gestellte Kuppeljoch des hexagonalen Turms (Turmhöhe ca. 52 m, Gebäudelänge ca. 60 m). Zum Raumeindruck tragen Lichtführung und helle Farbigkeit bei. – Der Einfluss von Webers Lehrmeister und zeitweiligem Partner *Dominikus Böhm* ist unverkennbar. – An der Austattung war der Städelbildhauer *Johann Joseph Belz* (1873–1957) beteiligt, die asketische Fassadenstatue des Kirchenpatrons schuf

Ansichten von Osten, Westen, Norden

Grundriss und Querschnitt

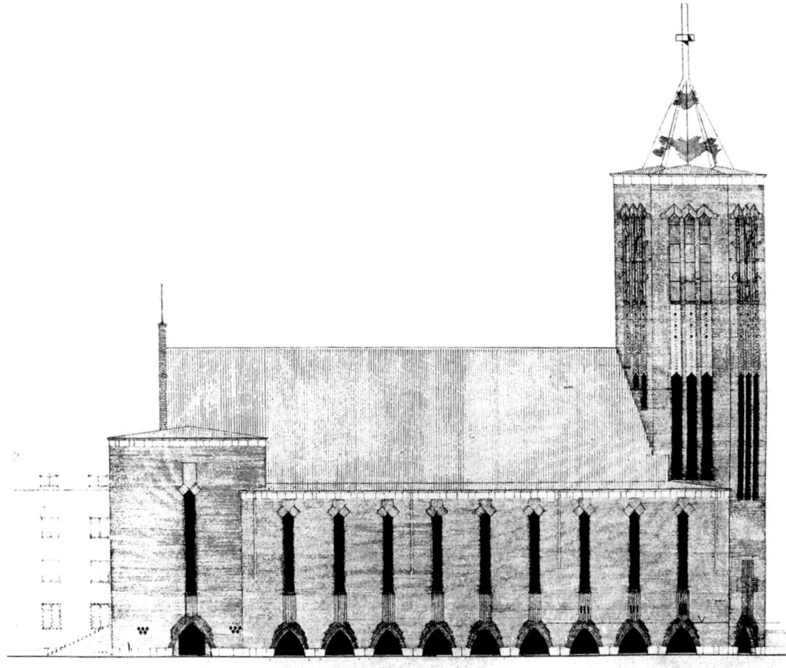

Bonifatiuskirche / Innenraum, 1949

Innenraum heute

der Wiesbadener *Arnold Hensler* (1891–1935; Kriegszerstörungen von 1944 sind fast spurlos beseitigt).

2.3.7 Verflechtungen / Bauherren, Baumeister, Bauunternehmer

Unter den etwa 250 Architekten und Bauunternehmern, die allein in dem halben Jahrhundert von 1873 bis 1923 im Malerviertel nachweisbar sind (es wird noch mancher mehr gewesen sein), lassen sich ganze Familien, wenn nicht gar Dynastien, erkennen, die zeitweise in einer Person oder auf mehrere verteilt nahezu die gesamte Palette mit dem Bauen verbundener Berufe vereinen – d.h. in der Terminologie des 21. Jahrhunderts vom Projektentwickler über den Parzelleneigner zum Architekten und Bauunternehmer bis zum Makler, Verkäufer oder Vermieter. Eine Spitzenposition – als typische Aufsteiger der späten Gründerzeit – nehmen dabei die *Junior*s, die *Günther*s, die *Heunisch*s ein, wobei es genealogischer Einzelforschungen bedürfte, um alle familiären Zusammenhänge aufdecken zu können.

Im Dreikaiserjahr 1888 siedelte der Architekt *Jacob Carl Junior* aus Bad Soden nach Frankfurt über, um sich dort als Bauunternehmer zu betätigen. Um 1900 sind in der Mainstadt bereits sechs Träger dieses Familiennamens überliefert. Vermutlich stammen sie alle aus dem am Südhang des Taunus gelegenen Badeort, wahrscheinlich sogar aus einer einzigen Familie, auch wenn es Mühe erfordert, dies zu beweisen. Als sicher gilt, dass jener 1859 geborene Jacob Carl in der Mainmetropole der älteste und erfolgreichste Vertreter der Junior-Dynastie werden sollte. Er trat als Mäzen hervor, und im *Ostend* trägt eine Straße seinen Namen. In welchem Verwandtschaftsverhältnis er z.B. zu dem Bauunternehmer *Paul Junior* (*1873) oder dem Architekten *Eberhard Wilhelm Junior* (*1887) gestanden hat, sollte noch geklärt werden. Als Experimentierfeld der Juniors allein in Sachsenhausen (auf der Frankfurter Mainseite ist sein Wirken noch nachhaltiger) gilt die Schweizer Straße zwischen Platz und Main (Nr.2/4–16), deren Geländestreifen J. C. Junior mit Hilfe der Baufirma Cohn & Kreh 1909 für knapp eine halbe Million Goldmark erworben hatte (Mag.Akt. T25/1393; s.o. 2.2.1).

Flussab etablierte sich in der Gefolgschaft des einheimischen Architekten *Alfred Günther* (*1857) offensichtlich dessen gesamte Familie: Westlich des Städels hatte er bereits um 1884 einen breiten Geländestreifen – im Volksmund bald als *„Güntherwiese"* bezeichnet – erworben, auf dem er neben dem ersten Clubhaus der *Rudergesellschaft Germania* (s.o. 2.3.4) 1902 seine eigene Villa errichtete (Holbeinstr. 8). Bereits 1889 war sein hiesiger Grundbesitz als *nobles Wohngebiet* ausgewiesen – mit dem Ziel, *„dass das Günther'sche Bauterrain mit Villen besetzt werden soll"* (lt.Tiefbauamtsber. Nr. 2725 v. 23.03.1889). In unmittelbarer Nähe zur eigenen Villa entstanden nach seinen Entwürfen die meisten Einfamilienhäuser der Nachbarschaft – z.B. Rembrandtstr. 19–27 sowie vermutlich ebenso Steinlestr. 7–13 bzw. Holbeinstr. 14. Zudem erwarb er in jenem Jahr 1902 von der Stadt zu eigener Planung, Bebauung und Weitverkauf ein zusätzliches Areal von 8.828 Quadratmetern, das sich entlang der bereits außerhalb des Quartiers erstreckenden Forsthausstraße (= Kennedyallee Nr. 70–78) hinzieht (s.u. 2.7.1 u. Zeller/Architekten, S. 121). Zu den familiären Nutznießern seiner Aktivitäten gehörten *Johann Wilhelm Günther* (*1844; mit Ehefrau Maria Christina, geb. Lejeune), der eine Parzelle wohl um das Jahr 1888 dem Baron *Heinrich von Liebieg* angedient hat (Schaumainkai 71; s.o. 2.3.3 u. Mag.Akt T 25/1458), ebenso *Gustav Günther* (* um 1860), der mehrfach mit Alfred zusammen auf Plänen namentlich auftaucht, und schließlich sein Sohn *Walter Günther*.

Zweifelsfrei ist der genealogische Zusammenhang bei den drei aus Unterfranken stammenden Brüdern Leonhard, Michael und Valentin Heunisch, die sich als Söhne des Würzburger Maurermeisters *Lorenz Heunisch* in Frankfurt als etwa 30-Jährige 1893 zu der zunächst im Sandweg ansässigen Baufirma *Gebr. Heunisch* zusammenschlossen. Dieses besonders eifrig in Sachsenhausen wirkende Triumvirat hatte sein Baugeschäft in der Schweizer Straße 102/104. Von dort aus leicht organisieren ließen sich z.B. im *Malerviertel* Maßnahmen auf den entlang Hedderich-, Kaulbach- und Oppenheimer Landstraße gereihten etwa 30 Bauplätzen. Die Chefs dieser drei Baufirmen hatten sich ebenso privat im Malerviertel etabliert, auch das mag als Hinweis auf die allgemeine Wertschätzung, die dem Quartier rasch zuteil geworden ist, gelten. Sie kannten einander, was sich allein daraus ergab, dass Leonhard Heunisch und Alfred Günther *Rücken an Rücken* gewohnt haben (Rembrandtstr. 9 bzw. Holbeinstr. 8) – jener somit sogar in einem Haus, das dieser für eigene Angehörige entworfen hatte. – Zumindest bei zwei Familien hat sich bereits in der auf den *Gründervater* folgenden Generation ein Mitglied vom Bauen abgewandt, um als Verwalter der familiären Immobilien (Junior) oder gar eines florierenden Hotels (Heunisch) auf eigenem Boden tätig zu werden. Nicht nur bei diesen vielfach mit ihrer Tätigkeit nachweisbaren Baudynastien fällt auf, dass sie das Malerviertel ebenso als dauerhaftes Wohnquartier für sich selbst wählten: Allein die Kontrolle zur Entwicklung des Schaumainkais mittels der Adressbücher macht deutlich, dass sich v.a. entlang dem *Schaumainkai* die *Junior*s die Häuser Nr. 41–45 (und Kennedyalle 55), die *Günther*s ehemals Nr. 65 (mit Holbeinstr. 8) und Nr. 67–69 (sowie Nr. 71, wo das Liebieghaus steht), zudem Nr. 81 (= Eckhaus Rubensstr. 2), die *Heunisch*s dazwischen

Gebr. Heunisch

Jacob Carl Junior

Doppelvillen / Typenbauten für den Investor Wilhelm Dominique nach Entwurf verschiedener Architekten im Bereich Burnitzstr. (N-Seite) / Thorwaldsenstr. (S-Seite)

das Eckgrundstück (zur Rembrandtstr. 9 – s.o.; außer ihren weiteren Häusern in Hedderich-, Holbein- und Schneckenhofstr.), schließlich die *Holzmanns* Nr. 83 ausgesucht haben. Teil dieser Familie war auch die 1911 in ihre neue Eckvilla Nr. 91 (= Schaubstr. 1) eingezogene *Lina von Schauroth* als Holzmanntochter und Architektengattin. In dieselbe Reihe gehörte ebenso *Gustav Borgmann* – Bauunternehmer, Bauherr und Bewohner der im Krieg zerstörten Villa Nr. 87. Spät hinzu kamen die Bauunternehmer *Wayss & Freytag* (wenn auch nicht als Bewohner), die 1924 als Firmensitz ihr Verwaltungsgebäude auf die Südwestecke des Quartiers setzten (Schaumainkai 101–103). Und stellvertretend für einige im Quartier nicht so spektakulär hervorgetretene Architekten gelten

die assoziierten Kollegen *Joseph Rindsfüßer* und *Martin Kühn*, deren jeder die Hälfte einer Doppelvilla (Rembrandtstr. 15 / Steinlestr. 12) als Wohnsitz gewählt hatte.

Jenseits solch verwandtschaftlicher Verbindungen, die sich ganz ähnlich bei den Familien von *Justus* bzw. *Max Helme* (*1878) oder *Georg Lönholdt* (*1840) sowie für Namen wie *Eurich, Geittner, de Ginder, Jourdan, Kayser, Modrow, Nicol, Seeger* nachweisen lassen, fällt langjährige Bindung an Baumeister oder -unternehmer ebenso bei reinen Investoren auf: *Wilhelm Dominique, Heinrich Harneit, Bernhard Himmler, Johann Kitzinger* oder *Maximilian Schlesinger* beauftragten immer wieder dieselbe Firma oder denselben Planer, wobei Dominique offensichtlich bei seiner favorisierten Baugattung *neobarocke Doppelvilla* stets auf einen noch von *Christian Friedrich Ronnefeld* entwickelten Urtyp zurückgriff, den er – leicht variiert – vielfach zwischen Burnitzstraße und Kennedyallee Käufern zur Auswahl anbot und meist auch ausführen ließ (s.o. 2.3.1).

2.3.8 Grundstückspreise in Neu-Sachsenhausen (1876–1910)

Vorwiegend für das Gebiet entlang dem *Schaumainkai* und um den *Schweizer Platz* sind nahezu vollständig Belege für den zeitgenössischen Verkaufspreis von Bauparzellen überliefert. Die meisten davon waren keine isolierten Bauplätze, sondern wurden aus dem Zusammenhang großflächiger Planung und Erschließung nach erfolgter Umlegung bzw. Erwerb durch die Stadt im Zusammenhang mit Enteignungen für Straßenbau und Uferaufschüttung taxiert.

Als damals favorisierte Maßeinheit galt der *Frankfurter Werkschuh* – ein dem *Fuß* gleichzusetzendes Längenmaß von 28 bis 33 Zentimetern. Als Flächenmaß entsprach somit ein Quadratmeter (*qm*) knapp acht Werkschuh (*qws*). – Die Kaufkraft einer Goldmark (*Mk*) lag 1873 etwa bei 10 Euro, sank allerdings kontinuierlich bis 1914 auf etwa 5 Euro; insofern halbierte sich Gegenwert bzw. Kaufkraft zwischen Deutsch-Französischem Krieg und Erstem Weltkrieg.

Offiziell nachweisbare Preise im westlichen Neu-Sachsenhausen

Verkaufsdatum (chronologisch)	*Grundstück*	*ca.Goldmark-Preis*	
		pro qws	*pro qm*
	Schaumainkai Nr.		
1876 (23.10.)	15-29	4,50	34 (= 340 €)
1881 (27.12.)	41-53	4,50	34
1884 (28.02.)	41-53	4,50	34
1889 (13.08.)	6	4,50	34
1890 (19.05)	103	24	
1891 –	7	4,50	34
1891 (26.01.)	83-103	–	25
1910 (14.01.)	3-5	–	55 (= 275 €)
	Oppenheimer Platz (mit Umgebung)		
1886 (23.03.)	Danneckerstr. 29	3,00	23
1886 (27.07.)	Stegstr. 65	2,50	19
1887 (05.08.)	Stegstr. 54	2,80	22
1887 (10.08.)	Launitzstr. 13	2,90	22
1883 (05.12.)	Stegstr. 54-56	1,70	13
1883 (05.12.)	Launitzstr. 15-17	1,70	13
1887 (10.08.)	Stegstr. 38	2,50	19
1887 (22.11.)	Stegstr. 37	3,00	23
1888 (11.01.)	Walter-Kolb-Str. 1	4,00	30
1888 (01.02.)	Launitzstr. 12-14	2,90	22
1888 (01.02.)	Danneckerstr. 30	2,90	22
1888 (24.02.)	Danneckerstr. 35	3,50	26
1888 (05.04.)	Danneckerstr. 33	3,30	25
1888 (04.06.)	Stegstr, 49	3,00	23
1888 (27.04.)	Launitzstr, 22	3,30	25
1889 (08.08.)	Launitzstr. 24	3,30	25
1889 –	Launitzstr. 42-44	4,00	30
1890 (16.04.)	Stegstr. 33	4,50	34
1893 (29.07.)	Danneckerstr. 37	5,00	38

Entsprechende Umrechnungen von Goldmark zu Euro relativieren sich, wenn man zusätzlich eine Steigerung des Grundstückswerts von Osten nach Westen bzw. von Süden zum Mainufer im Norden berücksichtigt. Grob geschätzt dürfte somit zur Bauzeit des Städels (1874–78) der Wert seines Gesamtgrundstücks (20.000 qm á 340 Euro) bei knapp sieben Millionen Euro gelegen haben. Allerdings betrug die übliche Parzellentiefe für eine Hauseinheit 30 bis 40 Meter und die Fassadenbreite lag bei etwa zehn Metern; diese ist bei geschlossener Blockrandbebauung mit der Grundstücksbreite identisch.

2.4 STRASSENNAMEN

„Wenn Fürsten als Dank für geleistete Dienste Orden verleihen,
so reicht diese Auszeichnung gewöhnlich nur bis zum Tode des damit Bedachten;
wenn aber Städte die Namen verdienstvoller Mitbürger an die Straßenecken heften,
so geht das weit über das Grab hinaus und gewährt ein Stück Unsterblichkeit.
Freilich darf dabei der Tagesmode oder dem Augenblicksgötzen nicht gehuldigt werden, sonst kann es leicht vorkommen, daß, wie schon mehrfach in Paris, ein Staatsstreich oder eine Volksbewegung nicht allein die Regierungsform,
sondern auch die Straßennamen ändert.
Ist nun die Benennung einer Straße mit dem Namen eines allverehrten und
verdienten Mannes mit Recht als eine Ehrung zu betrachten,
so kann schon die Unterlassung einer solchen
einem gleichermaßen verdienten Manne gegenüber
wie eine Zurücksetzung erscheinen …
Selbstverständlich können,
besonders bei dem raschen Wachstum unserer Großstädte,
nicht alle Straßen mit Namen verdienstvoller Männer belegt werden.
In Frankfurt mussten in den letzten fünfundzwanzig Jahren mehr Straßen benannt werden, als in den vorhergehenden hundert Jahren …
Die Kaserne hat zum Beispiel die Erinnerung an die Freiheitskriege geweckt.
Gern liest man Namen wie Blücher, Scharnhorst, Gneisenau, Schill und Lützow
und dankt dem Magistrat, daß er uns mit Schlachtennamen verschont hat.
Der Nähe des Holzhaus'schen Parks verdanken die ringsum gelegenen Straßen ihre Bezeichnungen, die das Andenken an unsere hiesigen Patrizierfamilien auffrischen.
Die längst ausgestorbenen Geschlechter der Stalburg, Glauburg und Schwarzburg
sowie viele andere feiern da ihre Auferstehung.
Die das Städel'sche Institut umgebenden Straßen tragen meist die Namen
deutscher Bildhauer und Maler.
Den Flamändern und Niederländern haben wir mit der Rubens- und Rembrandtstraße,
den Italienern mit der Morettostraße Rechnung getragen.
Mit Recht vermisst man hier Namen wie Rafael Sanzio, Tizian, Veronese,
Murillo und viele andere, die keine üble Zier für die Straßen nördlich von der Forsthausstraße wären …"
(Frankfurter Zeitung, 11. November 1897)

Eilig hatte man 1873 in Sachsenhausen bei Straßennamen auf Bildhauer wie *Eduard Schmidt von der Launitz* (1797–1869) oder *Johann Heinrich Dannecker* (1758–1841) zurückgegriffen. Aus all dem ein das Stadtquartier kennzeichnendes System zu entwickeln, fiel bereits 1888 schwer und 1911 nicht leichter – sogar als man ein Jahrhundert später zwischen den Nord- und Südstumpf der Holbeinstraße einen Abschnitt als *Tischbeinstraße* auswies, hatte man außer einem schlechten Reim nichts Überzeugendes erreicht. Dass übrigens keiner der das Quartier rahmenden Verkehrswege den Namen eines Malers trägt, bestätigt den Mangel an Konzept und Konsequenz.
Mit der Aufgabe, neue Straßen innerhalb des gesamten Stadtgebiets zu benennen, wurde 1911 die *Historische Kommission* betraut. Zuvor hatten sich darüber der Polizeipräsident von Müffling als Vertreter des Königsreichs Preußen und der Magistrat seiner Provinzstadt Frankfurt verständigen müssen, was zuweilen zu Zerwürfnissen führte.

2.4.1 Künstler und Stifter (1873–1917)

Wenn es um die Benennung neuer Straßen ging, hatten im Frankfurt der Jahre nach 1871 sowohl beamtete Historiker wie gewählte Parlamentarier einen schweren Stand: Rasch und gelegentlich unbedacht wurden Namen vergeben, zusammen passte wenig, und die Suche nach einem Plan blieb erfolglos (s.o.). Was Maler angeht, waren *Adam Elsheimer* (1578–1610), der berühmteste Vertreter dieser Zunft aus der Mainstadt, oder *Peter Cornelius* (1783–1867) und *Moritz von Schwind* (1804–71) schon seit 1873 im *Westend* als Straßenpaten verplant.
Mit dem längst verstorbenen *Johann Friedrich Städel* begann 1874 im *Malerviertel* die Tradition mäzenatischer Straßenpaten (als Pate der *Hedderichstraße* taugt der durchs Internet als angeblicher Mäzen spukende *Carl Hedderich* nicht; denn es gab ihn nie); übrigens wurde 1913 die östliche *Städelstraße* (knapp außerhalb des Viertels jenseits der Schweizer Str.) zu Ehren des Bankiers und Kulturpolitikers *Albert von Metzler,* der als Stadtrat gerade aus dem Magistrat geschieden war, in *Metzlerstraße* umbe-

nannt (Mag.Beschl. 3193 v. 21.02.). – Schwierigkeiten löste allerdings ein weiterer Stifter, den es zu ehren galt, aus: Der Kunstfreund *Carl Ludwig Schaub* (1851–1906) hatte das *Städel'sche Kunstinstitut* mit einer Million Goldmark bedacht. Als Dank der Stadt sollte zunächst eine Straße im *Ostend* seinen Namen tragen, danach ein Teil der Forsthausstraße, schließlich taufte man für ihn 1917 im *Malerviertel* eine Nebenstraße um (s.u. 2.4.3).
Wie bereits 1917 scheiterte auch 1919 ein erneuter Versuch des *Bürger- und Bezirksvereins Sachsenhausen*, die *Schneckenhofstraße* nach dem Maler und Bildhauer *Fritz Boehle* zu benennen (s.u. 2.2.6); denn erstaunlicherweise wollte der Magistrat weiterhin die Erinnerung an den historischen Schneckenhof bewahren (Mag.Beschl. v. 25.07.). – Erfolgreich zugunsten des Malers *Hans Thoma* endete im selben Jahr die Umbenennung der östlichen *Forsthausstraße* (Mag.Beschl. 1953 v. 22.09.; s.u. 2.4.2), die 1921 auf dem *Mühlberg* die Ehrung von dessen Freund *Wilhelm Steinhausen* nach sich zog (Mag.Beschl. 2468 v. 31.11.; s.u. 2.7.2). – Dennoch: Angesichts der Entscheidung, in und um das *Malerviertel* die Hälfte der Straßen nicht nur nach 16 Malern bzw. -familien, sondern auch nach renommierten Bildhauern wie *Johann Heinrich Dannecker, Gottfried Schadow, Eduard Schmidt von der Launitz, Ludwig von Schwanthaler, Berthel Thorwaldsen* oder nach Architekten wie *Heinrich Burnitz* und *Oskar Sommer* zu benennen, die alle in Frankfurt Werke hinterlassen haben, wäre der Quartiername *Künstlerviertel* zutreffender gewesen – zumal damit indirekt auch auf die Skulpturensammlung im *Städelmuseum* wie *Liebieghaus* hingewiesen würde. Andererseits: Malen oder zumindest perfekt frei zu zeichnen, vermochten damals ebenso Bildhauer wie Architekten, und künstlerische Berufe galten weder als geschützt, noch erforderten sie eine nur ihren Vertretern vorbehaltene Ausbildung – d.h. die Grenzen zwischen Maler, Bildhauer, Baumeister waren bis weit ins 19. Jahrhundert hinein fließend (Michelangelo z.B. erreichte Meisterschaft in allen drei Diziplinen).

2.4.2 Thoma, Rembrandt, Dürer – „des Volkes liebste Maler" (1874–1919)

Im Quartett *altdeutscher* Maler steht – noch vor *Lucas Cranach* und *Hans Holbein* (Vater wie Sohn) – traditionell *Albrecht Dürer* (1471–1528) in der Gunst der Frankfurter ganz oben: Von seinen etwa 100 Gemälden war einst die *„Krönung und Himmelfahrt Marias"* (1509) in der *Dominikanerkirche* zu bewundern (1729 in München verbrannt; Kopie im Historischen Museum), und seit 1849 besitzt das *Städel* u.a. sein schönes *„Bildnis einer jungen Frau mit offenem Haar"* (1497). Doch mehr noch hat er durch Zeichnungen, Holzschnitte und Kupferstiche gewirkt, von denen viele zu lebenslangen Begleitern mancher Menschen wurden – noch über das 19. Jahrhundert hinaus als farbiger Öldruck an Zimmerwänden, als Vorlage zum Ausmalen für Kinder, als Motiv für Geldscheine, schließlich als Dekoration auf Todesanzeigen oder Grabsteinen. In einer Handelsstadt wie Frankfurt mag ebenso die Geschäftstüchtigkeit dieses Malers und seiner Frau Agnes, die auf frühen Buchmessen v.a. die biblischen Holzschnittzyklen ihres Mannes verkaufte, zusätzlich Bewunderung ausgelöst haben. Immerhin ist jener einer der beiden Maler, deren Name nicht nur eine Straße trägt, sondern dessen Abbild zugleich von Gebäuden herabblickt: als farbiges Terracottatondo am Bankhaus *Müller-Kolligs* (1875; Kaiserstraße 25 – Architekt: *Paul Wallot*) und gleichzeitig als Statue am Städel (von *August v. Nordheim*; s.o. 2.3.2 u. 2.5.2). Übertroffen wird er in Frankfurt lediglich von *Hans Holbein d.Ä.* bzw. *d.J.*, nach denen eine Schule, ein Restaurant, eine Apotheke und neuerdings Brücke wie Wohnquartier benannt sind (s.u. 3.4).
Dass *Rembrandt Harmensz van Rijn* (1606–69) Niederländer war, hat seine Popularität in Deutschland nicht gemindert. Der bereits zu Lebzeiten umstrittene Reformpädagoge und Kunstkritiker *Julius Langbehn* (1851–1907) hat ihn sogar zum Vorbild seiner bildungstheoretischen Schrift *„Rembrandt als Erzieher"* instrumentalisiert, die den traditionellen Kunstrichtungen mit der idealisierenden Behauptung, dass Ästhethik das ethische Bemühen des Menschen fördere (gemäß dem Goethe-Zitat *„dem Wahren, Schönen, Guten"* am Giebel der *Alten Oper*) den Primat vor zeitgenössischen Kunstwerken einräumte. 1890 wurde sie erstmals publiziert, und besonders im *Bildungsbürgertum* hatte sie großen Erfolg (38 weitere Auflagen folgten; übrigens erschien sein ähnlich konzipiertes Werk *„Dürer als Führer"* noch posthum 1928). Ob ein direkter Zusammenhang zwischen den Gedanken Langbehns, der von vielen seiner Zeitgenossen als *Möchtegernphilosoph* oder *Rembrandtdeutscher* abgelehnt wurde, und der zeitgleichen Namenswahl *Rembrandtstraße* besteht, sei dahingestellt. Überliefert ist hingegen Langbehns Freundschaft mit *Hans Thoma* (1839–1924), bei dem er in der Wolfsgangstraße zu Gast gewesen ist. Thoma ist von den drei hier etwas ausführlicher behandelten Malern der einzige, der fast ein Vierteljahrhundert in Frankfurt malte und lehrte (1877–99; dass er nach 1933 als Künstler einer neuen Zeit – wie Langbehn

als deren Prophet – vereinnahmt wurde, hat nur kurzfristig seinen Ruhm gemindert):
Im Auftrag des Frankfurter Magistrats schrieb Dr. Georg Voigt am 26. September 1919 an *„Seine Excellenz, Herrn wirklichen Geheimen Rat Professor Dr. Hans Thoma"*, um ihm zugleich mit seinen allerherzlichsten Glückwünschen zu dessen 80. Geburtstag mitzuteilen, dass der östliche Teil der *Forsthausstraße* fortan seinen Namen tragen wird. Zwei Wochen später traf aus Karlsruhe der Dankesbrief des somit Geehrten im Römer ein. *„Hochverehrter Herr Oberbürgermeister,"* heißt es darin, *„meine 80 Jahre mit ihren Beschwerden werden es mir nicht mehr gestatten, dass ich die Hans-Thoma-Straße noch betreten kann, aber wenn es nach meinem Willen geht, so werde ich in der mir so freundlichen Stadt, wo ich die glücklichsten Jahre meines Lebens zugebracht habe, auf ihrem Friedhof die letzte Ruhestätte finden"* (zitiert n. Mag.Akt. T 20/1074). Eigentlich endet mit dieser kurzen Korrespondenz und dem darin verborgenen Kompliment an die Mainmetropole auch offiziell die Entwicklung des einst nobelsten Wohnquartiers von Sachsenhausen; denn die *Hans-Thoma-Straße* erhielt als letzte den Namen eines Malers – und dies sogar zu dessen Lebzeiten.
Seit dem mehr oder weniger planvollen Beginn des *Malerviertels* waren damals bereits 45 Jahre vergangen, als beim Durchbruch zweier Parallelstraßen auch *Albrecht Dürer* zum Paten gewählt worden war; doch dessen Tod lag 1874 schon etwa 450 Jahre zurück. (Übrigens: Allen drei Malern – also *Dürer, Rembrandt, Thoma* – hat das Frankfurter Städel im Jahr 2013 eine erfolgreiche Werkschau gewidmet.)

Maler als Straßenpaten in Frankfurt und München
*Ein Vergleich der Handelsstadt mit einer kunstsinnigen Residenzstadt soll genügen, um zumindest die Würdigung von Malern durch Straßenbenennung zu relativieren (dabei steht **F** für das gesamte Stadtgebiet von Frankfurt, **M** für München):*

F Achenbach, Andreas & Oswald
M Altdorfer, Albrecht
M Beckmann, Max
F Beer, Wilhelm
F&M Böcklin, Arnold
F Burger, Anton
M Burgkmair, Hans
M Canaletto
M Corinth, Lovis
F&M Cornelius, Peter
M Cranach, Lucas
F&M Dürer, Albrecht
F Elsheimer, Adam
M Feininger, Lyonel
M Haeckel, Ernst
M Hals, Frans
F Hasselhorst
F&M Holbein, Hans (d.Ä. & d.J.)
M Huber, Wolf
M Jawlensky, Alexey v.
M Kandinsky, Wassilij
F&M Kaulbach, Wilhelm v.
M Klee, Paul
M Kobell, Wilhelm v.
F Lenbach, Franz v.
M Liebermann, Max
M Lorrain, Claude
M Macke, August
M Marc, Franz
M Makart, Hans
F Mannfeld, Bernhard
M Marées, Hans v.
M Menzel, Adolph v.
F Moretto (1917 umbenannt)
F Morgenstern (Familie)
M Münter, Gabriele
M Nolde, Emil
F Passavant, Johann David
M Quaglio, Domenico
F Radl, Anton
F&M Rembrandt Harmensz van Rijn
F Rethel, Alfred
M Richter, Ludwig
F&M Rubens, Peter Paul
M Schlemmer, Oskar
M Schnorr v. Carolsfeld, Ludwig
F Scholderer, Otto
M Schongauer, Martin
F Schreyer, Adolf
F&M Schwindt, Moritz v.
M Slevogt, Max
M Spitzweg, Carl
F Steinhausen, Wilhelm
F Steinle, Edward v,
M Stuck, Franz v.
F Thoma, Hans
M Tiepolo, Giovanni Battista
M Tintoretto
F Tischbein (Familie)
M Tizian
M Van Eyck, Jan (& Hubert)
F Veit, Philipp (1960 umbenannt)
M Witz, Konrad
M Wolgemut, Michael
M Zeitblom, Bartholomäus

2.4.3 Nationalstolz und Lokalpolitik (1915–1935)

Was nach dem Ende des Deutsch-Französischen Kriegs als vage Stadtplanung begonnen hatte, schien bei Ausbruch des Ersten Weltkriegs vollendet zu sein. Im Prinzip war das auch so; denn zu neuen Straßendurchbrüchen im *Malerviertel* ist es danach nicht mehr gekommen. Jedoch wechselten aus unterschiedlichen Gründen einige Straßen ihre Namen. Dafür gab es lokale wie nationale Gründe. Dennoch lässt das somit entstandene Potpourri kaum kompatibler Straßenbezeichnungen Verwunderung aufkommen: Am Anfang steht 1874 die Namensfindung für die Straßenachse am Ostrand des Viertels, bei der *Neue Mainzer Straße* eher Verwechslung ausgelöst, *Untermainbrückenstraße* sich hingegen als Zungenbrecher entwickelt hätte. Dass sie schließlich unbestritten zur *Schweizer Straße* wurde, kann als Reverenz gegenüber der als Ferienziel und Vorbild dienenden Eidgenossenschaft gelten, da deren bis heutige gültige Verfassung in jenem Jahr 1874 (29.05.) beschlossen worden ist. Dennoch erstaunt es, dass damit die preußische Großstadt im nur drei Jahre zuvor gegründeten Kaiserreich der Alpenrepublik huldigt. – Als Dank der Stadt Frankfurt an den Stifter *Carl Ludwig Schaub*, der das Städelmuseum mit einer Million Goldmark bedacht hatte, sollte – wie bereits erwähnt – nach ihm eine Straße benannt werden (s.o. 2.4.1), und nach eifriger Suche ist dafür auf Antrag des Frankfurter Tiefbauamts 1915 die *Morettostraße* ausgewählt worden (der Südteil der Morettostraße hieß bereits seit 1910 *Schreyerstraße*). Zum Verständnis: Dass ausgerechnet eine Straße in Sachsenhausen ehemals den Künstlernamen des lombardischen Renaissancemalers *Alessandro Bonvicino* (um 1490–1554) trug, hing weniger mit dessen Ruhm als mit seinem Gemälde *„thronende Madonna mit Kirchenvätern“*, das seit 1845 zur Städelsammlung gehörte, zusammen. Sandro Botticelli oder der Tizian-Schüler *Tintoretto* hätten sich, was Städelgemälde und deren Bedeutung für italienische Malerei in Quattro- oder Cinquecento betrifft, eher angeboten. Immerhin hat Bonvicino außer der Herkunft v.a. mit Tintoretto noch etwas gemeinsam: Dieser hieß eigentlich Jacopo Robusti, doch ist er unter seinem zeitgenössischen Künstlernamen als *„der kleine Färber“* bekannt; jenen haben bereits Zeitgenossen anonymisiert als *Moretto*, was nichts anderes als *„der kleine Mohr“* bedeutet (das Städel hatte 1914 mit dem Geld der Carl-Schaub-Stiftung Tintorettos Gemälde *„Moses lässt Wasser aus dem Fels quellen“* erworben). – Doch zurück ins Jahr 1915, an dessen 23. Mai die *„verräterischen Welschen“* Österreich den Krieg erklärt hatten: Zunächst fiel die Antwort des Magistrats mit dem lakonischen Hinweis, *„die Durchführung der Angelegenheit soll mit Rücksicht auf die gegenwärtigen Schwierigkeiten erst nach dem Krieg erfolgen“* sibyllinisch aus (Mag.Beschl. 527 v. 12.07.). Erst nach elf gegen Italien verlorenen Schlachten um den Besitz der Ostalpen fiel die Entscheidung am 24. Oktober 1917 am Flüsschen *Isonzo* zugunsten Österreichs – und danach wollte man einen italienischen Malernamen nicht länger im Frankfurter Straßenregister dulden. Erneut standen also offenbar Straßenbenennungen unter dem Eindruck von Kriegsereignissen – wenn auch nicht so deutlich wie 1870/71; denn zumindest in jeder deutschen Großstadt gibt es bis heute eine *Sedanstraße* (wie in Frankfurt-Fechenheim so auch z.B. in Berlin, Hamburg, Köln, München oder anderswo). Andererseits: Frankreich blieb vom Chauvinismus ebenso wenig verschont; denn gleich nach Ausbruch des Ersten Weltkriegs hatte der Pariser Stadtrat 1914 seine *Rue de Berlin* in Rue de Liège und die *Rue de Hamburg* in Rue de Bukarest umbenannt. München regte vielleicht sogar einen weiteren Namenswechsel an: Seiner Skagerrakstraße haben die Frankfurter um 1932 mit ihrem *Skagerrakufer* entsprochen – und zwar für den *Schaumainkai*, dessen französichen Wortteil *„-quai“* die Stadtverwaltung bereits 1915 auf Druck des *Generalkommandos des XVIII. Armeekorps* deutsch ersetzen ließ (Mag.Beschl. 290 v. 03.06.). – Die *„Heimkehr der Saar“* ins deutsche Reichsgebiet (Frankreich hatte

Hans Thoma (1839–1924), Selbstporträt

sie 1918 annektiert) aufgrund einer Volksabstimmung war 1935 – nach der Erinnerung an Niederlagen – endlich ein Triumph, und er machte die einstige *Wilhelmstraße* bis zum Ende des Zweiten Weltkriegs zur *Saarallee* (danach hieß sie *Stresemannallee*). – Dass sich zum 300. Todestag *Gustav Adolfs II.* (†1632) der *Schweizer Platz* 1933–61 zum *Gustav-Adolf-Platz* wandelte, lag wohl weniger am deutschen Chauvinismus als vielmehr am allgemeinen Respekt vor dem schwedischen König, der Frankfurt im 30-jährigen Krieg verschont hatte. (Zu diesem Thema noch ein spöttischer Hinweis: Knapp 100 Jahre, nachdem Frankfurt 1917 *Moretto* als Straßenpate verstoßen hatte, wurde jüngst nördlich des Mains mit der *Leonardo-da-Vinci-Allee* am *Rebstockpark* erneut ein italienischer Maler geehrt; welcher Logik das folgt, erschließt sich kaum.)
Dass es wie bei anderen Städten in Frankfurt Usus blieb, Straßen nach verdienten Lokalpolitikern zu benennen, ist nicht originell. Hier in Sachsenhausen betraf diese Ehrung während der letzten 145 Jahre den Bürgermeister *Johann Wolfgang Textor* (1693–1771 / Goethes Großvater) 1870, den Senator *Eduard Franz Souchay* (1800–72) 1873, den Stadtrat *Albert von Metzler* (1839–1918; s. 2.4.1) 1913 und schließlich 1967 den Oberbürgermeister *Walter Kolb* (1902–56).

Daten wichtiger Straßen in Neu-Sachsenhausen (1849–1928)

Anhand der Chronologie von Entstehungsdaten historischer Verkehrswege lässt sich verhältnismäßig leicht das Wachsen einer Stadt verfolgen. Üblicherweise gehen in Frankfurt der Bebauung von Straßenrändern Beschlüsse zu Trassenverlauf oder Fluchtlinien voraus. Vor 1891 ist dies aber gelegentlich auch umgekehrt; dennoch bilden Straßen das Netz zu planvoller Bebauung. Um das Malerviertel besser dem Zusammenhang der Sachsenhäuser Vorstadt (d.h. Neu-Sachsenhausen) einzuordnen, sind im Folgenden die Entstehungsjahre wichtiger Straßen außerhalb der Sachsenhäuser Altstadt zusammengestellt. Verzichtet wurde allerdings zumeist auf Verbindungen, die als Gassen, Pfade oder Wege bezeichnet werden, da sie oft ins Mittelalter zurückreichen und daher kaum präzise zu datieren sind. Alle Straßen erscheinen unter ihrem aktuellen Namen (ältere Namen als kursive Ergänzung).

1849	Gartenstraße Schifferstraße
1851	Schaumainkai Wallstraße
1864	Dammstraße Heisterstraße Mühlbruchstraße
1867	Teichstraße
1868	Hedderichstraße Neuer Wall
1870	Textorstraße (urspr. *Varrentrappstr.*, 1887 verlängert)
1873	Cranachstraße Souchaystraße Städelstraße
1874	Bruchstraße Brückenstraße Dürerstraße Holbeinstraße (1899 verlängert) Kennedyallee (bis 1963 *Forsthausstr.*) Metzlerstraße (bis 1913 *Städelstr.*) Stegstraße
1877	Dreieichstraße Frankensteiner Straße & -Platz Schweizer Straße & -Platz Seehofstraße
1878	Danneckerstraße Launitzstraße Oppenheimer Straße Oppenheimer Landstraße
1879	Geleitstraße Gutzkowstraße Quirinsstraße Schwanthalerstraße (1899 verlängert)
1884	Siemensstraße Willemerstraße
1886	Deutschherrenkai
1887	Gerbermühlstraße
1888	Rembrandtstraße Rubensstraße Schaubstraße (bis 1917 *Morettostr.*) Steinlestraße (bis ca. 1900 *Städelstr.*)
1889	Stresemannallee (bis 1949 *Wilhelmstr.* bzw. *Saarallee*)

1893	Diesterwegstraße
1898	Eschenbachstraße
	Ludwig-Rehn-Straße (urspr. *Vogelweidstr.*)
	Passavantstraße
	(1911 verlängert)
	Paul-Ehrlich-Straße
	(bis 1910 *Sandhofstr.*)
	Töplizstraße
	(bis 1919 *Tannenstr.*)
	Vogelweidstraße
1899	Kaulbachstraße
	Morgensternstraße
	Rethelstraße
	(1911 verlängert)
1900	Waidmannstraße
	(vor 1900 *Goldsteinstr.*)
1903	Richard-Strauss-Allee
	(bis 1927 *Am Königsbach*)
1904	Kranichsteiner Straße
1905	Diesterwegplatz
1910	Paul-Ehrlich-Straße
	Wormser Straße
1911	Achenbachstraße
	Boecklinstraße
	Burnitzstraße
	Franz-Lenbach-Straße
	Gernsheimer Straße
	Niersteiner Straße
	Nordheimstraße
	Oskar-Sommer-Straße
	Schreyerstraße
	Walldorfer Straße
	Wendelsplatz
1912	Theodor-Stern-Kai
1919	Hans-Thoma-Straße
	(zuvor *Forsthausstraße*)
	Töplitzstraße
	(zuvor *Tannenstraße*)
1921	Steinhausenstraße
	(zuvor *Auf dem Mühlberg*)
1927	Max-Reger-Straße
1928	David-Stempel-Straße
	Unter den Akazien bis
	Unter den Platanen

2.5 WÜRDIGUNG / STADTGESTALT UND STRASSENBILD

Der Bau der *Untermainbrücke* veränderte endgültig die ländliche Sommeridylle am *Schaumainkai* und verwandelte den Ufersaum auch optisch in einem Teil der geplanten Großstadt. Das war der Preis für Wachstum und Urbanisierung der gesamten Süd-Vorstadt; denn bei fortan gesteigerter Fahrzeugzahl wäre die *Alte Brücke* überfordert, der *Eiserne Steg* zu schmal, die *Main-Neckar-Brücke* durch ihre Bahnschienen nicht geeignet gewesen. Ab 1876 fand Fahrverkehr einen bequemen Weg über den Fluss, und die stadtferne Wohnsituation auf dem abfallenden Uferkamm erhielt neuen Anschluss durch Aufschüttung des Schaumainkais bzw. dessen Abstufung in Hoch- und Tiefkai. Trotz gegenläufiger Transporttendenzen – z.B. war es ab 1875 auf drei Seiten von einem für Lastkähne geeigneten Fluss bzw. für Güterzüge von ausgebauten Bahnstrecken begrenzt, darüber hinaus in seinen vier Eckpunkten mit Verwaltungsgebäuden (SO, NW), Gewerbebetrieb (NO) und Lagerplatz (SW) besetzt – fand das interessant gewordene Areal nach einer Generation Akzeptanz als durchgrüntes Wohngebiet mit Gärten, kleinen Parks und Baumreihen, aus dem schließlich mit den Schienen auch das Gewerbe verschwand.

Ob Städte historisch gewachsen oder kurzfristig entworfen sind, lässt sich zumeist mit einem Blick entscheiden – zumindest, wenn sie sich in der Ebene entwickeln konnten. Planstädte zeigen innerhalb eines einigermaßen regelmäßigen Umrisses gerade Straßen, die sich im rechten Winkel kreuzen. Das gilt von der Antike bis in die Moderne, von Ninive bis New York. – Nun handelt es sich aber beim *Frankfurter Malerviertel* lediglich um ein Stadtquartier als Teil der Vorstadt einer Großstadt, das zudem in mehreren Phasen entstanden ist. Daher lassen sich bis heute unterschiedliche Planungen an seinem Straßenverlauf ablesen. Auch vor 1874 war dieses Areal nicht ohne Verkehrswege. Nicht alle ließen sich einem überzeugenden System integrieren – bis auf eine Ausnahme: Zumindest auf dem Papier so kühn wie gelungen erscheint die Konfiguration mit dem *Schweizer Platz.* Offensichtlich erschien er als einzig passendes Mittel, um großzügig und ohne eigentliche Kreuzung die nach Südwesten das *Oppenheimer Tor* verlassende Chaussee und den westwärts zum *Schneckenhof* abzweigenden Fußweg mit der neuen Magistrale *Schweizer Straße* zu kombinieren. Dass dabei mit der *Diesterwegstraße* zum späteren Südbahnhof ebenso eine Ergänzung hinzukam, komplettiert – bis auf den fehlenden Nordweststrahl (durch die später bebauten Parzellen Schweizer Str. 54/56) – die geometrische Figur eines Sternplatzes nach Pariser Vorbild.

Doch der Ostteil des Malerviertels bis hin zur *Holbeinstraße* entspricht mit seinem leicht noch an den zu ihr parallelen, wenn auch nur rudimentären Achsen von *Cranach-, Morgenstern-, Dürer-/Schadow-*

straße ablesbaren Raster bzw. seinen dazu rechtwinklig angeordneten Straßen (vom Schaumainkai bis zur Hedderichstraße) jener üblichen Urbanisierung (s.o.). Hier findet sich entlang der Blockränder eine kaum Lücken aufweisende *geschlossene Bebauung* aus vier- bis fünfgeschossigen Mietshäusern, die – unter Verzicht auf Gärten vor wie hinter den Gebäuden – im Erdgeschoss meist die Durchfahrt in gepflasterte Höfe mit Hinterhäusern oder Werkstätten ermöglichen. Dass diese bauliche Verdichtung zumeist eher der schlichteren Architektur von *Neu-Sachsenhausen* östlich der Schweizer Straße als der offeneren Bebauung im westlichen Malerviertel entspricht, unterstützt die bereits geäußerten Vorbehalte an der in diesem Buch gewählten Ostbegrenzung des Quartiers (s.o. Einleitung u. 2.2.3). Die Jahrzehnte währende Ungewissheit, ob beiderseits der Oppenheimer Landstraße ein Mischgebiet für Gewerbe und Wohnen entstehen soll, gilt dafür als eine der Ursachen.
An der *Steinlestraße* als Rückgrat, von dem drei Querstraßen beidseitig wie Rippen ausgreifen, wird dieses konservative Schema wiederholt – wenn auch auf kleinerer Fläche und für eine *offene Bebauung*; denn hier nahe dem Fluss dominiert als Bauform die meist zwischen Vor- und Hausgärten eingewachsene Doppelvilla. Ausgesprochene Mehrfamilien- oder Mietshäuser finden sich lediglich entlang der den Südrand bildenden *Gartenstraße*. Nur sie weist alleeartig rahmende Baumreihen auf, die Nebenstraßen sind dafür zu schmal (s.o. 2.2.4).
Der jüngste Abschnitt des Quartiers wirkt konsequenter und originell, weil er jenes traditionelle Schema von Baublocks sprengt; denn seine Fläche zwischen *Kennedyallee, Holbein-* und *Burnitzstraße* (s.o. 2.2.5) entwickelt sich schließlich um ein dem Gesamtumriss entsprechendes Zentraldreieck, den *Thorwaldsenplatz*. Dabei liefert die auf der ehemaligen Gleistrasse der Lokalbahn angelegte Straße gleichen Namens mit ihrer leichten Krümmung die Vorgabe für drei Binnenstraßen, die in sanfter Gegenkurve auf sie treffen (*Passavant-, Lenbach-, Nordheimstraße*). Vermieden werden somit lange gerade Schneisen, und zustande kommen deshalb Durchblicke zugunsten von optisch erfassbaren Abschnitten, die individueller wirken. Auch die *Bonifatiuskirche* als eindrucksvollstes Gebäude dieses Areals gewinnt erst aus dem Kurvenscheitel der *Thorwaldsenstraße* als *Point de vue* städtebaulich an Bedeutung. All dem entspricht eine weitgehende Beschränkung der Bebauung auf Einzel- und Doppelvillen – zumindest im inneren Bereich. Dass dies mehr Grünflächen ermöglichte, versteht sich von selbst; denn westlich der Oppenheimer Landstraße waren Vor- und Hausgärten allmählich zur Norm geworden und Hinterhäuser waren verschwunden. Allerdings konnten gerade hier in den letzten Jahren vor dem Zweiten Weltkrieg noch brach liegende Geländestreifen siedlungsartig bebaut werden (s.u. 3.2), was der auch hier vorherrschenden offenen Bebauung widerspricht. Zumindest am Ostrand des Areals entlang der Holbeinstraße wie auch nordwärts an der Passavantstraße hatte sich zuvor eine Blockrandbebauung aus noblen Mietshäusern mit großzügigen Wohnungen herausgebildet, wie sie eher den beiden anderen Entwicklungsphasen im Quartier entspricht. – Zu diesem idealisierten Zentraldreieck gehören ebenso zwei rahmende Dreiecksflächen von geringerer Dimension: Im Norden zwischen Gartenstraße und Kennedyallee sind sie vorwiegend von Mietshäusern gerahmt, wobei v.a. am Boulevard *Kennedyallee* der Gegensatz zu den gegenüber stehenden Einzel- und Doppelvillen deutlich wird. Im Süden reihen sich entlang *Stresemannallee* und *Oskar-Sommer-Straße* zumeist Einfamilienhäuser, wie sie sich anschließend ebenso in der Burnitzstraße finden.
Bei dieser abschnittsweisen Entwicklung wirken gerade während der beiden letzten Planungsphasen errichtete Mietshäuser aus fünf Geschossen als Rahmen für doppelgeschossig mit Ein- / Zweifamilienhäusern bebauten Flächen – wie z.B. Gartenstraße, Kennedyallee und Holbeinstraße – und können fast als Schutzwall der von ihnen eingefassten Binnenbauten gedeutet werden. Auch entlang einzelner Straßenzüge kommt es durch differierende Geschosszahlen zu vertikalen Versprüngen, die jedoch den Gesamteindruck kaum mindern.

Fünf Stadtviertel im Datenvergleich

1) BAHNHOFSVIERTEL Zugehörigkeit:
Eigener Stadtteil (ehem. Westend)
Funktion: Geschäfts- & Wohnquartier
Fläche: ca. 90 ha
Rahmenstraßen: Mainzer Landstraße (N), Gallusanlage (O), Untermainanlage (S), Hafenstraße (W)
Einwohnerzahl: ca. 7.400
Gebäudeanzahl (n. Hausnrn.) 850
Planung / Erschließung: 1873 & 1886
planvolle Bebauung: 1873–1929

2) MALERVIERTEL Zugehörigkeit: Sachsenhausen
Funktion: Wohnquartier
Fläche: ca. 80 ha
Rahmenstraßen: Schaumainkai (N)
Schweizer Straße (O),

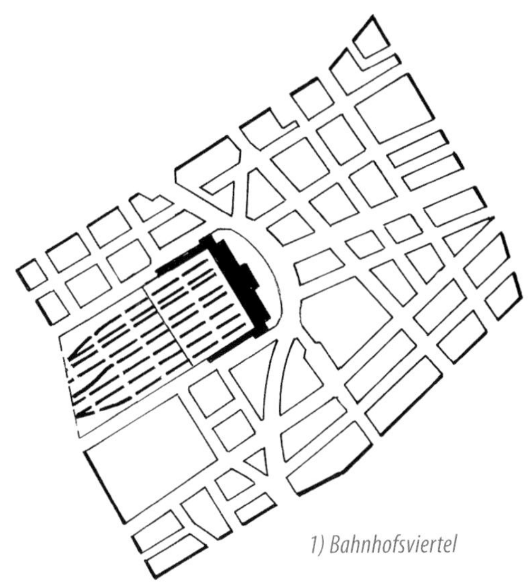

1) Bahnhofsviertel

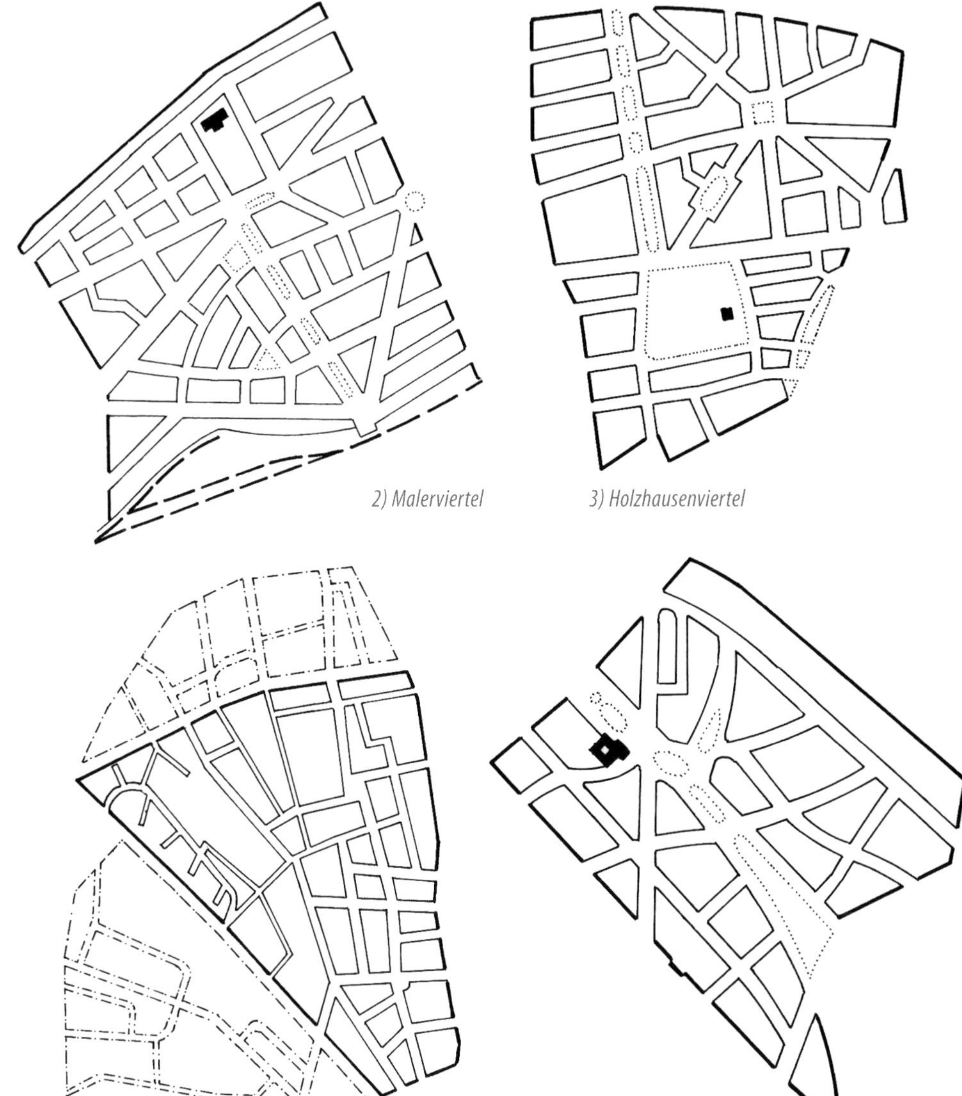

2) Malerviertel 3) Holzhausenviertel

4) Dichterviertel 5) Diplomatenviertel

Fünf Quartiere im Vergleich

Burnitz- / Oskar-Sommer-Straße (S),
Stresemannallee (W)
Einwohnerzahl: ca. 7.000
Gebäudeanzahl (n. Hausnrn.): 772
Planung / Erschließung: 1872–1911
planvolle Bebauung: 1874–1939

3) HOLZHAUSENVIERTEL Zugehörigkeit: Nordend
Funktion: Wohnquartier
Fläche: ca. 60 ha
Rahmenstraßen: Adickesallee (N),
Eckenheimer Landstraße / Oeder Weg (O),
Lersner- / Heinestraße (S)
Eschersheimer Landstraße (W)
Einwohnerzahl: ca. 5.550
Gebäudeanzahl (n. Hausnrn.): 735
Planung / Erschließung: 1873–1911
planvolle Bebauung: 1872–1938

4) DICHTERVIERTEL
Benennung: nach den Straßennamen
Zugehörigkeit: Dornbusch
Als Vergleich ist hier nur etwa die Hälfte des Quartiers herangezogen. Unberücksichtigt blieb das Areal nördlich der Hügelstraße (bis Schwalbenschwanz) bzw. südwestlich der Raimundstraße (bis Wilhelm-Epstein- und Stefan-Zweig-Straße), wo die Bebauung meist erst nach dem Zweiten Weltkrieg erfolgte.
Funktion: Wohnquartier
Fläche: ca. 70 ha
Rahmenstraßen: Hügelstraße (N),
Eschersheimer Landstraße (O),
Am Dornbusch (S), Raimundstraße (SW)
Einwohnerzahl: ca. 6.500
Gebäudeanzahl (n. Hausnrn.): ca. 600
Planung / Erschließung: ab 1910
planvolle Bebauung: 1913–1938

5) DIPLOMATENVIERTEL
Benennung: nach den zahlreichen konsularischen Vertretungen
Zugehörigkeit: Bockenheim
Funktion: Wohnquartier
Fläche ca. 60 ha
Rahmenstraßen: Frauenlobstraße (NO),
Miquel- / Zeppelinallee (O),
Sophienstraße (SW),
Ginnheimer Landstraße (NW)
Einwohnerzahl: ca. 3.650
Gebäudeanzahl (n. Hausnrn.): ca. 450
Planung / Erschließung: ab 1910
planvolle Bebauung: 1911–1938

Als gesamtes Ensemble zeigt das *Malerviertel*, dass sein Straßensystem der Vorgabe historischer Trassen folgte – Wege, Chausseen oder Schienen, über die allerdings das regelmäßige Netz eines modernen Straßenrasters nur additiv gelegt werden konnte.

Noch immer dominiert trotz rahmender Neubauten (s.u. 3) in der Ufersilhouette des Quartiers der *Burgturm* des Liebieghauses, und der *Kirchturm* von St. Bonifatius bleibt aus Textor- oder Thorwaldsenstraße der Blickpunkt schlechthin. Die als breite Avenue angelegte Holbeinstraße endet optisch enttäuschend am Dammdurchlass der Eisenbahn, wenn auch das durch ihr spitzwinkliges Zusammentreffen mit der Oppenheimer Landstraße entstandene Plätzchen von zwei markanten *Kopfbauten* aus unterschiedlichen Epochen flankiert wird (Oppenheimer Landstr. 73 / Hedderichstr. 132 bzw. Holbeinstr. 76). Ähnliches hätte man zumindest am Schweizer Platz erwartet, doch das Pendant zum Haus Nr. 54a hat der Zweite Weltkrieg reduziert. – Zudem idealisiert auf jenem Etoile jeder moderne Stadtplan die Realität; denn hier steht keineswegs ein perfektes Rondell großer Laubbäume. Hingegen laden die gestuften Promenaden des Schaumainkais wie der Grünstreifen der Holbeinstraße – ebenso wie Otto-Hahn- oder Thorwaldsenplatz als *hortus conclusus* – zum Verweilen ein. Ungeachtet des Trubels in Schweizer Straße oder Kennedyallee präsentieren sich kleine Wohnstraßen – ob um Steinle- oder Thorwaldsenstraße – ruhig, und zum Schutz von Fußgängern oder Kinderwagen bedarf es keiner Zebrastreifen.

2.5.1 Baugestaltung und Architekturdekor / Motive und Materialien

Die durch Baugesetze und Bebauungspläne, Alignements oder Fluchtlinien vorgegebene Ordnung einer Stadt gilt als verbindlicher Rahmen, innerhalb dessen individuelle Gestaltung nicht generell ausgeschlossen ist. Immerhin hatte man zuletzt 1876 beschlossen, dass jegliche Bebauung bis zur Festlegung von Straßenverlauf und Baulinien zu unterbleiben habe. Architektonische Monotonie lässt sich über das Aufbrechen geschlossener Baublocks hinaus verhindern. Was sich dazu anbietet, ist die Rhythmisierung durch Zusammenfassung von mehreren Häusern und deren oft symmetrische Gesamt- oder jeweilige Einzelkomposition mittels Vor- und Aufbauten, die Flucht- oder Firstlinie punktuell überschreiten, ohne sie zu sprengen. Das geschieht häufig dort, wo derartige Zusätze im Bereich privater Gärten oder Höfe bleiben und nicht über Parzellengrenzen hinaus ausgreifen müssen.

Auf dem Weg von Alt-Sachsenhausen westwärts sieht es entlang der Kaulbach-, Textor- oder Schwanthalerstraße nach dem Überqueren der Schweizer Straße ganz ähnlich aus wie zuvor: Allseitig Baublocks, kaum oder keine Bäume, selten Vorgärten, flächige Fassaden ohne Balkons und Erker. Eine deutliche Zäsur tritt erst mit der Holbeinstraße ein; denn nun wird es üppiger. Das *Malerviertel* zeigt also von Ost nach West ein formales Crescendo, was natürlich damit zusammenhängt, dass die Gegend östlich der Holbeinstraße als Mischgebiet, westlich jedoch als reines Wohngebiet ausgewiesen war (s.o. 2.2.5). Erleichternd wirkt dabei auch, dass von den 33 Straßen des Quartiers immerhin 28 zumindest abschnittsweise von Vorgärten flankiert sind, so dass kein Gebäudevorsprung in öffentliche Verkehrsflächen ragen muss. Dazu als beispielhafter Vergleich Textorstraße 91–101 (1902) zu Rubensstraße 20–26 (1912): dort direkt am Trottoir eine lange Reihung uniformer Häuser mit fast glatten Fassaden, hier eine vierteilige Gebäudegruppe von perfekter Symmetrie und voller Plastizität ihrer Fronten durch Balkone wie Loggien zwischen flankierenden Kuppeltürmen. Insgesamt bietet das Quartier eine breite Palette solch architektonischer Motive, die allein der Dekoration und der Repräsentation dienen, zugleich ebenso seinen sozialen Rang innerhalb der Stadtbaukunst betonen. Das alles mag bei gewohnter und eiliger Nutzung der Straßen wenig auffallen. Was Aufmerksamkeit erregt, ist das Außergewöhnliche oder das Unerwartete, und das bietet sich beim Betrachten einer großen Zahl einzelner Häuser. Dabei gibt es mancherlei zu entdecken zwischen Prunkportal und Giebelinschrift. Dem einen gelingt das aus Neugier, der andere geht an allem jahrelang vorbei und bemerkt nichts. Immerhin rechtfertigt auch seine reiche Architekturdekoration für das Malerviertel das Attribut *malerisch*. Als ideale Gebäudeposition für zusätzliche Möglichkeiten zur Gestaltung gelten Kreuzungen, wo Straßenecken jeweils aus mindestens zwei Richtungen Blicke auf sich lenken. Allein schon die Eckfase, d.h. die Abschrägung einer Hausecke, bietet zwischen zwei Fassaden die Chance für übergiebelte oder überkuppelte Erker, für Portal und Balkon. Was dabei dem Bewohner an Grundfläche verloren geht, ist oft nur ein spitzer Raumwinkel. Mehr als kompensiert wird er durch mehrseitige Vorbauten:

Schneckenhofstr. 29

Erker betonen als Vorsprünge Gebäudemitte und -kanten. Im Gegensatz zu Risaliten, die oft nur eine Handbreit vor die Fassaden treten, steigen sie nicht vom Boden auf, sondern entwickeln sich in der Höhe durch Ausbuchtung, Vorkragen oder auf Konsolen. Ob im Querschnitt gerundet, polygonal oder rechteckig bieten sie über mehrere Obergeschosse Gestaltungsflächen für Inschriften oder Reliefs und enden oft in Balkonen. Innenräumen verleihen sie durch dreiseitige Aussicht einen besonderen Reiz.

links:
Eckhäuser Oppenheimer Land- / Hedderichstr.
Eckhäuser Burnitz- / Holbeinstraße

Turm der Bonifatiuskirche
Turm der Lukaskirche

P

Schaubstr. 5 *Holbeinstr. 33* *Hedderichstr. 96*
Kaulbachstr. 58 *Holbeinstr. 29* *Morgensternstr. 24*

Es sind die unmittelbar nach 1900 beiderseits der Steinlestraße errichteten Wohnbauten oder kurz vor dem Ersten Weltkrieg vollendeten Mietshäuser in Prachtstraßen – wie Böcklin – Holbein-, Passavant- und Schadowstraße –, die hier eine besondere Vielfalt bieten.

Giebel: Das Areal östlich der Oppenheimer Landstraße ist von traufenständigen Häusern geprägt, deren Horizontalgliederung zwischen First und Sockel sich in der Höhe meist nur um eine Spanne unterscheiden. Da flachere Satteldächer dahinter von der Straße aus unsichtbar bleiben, hat man auf sich darüber kulissenhaft ohne anschließende Räume reckende Giebel verzichtet. Lediglich kleine Gauben, die der Belichtung der Dachböden dienen, sind aufgesetzt. Anders verhält es sich bei Mansarddächern: Durch ihre Höhe prägen auch sie das Straßenbild. Ihnen sind in ganzer Breite von Fassaden oder nur in deren zentralem Drittel durchfensterte Giebel von unterschiedlichem Umriss vorgesetzt, die – wie die als kleinere Kopie flankierend ausgebauten Gauben – der Belichtung der im Dach zum Wohnen ausgebauten Mansarden dienen. Besonders dekorativ ausgebildet sind z.B. die Giebel des Eckhauses Gartenstraße 73 / Holbeinstraße 15 (1900).

Hedderichstr. 116 *Textorstr. 82*

Schaubstr. 9
Morgensternstr. 26

Hedderichstr. 100
Gartenstraße 120
Holbeinstr. 15

Schadowstr. 4
Holbeinstr. 8
Schneckenhofstr. 29

Hedderichstr. 96

Hedderichstr. 132
Schadowstr. 2

Gauben und **Kuppeln:** Ein Wohnhaus entwickelt sich zumeist über rechteckigem oder L-förmigem Grundriss (bei symmetrischen Doppelhäusern erweitert er sich auf U-Form) und endet entsprechend in schrägen Dächern (Sattel-, Walm-, Zelt- oder Mansarddach; s.o. 2.3.1). Die aus der Sakral- oder Feudalarchitektur entlehnte Form des Kuppeldachs – wie bei der einstigen Villa Hauck (Schaumainkai 47; 1906) – ist selten. Doch für dekorative Gebäudeannexe, wie sie gerade Erker darstellen, taugen sowohl Kuppel- wie Turmabschlüsse. Für diese sind das Liebieghaus (Schaumainkai 71; 1896) oder das Mietshaus Schneckenhofstraße 29 (1904) von herausragender Bedeutung. Hinzu kommen zylindrische Ecklösungen wie Steinlestraße 13 (1907) oder Böcklinstraße 2 (1913). Kuppeln steigern sich – über Schweizer Straße 54a (1889), Holbeinstraße 8 (1902), Schneckenhofstraße 19 (1904), Kennedyallee 40 (1913) hinaus – sogar zu Zwillingen wie am Eck der Hedderichstraße (Nr. 132 / Oppenheimer Landstr. 73; 1901) oder an der Baugruppe Rubensstraße 20/26 (1912) – ähnlich wie um den östlich des Quartiers angelegten Diesterwegplatz. Auch wenn der letzte Krieg viele dieser Aufbauten vernichtet hat, lassen sie sich meist noch im Ansatz erkennen.

Türen und **Fenster:** Es sind meist nur die Eingänge, die von Bewohnern und Besuchern wahrgenommen werden, wenn sie ein Haus betreten – d.h. Vordächer, Portalrahmen aus Stein, Türflügel aus Holz und Glas. Der gestalterische und handwerkliche Aufwand dafür ist oft groß – wie an den Häusern Schaumainkai 71 (1896), Böcklinstraße 2 (1913), Passavantstraße 1–3 (1913), Tischbeinstraße 6 (1912);

Schneckenhofstr. 19
Schweizer Str. 54a

Böcklinstr. 2

manchmal wurden sogar Zwillingsportale ausgebildet – z.B. bei Böcklin- (4–6), Holbein- (37–39), Passavant- (1–3) oder Rubensstraße (22–24). Und wie bei Türen scheint der Variation von Fensterformen keine Grenze gesetzt, wobei als Relikt historischer Schloss- oder Palastarchitektur noch immer das erste Obergeschoss (als *Bel étage* oder *Piano nobile*) äußerlich durch seinen Fensterschmuck hervorgehoben bleibt. Vorwiegend bei den glatten Mietshausfassaden der Neurenaissance im Osten des Quartiers kann man davon ausgehen, dass die jeweiligen Sandsteinrahmen Katalogprodukte sind, die für jene Bauten der *„Maurermeisterarchitektur"* präfabriziert und bei Bedarf ausgewählt werden konnten. Freude an variierten Schmuckfronten zeigt sogar die bescheidene Kaulbachstraße (1899–1902), in deren Reihenhäusern auch im Detail jeweils zwei spiegelbildlich aufeinander bezogen, von benachbarten aber unterschieden sind.

Tischbeinstr. 6
Kaulbachstr. 56

Rubensstr. 22–24
Kaulbachstr. 63

rechts:
Hedderichstr. 126

Kaulbachstr. 38–40
Kaulbachstr. 42–44
Morgensternstr. 18

126

Holbeinstr. 70

Böcklinstr. 7–9

Kaulbachstr. 45

Mauer- und Maßwerk, Fach- und Gitterwerk: Dass im Bauboom nach 1871 Gebäude vorwiegend aus Backstein aufgemauert, dann meist verputzt und mittels rotem oder gelbem Sandstein gegliedert sind, bestätigt das Malerviertel in erwarteter Deutlichkeit. Backsteinmauerwerk im sichtbaren *Zierverband* einer ganzen Fassade blieb jedoch die Ausnahme; denn repräsentieren ließ sich damit kaum, und das Brennen von Formsteinen, aus denen sich Zierglieder wie Gesimse, Säulchen, Kapitelle zusammensetzen lassen, blieb unrentabel – zumal viele Bauunternehmer zugleich Betreiber billig und schnell produzierender Ziegeleien waren. Als frühe Beispiele für reine Backsteinbauten aus dem *Historismus* gelten die Eckhäuser um Cranachstraße 1 (1881) und Schweizer Straße 54 (1889) sowie die beiden schlichten Betriebs-/Wohngebäude in der Städelstraße 11–13 (1883). Optisch anspruchsvoller erscheinen Reihenhäuser in der Rembrandtstraße 19–25 (1892) und polychrom gemauerte Mietshausfassaden in der Oppenheimer Landstraße 37–43 bzw. 52–56 (1901–04) oder der durch eklektizistische Blenddekoration auffällige Block an und hinter der Hedderichstraße 96–102 / 116–132 (1901). Eine wirkliche Aufwertung dieses Baumaterials über rot changierende Farbnuancen hinaus brachte erst die *frühe Moderne* seit den 20er Jahren durch plastisch gestaltetes Ziermauerwerk – z.B. mit dunkel gebranntem Klinker am Doppelhaus Böcklinstraße 7–9 (1926) und an der Bonifatiuskirche (1926–32), die als Werk einer expressionistischen Neugotik erscheint. – Direkt auf den Kirchenbau der Gotik greift neogotisches *Maßwerk* zurück –vorgeblendet oder durchbrochen wie an den Häusern Schneckenhofstraße 19 und 27. – Ebenso auf den späten *Historismus* beschränkt blieb das als Reminiszenz ländlichen Bauens um 1900 wieder in die Städte zurückgekehrte *Fachwerk,* allerdings nicht mehr als Gefüge von Grund auf sondern, nur für hochragende Bauteile wie Obergeschosse oder Ziergiebel – z.B. am Eckhaus Schneckenhofstraße 29, benachbart in der Morgensternstraße 31, in der Gartenstraße 88 oder dahinter in der Steinlestraße 7, 15, 21, 25, 33 bzw. der Rembrandtstraße 12, in der Holbeinstraße 14 und 45, in der Schwanthalerstraße 69,

Schneckenhofstr. 27
Schneckenhofstr. 19

Holbeinstr. 8
Schaumainkai 71

Morgensternstr. 31

S. 107:

Steinlestr. 21
Schaumainkai 71

Textorstr. 106
Steinlestr. 15

S. 108:
Hedderichstr. 114 · *Morgensternstr. 34*
Holbeinstr. 18 · *Steinlestr. 16*

S. 109:
Holbeinstr. 15 · *Gartenstr. 120*
Oppenheimer Landstr. 50 · *Rembrandstr. 12*

Textorstraße 82/86a, schließlich am Schaumainkai 85. – *Geschmiedetes Eisen* beschränkt sich als kunstvolle Architekturergänzung auf drei Verwendungszwecke: Zäune, Tore, Balkone. Auch hier wurde Seriellem meist der Vorzug gegeben, dennoch finden sich vielfach zwischen schlichten Staketen vegetabile Stäbe und florale Muster, sogar aufwändige Gestaltungen wie am Tor von Rembrandtstraße 12 oder an Tor und Balkonkorb der Oppenheimer Landstraße 50 (1903).

„Carolusreiter" von Fritz Boehle

„Stier" von Fritz Boehle
„Sämann" von Constantin Meunier

2.5.2 Kunst am Bau und auf der Straße / Märchen und Mythen, Allegorien und Symbole, Tiere und Pflanzen

Zur ästhetischen Bereicherung eines Stadtbilds zählen Denkmäler und Kunstwerke: je größer der Anspruch, desto großartiger der Eindruck. Da sich aber eine Bürgergesellschaft seltener als der Feudalismus Heroen schafft, fehlt in Frankfurt weitgehend diese Gattung von Straßendekor.

In einem Wohnquartier, das sich um eine Kunstakademie entwickelt hat, wohnte mancher Künstler: Nachweisbar – sogar als Hauseigentümer – sind die Bildhauer *Augusto Varnesi* (1866–1941; Hans-Thoma-Str. 17) oder *Wilhelm Oskar Prack* (Holbeinstr. 41). Dass zumindest dieser sich ebenso wie um die bildnerische Gestaltung seiner Villa auch um deren Umgebung bemühte, geht aus seiner Auseinandersetzung um das *Rosengärtchen* hervor; denn nachdem städtische Ämter signalisiert hatten, dass man hier das Aufstellen einer Stele oder Statue plane, forderte er nicht nur mit weiteren Anwohnern die Bepflanzung von Holbeinstraße und -platz (s.o. 2.2.6), sondern bot sich ebenso als Schöpfer eines *Florabrunnens* an. Der Magistrat hat dieses Angebot genauso abgelehnt, wie er den Wunsch des Malers *Fritz Boehle* (1873–1916), dessen imponierenden Bronzeguss *„Schreitender Stier"* (modelliert 1905, gegossen 1907 zur Weltausstellung in Paris, wo er prämiert wurde) auf den Holbeinplatz zu stellen, unerfüllt ließ – obwohl es offensichtlich beiden Bildhauern durch den *Sachsenhäuser Bezirksverein* bzw. private Sponsoren gelungen wäre, ihre Werke oh-

„Lastträger" von Constantin Meunier und Detail

ne Kosten für die Stadt zu errichten. Für Boehle reiht sich diese Ablehnung in weitere Kränkungen durch die Frankfurter Verwaltung; denn 1910 verweigerte man ihm den zuvor von Oberbürgermeister *Franz Adickes* zugesagten Auftrag für ein monumentales Reiterstandbild *Karls des Großen* auf der *Alten Brücke* (das lebensgroße Modell hat er daraufhin enttäuscht zerschlagen, und als verkleinerte Wiedergabe ziert sein *„Carolusreiter"* ab 1976 einen Brunnen am Wendelsplatz). Noch nach seinem Tod scheiterte endgültig 1919 der Versuch, nach ihm die *Schneckenhofstraße* zu benennen. Nach einem Intermezzo im Garten des Städelmuseums blickt Boehles Stier statt zur verhinderten Boehlestraße im Malerviertel daher seit 1950 aus dem *Günthersburgpark* im Frankfurter *Nordend* (immerhin hatte er für dessen Erlös von 80.000 Goldmark 1910 auf dem Sachsenhäuser Berg seine Villa errichten können – s.u. 2.7.2). Dort steht übrigens ein zweites Kunstwerk, das einst ins Malerviertel überführt werden sollte (zuletzt 1990): der *„Sämann"* von dem damals führenden, am Werk Rodins geschulten belgischen Bildhauer *Constantin Meunier* (1831–1905): Aus Mitteln des von dem Frankfurter Fabrikanten *Leo Gans* 1899 gestifteten Kunstfonds wurde er 1906 aus Meuniers Nachlass gleichzeitig mit seinem *„Lastträger"* (s.o. 2.1) erworben, dessen Pendant er auf der Friedensbrücke bilden sollte. – Die einzige Skulptur, die außerhalb privater Gärten direkt für den öffentlichen Raum des Malerviertels geschaffen wurde, ist der

„Rotkäppchenbrunnen" von Johann Joseph Belz

Rotkäppchenbrunnen von *Johann Joseph Belz* (1873–1957), der seit 1912 von einer Grünanlage in die andere am Schnittpunkt von Gartenstraße und Kennedyallee wanderte – aber stets in Sichtweite der Schiller-Schülerinnen blieb, denen er vielleicht als Mahnung dienen soll.
Im Vergleich zu den spärlichen Kunstwerken auf Plätzen und Straßen bieten die Bauten des Quartiers eine Fülle unterschiedlicher Motive vom Flachrelief bis

„Glaube" und „Liebe"

„Evangelisten" auf dem Lukasturm

„Evangelisten" von Peter Bauer und Georg Eck

DUERER
HOLBEIN

zur Vollplastik – allerdings sind sie meist nicht auf Augenhöhe des Betrachters, oft verdeckt oder verschattet und daher meist unbekannt. Zunächst aufwändiger an öffentlichen Gebäuden: am Turm der *Lukaskirche* (1912) die Figuren der vier *Evanglisten* (Bildhauer: *Peter Bauer* und *Georg Eck*; von diesem ebenso allegorische Ovalreliefs „*Glaube*" und „*Liebe*"), am Mittelrisalit des *Städels* (1878) die Statuen von *Albrecht Dürer* und *Hans Holbein d.Ä.* (Bildhauer: *August von Nordheim*) sowie Allegorien zu „*Musik*" und „*Dichtung*" (im Stil von *Gustav Kaupert*), an der Fassade der *Bonifatiuskirche* (1932) die expressionistische Skulptur des „*hl. Bonifatius*" (Bildhauer: *Arnold Hensler*), an verschiedenen Fronten vom *Liebieghaus* „*Madonna*" und „*Drachentöter Georg*" (1896), und an seiner Rückseite der skulptierte *Wandbrunnen* (1909; Steinlestr. 16). – Über den Einfahr-

„Bonifatius" von Arnold Hensler
Brunnen mit Putto (Steinlestr. 16)
Putto (Kennedyallee 46)

„Dürer" und „Holbein" von August von Nordheim

„Gutenberg" (Hedderichstr. 104)
„Mergenthaler" (Hedderichstr. 114)

„Junges Bauernpaar / Saat und Ernte" (Morgensternstr. 8 und 10)

„Architekt zwischen Arbeiter“ (Schaumainkai 101)

„Bauernpaar mit Sichel und Sense“ (Schweizer Str. 14)

„Harfner und Lauschende“ (Gartenstr. 110)
Löwen (Gartenstraße 120)
Schlangen (Gartenstr. 120)

Delphine (Schaubstr 11)

Vögel (Gartenstr. 122)

ten zur ehemaligen *Stempelfabrik* (Hedderichstr. 104–114) finden sich neobarocke Porträtmedaillons (um 1910) von *Johannes Gutenberg* (um 1397–1468; Erfinder des Buchdrucks) und *Ottmar Mergenthaler* (1854–1899; Erfinder der Druckmaschine). Originell wirkt am *Hoch-Tief-Haus* (Schaumainkai 101–103) das Trio aus *„Architekt zwischen Arbeitern“* (1924) – jeweils ergänzt durch *Bieber* bzw. *Maulwurf* als Symbole für Hoch- und Tiefbau (dass die Brüder *Bruno* und *Rudolf Schäfer*, auf die einiges an Bauplastik im Frankfurt der 20er Jahre zurückgeht, die Gruppe schufen, bleibt Vermutung). Die *„Rossebändiger“* am

Vögel (Burnitzstr. 41)

„Fischleibputten" (Holbeinstr. 33)

Putten (Gartenstr. 107)

Putten (Gartenstr. 110)

„Kinderpaar mit Apfel" (Textorstr. 109)

Eingang zum Hippodrom gingen mit dem Gebäude zugrunde. Figürliche Allegorien von *„Aussaat"* und *„Ernte"* gelten als beliebtes Motiv – nicht ohne Bezug zur gleichzeitig entstandenen *Schillerschule* ihr gegenüber an Pilastern der Häuser Morgensteinstraße 8 und 10 (1908) wie an Konsolen der Schweizer Straße 14 (*„Bauernpaar mit Sichel und Sense"*; 1911), ebenso wie *„Harfner"* und *„Lauschende"* (Gartenstraße 110; 1912). Unerschöpflich scheinen Motivvarianten von bedrohlichen *Chimären* und *Grotesken* – traditionell Motive zur Abschreckung –, aber ebenso *Tieren* (u.a. *„Löwenkampf"* und *verschlungene Delphine* –Gartenstr. 120–122/ Ecke Schaubstr., 1903; *Vögel* –Burnitzstr. 39–43, 1925) oder *Kindern / Putten* (Gartenstr. 49) und *Köpfen – Narr* und *Ratsherr, wilde Männer* und *zarte Mädchen, Medusen* und *Göt-*

„Kopf" (Holbeinstr. 18)
„Kopf" (Holbeinstr.44)
„Kopfkonsole" (Schaumainkai 41)
„Löwenkopf" (Schweizer Str. 14)

„Köpfe" (Schadowstr. 9)
„Köpfe" (Holbeinstr.18)

Morgensternstr. 41

Gartenstr. 122

Schaumainkai 41

Morgensternstr. 34

Schaubstr. 11

Renaissancekopf (Schneckenhofstr. 31)
Frauenköpfe (Schreyerstr. 6)

Narrenkopf (Morgensternstr. 26)
Frauenkopf (Schadowstr. 7)
Maskaron (Holbeinstr. 29)

Genius über Karyatide und Atlant (Holbenstr. 41)
Frauenstatue (Schaumainkai 43)

Giebelkopf (Holbeinstr. 15)

Herkules und Hebe (Holbeinstr. 15)

tinnen, Engel und *Genien* – meist seriell, aber auch individuell und höchst qualitätvoll (wie in der Schadowstraße 7), ob an Brüstungen oder als Schlusssteine. Auf dem Gelenkbau der *Holbeinschule* (1907) findet sich das Paar „*Mädchen reicht einem Knaben den Apfel*" (vielleicht absichtsvoll kindliche Anspielung auf *Adam und Eva* mit der *Frucht vom Baum der Erkenntnis* – insofern Hinweis auf den Bildungsauftrag der Schule, wie die allegorischen Reliefs am Städelmuseum auf dessen Funktion verweisen). Antikes greift die zum *Architekturmuseum* verwandelte Doppelvilla (1910) mit einer *Frauenstatue* auf (Schaumainkai 43), ebenso wie das Eckhaus (1914) in der Burnitzstraße (Nr. 69) mit *Kentauren* oder W.O. Prack an seinem Eckhaus mit *Herkules* (als *Atlant*) und *Karyatide* sowie darüber *schwebendem Genius* (Holbeinstr. 41; 1913; s.o.), wobei das Eckhaus Gartenstraße 73 / Holbeinstraße 15 zwei besonders schöne und fast identische Büstenpaare *Herkules und Hebe* aufweist (1900).

Zumeist entstammen all diese Motive der bildenden Kunst von der Antike bis zur Renaissance, sind allegorisch oder historisch zu deuten und können gelegentlich als Rezeption einer benennbaren Vorlage gelten (so wie häufig *Dürer*s Druckgrafik über Jahrhunderte Künstler zu Kopien motivierte). Ohne Zweifel dafür herhalten mussten Vorlagenbücher wie das als Fundgrube unerschöpflich scheinende vielbändige Werk „*Der Formenschatz*" von Georg Hirth

Flügelwesen (Schaubstr. 11)

(1877 ff.). Oder man griff auf populäre Druckgrafik – wie Motive von *Ludwig Richter* – zurück. Wahrscheinlich gilt solch eine Ableitung zumindest für jenes Ovalrelief des *Harfner*s am Haus Gartenstraße 110 (s.o.), das derselbe unbekannte Bildhauer als Teil eines größeren Zyklus im *Holzhausenviertel* für die Mietshausgruppe Neuhaußstraße 10–14 wiederholt hat. – Spärliche Unterlagen machen Zuschreibungen in fast allen Fällen schwierig, wenn nicht unmöglich. Immerhin kann man davon ausgehen, dass bedeutendere Baufirmen über versierte Handwerker, wenn nicht gar – wie die Philipp Holzmann AG – über eine Bildhauerwerkstatt verfügten, die unter der Leitung renommierter Künstler stand und wahrscheinlich ebenso für Subunternehmer arbeitete. All das bereichert das Straßenbild, auch wenn es nicht Museumsqualität erreicht und somit höchstens im Lapidarium des *Liebieghauses* Aufnahme finden könnte. Allerdings werden wohl die meisten Schöpfer der *Blattmasken, Medusenhäupter* oder *Kopfkonsolen* – ob nun Bildhauer oder Steinmetz – für immer anonym bleiben. (In diesen Zusammenhang scheint ein Hinweis angebracht: Traditionell beschränkt sich Kunstgeschichte auf Werke dreier Disziplinen, die durch mauern, meißeln, malen entstanden. Doch für Gemälde bietet eine städtebauliche Studie wie diese über das Malerviertel nicht den geeigneten Rahmen; denn als Folge bewusster Beschränkung auf das Äußere entfällt die Darstellung von Interieurs. Dazu gehören Stuckaturen und Schnitzereien, polychrome Verglasungen und Mosaiken, aber auch Malerei: Dass öffentliche Gebäude – Kirchen, Museen, sogar Schulen – ursprünglich oft ausgemalt waren wie z.B. die Lukaskirche, ist vielfach überliefert. Seltener bekannt, oft übertüncht oder hinter Tapeten verschwunden sind Wand- und Deckenbilder in Privathäusern aus den Jahrzehnten um 1900. Wie in anderen Teilen von Frankfurt könnte auch in den Wohnhäusern des Malerviertels noch manche Wanddekoration zu entdecken sein, andererseits sind originale Ausstattungen der Zeit um 1900 durchaus bekannt – wie öffentlich in Liebieghaus und Museum Giersch am Schaumainkai oder privat z.B. im Haus Günther in der Holbeinstr. 8.)

Kentaurenpaar (Burnitzstr. 69)

Herkules als Atlant,
Hebe (?) als Karyatide (Holbeinstr. 41)

Rankenwerk (Schadowstr. 5)
Eichenlaub (Morgensternstr. 26)
Fruchtkorb (Passavantstr. 11)

2.5.3 Architektur zweidimensional / verworfene Entwürfe, verfälschte Fassaden

Üblicherweise liefern Behördenakten keine Entwurfszeichnungen zu Privatbauten, die gar nicht oder verändert errichtet wurden. Und solche Unterlagen bei Hauseigentümern aufspüren zu wollen, scheitert am Missverhältnis von Aufwand und Erfolg; denn nach vier Generationen und zwei Weltkriegen findet sich

Passavantstr. 8, Fassadenriss
Steinlestr. 29, Straßen- und Gartenseite

Fassadenrisse:
Schweizer Str. 6–10
Steinlestr. 7–9
Steinlestr. 31

kaum noch etwas. Da ebenso die meisten amtlichen Unterlagen des tatsächlich Gebauten 1944 verbrannt sind, blieb eigentlich kaum Hoffnung, fündig zu werden – dennoch erfüllte sie sich: Seit 1874 hatte sich die Firma *Israel Schmidt Söhne* während der folgenden 60 Jahre zu Frankfurts führenden Immobilienmaklern entwickelt. Nach ihrer Arisierung 1934 bestand sie sogar bis in die jüngste Vergangenheit weiter, und ihre aus der alten Belegschaft hervorgegangenen, ebenso traditionsbewussten neuen Eigentümer bewahrten und pflegten ihr gut sortiertes Planarchiv. Für die gesamte Frankfurter Baugeschichte des Historismus und der frühen Moderne bietet es bis heute eine immer wieder überraschende Quelle

für Architekturentwürfe und Bauzeichnungen, wie sie in solcher Fülle nirgendwo in der Stadt zusammengetragen und bewahrt wurden. Daraus ablesen lassen sich außerdem Informationen zu Baumeistern, Baudaten und Bauherren. Ein gutes Dutzend daraus ausgewählter Projektstudien soll deshalb stellvertretend für die Bedeutung des gesamten Fundus vorgestellt werden.

Im Idealfall gleichen sich formal ausgeführtes Gebäude und gezeichnete Fassade. Kaum eine Rolle spielt es, dass z.B. Fenstersprossen im Lauf eines Jahrhunderts vereinfacht ersetzt wurden. Genau das gilt für eine Dreiergruppe von noblen Mietshäusern in der *Schweizer Straße 6–10* (1911); denn der ursprüngliche Fassadenaufriss aus dem Architekturbüro von *Wilhelm Müller* blieb erhalten, und alles – selbst die dekorativen Stuckaturen der Erker und Brüstungen – entspricht bis heute der Umsetzung damaliger Handwerker – Dennoch reizvoll ist ein Vergleich, wenn sich Unterschiede erkennen lassen, die nicht eindeutig durch spätere Ereignisse wie Zerstörung oder Modernisierung eintraten. Auffällig bleibt das am Haus *Passavantstraße 8* (1913), für das der Entwurf einer reich gestalteten Jugendstil-Fassade vorliegt, der mit dem ausgeführten Gebäude aber lediglich in den Dimensionen übereinstimmt; um die Differenz beider zu beurteilen, genügt der Blick auf die gleichzeitig erbaute Monumentalgruppe schräg gegenüber an der Böcklinstraße 2–6. Im Doppelhaus *Steinlestraße 7–9* (1897) erweist sich, dass unauffällig-altdeutsche Details wie Giebel oder Erker bei der Ausführung geringfügig verändert wurden. Das gilt einige Schritte weiter beim ein Jahrzehnt jüngeren Reihenhaus *Steinlestraße 31* (1907) für den Verzicht auf einen Kuppelerker über dem Eingang oder daneben beim Haus *Steinlestraße 29* (1905) für Dekor an Straßen- wie Gartenfront.

Den Bombardements des Zweiten Weltkriegs zum Opfer fiel das von *Gustav Günther* entworfene Wohnhaus *Holbeinstr. 27* (1908); zwar ist sein Zwillingspendant *Nr. 29* erhalten, doch erst auf der Entwurfszeichnung stellt sich heraus, dass das bescheiden ersetzte Gebäude nicht nur als symmetrische Kopie des erhaltenen galt, sondern zusätzlich auf der Gebäudeecke ein turmähnliches Kuppelpolygon im Geschmack des Neobarock trug. Ähnlich verhält es sich beim gleichzeitig errichteten Eckhaus *Morgensternstraße 8*, dessen obere Geschosse zerbombt wurden, aber anhand der originalen Zeichnung des Architekten *Johann Georg Mohr* mit Giebel und polygonalem Erker wieder aufgebaut werden könnten. Der im Expressionismus als einer der originellsten Architekten in Frankfurt geltende *Fritz Voggenberger* hatte sich seine *Villa Pollatschek* in der *Kennedyallee 61* (1922) keineswegs so schlicht gedacht, wie sie sich heute präsentiert: Zwar stimmen auch hier die Proportionen mit der gezeichneten Ansicht überein. Doch sollte das gesamte Erdgeschoss in dunklem Sichtklinker erscheinen, das Obergeschoss durch eine schräge Putzbrüstung die Vertikalen sprengen und die erhöhte Mitte zwischen anschwingenden Walmdächern einen pagodenartig-geschweiften Giebel tragen sollte. Künstlerisch weniger bedeutend ist der Entwurf für das Mietshaus in der *Gartenstraße 132* (1925); doch dessen unauffälliger gebaute als von *Daniel Reinhardt* gezeichnete Fassade gilt als Kolla-

Holbeinstr. 27–29

Kennedyallee 61

Morgensternstr. 8–10

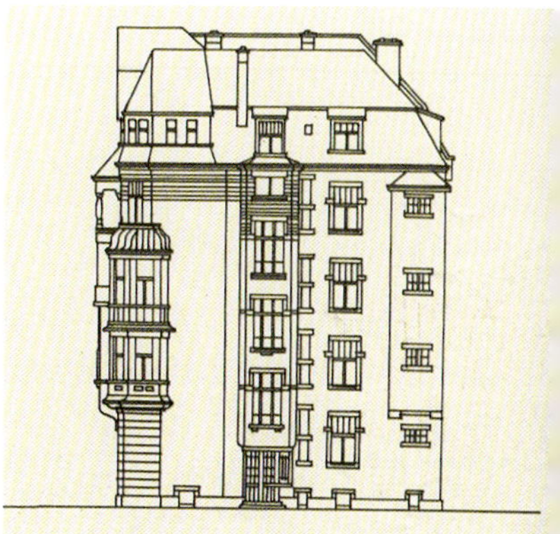

Gartenstr. 132, Fassadenriss

Kennedyallee 39–45, Straßen- und Gartenseite

Kennedyallee 56–58, Entwurf 1a

teralschaden der vollständigen Zerstörung des daneben stehenden Eckhauses. – Völlig unterschiedliche Bewertungen ergeben sich, wenn Bauwerk und Entwurf differieren oder überhaupt nichts gebaut wurde: Als repräsentative Allee lockte die erst nach 1900 bis zu ihrem endgültigen Ziel hin verlängerte *Forsthausstraße* (Kennedyallee) wohlhabende Bürger südwärts. Dazu gehörten reine Investoren, die hier keineswegs wohnen, sondern nur verdienen wollten, und v.a. Fabrikanten: Wie auf der Straßenseite gegenüber, wo seit 1913 noble Mietshäuser mit großzügigen Etagenwohnungen entstanden, sollten zunächst auf der Südseite gleichfalls rentablere Etagenhäuser von vier Geschossen – und keineswegs Villen bzw. Doppelvillen – errichtet werden. Ein solches Projekt für einen symmetrischen Viererblock aus neobarocken Mietshäusern liegt aus dem Jahr 1914 vor: Eine symmetrische Anlage auf H-förmigem Grundriss, die sich über die Parzellen *Nr. 39–45* erstreckt hätte. Vermutlich hat der Ausbruch des Ers-

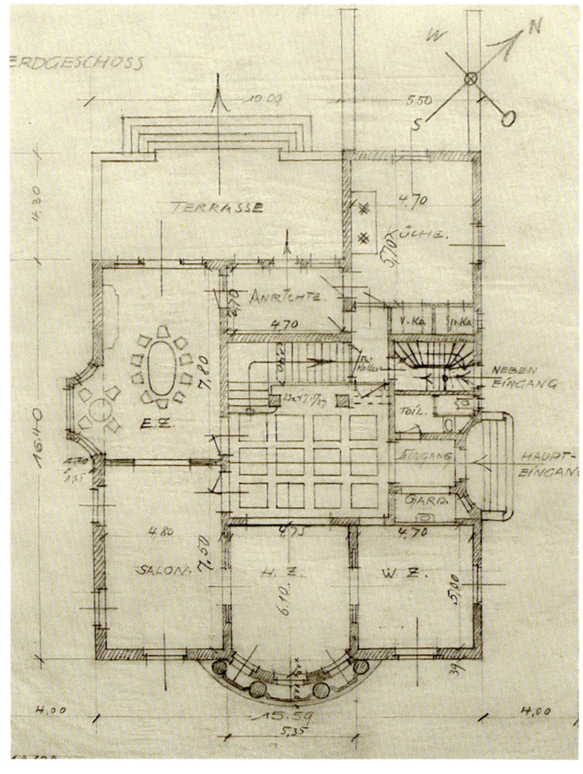

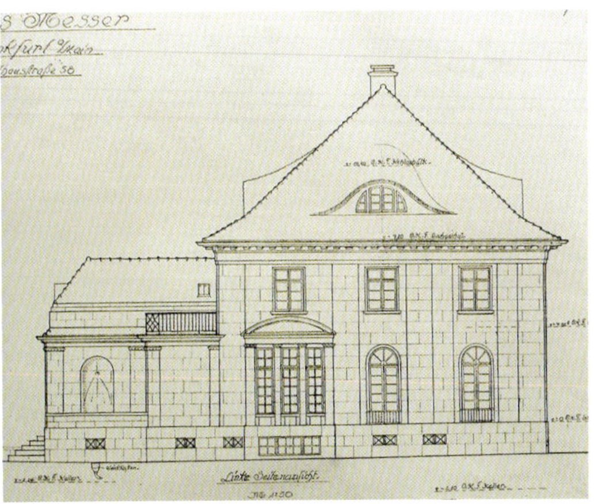

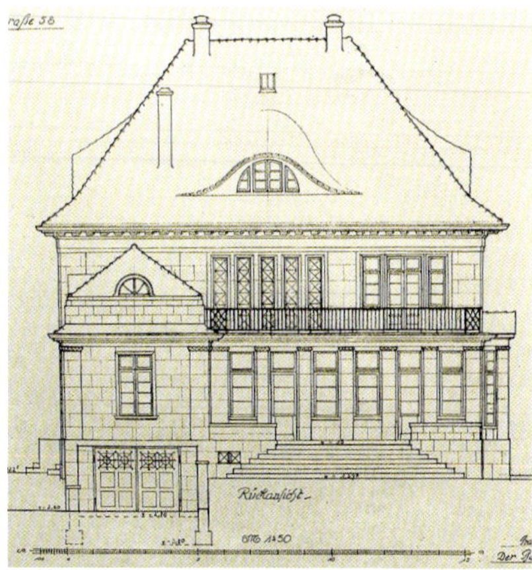

Kennedyallee 56–58, Entwurf 1b

ten Weltkriegs die Realisierung verhindert. Gegenüber bei *Nr. 56–58* könnte die nachfolgende Wirtschaftskrise Ursache dafür sein, dass keines der 1923–24 von *Hans Bäppler & Wilhelm Müller* dem Fabrikbesitzer *Adolf Messer* vorgelegten Bauprojekte für eine repräsentative Villa oder drei zur Einheit verschmolzene Reihenhäuser verwirklicht worden ist: Hierfür planten die Architekten zwei konkurrierende Projekte, die an der Forsthausstraße (wie die benachbarte Villa Metz) gebaut werden sollten. Am Anfang entstand daher die Idee für eine Villa (sie wurde schließlich unter Nutzung kaum älterer Vorschläge weiter nördlich im Garten der Schreyerstr. 15 gebaut, das Reihenhausprojekt wurde zunächst aufgegeben und erst nach 1950 modern realisiert). – Doch hier sollen lediglich die Planungen behandelt werden; zunächst zur Villa: Dazu blieben Alternativen erhalten – *Entwurf 1a* wirkt ländlich und traditionell, ein verputztes Gebäude unter Walmdach, dem sich als drittes ein Attikageschoss integriert. Vor der Hauptfront zur Allee sollte ein Säulenrisalit stehen

Entwurf 2a

Entwurf 2b

Kennedyallee 56–58, Entwurf 2b

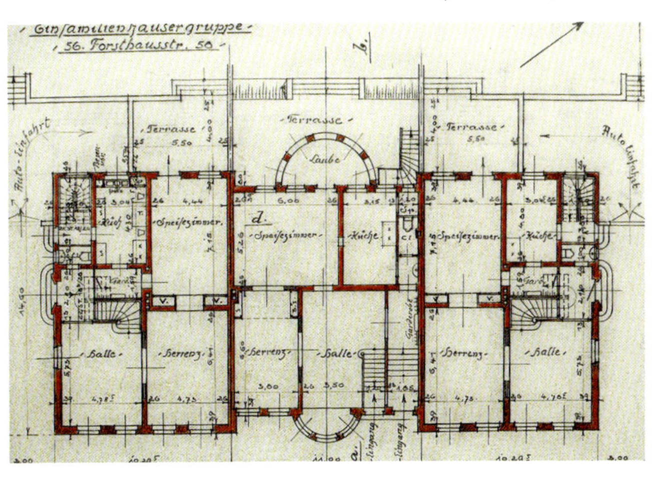

Stresemannallee 11, Grundriss

(vgl. *Otto Bäpplers* Bankhaus in der Bockenheimer Landstr. 22), dessen Balkonbrüstung paarige Skulpturen getragen hätte (s.u. Burnitzstr. 69); rückwärtig niedriger Garagenanbau (Einfahrt vermtl. über die Schreyerstr.), Eingang von Osten, pavillonartiges Polygon für den Speisesaal im Westen; *Entwurf 1b* wirkt bei vermutlich gleicher Fläche und Höhe dagegen klassisch und nobler, ist äußerlich mit Werkstein verblendet und durch Lisenen gegliedert, trägt ein steiles Walmdach. – Die Dreiergruppe war auf H-förmigem Grundriss symmetrisch gedacht, wobei Garten- und Straßenfassade im Erdgeschoss halbrunde Exedren vorschieben. Hier sind die Baupläne nur leicht variiert, allen gemeinsam blieben Bogenfenster im Erdgeschoss: Der konservativere *Entwurf 2a* zeigt einen zentralen Eingang für das Mittelhaus und verspannt zwischen übergiebelten Eckrisaliten eine Reihengaube. *Entwurf 2b* bevorzugt für Gauben und Brüstungen Motive des Expressionismus (s.u. Kennedyallee 49 u. 61) und rückt das mittlere Portal aus der Achse. – In die frühen 20er Jahre gehört ebenso die Planung von drei repräsentativen Mietshäusern in der Eckposition *Gartenstraße 127–129 / Stresemannallee 11* – vermutlich jeweils viergeschossig mit hohen Mansarddächern, über die an der gerundeten Straßenecke eine Kuppel geragt hätte (12). Zwei davon sollten als Zwillingsbauten eine symmetrische Westfront bilden, zwischen deren polygonalen Exedren Balkone verspannt gewesen wären. Ablesen lässt sich all das allerdings nur aus einem einzigen erhaltenen Entwurfsblatt, das den Erdgeschoss-Grundriss zeigt (stattdessen realisiert wurden ein Jahrzehnt später bescheidene Wohnhäuser, die der Zweite Weltkrieg dezimiert hat). – Als Abschluss bietet sich noch ein letztes Projekt an, das allerdings einige Fragen offenlässt: Es geht um eine auf Plänen nicht nummerierte Parzelle am Eck Rubensstraße / Kennedyallee. Infrage kommt eigentlich nur Kennedyallee 49, wo der Architekt Fritz Nathan 1924 für Moritz May eine Villa errichten ließ. Diesem Gebäude voraus ging die Entwurfsserie eines in keinem Adressbuch auffindbaren Architekten Dissler (mit Büro in der Beethovenstr. 33a), die – außer annähernd würfelförmigen Traditionshäusern unter steilem Walmdach – 1922 in originellem Gebäude mit Eckrondell endete (als Pendant zum gegenüberstehenden Mietshaus Kennedyallee 50).

Kennedyallee 49, Grundrisse

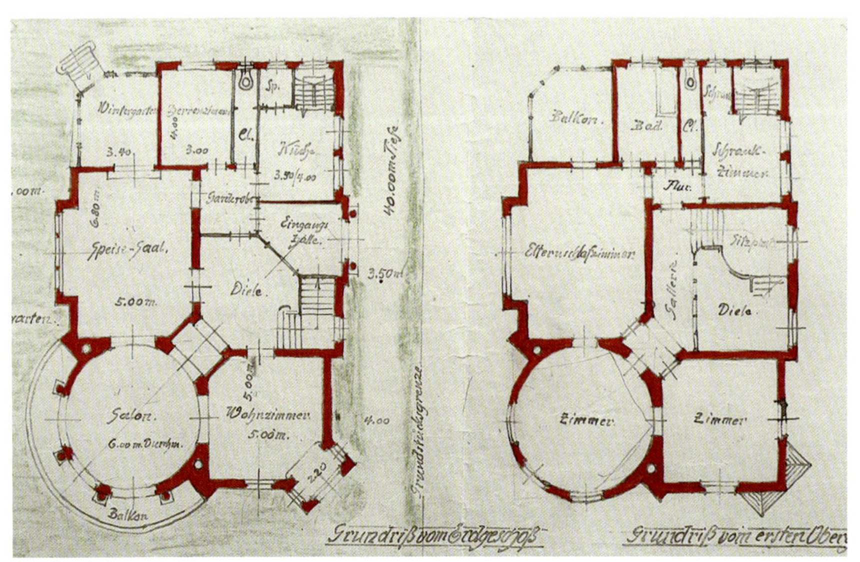

2.5.4 *Über die Grenzen des Quartiers hinaus / verschmähte Planungen zwischen Hasenpfad und Hühnerweg*

Bei der Realisierung des *Malerviertels* galt es, sich mit der Vorgabe historischer Feldwege, Chausseen und Bahntrassen auseinanderzusetzen. Diese sind 1874 bis 1911 in drei Stufen – weitgehend – wenn auch mühsam – einem Gesamtkonzept einbezogen worden: Mehr oder weniger deutlich besteht es – bei großzügiger Interpretation – aus acht Ost-West- bzw. sechs Nord-Süd-Achsen. Darin integrieren sich die zur Alten Brücke als bereits mittelalterliche Handelsroute diagonal zielende *Oppenheimer Landstraße* und die mit ihrer X-Form das gesamte Viertel prägende *Garten-* und *Forsthausstraße* ebenso wie die den Gleisen der ehemaligen Lokalbahn folgende *Tex-*

tor- bzw. *Thorwaldsenstraße*, die in einer Kurve über Stresemannallee und Friedensbrücke einstigen Bahntrassen folgt (s.o. 1.3.).

Darüber hinaus verdeutlicht für die gesamte Westhälfte von Neu-Sachsenhausen nichts klarer rasch wechselnde Visionen der Planer als der Blick auf einen modernen Stadtplan: Aufgrund auffälliger Geometrie zunächst in den Fokus gerät dabei das von Eisernem Steg bzw. Untermainbrücke ausgehende Ensemble aus *Schweizer-* und *Stegstraße* mit seinem charakteristischen halben bzw. ganzen Sternplatz. Obwohl all das innerhalb von nur fünf Jahren entworfen wurde (1868–73), werden Widersprüche erkennbar, die sich vermutlich aus fehlender Koordination von Frankfurter Ämtern (zuständig für Straßen und Brücken) und preußischen Behörden (zuständig für Bahnbau und Bahnstrecken) erklären, jedoch eine überzeugende städtebauliche Qualität über das Quartier hinaus verhinderten: Erneut als Beispiel genannt sei der fehlende Durchbruch der *Stegstraße* als geradliniger Verbindung von älterer Fußgängerbrücke und *Südbahnhof*. Auffälliger noch scheint, dass der zunächst nur als Provisorium errichtete Südbahnhof (er bestand schließlich fast 40 Jahre als schlichte Platzwand aus Backstein und Fachwerk) nicht in die Achse der in ihrem Verlauf von der *Untermainbrücke* bestimmten *Schweizer Straße* rückte; denn damit hätte vermutlich ein städtebaulich wirkungsvolleres Konzept realisiert werden können. Allerdings bewies die städtische Bauverwaltung, dass sie durchaus über Phantasie verfügte: Bereits 1873 spekulierte sie kurzfristig mit einer Hochlage der Schweizer Straße über die Gleise der zukünftigen *Bebraer Bahn* hinweg, und 1880 folgte – wenn auch nur am Zeichentisch – eine interessante Variante, bei der die geradlinig bergauf verlängerte Schweizer Straße – ungeachtet all der historischen Feldwege – an der *Sachsenhäuser Warte* in spitzem Winkel auf die *Darmstädter Landstraße* gestoßen wäre, anstatt nach Querung von Eisenbahn und Mörfelder Landstraße in einem *Hasenpfad* zu verkümmern – wie flussab zuvor Holbeinstraße und Stresemannallee. Natürlich erscheinen solche Überlegungen nach fast 150 Jahren reizvoll, aber abwegig. So blieb die Darmstädter Landstraße schließlich in Sachsenhausen die einzige bedeutende Achse, die jenseits von Mainebene und Bahndamm die Hänge der rahmenden Hügel geradlinig überwindet, um aus der Stadt durch den Wald tatsächlich nach Süden zu führen (s.u. 2.7.2).

Der den Platz vor dem Hauptbahnhof durchschneidenden Straßenachse am Westrand der City sieht man heute nicht mehr an, dass sie ursprünglich von der *Stresemannallee* über *Friedensbrücke*, Baseler und Düsseldorfer Straße, den Platz der Republik zur Ludwig-Ehrhardt-Anlage und Hamburger Allee bis nach *Bockenheim* während mehr als drei Jahrzehnten eigentlich für den Bahnverkehr ausgebaut worden ist (1844–75; s.o. 1.3). Erst seit Vollendung des *Hauptbahnhofs* (1888) wurde dieses System unterschiedlicher Bahnstrecken überflüssig und bot sich als Schneise für zukünftige Straßen an. Von hier zweigte in Höhe der 1909 eröffneten *Festhalle* in großzügiger Ostkurve der *Alleenring* ab, der in weitem Bogen ab 1912 den Nordteil der Frankfurter City umgriff und eigentlich über die Gleise des *Ostbahnhofs*, die Hanauer Landstraße und den gleichzeitig vollendeten *Osthafen* hinweg flussauf das nördliche Mainufer erreichen sollte, um anschließend auf zusätzlicher Brücke mit dem Südufer zu verbinden. Darin verbirgt sich der von dem rührigen Oberbürgermeister *Franz Adickes* (1846–1915) bis 1912 betriebene Plan einer *äußeren Ringstraße*. Jedoch wurde sie nur als Torso verwirklicht; denn am Rand des *Ostends* jenseits der kreuzenden Rhönstraße senkt sie sich noch immer über den Hang des *Röderbergs* ab und endet vor dem seit 1906 erneuerten Ostbahn-

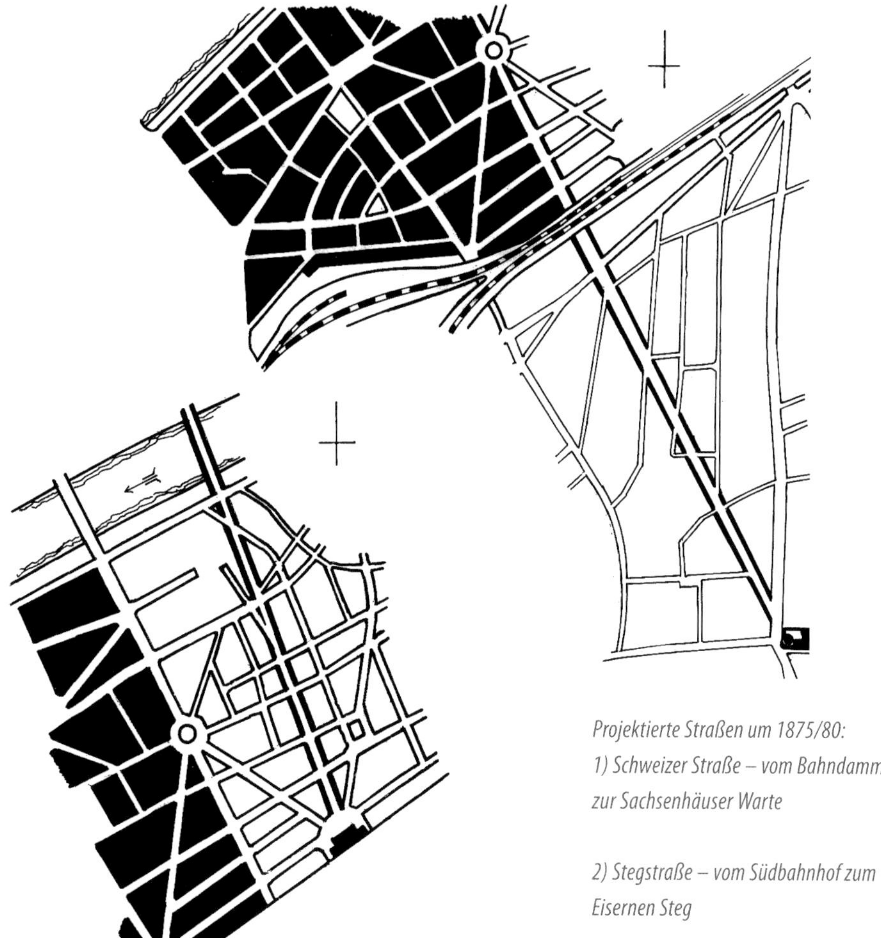

Projektierte Straßen um 1875/80:
1) Schweizer Straße – vom Bahndamm zur Sachsenhäuser Warte

2) Stegstraße – vom Südbahnhof zum Eisernen Steg

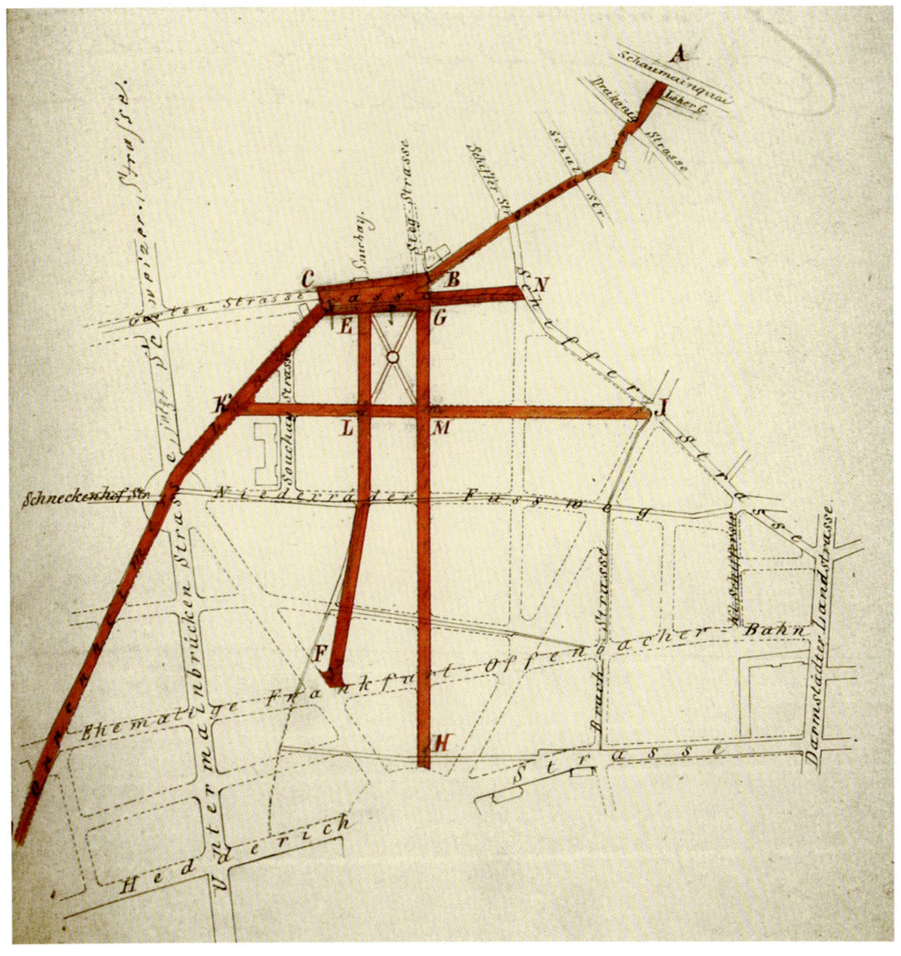

Lageplan Stegstr. und Umgebung / Zustand und Planung, 1888

hof (inzwischen modern ersetzt). Erst ein Jahrhundert später ist dieser Masterplan erneut aufgegriffen und immerhin in Form der eleganten *Osthafenbrücke* (2013; oberhalb und fast parallel der *Deutschherrenbrücke*) um ein weiteres Fragment ergänzt worden. Ebenso wie jene beiden ostwärts führenden Verkehrswege – also die Gleise der Hanauer Bahn und die Hanauer Landstraße – verhindert auch westwärts das Fehlen eines Teilstücks die Schließung dieses Straßenrings: Hier allerdings klafft die Lücke am Südufer; denn die in ausreichender Dimension gegen den Damm der Bebraer Bahn geführte *Stresemannallee* wurde bis vor wenigen Jahren vom Nadelöhr eines gewölbten Durchlasses eingeschnürt und muss sich jenseits dementsprechend noch heute entlang der *Heimatsiedlung* auf eine zu schmale Trasse beschränken. Und das gilt gleichermaßen für die zuvor bereits durch rahmende Wohnhäuser zu eng begrenzte *Mörfelder-* bzw. *Offenbacher* Landstraße. Ähnlich wie Sachsenhausen um 1800 bei der Schaffung eines Parkrings zwischen *inneren Ringstraßen* anstelle der ehemaligen Stadtbefestigung unberücksichtigt blieb, wurde ab 1900 die Chance, den äußeren Straßenring auch um den Südteil der City zu komplettieren, vertan.

Auch wenn dadurch Sachsenhausen der äußeren Frankfurter *Ringstraße* ebenso wenig wie der inneren einbezogen wurde, fiel für seine Mainseite bei einem anderen Verkehrssystem mehr ab: *Eisenbahnschienen* umfassen Sachsenhausen, und Züge können auf Bahnbrücken flussauf wie flussab beliebig die Mainufer wechseln, allerdings bietet nun der größere Nordteil von Frankfurt zu diesem Ansatz einer kompletten *Ringbahn* keine Ergänzung.
Das *Malerviertel* wird von all dem lediglich tangiert, und auch seine Dependance am *Sachsenhäuser Berg* (s.u. 2.7.2) konnte sich zu einem ruhigen Wohngebiet ohne störende Südtangente entwickeln. Dass neuerdings Fluglärm die Hangbewohner aus ihren Gärten in die Häuser zurücktreibt, ist Teil moderner *Luftfahrt* als drittem Verkehrssystem, das keine Grenzen kennt.

2.6 DOKUMENTATION

2.6.1 Straßen und Gebäude / Katalog

Wie der größere Teil von Frankfurt nördlich des Mains hat sich auch Sachsenhausen monozentrisch innerhalb der Landwehr entwickelt. Das führte zu strahlenförmigem Ausgreifen früher Straßen vom Ansatz der Alten Brücke und einer Hauszählung von Norden nach Süden, d.h. aus dem Maintal bergauf. Da das Malerviertel westwärts entsprechend der Flussrichtung gewachsen ist, sind die Häuser seiner dem Main parallelen Straßen ebenfalls von Osten nach Westen gezählt.

Dieser Katalog dokumentiert und nummeriert von 1 bis 772 sämtliche Gebäude entlang der Straßen (also keine Hinterhäuser) aus kontinuierlicher Bebauung, die 1874 begann und 1939 endete – entsprechend dem Alphabet 2015 gültiger Straßennamen und Hausnummern.

Daher findet sich z.B. – mit Hinweis – die einstige Forsthausstraße als Kennedyallee oder die Wilhelmstraße als Stresemannallee. Nachträgliche Teilung von Bauparzellen und die Bebauung einstiger Gärten schufen zusätzliche Hausnummern oder zumindest deren Verschiebung; Zuweisung von Eckhäusern an andere Straßen veränderte ursprüngliche Namen. All das erschwert, schlüssige Bezüge von alt zu neu herzustellen. Grundstücke, die nach 1939 erstmals bebaut wurden, erscheinen zwar (eingeklammert) unter der heutigen Hausnummer – jedoch ohne die fortlaufende Gebäudenummerierung und manchmal nur vage datiert. Die Kategorisierung als Gebäudegattung entspricht dem ursprünglichen Zustand (ein nachträglich in Mietwohnungen aufgeteiltes Einfamilienhaus wird z.B. mit der einstigen Nutzung bezeichnet). Ein der Hausnummer vorangestellter Asterisk (*) kennzeichnet vollzogenen Abbruch oder bis zur Unkenntlichkeit des Ursprünglichen reichende Veränderung nach 1939. Bildunterschriften nennen die Hausnummern der gezeigten Gebäude immer in der nummerischen Reihenfolge, also ohne Rücksicht auf Wiedergabe von links nach rechts oder umgekehrt. Zudem sind Eckhäuser lediglich unter der Hausnummer einer Straße benannt – welche Gebäude auf der anderen Straße anschließen, lässt sich über die Karte auf den Vorsatzblättern des Buchs erkennen. Wo interessante, aber nicht ausgeführte Gebäudeentwürfe überliefert sind, ist dies zumindest erwähnt. Da dieses Buch lediglich Entstehung und Zustand des Quartiers vor dem Zweiten Weltkrieg präzise zu dokumentieren beabsichtigt, werden Neubebauung und Ersatzbauten nur kursorisch bzw. vereinzelt in Teil 3 erwähnt; denn im Gegensatz zu den größtenteils 1943/44 verbrannten amtlichen Unterlagen sind Pläne zu jedem seit 1945 errichteten Gebäude in der städtischen Bauaufsichtsbehörde leicht einzusehen und bedürfen noch keiner Publikation. Diese Studie schildert und bewertet das Quartier aus Sicht des Betrachters, nicht aus der des Bewohners.

Malerviertel / Luftbild, 2014

Achenbachstr. 6 und Burnitzstr. 20

ACHENBACHSTRASSE

Im Verlauf zwischen Thorwaldsen- und Burnitzstraße 1911 festgelegt, bebaut 1928–29; benannt nach dem 1837–38 am Städel tätigen Landschafts- und Marinemaler Andreas Achenbach (Kassel 1815–1910 Düsseldorf) und seinem Bruder Oswald Achenbach (Düsseldorf 1827–1905 Düsseldorf).

(Nr. 5; ehem. Garten – erst 1951 für die St. Bonifatiusgemeinde bebaut)

*Nr. *2 (ehem. Thorwaldsenplatz 11) (Gebäudekatalog: 1)*
Einfamilienhaus – erbaut 1928 nach Entwurf des Architekten Wilhelm Baerenz für Adalbert Bilz (nach Kriegszerstörung 1948 wieder aufgebaut)

*Nr. *4 (Gebäudekatalog: 2)*
Einfamilienhaus – errichtet 1929 für Dr. Kurt Bender (nach Kriegszerstörung 1951 weitgehend ersetzt).

Nr. 6 (ehem. Burnitzstr. 18) (Gebäudekatalog: 3)
Doppelhaushälfte – errichtet 1928 (zusammen mit Burnitzstr. 20) nach Entwurf des Architekten Julius Hermann Lönholdt durch die eigene Baufirma: Vermutlich ehemals neobarocker Putzbau (nach Kriegszerstörung 1948 formal reduziert wiederhergestellt).

BÖCKLINSTRASSE

Im Verlauf zwischen Thorwaldsen- und Passavantstraße 1911 festgelegt, bebaut 1913–36; benannt nach dem Maler Arnold Böcklin (Basel 1827–1901 Fiesole)

Nr. 1 (Gebäudekatalog: 4)
Mietshaus – errichtet 1916 durch die Baufirma Gebr. Heunisch nach Plänen des Architekten Otto Bäppler: Nobles Wohngebäude aus drei Geschossen, zu denen sich ein viertes im Mansarddach addiert. Zu beiden Seiten formal differierende Giebel, wobei der zur Böcklinstraße den des Nachbarhauses Passavantstr. 5 weitgehend kopiert. Sockel und Erdgeschoss der Risalite mit gelblichem Sandstein verblendet. Fassaden vertikal betont; in den Brüstun-

Böcklinstr. 1
Böcklinstr. 7–9

Böcklinstr. 3–5
Böcklinstr. 11

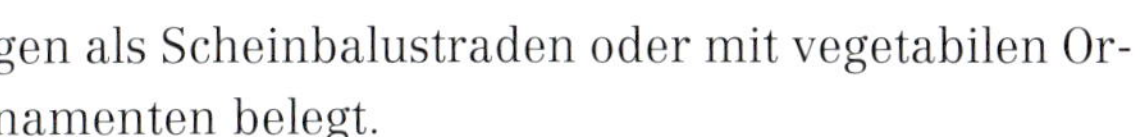

gen als Scheinbalustraden oder mit vegetabilen Ornamenten belegt.

Nr. 3 (Gebäudekatalog: 5)
Mietshaus – errichtet 1936 vermutlich nach eigenem Entwurf durch die Baufirma des Architekten Peter Jourdan: Etagenhaus aus vier verputzten Geschossen mit Flachdach in schlichten Formen der Moderne.

Nr. 5 (Gebäudekatalog: 6)
Mietshaus – errichtet 1928 nach Plänen des Architekten Friedrich Battenberg durch die von ihm übernommene Baufirma Heinrich Heyter in schlichten Formen der Moderne (Vorbild für Nr. 3).

Nr. 7, 9 (Gebäudekatalog: 7–8)
Doppelhaus – erbaut 1926 nach Entwurf des Architekten Gustav Platz: Formal strenge Anlage der frühen Moderne aus vier Geschossen auf H-förmigem Grundriss unter Flachdach mit Zwillingsfassaden – expressionistisch geprägt vom Wechsel in Fläche und Farbe durch hell umlaufende Putzbrüstungen mit dunkel verklinkerten Fensterbändern; an den Schmalseiten knappe Treppenhausrisalite, deren Axi-

Böcklinstr. 9
Böcklinstr. 2–6

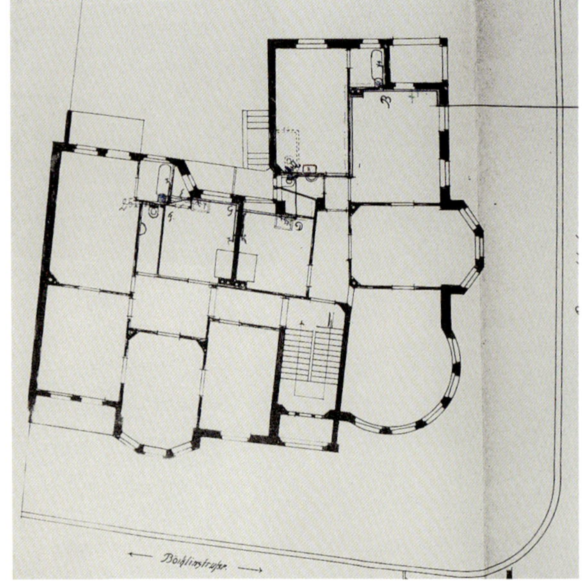

Böcklinstr. 2 / Grundriss

alportale ornamental gemauerten Backsteinverband und expressionistischen Zierrat aufweisen; zum Garten weiter ausgreifende Seitenflügel.

Nr. 11 Villa Holzbacher (Gebäudekatalog: 9)
Kleines Einfamilienhaus – erbaut 1922 nach Entwurf des Architekten Friedrich Benzing für den Kaufmann J. Holzbacher (1960 verändert).

*Nr. *13 (Gebäudekatalog: 10)*
Mietshaus – errichtet 1928 im Auftrag der *„Bauhütte für Hessen-Nassau“* (durch Neubau ersetzt).

Nr. 2, 4, 6 (Gebäudekatalog: 11–13)
Mietshausgruppe – errichtet 1912/13 (gemeinsam mit Franz-Lenbach-Str. 2) für den Bauunternehmer Wilhelm Reinhardt nach Entwurf der Architekten Leonhard und Valentin Heunisch durch deren Baufirma Heunisch & Reinhardt (als Planer eher infrage käme allerdings Otto Bäppler): Monumentale und innerhalb des Viertels wohl repräsentativste Wohnbaugruppe aus vier Geschossen, deren oberstes entlang der tief gestaffelten Hauptfront als Attikageschoss fast ins Mansarddach geschoben ist und zwei Giebel trägt; Straßenecke durch großzügiges Rondell mit Kegeldach hervorgehoben, dekoratives Jugendstilportal an Nr. 2; schlichter hingegen die Zwillingsportale von Nr. 4 und 6. Ornamental reicher Jugendstildekor aus Buntsandstein v.a. an den die beiden symmetrischen Fassadengiebel unterstützenden Erkern.

*Nr. *8 (Gebäudekatalog: 14)*
Mietshaus – errichtet 1912 durch den Bauunternehmer Wilhelm Reinhardt (durch Neubau ersetzt).

Nr. 12 (Gebäudekatalog: 15)
Einfamilienhaus – errichtet 1928 durch die Baufirma von Peter Jourdan, vermutlich nach eigenem Entwurf für Carl Riefstahl: Moderner Putzbau mit Eckrisalit und Satteldach.

Böcklinstr. 8 / Grundriss (1. OG)
Böcklinstr. 4 / Grundriss (1. OG)

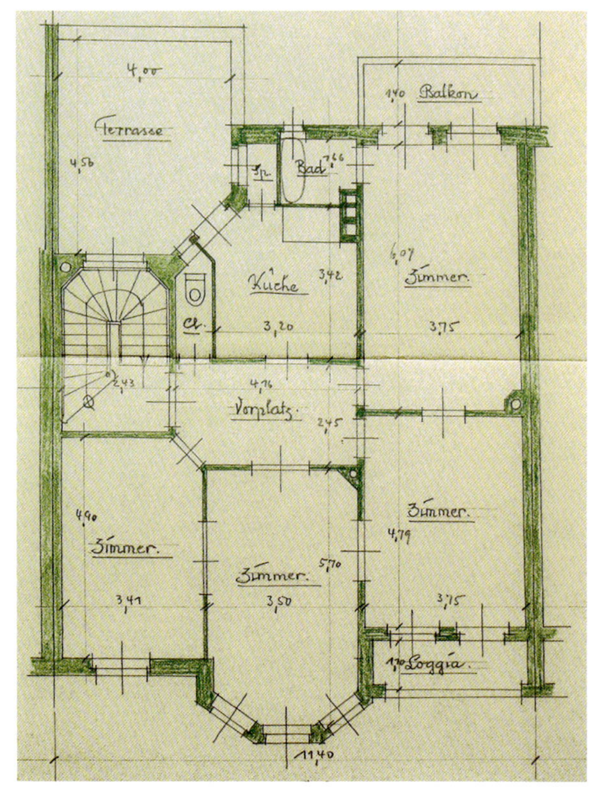

Böcklinstr. 12
Böcklinstr. 14

Nr. 14 Villa Kalscher (Gebäudekatalog: 16)
Einfamilienhaus – errichtet 1925 nach Entwurf des Architekten Alfred Engelhard für Dr. Kalscher: Doppelgeschossiger Putzbau unter Walmdach.

Nr. 16 (ehem. Thorwaldsenplatz 2) Villa Heil (Gebäudekatalog: 17)
Einfamilienhaus – erbaut 1925 nach Entwurf des Architekten Philipp Müller für Georg Heil: Expressionistische Eckvilla aus zwei Geschossen unter einem Walmdach; Gebäudeecke zwischen halbrundem (O) und eckigem Vorbau (N) asymmetrisch durch Bogenfenster betont. Gliederung der verputzten Fassaden mittels schräger Gesimse, bugartiger Fensterpfeiler, trapezoider Schlusssteine.

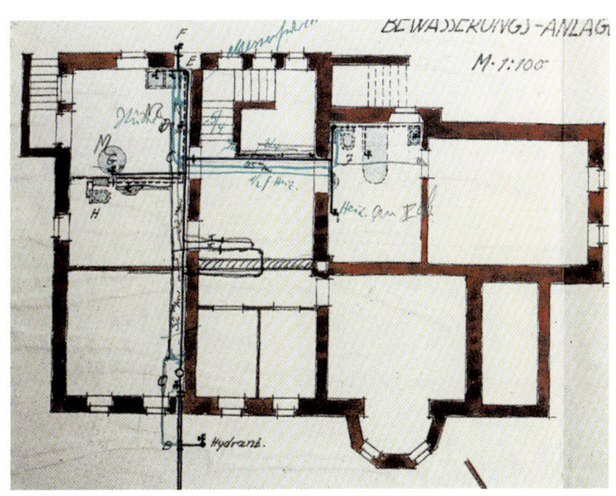

Böcklinstr. 16 / Grundriss und Ansicht

BURNITZSTRASSE

Im Verlauf zwischen Holbeinstraße und Stresemannallee 1911 zunächst als Rauchstraße (nach dem Bildhauer Christian Rauch) festgelegt, noch im selben Jahr umbenannt nach dem Frankfurter Architekten Heinrich Burnitz (1827–1880), der mit Oskar Sommer die Börse geplant hat; bebaut 1914–36.

Nr. 1, 3, 5, 7, 9 (Gebäudekatalog: 18–22)
Mietshausgruppe – erbaut 1926 (zusammen mit Holbeinstr. 76) für die *„Süddeutsche Großbauten AG"*: Insgesamt weitgehend symmetrisch angelegte Putzbauten der Moderne in Eckposition von vier Geschossen, wobei Nr. 1 sich durch zentralen Risalit für Axialportal mit knapper Pfeilervorhalle und darüber gestufte Balkone auszeichnet, Nr. 3 hingegen schlichter konzipiert ist.

Burnitzstr. 1–9

Burnitzstr. 1

(Nr. 11, 13; ehem. Gärten – erst nach 1939 bebaut)

(Nr. 21, 23; ehem. Gärten – erst nach 1939 bebaut)

Nr. 25 Villa Walch (Gebäudekatalog: 23)
Einfamilienhaus – erbaut 1935 nach Entwurf des Architekten Wilhelm M. Becker für R. Walch: Doppelgeschossiger Putzbau der frühen Moderne.

Burnitzstr. 1–3 (und Holbeinstr. 76) / Grundriss

Burnitzstr. 25–33

Burnitzstr. 25

Burnitzstr. 27
Burnitzstr. 31

Burnitzstr. 35
Burnitzstr. 37

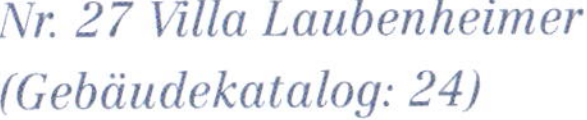

Nr. 27 Villa Laubenheimer (Gebäudekatalog: 24)
Einfamilienhaus – errichtet 1930 nach Entwurf des Architekten August Wilhelm Baunach durch die Baufirma E. Rühl & Sohn für Prof. Dr. K. Laubenheimer: Neoklassizistisches Gebäude mit symmetrischer Giebelfront und Mansarddach.

Nr. 29 Villa Beil (Gebäudekatalog: 25)
Einfamilienhaus – errichtet 1930 durch die Baufirma Jos. Kunz & Söhne für Dr. A. Beil: Schlichtes Gebäude von drei Geschossen (urspr. vielleicht nur doppelgeschossig).

Nr. 31 Villa Schenk (Gebäudekatalog: 26)
Einfamilienhaus – erbaut 1936 nach Entwurf des Architekten Ernst Balser für den Oberregierungsrat Dr. Schenk: Formal interessantes Gebäude der Moderne mit symmetrischer Fassade.

Nr. 33 Villa Kerber (Gebäudekatalog: 27)
Einfamilienhaus – errichtet 1929 nach Entwurf des Architekten Ernst Friedrich Flaunaus durch die gemeinsam mit Georg Friedrich Stoessel betriebene Baufirma für Fritz Kerber: Schmuckloser Putzbau.

Nr. 35 Villa Naumann (Gebäudekatalog: 28)
Einfamilienhaus – erbaut 1927 nach Entwurf des Architekten Otto Reiber für Kurt Naumann.

Nr. 37 Villa Mohr (Gebäudekatalog: 29)
Einfamilienhaus – erbaut 1932 nach Entwurf der Architekten A. W. Müller und Heinrich Klöss für den Kaufmann Carl Mohr.

Burnitzstr. 8 (nach Westen)

Nr. 39, 41, 43 (Gebäudekatalog: 30–32)

Dreiergruppe aus Mehrfamilienhäusern – errichtet 1925 durch die *„AG für kleine Wohnungen"*: Symmetrisches Ensemble aus traditionellen Putzbauten (4:8:4 Achsen) unter Satteldach zwischen Walmdächern auf H-förmigem Grundriss, dreigeschossig mit seitlichen Risaliten für die Treppenläufe. Gediegene Ausführung mit Geschossgesimsen und Klappläden in den Obergeschossen. Nr. 41 betont durch Mittelportal und skulptierte Tondi (Sonnenscheibe zwischen Vogelreliefs) sowie Dachbalkon mit gestuftem Abschluss.

Nr. 45, 47 (Gebäudekatalog: 33–34)

Gruppe aus Mehrfamilienhäusern (mit Oskar-Sommer-Str. 1–3) – erbaut 1938.

*Nr. *51–*55 (ehem. 53) Villa Egli (Gebäudekatalog: 35)*

Großes Einfamilienhaus – errichtet 1924 nach eigenem Entwurf durch die Baufirma des Architekten Johann Wilhelm Schmidt-Diehler für Albert Egli: Winkelposition mit Giebelfronten zu beiden Straßen und variierten Vorbauten (durch modernes Apartmenthaus ersetzt).

(Nr. 57 Garten; erst nach 1939 bebaut)

Nr. 61 (Gebäudekatalog: 36)

Einfamilienhaus – erbaut 1925 nach Entwurf des Architekten Adam Fischer für sich selbst: Traditionelle Doppelhaushälfte, doppelgeschossig mit Vorbau und Mansarddach.

Nr. 63 (Gebäudekatalog: 37)

Einfamilienhaus – erbaut 1923 nach Entwurf aus dem Büro des Architekten Johann Ludwig Langeloth: Doppelhaushälfte mit Giebeln zu Straße und Bauwich (Dachform verändert).

Nr. 65, 67, 69 (Gebäudekatalog: 38–40)

Mehrfamilienhäuser – errichtet 1914 nach Entwurf der Architekten Leonhard und Valentin Heunisch durch ihre Baufirma Gebr. Heunisch: Symmetrisch angelegte Dreiergruppe (3:3:3 Achsen), deren Einzelfassaden durchlaufende Erker zentrieren – in der Mitte halbrund im Grundriss mit Balkon, flankiert von rechteckig zu oktogonalem Türmchen aufsteigenden Vorbauten. Sockel, Rahmung sowie die Vorbauten mitsamt ihren Pilastern, Balustern und eingehängten Balkonen aus gelblichem Sandstein; an der Westseite (zur Stresemannallee) allegorisch-

Burnitzstr. 39–43 Burnitzstr. 53–55
Burnitzstr. 45–47 Burnitzstr. 61–63
Burnitzstr. 65–69 Burnitzstr. 69

Burnitzstr. 2–8 (und Holbeinstr. 74) *Burnitzstr. 20 (und Achenbachstr. 6)*
Burnitzstr. 20–26
Burnitzstr. 22–28

antikisierende Skulpturengruppen (*Kentaurenpaar*).

Nr. 2, 4, 6, 8 (Gebäudekatalog: 41–44)
Siedlungshausreihe – errichtet 1929 (zusammen mit Holbeinstr. 74) nach Entwurf des Architekten Karl Olsson für die *„Baugesellschaft Sachsenhausen-West"*: Viergeschossige Putzbauten der frühen Moderne mit Flachdach.

(ehem. Nr. 18 – s.o. Achenbachstr. 6) (Gebäudekatalog: 3)

Nr. 20 (Gebäudekatalog: 45)
Doppelhaushälfte – errichtet (zusammen mit Achenbachstr. 6) 1928 nach Entwurf des Architekten Julius Hermann Lönholdt durch seine Firma *„AG für Bauausführungen"*: Vermutlich ehemals neobarockes Gebäude (im Krieg beschädigt, Fassadendetails nachträglich abgeschlagen).

Nr. 22 Villa Schrader (Gebäudekatalog: 46)
Einfamilienhaus – errichtet 1926 nach Entwurf des Architekturbüros Johann Wilhelm Proesler durch die eigene Baufirma für Prof. Dr. Rudolf Schrader.

Nr. 24, 26 (Gebäudekatalog: 47–48)
Mehrfamilien-Doppelhaus – errichtet 1929 nach Entwurf des Architekturbüros Johann Wilhelm Proesler für und durch die eigene Baufirma.

Burnitzstr. 30–32
Burnitzstr. 34–36
(und Rethelstr.)

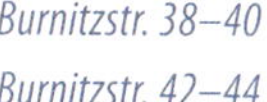

Burnitzstr. 38–40
Burnitzstr. 42–44

(Nr. 28; ehem. Garten – erst 1957 mit einer Villa bebaut)

Nr. 30, 32 (Gebäudekatalog: 49–50)
Doppelvilla – errichtet 1925–27 nach Entwurf des Architekten Carl Diehl (vielleicht aber nach Plänen von Christian Friedrich Ronnefeld) durch dessen gemeinsam mit Hofmann & Müller betriebene Baufirma für den Investor Wilhelm Dominique: Traditionelle Einfamilienhäuser, spiegelbildlich in Grund- und Aufriss; Zwillingsfassaden mit Eckrisaliten.

Nr. 34, 36 (Gebäudekatalog: 51–52)
Doppelhaus – errichtet 1926 nach Entwurf des Architekten Christian Friedrich Ronnefeld durch die Baufirma Schaffner & Albert: Schlichte Putzbauten der Moderne.

Nr. 38, 40 (Gebäudekatalog: 53–54)
Doppelvilla – errichtet 1925 nach Entwurf des Architekten Christian Friedrich Ronnefeld durch die Baufirma Schaffner & Albert: Neobarocke Einfamilienhäuser, spiegelbildlich in Grund- und Aufriss; Zwillingsfassaden mit polygonalen Eckrisaliten.

Nr. 42, 44 (Gebäudekatalog: 55–56)
Doppelvilla – errichtet 1925 nach Entwurf von Christian Friedrich Ronnefeld vermutlich durch die Baufirma Schaffner & Albert für den Investor Wilhelm Dominique: Symmetrisch konzipierte Einfamilienhäuser auf spiegelbildlichem Grundriss mit zwei Geschossen unter gemeinsamem Mansarddach; Zwillingsfassaden in sparsamen Formen des Neobarock – mit übergiebelten Eckrisaliten, deren Erdgeschoss ein Balkon verbindet.

Nr. 50, 52, 54 (Gebäudekatalog: 57–59)
Mehrfamilienhäuser – errichtet 1923 nach Entwurf des Architekten Ludwig Ackermann für den *„Frankfurter Eisenbahner Siedlungsverein"*: Schlichte doppelgeschossige Reihenhäuser unter gemeinsamem Satteldach.

Nr. 56 (Gebäudekatalog: 60)
Mietshaus – errichtet 1923 nach Plänen der Architekten Ludwig Zweifel und Ludwig Ackermann durch den Bauunternehmer Carl Diehl für den *„Frankfurter Eisenbahner Siedlungsverein"* als symmetrisches Gebäude (wie Thorwaldsenstr. 51).

Nr. 58 (Gebäudekatalog: 61)
Beamtenwohnheim – erbaut 1923 (zusammen mit Kennedyallee 65) nach Entwurf der Architekten Ludwig Ackermann und Ludwig Zweifel für die *„Deutsche Reichsbahn"*: Originelle Anlage in konkavem Segmentbogen als Rahmung eines vermutlich bereits um 1890 geplanten Rundplatzes, drei-, eigentlich viergeschossig unter einem Mansarddach hinter symmetrischer Fassade (2:7:2 Achsen) mit Eckverquaderung (ehemaliger Dekor abgespitzt).

CRANACHSTRASSE

Im Verlauf zwischen Garten- und Schneckenhofstraße 1874 festgelegt, bebaut 1878–1903; benannt nach dem Maler Lucas Cranach d. Ä. (Kronach um 1472–1553 Weimar).

*Nr. 1, 3, *5, 7 (Gebäudekatalog: 62–65)*
Mietshäuser – errichtet 1881 (zusammen mit Gartenstr. 29–37) nach Entwurf der Architekten Max Jacobi und Baptist Carl Camozzi durch die Baufirma

Burnitzstr. 50–54

Burnitzstr. 56

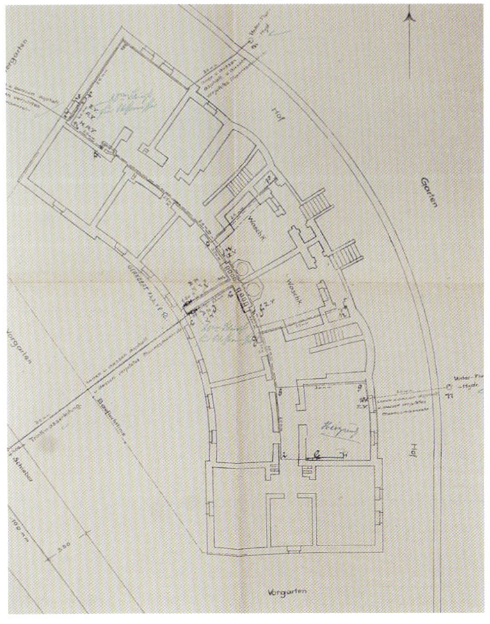

Burnitzstr. 58
(und Kennedyallee 65)
Grundriss und Ansicht

Oswald Bauch, wobei an Nr. 5 der Architekt Clemens Anton Simon beteiligt war. Teil einer fast symmetrischen Gebäudegruppe aus dreiachsigen Klinkerbauten im üblichen Geschmack der Neurenaissance beiderseits einer markanten Straßenecke. Insgesamt fünfgeschossig unter Satteldächern mit Gauben; am Erdgeschoss Bänderrustika aus Buntsandstein, der auch – in variiertem Wechsel pro Stockwerk – die Fenster der Obergeschosse umrahmt; Eckposition von Nr. 1 betont durch einen die Eckabschrägung in den Obergeschossen übergreifenden Erker mit Zeltdach sowie (leerer) Ädikula und Bauinschrift *„1881"* (Nr. 3 und 7 nachträglich verputzt, Nr. 5 durch Neubau ersetzt).

*Nr. 9, *11 (Gebäudekatalog: 66–67)*
Mietshäuser – errichtet 1878 für und nach Plänen des Architekten Johann Philipp Friedrich Roos durch die eigene Baufirma: Vermutlich ehemals verputzte Zwillingsbauten, doch nur Nr. 9 als schmaler Putzbau von 3 ½ Geschossen mit knappem Seitenrisalit erhalten (Nr. 11 durch Neubau ersetzt).

Nr. 13 (Gebäudekatalog: 68)
Mietshaus – erbaut 1893 für den Investor Joseph Stein (vielleicht nach Plänen von Joh. Phil. Friedr. Roos): Schmaler Putzbau aus fünf Geschossen, gegliedert in rotem Sandstein und durch knapp heraustretende Mittelachse, die zudem Balkone betonen.

Nr. 15 (Gebäudekatalog: 69)
Mietshaus – errichtet 1894 nach Entwurf des Architekten Carl Bauer: Schlichter zentrierter Putzbau von vier Geschossen, deren mittlere vertikal zusammengefasst sind.

*Nr. *17 (Gebäudekatalog: 70)*
Mietshaus – errichtet 1893 (durch Neubau ersetzt).

Nr. 19 (Gebäudekatalog: 71)
Mietshaus – errichtet 1893 durch den Bauunternehmer Philipp Egidius Kramer: Viergeschossiger Putzbau unter Mansarddach mit symmetrischer Fassade im Geschmack der Neurenaissance; in Geschosshöhen und zurückhaltender Gliederung aus Buntsandstein wie Nr. 21.

Nr. 21 (Gebäudekatalog: 72)
Mietshaus – errichtet 1893 für und durch den Bauunternehmer Philipp Egidius Kramer: Viergeschossiger Putzbau unter Mansarddach mit zurückhaltender Gliederung aus Buntsandstein; zentrale Portalachse zusätzlich durch Lisenen und neobarocken Giebel betont (gleichzeitig Nr. 23 als schlichtes Hinterhaus).

Nr. 25 (Gebäudekatalog: 73)
Mietshaus – erbaut 1903 nach Plänen des Architekten Carl Heusser: Viergeschossiger Putzbau, an brei-

Cranachstr. 1–3 (und Gartenstr. 37–35)

Cranachstr. 21

ter Fassade gerundete Ecken und Lisenen; mittlere der fünf Achsen als knapper Portalrisalit, im Erdgeschoss Bogenfenster.

Nr. 2 (ehem. Gartenstr. 41) (Gebäudekatalog: 74)
Wohn- und Geschäftshaus – erbaut 1890 (zusammen mit Gartenstr. 43) nach Entwurf des Architekten Louis Schwennhagen für den Investor Paul Fröde; Bauinschrift *„1890"*.

*Nr. *6 (Gebäudekatalog: 75)*
Mietshaus – errichtet 1895 für und durch die Baufirma Philipp Holzmann nach eigenen Plänen (durch Neubau ersetzt).

*Nr. *8 (Gebäudekatalog: 76)*
Mietshaus – errichtet 1888 für und durch die Baufirma Gustav Borgmann für A. Schanzu (durch Neubau ersetzt).

Nr. 10 (Gebäudekatalog: 77)
Mietshaus – errichtet 1890 für und durch die Baufirma Philipp de Ginder.

Cranachstr. 25

Cranachstr. 2 (Gartenstr. 41)

Cranachstr. 2

*Nr. *12 (Gebäudekatalog: 78)*
Mietshaus – errichtet 1890 nach Plänen des Architekten und Eigentümers Heinrich Balzer durch die eigene Baufirma (durch Neubau ersetzt).

*Nr. *14 (Gebäudekatalog: 79)*
Mietshaus – errichtet 1889 nach Plänen der Architekten Heinrich Balzer und Adolf Wenzel durch und für die Baufirma von Heinrich Balzer (durch Neubau ersetzt).

Nr. 16, 18, 20 (Gebäudekatalog: 80–82)
Mietshäuser – errichtet 1882 nach Plänen der Architekten Baptist Carl Camozzi und Hermann Julius Schlösser als symmetrische Gruppe aus dreiachsigen Putzbauten von fünf Geschossen, deren mittlerer breiter ist.

Nr. 22, 24 (Gebäudekatalog: 83–84)
Mietshäuser – errichtet 1878: Zwillingsbauten von 4 ½ Geschossen unter Walm- bzw.. Satteldach mit vierachsigen Fassaden. Nr. 22 im urspr. Zustand mit Fugenschnitt im Erdgeschoss sowie Fensterdekor im Geschmack des romantischen Klassizismus aus Buntsandstein und Stuck an Brüstungen und Sturz (1. OG.) bzw. Konsolen und Giebel (2. OG.); an Nr. 24 gekehlte Hausecke.

DÜRERSTRASSE

Im Verlauf zwischen Schaumainkai und Gartenstraße als Ersatz des Sandhöfer Fußwegs 1874 festgelegt (ursprünglich südwärts bis zum Bahndamm geplant), bebaut 1881–1927; benannt nach dem Nürnberger Maler Albrecht Dürer (1471–1528).

(Nr. 1–9; ehem. Garten von Schaumainkai 61– erst nach 1939 bebaut)

*Nr. *11 Villa Landauer (ehem. Städelstr. 29) (Gebäudekatalog: 85)*
Einfamilienhaus – erbaut 1896 (durch Neubau ersetzt).

*Nr. *13 (Gebäudekatalog: 86)*
Mietshaus – erbaut 1907 (durch Neubau ersetzt).

(Nr. 15, 17; ehem. Gärten – erst nach 1939 bebaut)

Cranachstr. 20–24 (und Schneckenhofstr. 16–18

*Nr. *19 (Gebäudekatalog: 87)*
Mietshaus – erbaut 1905 nach Entwurf des Architekten Heinrich Heuss (nach Kriegsschäden weitgehend ersetzt).

Dürerstr. 21–23

Nr. 21, 23 (Gebäudekatalog: 88–89)
Einfamilienhäuser – erbaut 1881 nach Plänen des Architekten und Eigentümers Philipp Strigler als doppelgeschossige Zwillingsbauten der Neurenaissance (nach Kriegsschäden v.a. im Oberbau modern ergänzt).

Dürerstr. 24

*(ehem Nr. *25 – s.u. Hans-Thoma-Str. 30) (Gebäudekatalog: 212)*

(Nr. 2 Städelmuseum; s.u. Schaumainkai 63) (Gebäudekatalog: 517)

*Nr. *10 Städelschule (Gebäudekatalog: 90)*
Ateliergebäude – erbaut 1875–75 nach Entwurf von Oskar Sommer; 1899 bzw. 1922 nach Plänen der Architekten Franz bzw. Hermann von Hoven verändert (nach 1945 mehrfach modernisiert).

Nr. 24 (ehem. Gartenstr. 64) (Gebäudekatalog: 91)
Doppelhaushälfte – erbaut 1927 (zusammen mit Gartenstr. 66): Traditionell wirkender Putzbau der frühen Moderne; an der Eingangsfront übergiebelter Mittelrisalit.

Dürerstr. 2 „Städelmuseum"
Dürerstr. 10 „Städelschule"

FORSTHAUSSTRASSE

(s.u. Kennedyallee)

FRANZ-LENBACH-STRASSE

Im Verlauf zwischen Böcklin- und Thorwaldsenstraße 1911 festgelegt, bebaut 1913–35; benannt nach dem bayerischen Maler Franz von Lenbach (Schrobenhausen 1836–1904 München).

Nr. 5 Villa Faulstroh (Gebäudekatalog: 92)
Einfamilienhaus – errichtet 1927 für und durch den Bauunternehmer Emil Faulstroh: Moderner Putzbau unter Walmdach; zu Straße und Garten jeweils Balkonrisalit.

Nr. 7, 9 (Gebäudekatalog: 93–94)
Doppelvilla – erbaut 1934 nach Plänen des Architekten Georg Feick: Moderne Zwillingsbauten, spiegelbildlich in Grundriss und Aufbau, verputzt und mit gemeinsamem Walmdach.

Nr. 11, 13 (Gebäudekatalog: 95–96)
Doppelvilla – erbaut 1927 nach Plänen des Architekten Wilhelm Rühl durch dessen Baufirma für die *„Süddeutsche Immobilien AG"*: Moderne Putzbauten unter einem Walmdach.

*Nr.*15 Villa Knorr (Gebäudekatalog: 97)*
Einfamilienhaus – erbaut 1928 nach Plänen des Architekten Wilhem Rühl durch dessen Baufirma (durch Neubau ersetzt).

*Nr. *17 (Gebäudekatalog: 98)*
Einfamilienhaus – erbaut 1928 nach Plänen des Architekten Wilhelm Rühl durch dessen Baufirma für die *„Süddeutsche Immobilien AG"* (1957 weitgehend durch Neubau ersetzt).

Franz-Lenbach-Str. 13
Franz-Lenbach-Str. 17
Franz-Lenbach-Str. 4–6

Nr. 2 (Gebäudekatalog: 99)
Mietshaus – errichtet 1913 (gemeinsam mit Böcklinstr. 2–6) nach Entwurf der Architekten Leonhard und Valentin Heunisch (oder nach Plänen von Otto Bäppler) für und durch deren gemeinsam mit Wilhelm Reinhardt betriebene Baufirma: Eckbau einer monumentalen Mietshausgruppe (s.o.).

Nr. 4, 6 (Gebäudekatalog: 100–101)
Mietshäuser – erbaut 1923 nach Entwurf des Architekten Gustav Mack durch seine Baufirma für die „*Adlerwerke*“: Jeweils dreiachsige Zwillingshäuser aus drei Geschossen mit halbrund vortretendem Mittelrisalit; ehemaliges Walm- (oder Mansard-)dach durch niedrigeres Stockwerk ersetzt.

Nr. 8 (Gebäudekatalog: 102)
Mietshaus – erbaut 1935 nach Entwurf des Architekten Udo von Schauroth: Moderner Putzbau.

Nr. 10, 10a (Gebäudekatalog: 103–104)
Einfamilienhäuser – errichtet 1934 durch den Bauunternehmer M. Jourdan: Moderne (vermutlich sogar mit Nr. 12 ehemals dreiteilige) Gruppe aus schlichten Reihenhäusern.

*Nr. *12 (Gebäudekatalog: 105)*
Einfamilienhaus – errichtet 1929 durch den Bauunternehmer M. Jourdan für Günther Buchholz – vermutlich als symmetrische Ergänzung einer Dreiergruppe mit Nr. 10 u. 10a (durch Neubau ersetzt).

Franz-Lenbach-Str. 3–7
Franz-Lenbach-Str. 2

Franz-Lenbach-Str. 10–10a
Franz-Lenbach-Str. 14–16
Franz-Lenbach-Str. 18

Nr. 14 (Gebäudekatalog: 106)
Einfamilienhaus – erbaut 1928 nach Entwurf des Architekten H. Müller durch die Baufirma Gustav Mack: Schlichter Putzbau der Moderne (ziemlich verändert; vielleicht urspr. Zwillingsbau zu Nr. 16).

Nr. 16 (Gebäudekatalog: 107)
Mehrfamilienhaus – erbaut 1928 für Adolf Kürzinger: Putzbau der Moderne aus 2 ½ Geschossen.

Nr. 18 Villa Klamm (Gebäudekatalog: 108)
Einfamilienhaus – errichtet 1928 durch den Bauunternehmer M. Jourdan für Ferdinand Klamm: Verputzter, schlichter Bau der frühen Moderne.

GARTENSTRASSE

Im Verlauf ab Oppenheimer Platz 1849 festgelegt, ab Schweizer Straße seit 1877 in mehreren Abschnitten zunächst bis zur Eisenbahn, etwa 1890 unter Nutzung des einstigen Mittelwegs bis zur Vogelweidstraße verlängert, bebaut 1881–1936; benannt nach den sich ehemals zum Mainufer hinunter ziehenden Gärten (zum Malerviertel gehören nur die Gebäude Nr. 27–127 bzw. Nr. 30–134)

*Nr. *27 (Gebäudekatalog: 109)*
Mietshaus (identisch mit Schweizer Str. 32) – errichtet 1907 (durch Neubau ersetzt).

*Nr. *29, 31, 33, 35, 37 (Gebäudekatalog: 110–114)*
Mietshausgruppe – errichtet 1881/82 (zusammen mit Cranachstr. 1–7) nach variierten Entwürfen der Architekten Max Jacobi und Baptist Carl Camozzi durch die Baufirma Oswald Bauch. Teil einer fünfgeschossigen fast symmetrischen Baugruppe aus Backstein mit variierter Gliederung aus Buntsandstein; im Erdgeschoss z.T. noch originale Ladeneinbauten. – Nr. 33a als Hinterhaus (Nr. 29 durch Neubau ersetzt).

(ehem. Nr. 41 – s.o. Cranachstr. 2)
(Gebäudekatalog: 74)

Nr. 43 (Gebäudekatalog: 115)
Mietshaus mit Ladeneinbau – errichtet 1890 (zusammen mit Cranachstr. 2) nach Plänen des Architekten Louis Schwennhagen für den Investor Paul Fröde.

Nr. 45 (Gebäudekatalog: 116)
Mietshaus – erbaut 1894 nach Plänen des Architekten und Eigentümers Oskar Sommer: Verputztes Gebäude, kleiner und schlichter als die Nachbarhäuser.

*Nr. *47 (Gebäudekatalog: 117)*
Mietshaus – erbaut 1898 nach Plänen des Architekten Oskar Sommer für H. Weyland (durch Neubau ersetzt).

Nr. 49 Anilinfarbenfabrik Gebr. Seitz (Gebäudekatalog: 118)
Geschäftshaus mit rückwärtigem Fabrikgebäude – errichtet 1908 anlässlich des bevorstehenden Firmenjubiläums nach Entwurf der Architekten Joseph Rindsfüßer & Martin Kühn für die *„Anilinfarbenfabrik der Gebr. Heinrich und Fritz Seitz"*: Fassade in neoklassizistischem Dekor und mit gelblichem Sandstein verblendet, symmetrisch gegliedert durch alle drei Geschosse übergreifende Lisenen, zwischen denen konvex Fensterachsen vortreten; am seitlichen Eingang Inschrift *„gegründet 1885 / erbaut 1908"* (1944 ruiniert, bis 1949 mit zusätzlichem Geschoss statt Mansarddach wieder aufgebaut).

*Nr. *51 (Gebäudekatalog: 119)*
Mietshaus – errichtet 1893 durch den Bauunternehmer Gustav Borgmann für Ludwig Messinger (durch Neubau ersetzt).

*Nr. *53 (Gebäudekatalog: 120)*
Mietshaus – erbaut 1908 nach Plänen des Architekten und Eigentümers Gustav Platz (durch Neubau ersetzt).

*Nr. *55 (Gebäudekatalog: 121)*
Mietshaus – errichtet 1908 durch die Baufirma Adolf Junior nach eigenem Entwurf für Dr. Carl Treutel (durch Neubau ersetzt).

*Nr. *57 (– ehem. 59) Schillerschule (s.o. 2.3.5) (Gebäudekatalog: 122)*
Schulgebäude – errichtet 1908 nach Entwurf des Architekten Hugo Eberhardt, 1912 erweitert (durch Neubau ersetzt).

Nr. (ehem. 63–) 67 Ev. Lukaskirche (s.o. 2.3.6) (Gebäudekatalog: 123)
Kirche – erbaut 1910/12 nach Entwurf des Architekten Carl Friedrich Wilhelm Leonhardt als Saalbau mit Untergeschoss (für Versammlung und Verwaltung), Westhof und -turm (nach Kriegsschäden stark verändert).

Gartenstr. 49

Gartenstr. 73 (und Holbeinstr. 15)

Gartenstr. 71 / Ansichten

*Nr. *71 (Gebäudekatalog: 124)*
Pfarr- und Schwesternhaus – errichtet 1902 durch die Baufirma Gebr. Seeger (weitgehend erneuert). An der Ostseite (zum späteren Kirchenvorhof) ehemals apsidialer Vorbau.

Nr. 73 (Gebäudekatalog: 125)
Mietshaus – errichtet 1900 durch den Bauunternehmer M. Löffler für sich selbst (zusammen mit Holbeinstr. 15): Linker Teil einer anspruchsvollen Baugruppe in Formen des Neobarock, die durch eine Giebelachse des Nachbarhauses (s.o.) zentriert wird.

(ehem. Nr. 75 – s.u. Holbeinstr. 15)
(Gebäudekatalog: 238)

Nr. 77 (ehem. Teil von Kennedyallee 34)
(Gebäudekatalog: 126)
Mietshaus mit Ladeneinbau – errichtet 1927 nach Entwurf des Architekten und Eigentümers Carl August Diehl: Markantes Eckgebäude der frühen Moderne.

*Nr. *79 (Gebäudekatalog: 127)*
Mietshaus – erbaut 1911 für und nach Plänen des Architekten Heinrich Dechert (durch Neubau ersetzt).

*Nr. *81 (Gebäudekatalog: 128)*
Mietshaus – erbaut 1910 nach Entwurf des Architekten Wilhelm M. Becker (durch Neubau ersetzt).

*Nr. *83 (Gebäudekatalog: 129)*
Mietshaus – errichtet 1913 für den Bauunternehmer Jacob Stapp durch die gemeinsam mit Friedrich Wilhelm Carlé betriebene Baufirma (durch Neubau ersetzt).

Gartenstr. 87, Fassadenriss und Ansicht

Gartenstr. 89–91

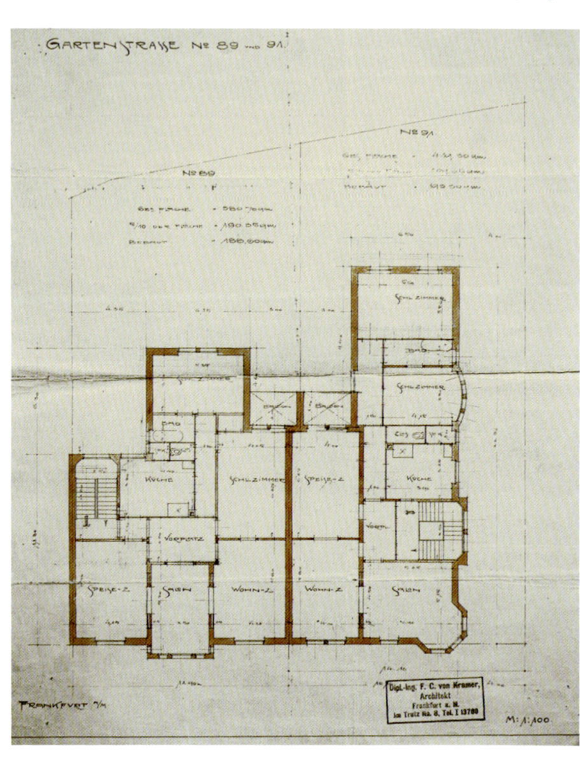

Gartenstr. 89–91, Projekt

Nr. 85 (Gebäudekatalog: 130)
Mietshaus – erbaut 1890, umgebaut 1912.

Nr. 87 (Gebäudekatalog: 131)
Mietshaus – errichtet 1912 nach Entwurf des Architekten Carl Diehl durch dessen Baufirma: Dreiachsiger Putzbau mit einfacher Gliederung und axialem – ehemals übergiebeltem – Erker.

Nr. 89, 91 (Gebäudekatalog: 132–133)
Mietshäuser – erbaut 1926 nach Plänen des Architekten Joseph Christ: Moderne Putzbauten aus drei Geschossen; Erdgeschoss durch Fugenschnitt dekoriert, Übergang zum Dach als Voute ausgebildet. An Nr. 89 axialer Erker und wenige originale Fensterläden (eine Planung aus dem Architekturbüro Friedrich Carl von Kramers von 1912 wurde nicht realisiert).

Nr. 93, 95 (Gebäudekatalog: 134–135)
Mietshäuser – erbaut 1912 (zusammen mit Rubensstr. 21) nach Entwurf des Architekten Justus A. Helme durch und für die Baufirma Jacob Ried: Spiegelbildlich in Grund- und Aufriss einander zugewandte Putzbauten aus drei Geschossen, jeweils mit kombinierten Balkon- bzw. Erkerachsen, die ein gemeinsamer Giebel zusammenfasst.

(ehem. Nr. 99 – s.u. Rubensstr. 18)
(Gebäudekatalog: 480)

Nr. 99a (Gebäudekatalog: 136)
Mietshaus – erbaut 1911 nach Entwurf des Architekten Justus A. Helme: Neobarocker Putzbau von drei Geschossen mit axialem Erker und Giebel; Bauinschrift *„1911“*.

Nr. 101 (Gebäudekatalog: 137)
Mietshaus mit Ladeneinbau – errichtet 1891 durch den Bauunternehmer Philipp de Ginder; fünfgeschossig in einfachen Formen der Neurenaissance.

*Nr. *103 (– ehem.*105) (Gebäudekatalog: 138)*
Mietshaus – errichtet 1894 durch den Bauunternehmer Oswald Bauch (durch Neubau ersetzt).

Nr. 107 (Gebäudekatalog: 139)
Mietshaus – errichtet 1915 durch die Bauunternehmer Alexander Cohn & Peter Kreh: Nobles Gebäude mit fast symmetrischer Fassade in einem Mischstil aus neobarocken und -klassizistischen Motiven; in drei Geschossen jeweils Balkone zuseiten eines doppelachsigen Erkers, den ein Segmentgiebel überragt. Neben dem Portal dekoratives Puttenrelief.

Gartenstr. 99a

Nr. 109, 111, 113 (Gebäudekatalog: 140–142)
Mietshäuser aus ursprünglich drei Geschossen – erbaut 1914 (zusammen mit Schreyerstr. 1) nach Plä-

Gartenstr. 93–95

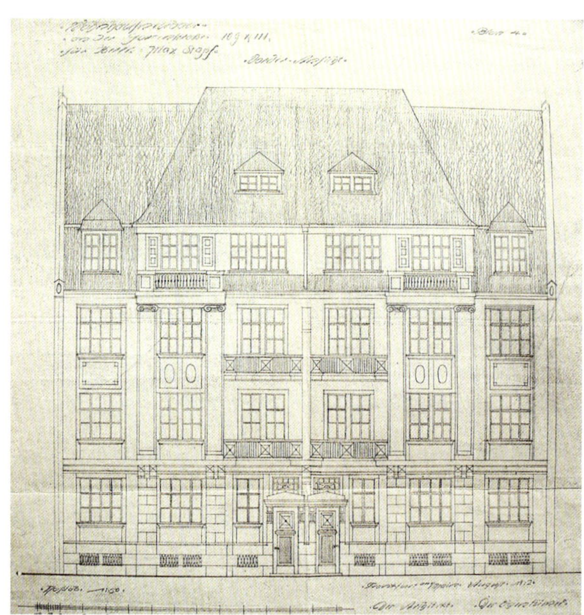

Gartenstr. 109–111 mit Fassadenriss

nen des Architekten Otto Rompel: Nr. 109–111 spiegelbildlich in Grund- und Aufriss einander zugewandt, jeweils mit axialem und ehemals übergiebeltem Erker, den ionische Pilaster rahmen; zwischen beiden kombinierte Zwillingsbalkone und -portale. – Nr. 113 etwas schlichter in seiner Gliederung aus Buntsandstein, aber mit erhaltenem Giebel.

Gartenstr. 107–115

(ehem. Nr. 115 – s.u. Schreyerstr. 1) (Gebäudekatalog: 556)

(Nr. 117, 119; ehem. Garten von Schreyerstr. 4–6)

Nr. 121, 123, 125, 127 (Gebäudekatalog: 143–146)
Mietshäuser – erbaut 1936 nach Entwurf des Architekten Walter Zimmermann: Moderne, weitgehend formal identische Putzbauten.

Nr. 30 (identisch mit Schweizer Str. 30) (Gebäudekatalog: 147)
Mietshaus mit Ladeneinbau – errichtet 1904 für Johann Philipp Helfmann durch dessen Baufirma: Eckhaus des Neoklassizismus mit breiter Südfassade, deren Erdgeschoss ein verkröpftes Balusterband vom verputzten Oberbau absetzt. Dieser symmetrisch durch Zwillingserker belebt, zwischen denen Loggien bzw. Balkon verspannt sind. Vor eingeschnürter Gebäudeecke ein Runderker, dessen Kuppel wie das gesamte Dach schlichter erneuert ist; Erdgeschoss modern durch Buntsandstein mit Fugenschnitt verblendet.

*Nr. 32, *34, 34a (Gebäudekatalog: 148–150)*
Mietshäuser – erbaut 1911 nach Plänen des Architekten Josef Erker für Anton Herlein als symmetrische Dreiergruppe: Links Nr. 34a als schmales Gebäude mit axialem Erker und Giebel sowie sparsamem Dekor des Neoklassizismus (Nr. 32 weitgehend verändert, Nr. 34 durch Neubau ersetzt).

Nr. 36, 38 (Gebäudekatalog: 151–152)
Doppelmietshaus – errichtet 1900 nach einem Entwurf des Architekten Wilhelm Müller (d.Ä.) durch die

Bauunternehmer Jacob Carl Junior (Nr. 36) und Johann Philipp Helfmann (Nr. 38) für sich selbst: Symmetrische Zwillingsbauten, viergeschossig und dreiachsig mit axialen Balkonen und Giebeln.

*Nr. *40, 42 (Gebäudekatalog: 153–154)*
Doppelmietshaus – erbaut 1910 nach Plänen des Architekten Johannes Demuth: Ehemals Zwillingsbauten des Neoklassizismus. Putzfassade von Nr. 42 im Erdgeschoss mit einer Verblendung aus Buntsandstein und Bogenfenstern; die drei Stockwerke darüber asymmetrisch durch konvexen Erker bzw. Loggien sowie ein Zwerchhaus (Nr. 40 durch Neubau ersetzt).

Nr. 44 (Gebäudekatalog: 155)
Mietshaus – errichtet 1884 nach Entwurf des Architekten Georg Joseph Geittner durch den Bauunternehmer Louis Greb für J. C. Böhler: Durch ein Mezzanin retardierend wirkender Putzbau des späten

Gartenstr. 121–125 / Ansicht

Gartenstr. 121–127

Gartenstr. 32–38

Gartenstr. 34-38

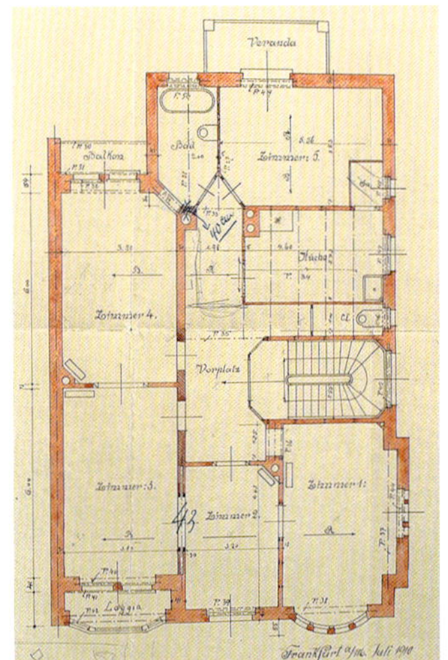

Gartenstr. 40 / Grundriss (2. OG)
Gartenstr. 42–52

Klassizismus aus 4 ½ Geschossen mit symmetrischer Fassade.

Nr. 46 (Gebäudekatalog: 156)
Mietshaus – errichtet 1883 nach Entwurf des Architekten Georg Joseph Geittner durch den Bauunternehmer Louis Greb für H. Heininger (im oberen Teil modernisiert).

Nr. 48, 50, 52 (Gebäudekatalog: 157–159)
Dreiergruppe aus Einfamilienhäusern – errichtet 1892 durch den Bauunternehmer und Eigentümer Gustav Borgmann, vielleicht nach Plänen von Philipp Reinhardt Kleinhansz: Symmetrische Gesamtanlage aus drei Geschossen mit zentralem Giebelhaus, flankiert von ausgestellten Diagonalerkern (verändert).

Gartenstr. 42–56
Gartenstr. 48–52

Gartenstr. 66–74 (und Holbeinstr. 13)

*Nr. *54 (ehem. Hans-Thoma-Str. 29) (Gebäudekatalog: 160)*
Mietshaus – erbaut 1892 nach Plänen des Architekten Philipp Reinhardt Kleinhansz für Fritz Roos (durch Neubau ersetzt).

Nr. 56 (ehem. Hans-Thoma-Str. 31–33) (Gebäudekatalog: 161)
Mietshaus – erbaut 1893 nach Entwurf des Architekten Philipp Reinhardt Kleinhansz durch den Bauunternehmer Georg Fülbert für den Bauunternehmer und Investor Gustav Borgmann (verändert).

(ehem. Nr. 64 – s.u. Dürerstr. 24) (Gebäudekatalog: 91)

Nr. 66 (Gebäudekatalog: 162)
Doppelhaushälfte – errichtet 1927 (zusammen mit Dürerstr. 24).

Nr. 68, 70 (Gebäudekatalog: 163–164)
Doppelhaus – erbaut 1925/27 nach unterschiedlichen Entwürfen des Architekten Hans Rummel durch den Bauunternehmer Heinrich Eurich (d.J.) für Dr. med. Oxenius (Nr. 70) und W. Backes: Einfamilienhäuser der frühen Moderne – verputzt und unter Walmdächern.

Nr. 72, 74 (Gebäudekatalog: 165–166)
Doppelhaus – erbaut 1925 nach Entwurf des städtischen Baurats Wilhelm Derlam: In Grund- und Aufriss symmetrisch angelegte Einfamilienhäuser unter gemeinsamem Mansarddach; Außenachsen durch polygonalen Erkerrisalit und übergiebelten Balkon betont.

Nr. 76 (Gebäudekatalog: 167)
Doppelhaushälfte – erbaut 1924 (zusammen mit Holbeinstr. 13) für Ernst Ix: Modernes Einfamilienhaus unter traditionellem Mansarddach.

Nr. 82 (Gebäudekatalog: 168)
Mietshaus – erbaut 1902 nach Plänen des Architekten Albert Klöckler: Traditioneller Dreiachser mit symmetrischer Fassade; im unteren Teil mit Gelbsandstein verblendet, vor beiden Obergeschossen axialer Balkonerker, darüber Giebelgaube.

Gartenstr. 72–74

Gartenstr. 82 (und Holbeinstr. 20)

Gartenstr. 84–86

Nr. 84, 86 (Gebäudekatalog: 169–170)
Doppelhaus – erbaut 1902 nach Entwurf des Architekten Emil Anthes: Neobarockes Gebäude, spiegelbildlich in Grund- und Aufriss; noble Zwillingsfassaden im unteren Teil mit Bänderrustika aus gelbem Sandstein verblendet, Obergeschosse mittels Lisenen zusammengefasst und mit axialen Balkons, darüber kleiner Giebel.

Nr. 88 (Gebäudekatalog: 171)
Mietshaus – errichtet 1903 nach Entwurf des Architekten Johann Georg Jakob Seeger durch die eigene Baufirma Gebr. Seeger: Schmales Gebäude mit Elementen des Historismus wie Erker, Loggia, Fachwerkgiebel.

Gartenstr. 96 (und Rembrandtstr. 18)

*Nr. *90 (Gebäudekatalog: 172)*
Mietshaus – errichtet 1899 nach Plänen des Architekten Wilhelm Brix durch den Bauunternehmer Ferdinand Hess für den Bauunternehmer Peter Kreh (durch Neubau ersetzt).

(ehem. Nr. 92 – s.u. Rembrandtstr. 29) (Gebäudekatalog: 463)

Nr. 96 (Gebäudekatalog: 173)
Mietshaus – erbaut 1904 (zusammen mit Rembrandtstr. 18) nach Entwurf des Architekten Peter Umpfenbach: Hälfte eines Zwillingshauses und wie dieses dreigeschossig bzw. -achsig mit symmetrischer Fassade unter modern überhöhtem Dach.

Nr. 98, 100 (Gebäudekatalog: 174–175)
Doppelmietshaus – errichtet 1903 für und nach Entwurf des Architekten Otto Uhlmann durch die eigene Baufirma (weitgehend erneuert).

Nr. 102 (Gebäudekatalog: 176)
Mietshaus – erbaut 1903 (zusammen mit Rubensstr. 19) für Dr. Vetterich und P. Ochslen: Putzbau – ähnlich wie das Eckhaus mit neomanieristischem Giebel und polygonalem Konsolerker.

(ehem. Nr. 104 – s.u. Rubensstr. 19) (Gebäudekatalog: 471)

Gartenstr. 98–100

Gartenstr. 102 (und Rubensstr. 19)

Nr. 110 (Gebäudekatalog: 177)
Mietshaus – erbaut 1912 nach Entwurf des Architekten Justus A. Helme für den Investor Heinrich Harneit: Monumentales Eckhaus in Formen des Neoklassizismus unter hohem Mansarddach, verputzt und dreigeschossig; an der Seitenfront (zur Rubensstr.) konvexer Erker. Weitgehend symmetrische Hauptfassade durch Doppelerker und halbrunden Giebel zentriert. An den Brüstungen nobler Reliefdekor im Zopfstil sowie Medaillons *„Harfner"* und *„Lauschende"* (s.o. 2.5.2). – Diesem Gebäude voraus ging 1903 ein Projekt der Architekten Bäppler & Graeff mit dem Bauunternehmer Franz Brofft für eine aufwändige Eckbebauung, die auch auf die Parzellen Rubensstr. 12–14 ausgegriffen hätte.

Gartenstr. 110 (links und rechts)

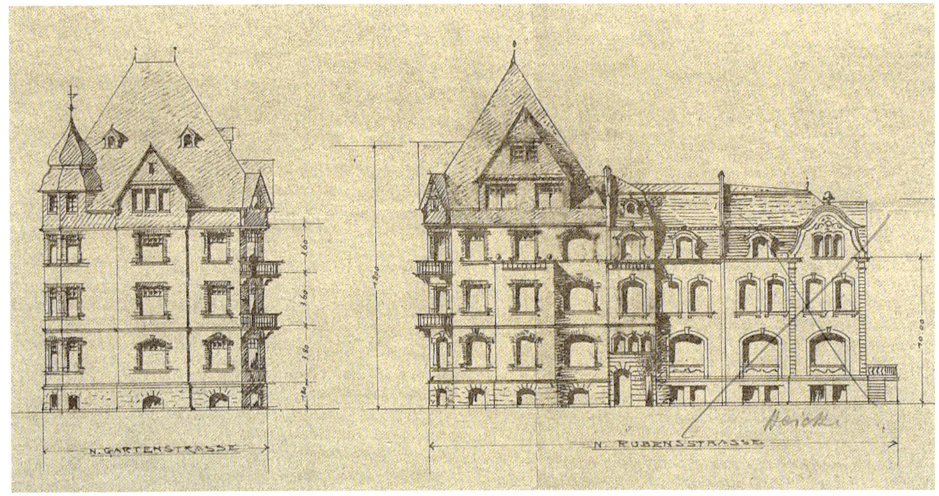

Gartenstr. 110 (und Rubensstr. 14–12), Projekt
Gartenstr. 112–118 (Mitte und unten)

Nr. 112, 114, 116, 118 (Gebäudekatalog: 178–181)
Mietshausgruppe – erbaut 1912 nach Entwurf des Architekten Justus A. Helme für den Investor Heinrich Harneit: Spiegelbildlich konzipierte Reihe von neoklassizistischen Putzbauten; jedes Haus mit symmetrischer Fassade, zentriert in konvexem Konsolerker und Giebel.

Gartenstr. 120–122 (alle rechts)

Nr. 120, 122 (Gebäudekatalog: 182–183)
Doppelhaus – erbaut 1903 (zusammen mit Schaubstr. 11) nach Entwurf des Architekten Albert Klöckner (unter Beteiligung des Bautechnikers Ernst Eduard Zimmermann) als größerer Teil einer fast symmetrischen Dreiergruppe: Giebelhäuser aus drei Geschossen, deren unteres mit gelblichem Sandstein verblendet ist. Abschluss ehemals durch Kniestock in Fachwerk, über den hinaus drei dem hohen Mansarddach integrierte hölzerne Gauben ragten; nur noch an Nr. 120 erhalten (1944 ausgebrannt). An Nr. 122 übergreifender Mittelerker; Bauplastik und -dekor in der für Klöckners Bauten typischen Art mit Architekturmotiven der Stauferzeit bzw. Tierreliefs. Inschrift *„erbaut 1903“*.

(ehem. Nr. 124 – s.u. Schaubstr. 11)
(Gebäudekatalog: 505)

Nr. 126, 128 (Gebäudekatalog: 184–185)
Reihenhäuser – errichtet 1936 nach Plan des Architekten Hermann Geittner durch die eigene Baufirma: Moderne Putzbauten von vier Geschossen.

Nr. 130 (Gebäudekatalog: 186)
Reihenhaus – erbaut 1929 nach Entwurf des Architekten Georg Feick: Moderner Putzbau mit halbrund vortretendem Erker.

Nr. 132 (Gebäudekatalog: 187)
Reihenhaus – erbaut 1925 nach Entwurf des Architekten Daniel Reinhardt (d.J.): Moderner Putzbau.

*Nr. *134 (Gebäudekatalog: 188)*
Mietshaus – errichtet 1914 nach Entwurf des Architekten Julius Hermann Lönholdt durch die eigene Baufirma für Friedrich Alt (durch Neubau ersetzt).

GUSTAV-ADOLF-PLATZ *(s.u. Schweizer Platz)*

HANS-THOMA-STRASSE

Als östlicher Teil der ehemaligen Forsthausstraße zwischen Schweizer Straße und Kennedyallee 1874 festgelegt, bebaut 1876–1935; umbenannt 1919 nach dem badischen Maler Hans Thoma (Bernau 1839–1924 Karlsruhe), der 1877–99 in Frankfurt lebte (die Hausnummern der ehemaligen Forsthausstraße wurden beibehalten und setzen sich in der Kennedyallee fort).

Gartenstr. 126–132

*Nr. *1 (identisch mit Schweizer Str. 20)*
(Gebäudekatalog: 189)
Mietshaus mit Ladeneinbau – errichtet 1911 nach Entwurf des Architekten Johann Wilhelm Schmidt-Diehler durch dessen Baufirma für die *„Brauerei Binding AG“* (durch Neubau ersetzt).

Nr. 3, 5 (Gebäudekatalog: 190–191)
Doppelhaus – errichtet 1910 für Paul Junior durch die eigene Baufirma, vielleicht nach Plänen von Carl Bauer: Noble Mietshäuser im Geschmack des Neo-

Hans-Thoma-Str. 3–5

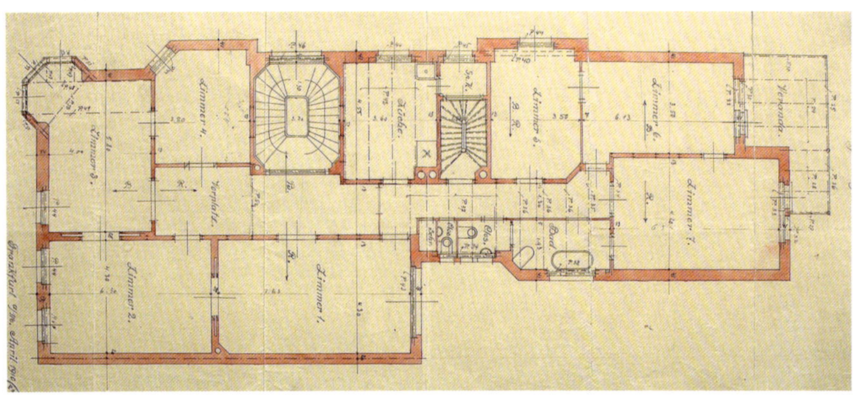

Hans-Thoma-Str. 7 / Grundriss (2. OG)

barock mit annähernd symmetrischen Fassaden, z. T. verblendet und gegliedert mit gelblichem Sandstein; Nr. 5 durch Balkone, Erker und Giebel variiert bzw. reicher gestaltet.

*Nr. *7, 9, 11 (Gebäudekatalog: 192–194)*
Mietshäuser – errichtet 1910 nach Entwurf des Architekten Carl Bauer für den Investor Bernhard Himmler durch die Baufirma Paul Junior: Ehemals symmetrische Dreiergruppe in nobler Gliederung des Neoklassizismus aus gelblichem Sandstein. Über durchlaufender Bänderrustika im Erdgeschoss drei verputzte Geschosse, wobei das mittlere Haus durch Balkons zentriert ist, die Rahmenbauten übergiebelt und durch polygonalen Eckerker betont sind (Nr. 7 durch Neubau ersetzt).

*Nr. *13 (– ehem *15) Villa Hauck (Gebäudekatalog: 195)*
Einfamilienhaus – erbaut 1910 nach Entwurf des Architeken Alfred Günther für den Bankier Otto Hauck: Großzügiges Wohnhaus auf L-förmigem Grundriss innerhalb eines weitläufigen Gartens (durch Neubau ersetzt).

*Nr. *17 (Gebäudekatalog: 196)*
Wohnhaus und Atelier – erbaut 1899 nach Entwurf des Architekten Georg Joseph Geittner für den Bildhauer Augusto Varnesi (durch Neubau ersetzt).

*Nr. *19, 21 (Gebäudekatalog: 197–198)*
Doppelhaus – erbaut 1898 nach Plänen des Architekten Georg Joseph Geittner für seinen Vater Karl Geittner: Schmales Giebelhaus in Formen der Neurenaissance; rechte Achse durch Balkon und Giebel betont (vermutbares Zwillingshaus Nr. 19 durch Neubau ersetzt).

*Nr. *23 (Gebäudekatalog: 199)*
Mietshaus – erbaut 1894 für Sozialaufgaben des *„Evang. Almosenkasten“* (durch Neubau ersetzt).

Nr. 25 (Gebäudekatalog: 200)
Zweifamilienhaus – erbaut 1894; verändert 1904 nach Entwurf des Architekten Carl Bauer, von dem

Hans-Thoma-Str. 9–11

Hans-Thoma-Str. 21

Hans-Thoma-Str. 25

Hans-Thoma-Str. 10

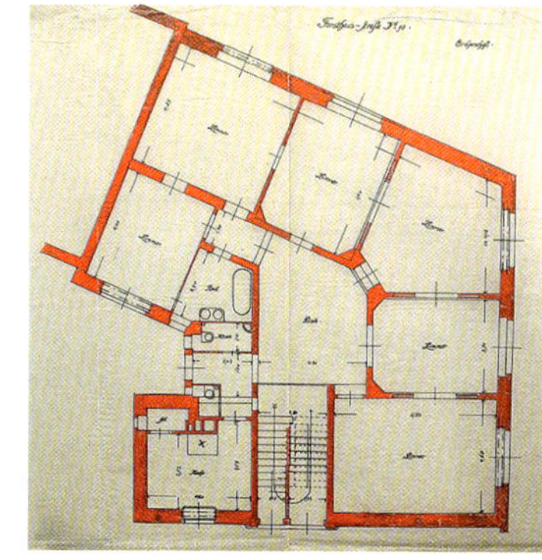

Hans-Thoma-Str. 10 / Grundriss (EG)

vielleicht auch der ursprüngliche Bauplan stammt: Schmales Gebäude in Formen der Neurenaissance; Mittelachse durch Erker und Giebel betont.

*Nr. *27 (Gebäudekatalog: 201)*
Mietshaus – errichtet 1892 durch die Baufirma des Investors Gustav Borgmann für den Ballettmeister und Tanzlehrer Ferretty (durch Neubau ersetzt).

*(ehem. Nr. *29 – s.o. Gartenstr. 54) (Gebäudekatalog: 160)*

(ehem. Nr. 31–33 – s.o. Gartenstr. 56) (Gebäudekatalog: 161)

(Nr. 4, 6; Gärten – erst 1935 mit Garagen bebaut)

Nr. 8 (Gebäudekatalog: 202)
Mietshaus – erbaut 1935 nach Entwurf des Architekten Martin Hees für Dr. med. Selter: Schlichter Putzbau der Moderne.

Nr. 10 (Gebäudekatalog: 203)
Mietshaus – errichtet 1913 nach eigenem Entwurf durch die Architekten und Bauunternehmer Heinrich & Adolf Eurich für Karl Kaisser und Ludwig Haas: Nobles und durch modernen Oberbau fast würfelförmig wirkendes Gebäude aus vier Geschossen, deren unteres Bogenfenster zeigt und mit Bänderrustika verblendet ist – aus gelblichem Sandstein wie darüber die Eckverquaderung an Haus und zentralem Erker.

*Nr. 12,*14, 16 (Gebäudekatalog: 204–206)*
Einfamilienhäuser – errichtet 1892 nach Entwurf des Architekten Leonhard Hänel: Symmetrische Dreiergruppe aus schmalen Klinkerbauten mit Sandsteingliederung im Stil der Neurenaissance (Nr. 14 durch Neubau ersetzt).

Hans-Thoma-Str. 8

Hans-Thoma-Str. 12–16

Hans-Thoma-Str. 20

Nr. 20 (ehem. Kinderkrankenhaus) (Gebäudekatalog: 207)

Hospitalgebäude – errichtet 1899 nach Plänen des Architekten Alfred Günther als *„Christ'sches Kinderhospital":* Freistehendes Haus (zum Polizeirevier umgebaut).

*Nr. (*22–)*24 Villa Müller-Gouvernon (Gebäudekatalog: 208)*

Wohnhaus – erbaut 1876 als freistehende Villa: Ehemals reich mit Motiven der Neurenaissance dekoriertes, durch zurückgesetzten Giebel und gestuften Turm allerdings etwas bizarr wirkendes Gebäu-

Hans-Thoma-Str. 24 / Ansicht

Hans-Thoma-Str. 24 / Grundrisse

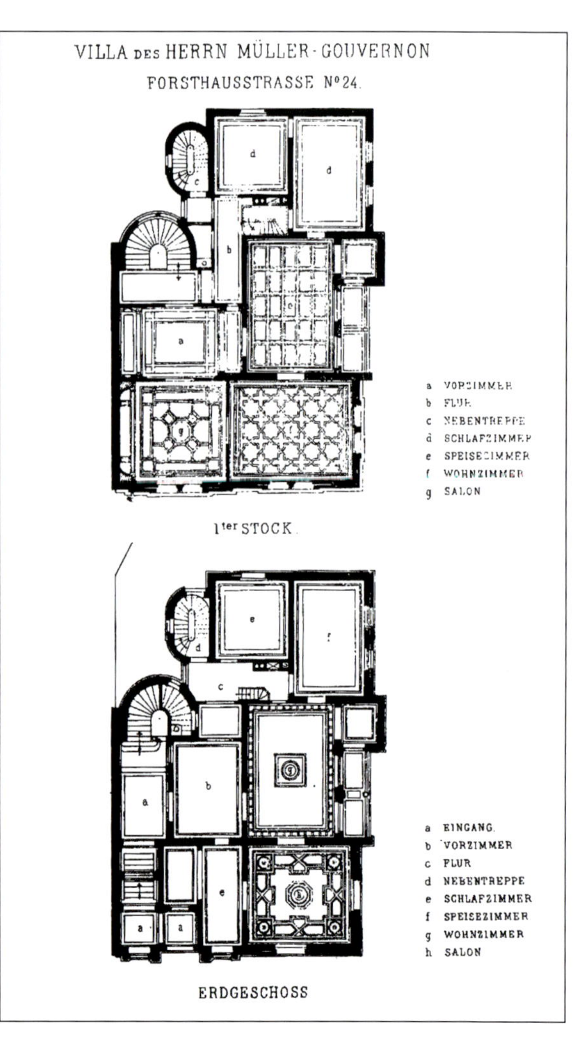

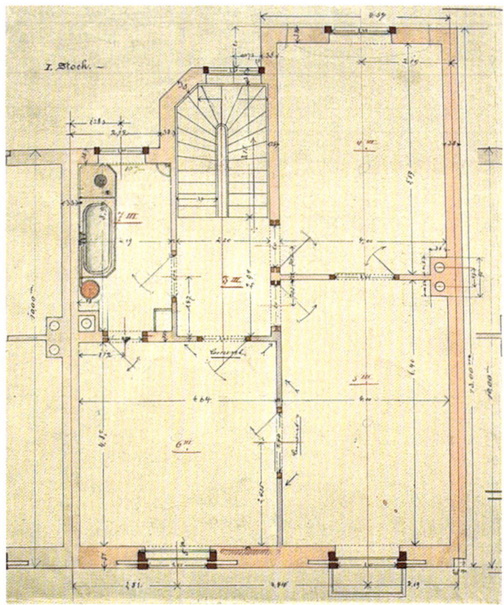

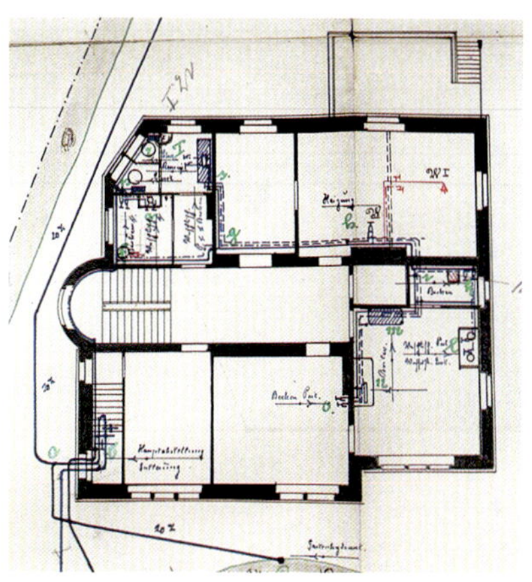

Hans-Thoma-Str. 30 / Grundriss

Hans-Thoma-Str. 26–26a

Hans-Thoma-Str. 28 / Grundriss (1. OG)

de aus zwei Geschossen mit dicht in hellen Sandstein gegliederten und von Backstein ausgefachten Fronten; Fassadensymmetrie lediglich links von knappem Portalrisalit durchbrochen. Im Erdgeschoss ursprünglich Repräsentationsräume (bereits 1884 verändert, 1919–31 zur Kinderbetreuung der *„Weiblichen Fürsorge"* umgebaut und erweitert, schließlich durch Neubau ersetzt).

*Nr. *26, 26a (Gebäudekatalog: 209–210)*
Doppelhaus – erbaut 1905: Schmale Zwillingsbauten, ehemals spiegelbildlich angelegt in Grund- und Aufriss (Nr. 26 nach 1945 weitgehend ersetzt).

*Nr. *28 (Gebäudekatalog: 211)*
Wohnhaus – erbaut 1906 für Franz Bär (durch Neubau ersetzt).

*Nr. *30 (ehem. Dürerstr. 25) (Gebäudekatalog: 212)*
Mietshaus – erbaut 1881 (zusammen mit Dürerstr. 21–23) nach Entwurf des Architekten Philipp Strigler für F. Liebtreu (durch Neubau ersetzt).

HEDDERICHSTRASSE

Im Verlauf zwischen Darmstädter Landstraße und Holbeinstraße 1868 im Mühlbruch festgelegt, bebaut 1874–1924; wahrscheinlich benannt nach der auch als Wilder Rettich bezeichneten Hederichpflanze. Bis ca. 1896 endete die Straße als Sackgasse bei Nr. 71 (zum Malerviertel gehören nur die Häuser Nr. 65–83 bzw. 94–132).

Hedderichstr. 65

Hedderichstr. 69

Hedderichstr. 73–77

Nr. 65 (Gebäudekatalog: 213)
Bedienstetenwohnhaus – erbaut 1874 (zusammen mit Schweizer Str. 108) für die *„Bebraer Bahn"* (= Preußische Staatseisenbahnen): Spätklassizistisches Eckgebäude, verputzt und aus drei Geschossen in klaren Formen – Teil einer ostwärts bis zum Südbahnhof reichenden Reihe gleichzeitiger Verwaltungs- und Wohnbauten der preußischen Staatsbahnen.

Hedderichstr. 79

Nr. 67, 69, 69a (Gebäudekatalog: 214–216)
(Ehem.) Bürogebäude – erbaut 1874 für die Verwaltung der *„Bebraer Bahn"*: Spätklassizistische Baugruppe mit rhythmisierenden Risaliten, deren mittlerer übergiebelt ist.

Nr. 71 (Gebäudekatalog: 217)
Mietshaus – erbaut 1896 nach Plänen des Architekten Oswald Bauch (weitgehend modernisiert).

Nr. 73, 75, 77 (Gebäudekatalog: 218–220)
Bedienstetenwohnhäuser – erbaut 1915 für die *„Preußischen Staatseisenbahnen"* (ab 1925 Dt. Reichsbahn; weitgehend modernisiert und der Fassadengliederung beraubt).

*Nr. 79, *81 (Gebäudekatalog: 221–222)*
Mietshäuser – errichtet 1906 durch die Baufirma und Eigentümer Gebr. Heunisch nach eigenen Entwürfen; ehemals Zwillingsbauten mit originellen Fensterrahmungen und Balkonkonsolen des Jugendstils aus Buntsandstein (von Nr. 81 nur geringe Reste erhalten).

Nr. 83 „Holbein-Garagen"; erbaut 1926 (nur fragmentarisch vorhandener Flachbau)

(Nr. 92, 94; ehem. Gärten – Nr. 92 erst nach 1939 bebaut)

Nr. 96, 98/100, 102, 104 (Gebäudekatalog: 223–226)
Mietshausreihe aus Backstein – errichtet 1901 durch die Baufirma und Eigentümer Gebr. Heunisch nach eigenen Entwürfen (vermutlich vom Chefarchitekten Friedrich Weil), insgesamt spiegelbildlich angelegt und durch den bizarren Giebel des Zentralgebäudes Nr. 98/100 dominiert; am Erker von Nr. 96 und 102 Inschrift *„erbaut 1901"*. Putzbauten mit aufgebügelt wirkender Gliederung in sichtbarem Backstein und Architekturdekor aus Buntsandstein.

Nr. 106–114 (= Kaulbachstr. 49–51) Schriftgießerei D. Stempel AG (Gebäudekatalog: 227)
Großer überhöhter Gebäudekomplex – ursprünglich in aufwändigen Formen des Neobarock in mehreren Baupasen um vier Höfe bis zur nächsten Parallelstraße 1906–24 errichtet (1910 bezogen) nach Entwurf des Münchener Architekten Louis Ritter von Stempel durch die benachbart ansässige Baufirma Gebr. Heunisch für die Druckmaschinenfabrik und Schriftgießerei von David Stempel (1997 umgebaut): Fassade mit zwei repräsentativen Eingangstoren, über denen Porträtreliefs von Johannes Gutenberg

Hedderichstr. 96–102

oben links:
Hedderichstr. 106–108
Hedderichstr. 106–114

Hedderichstr. 96
Hedderichstr. 102

Hedderichstr. 120–122
Hedderichstr. 126

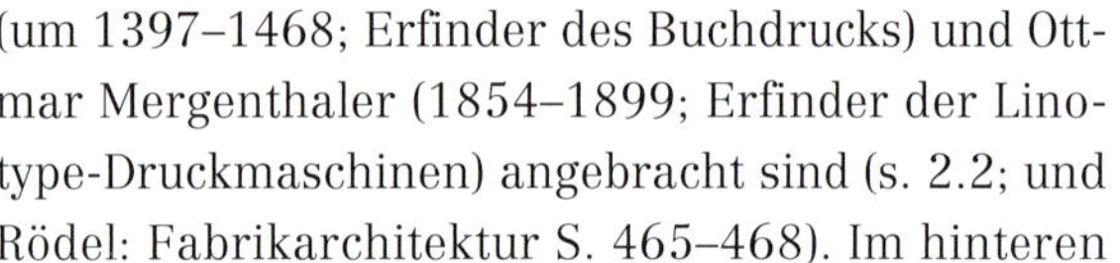

(um 1397–1468; Erfinder des Buchdrucks) und Ottmar Mergenthaler (1854–1899; Erfinder der Linotype-Druckmaschinen) angebracht sind (s. 2.2; und Rödel: Fabrikarchitektur S. 465–468). Im hinteren Teil des Areals, das ursprünglich vom Bauunternehmer Oswald Bauch übernommen war, stand ehemals ein Mietshaus von 1898.

Hedderichstr. 116–126
Hedderichstr. 116

Hedderichstr. 130–132

Nr. 116, 118, 120, 122, 124, 126 (Gebäudekatalog: 228–233)
Mietshausreihe – errichtet 1901 nach Entwürfen der Architekten Philipp Ernst und Friedrich Weil durch die Baufirma Gebr. Heunisch, wobei die Nrn. 116/118 bzw. 120–124 spiegelbildlich angelegt sind; Fassaden durch eine wie aufgebügelt wirkende Dekorations- und Blendarchitektur aus Backstein geprägt.

Nr. 128 (Gebäudekatalog: 234)
Mietshaus – errichtet 1901 durch die Baufirma Gebr. Heunisch nach einem zur Umgebung durch glatte Putzflächen differierenden Entwurf.

Nr. 130, 132 (Gebäudekatalog: 235–236)
Mietshäuser mit Ladeneinbau – errichtet 1903 (zusammen mit Oppenheimer Landstr. 73) nach Entwurf des Architekten Friedrich Weil durch die Baufirma Gebr. Heunisch: Unverputzte Backsteinbauten aus hellem Klinker mit Sockel und Gliederung aus Buntsandstein. Im Detail weitgehend miteinander identisch – bis auf Giebel und Erker (Nr. 130) bzw. städtebaulich wirksam überkuppelten Eckerker (Nr. 132).

HOLBEINPLATZ *(s.u. Tischbeinstraße)*

HOLBEINSTRASSE

Im Verlauf zwischen Schaumainkai und Gartenstraße 1874 festgelegt, 1899 bis zur Hedderichstraße verlängert, bebaut 1900–37, benannt nach den Malern Hans Holbein d.Ä. (Augsburg um 1455–1524 Isenheim) und Hans Holbein d.J. (Augsburg 1497–1543 London).

Holbeinstr. 15–19

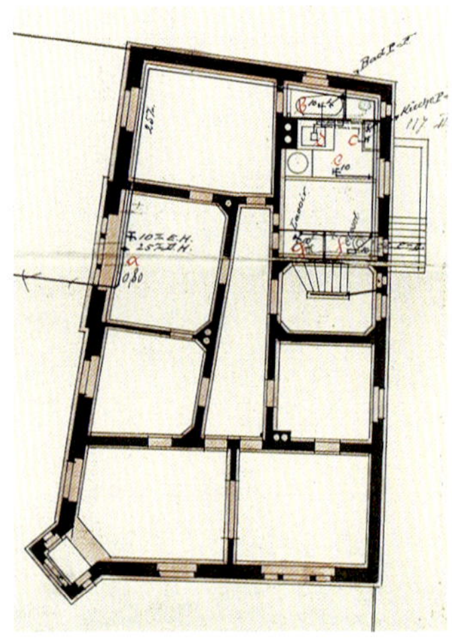

Holbeinstr. 25 / Grundriss

Nr. 13 (Gebäudekatalog: 237)
Doppelhaushälfte – erbaut 1924 (zusammen mit Gartenstr. 76): Modernes Einfamilienhaus unter traditionellem Mansarddach.

Nr. 15 (Gebäudekatalog: 238)
Mietshaus – erbaut 1900 für und durch den Bauunternehmer M. Löffler (zusammen mit Gartenstr. 73): Aufwändig dekorierter Eckbau des Neobarock mit fast symmetrischen Fassaden aus gelblichem Sandstein, deren abgefaste Mittelachse Erker und Giebel betont; zu Garten- und Holbeinstraße identische Rahmenachsen mit reich geschmiedeten Balkonkörben sowie Lisenen mit paarigen Köpfen und Segmentgiebeln.

*Nr. *17, 19 (Gebäudekatalog: 239–240)*
Doppelhaus – erbaut 1900 nach Entwurf des Architekten Philipp Reinhard Kleinhansz durch die Baufirma Ludwig Röhling & Philipp Ernst: Symmetrisch konzipierte Putzbauten der Neurenaissance (Nr. 17 durch Neubau ersetzt).

*Nr. *21–*23 Carl-Schurz-Schule (s.o. 2.3.5) (Gebäudekatalog: 241)*
Erbaut 1899 und 1901/03 als *„Sachsenhäuser Realschule"* nach Entwürfen des städtischen Bauinspektors Gustav Adolf Koch: Nr. 21 als Direktorenwohnhaus, Nr. 23 als Schulhaus (1943–44 ruiniert, 1957 nach Entwürfen des Architekten Joseph Bischof unter neuem Namen ersetzt).

*Nr. *25 (ehem. Schneckenhofstr. 37) (Gebäudekatalog: 242)*
Mietshaus – errichtet 1903 nach Entwurf des Architekten Gustav Günther durch den Bauunternehmer Emil Anthes: Viergeschossiges Mietshaus in Eckposition, über dessen Mansarddach ein die Straßenecke betonender Polygonalerker mit Laternenkuppel ragte (1944 ruiniert, danach durch Neubau ersetzt).

*Nr. *27, 29 (Gebäudekatalog: 243–244)*
Doppelmietshaus – errichtet 1908 nach Plänen der Architekten Gustav Günther bzw. Karl Strube (?) durch den Bauunternehmer Emil Anthes: Symmetrisch konzipierte Mietshäuser aus vier Geschossen mit verputzten Zwillingsfassaden, jeweils zentriert durch axialen Erker und Zwerchhaus mit barockisierender Gliederung und Dekor (Maskaron und Girlanden) aus rotem Sandstein (Nr. 27 durch Neubau ersetzt).

*Nr. *31, 33 (Gebäudekatalog: 245–246)*
Doppelmietshaus – errichtet 1906 nach Entwurf des Architekten Karl Held durch die Baufirma Schaffner & Albert: Symmetrisch konzipierte Mietshäuser aus vier Geschossen mit Zwillingsfassaden, jeweils zentriert durch polygonalen Axialerker zwischen Balko-

Holbeinstr. 15

Holbeinstr. 19

Holbeinstr. 19 / Grundriss

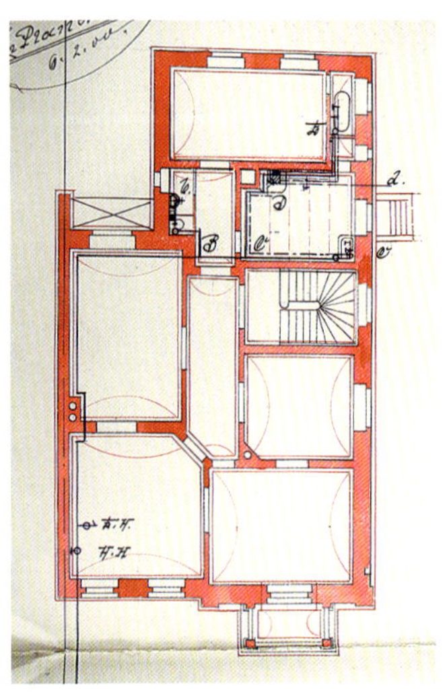

nen und (ehemals übergiebeltes) Zwerchhaus; obere Erkerbrüstung mit (leerer) Kartusche zwischen neubarocken Putten dekoriert (1944 ruiniert; Nr. 31 durch Neubau ersetzt, Nr. 33 z.T. vereinfacht erneuert).

Nr. 35 (Gebäudekatalog: 247)
Mietshaus – erbaut 1906 vermutlich nach Entwurf des Architekten Johann Christoph Welb: Putzbau aus vier Geschossen mit zweiachsiger Fassade, deren geschossweise variierte Fenster mittelalterliche Formen aus Buntsandstein kopieren (Bi- bzw. Triforien, Rund- und Vorhangbögen). Gebäudeecke in 2. und 3. Stockwerk durch polygonalen Erker betont, über den hinaus ursprünglich ein turmartiger Aufsatz vor das Mansarddach trat.

Nr. 37, 39 (Gebäudekatalog: 248–249)
Doppelmietshaus – erbaut 1912 nach Entwurf des Architekten Friedrich Carl Günther für den Investor Heinrich Harneit: Fast spiegelbildlich konzipierter Gebäudekomplex im Geschmack des Neoklassizismus (1:1:5:1:1 Achsen) mit dekorativen Zwillingsportalen aus gelblichem Sandstein und asymmetrischen Erkern, die an halbrund übergiebeltem Dachbalkon enden; am Eckhaus Nr. 39 beidseitg Segmentgiebel.

Holbeinstr. 29–39

Nr. 41 Künstlerhaus Prack (Gebäudekatalog: 250)
Einfamilienhaus – erbaut 1913 (zusammen mit Nr. 43) für den aus Melsungen stammenden Bildhauer

Holbeinstr. 27–29, Fassadenaufriss

Holbeinstr. 29

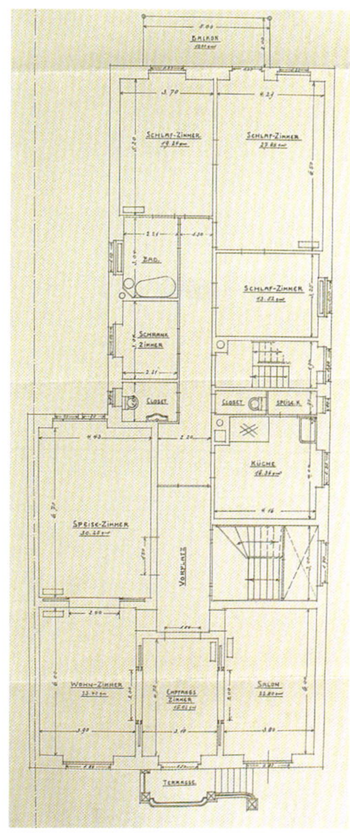

Holbeinstr. 29 / Grundriss (EG)

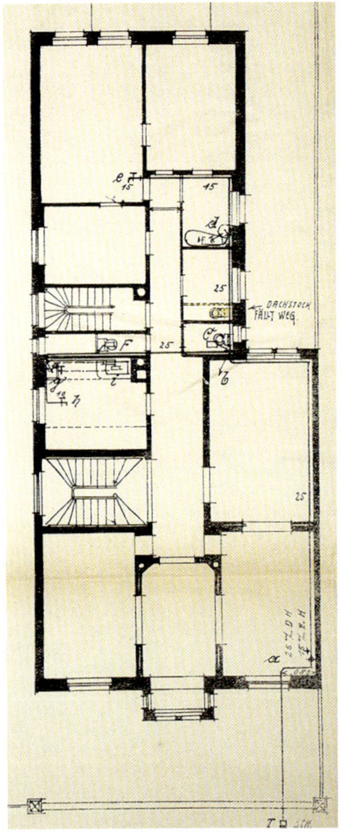

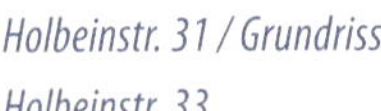

Holbeinstr. 31 / Grundriss
Holbeinstr. 33

Wilhelm Oskar Prack vermutlich nach dessen Entwurf: Villenartiges Eckhaus aus zwei ursprünglich auffällig dunkelrot und weiß gestrichenen Geschossen; Hauptfront zur Schwanthaler Straße mit einem von Karyatide und Atlant (*Herkules mit Keule und Löwenfell*) getragenen Balkon, im Giebel geflügelter Genius (*Ikarus?);* zweiter Balkon an der Nordseite, getragen von originell konturierten Säulen.

*Nr. *43 (Gebäudekatalog: 251)*
Einfamilienhaus – erbaut 1913 nach Entwurf des Architekten Franz Roeckle für den Justizrat Dr. Ernst Moritz Auerbach (1944 ruiniert, danach durch Neubau ersetzt): Ehemals villenartiges Wohnhaus aus zwei Geschossen unter geschwungenem Walmdach mit Fledermausgaube. Belétage durch einen von ionischen Säulenpaaren getragenen Balkon betont, dessen Balustrade die einstige Einfriedung kopiert.

Nr. 45 (Gebäudekatalog: 252)
Einfamilienhaus – erbaut 1913: Hälfte eines traditionellen Doppelhauses; ehemals mit Mansarddach, vor dem eine halbrund übergiebelte Gaube hochragte (Walmdach modern).

Nr. 47 (Gebäudekatalog: 253)
Einfamilienhaus – errichtet 1913 nach Entwurf des Regierungsbaumeisters Alfred Boehden unter Mitwirkung des Architekten Martin Seeger durch dessen Baufirma Gebr. Seeger: Doppelhaushälfte in traditionellen Formen mit polygonalem Erkervorbau und Balkon sowie hohem Walmdach (nachträglich übergiebelt).

Nr. 49 (Gebäudekatalog: 254)
Einfamilienhaus – erbaut 1912 nach Entwurf des Architekten Wihelm Georg Landgrebe für Prof. Dr. G. Küntzel.

*Nr. *51 (ehem. Textorstr. 114 – s.u.) (Gebäudekatalog: 735)*

(Nr. 53; ehem. Schulgarten – erst um 1970 mit Turnhalle bebaut)

Nr. 55, 57 (Gebäudekatalog: 255–256)
Doppelmietshaus – errichtet 1912 nach Plänen der Architekten Wilhelm M. Becker und Wilhelm Ried für Anton Philipp Ried: In Grundriss und Aufriss spiegelbildlich aufeinander bezogene Zwillingsbauten

Holbeinstr. 35–39
Holbeinstr. 39

mit neoklassizistischen Details, viergeschossig jeweils mit zentralem Giebel und Erker sowie dazwischen auskragenden Balkonen (bei Nr. 55 Dachzone verändert, Giebel abgebrochen).

Nr. 59, 61 (Gebäudekatalog: 257–258)
Doppelmietshaus – errichtet 1913 durch den Bauunternehmer Johann Heinrich Beyer nach eigenem Entwurf: In Grundriss und Aufriss weitgehend spiegelbildlich zueinander stehende Bauten mit neoklassizistischen Details, viergeschossig und jeweils mit axialem Erker bzw. Giebel.

Nr. 63 (Gebäudekatalog: 259)
Mietshaus mit Ladeneinbau – errichtet 1913 durch den Bauunternehmer Johann Heinrich Beyer nach eigenem Entwurf: Neoklassizistischer Kopfbau im Winkel zur Oppenheimer Landstraße – viergeschossig mit asymmetrischen Fassaden, wobei aus der Südwestecke ein vermutlich ehemals überkuppelter Konsolerker ragt (Mansarddach durch 5. Geschoss ersetzt).

Nr. 2 (identisch mit Schaumainkai 65)
(Gebäudekatalog: 518/2)

Holbeinstr. 41

Holbeinstr. 41, ca. 1930

Holbeinstr. 43, ca. 1930

Holbeinstr. 45–47

Holbeinstr. 49

Holbeinstr. 43 / Grundriss

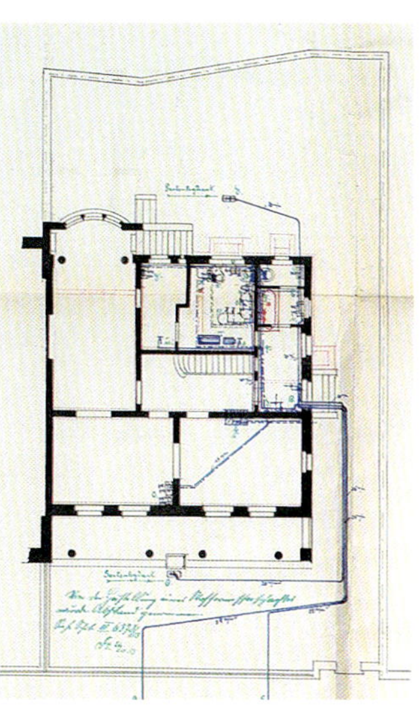

Holbeinstr. 55–61
Holbeinstr. 2

Holbeinstr. 59 / Grundriss (1. OG)
Holbeinstr. 63

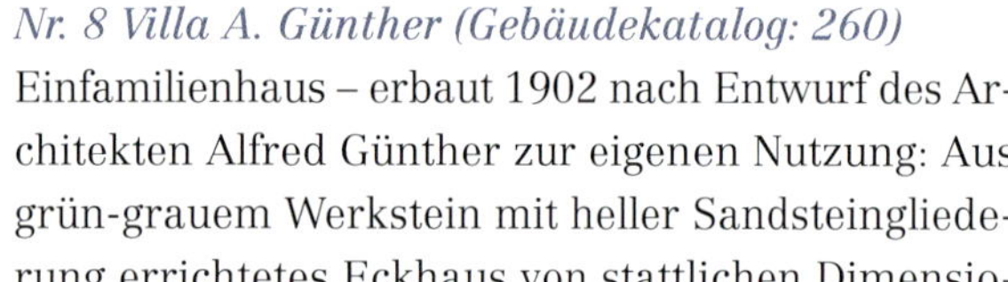

Nr. 8 Villa A. Günther (Gebäudekatalog: 260)
Einfamilienhaus – erbaut 1902 nach Entwurf des Architekten Alfred Günther zur eigenen Nutzung: Aus grün-grauem Werkstein mit heller Sandsteingliederung errichtetes Eckhaus von stattlichen Dimensionen, weitgehend in Stilformen der späten Renaissance; Fassaden zu beiden Straßen durch neomanieristische Giebel und Kuppel- bzw. Konsolerker sowie Balkon variiert (vgl. ehem. Haus Rembrandtstr. 9).

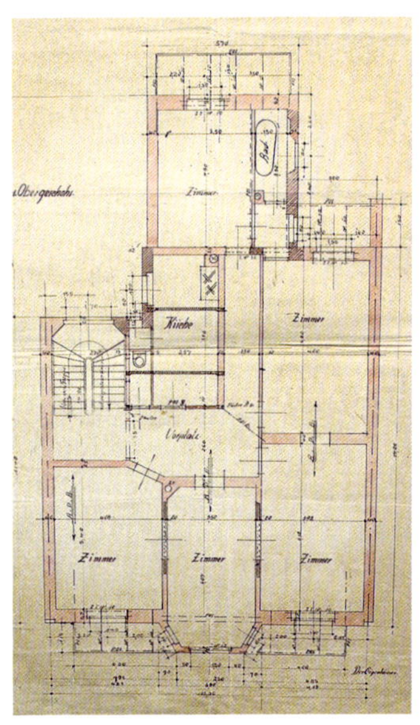

Holbeinstr. 8, 1981

Holbeinstr. 8 / Grundriss
Holbeinstr. 8

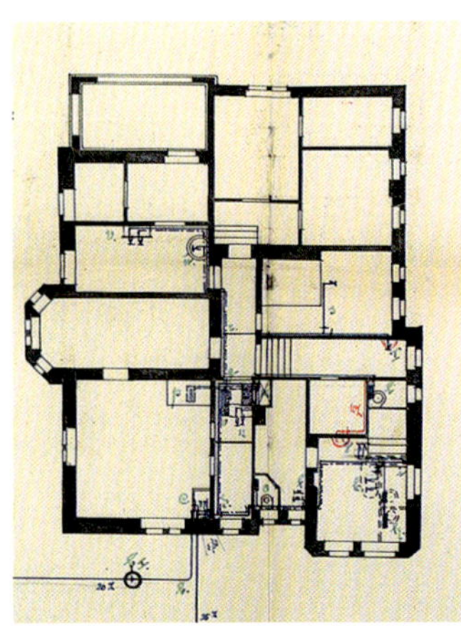

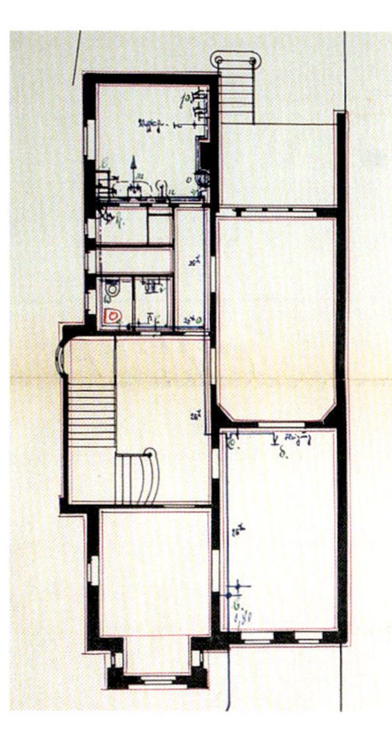

Holbeinstr. 12 (und Steinlestr. 1)
Holbeinstr. 12–18

Holbeinstr. 14
Holbeinstraße 14–18
Holbeinstr. 18 / Grundriss

Nr. 12 (Gebäudekatalog: 261)
Doppelhaushälfte – errichtet 1905 (zusammen mit Steinlestr. 1) nach Entwurf des Architekten Christian Ochs durch die Baufirma Gebr. Seeger: Neobarockes Einfamilienhaus zur Straße mit Erker und Dachbalkon; an gefaster Gebäudeecke ein weiterer Balkon.

Nr. 14 (Gebäudekatalog: 262)
Reihenhaus – erbaut 1902 wahrscheinlich nach Plänen von Alfred Günther für Friedrich Scheuermann: *Altdeutsch* in der Kombination unterschiedlicher Materialien und Bauformen wirkender Putzbau; u.a. Brüstungen mit Balustern und Volutenmaßwerk gefüllt. Ecke mittels polygonalem Erker – z.T. in Fachwerk – turmartig überhöht.

Nr. 16 (Gebäudekatalog: 263)
Reihenhaus – errichtet 1902 durch den Architekten und Bauunternehmer Gustav Mack: Schlichtes Einfamilienhaus in traditionellen Formen mit seitlichem Segmentgiebel.

Nr. 18 (Gebäudekatalog: 264)
Reihenhaus – erbaut 1902 nach Entwurf der Architekten Joseph Rindsfüßer & Martin Kühn für Carl Weinreben: Aufwändigstes Einfamilienhaus der Dreiergruppe durch neobarocke Fassade aus hellem Sandstein mit seitlichem Giebelrisalit und reich dekoriertem Erker sowie Kopfkonsolen in der Belétage. Dekoratives Tor und Zaun aus Schmiedeeisen.

Nr. 20 (ehem. Gartenstr. 90) (Gebäudekatalog: 265)
Mietshaus – erbaut 1902 (wahrscheinlich zusammen mit Gartenstr. 82) vielleicht nach Entwurf des Archi-

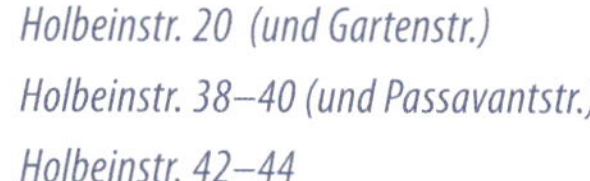

Holbeinstr. 20 (und Gartenstr.)
Holbeinstr. 38–40 (und Passavantstr.)
Holbeinstr. 42–44

tekten Albert Klöckner für Franz Baer: Neobarocker Putzbau in Eckposition aus drei Geschossen; Front zur Holbeinstraße mit Erker, zur Gartenstraße mit knappem Giebelrisalit. Ecke durch Konsolerker betont (vermutlich ehemals überkuppelt).

(Die Häuser Nr. 26–36 am ehemaligen „Holbeinplatz" (vulgo: „Rosengärtchen"= Otto-Hahn-Platz) folgten urspr. der Hausnummerierung der Holbeinstraße. Durch Änderung des Straßennamens tragen sie jetzt die modernen Hausnummern 2–8 und finden sich im Katalog unter „Tischbeinstraße".)

Nr. 38 (Gebäudekatalog: 266)
Mietshaus – erbaut 1913 (zusammen mit Passavantstr. 1–3) für und nach Entwurf des Architekten Otto Bäppler durch die Baufirma Gebr. Heunisch: Südteil eines Baukomplexes, der durch dreigeschossige Zwillingserker gegliedert ist.

Nr. 40 (Gebäudekatalog: 267)
Mietshaus – erbaut 1918 nach Entwurf des Architekten Johann Heinrich Beyer: Bescheiden wirkendes, niedrigeres Haus, aus dessen verputzter Fassade konvex ein Erker tritt.

Nr. 42, 44 (Gebäudekatalog: 268–269)
Doppelmietshaus – erbaut 1914 durch den Architekten und Bauunternehmer Wilhelm M. Becker nach eigenem Entwurf: Stattliche Zwillingshäuser des Neo-

klassizismus mit insgesamt symmetrischer Putzfassade, deren Fläche durch Erker rhythmisiert wird; darüber ein aus Reihengauben entwickeltes viertes Geschoss. Portale und Treppen jeweils am äußersten Rand.

Nr. 44a (Gebäudekatalog: 270)
Mietshaus – erbaut 1937 nach Plänen des Architekten Hermann Geittner: Modernes Gebäude mit symmetrischer Putzfassade, in deren Außenachsen an allen vier Geschossen Loggien gefügt sind.

Nr. 46 (Gebäudekatalog: 271)
Beamtenwohnheim – erbaut 1923 durch die Baufirma Johann Wilhelm Proesler nach eigenem Entwurf für die *„Chemische Industrie Mainz"*: Traditioneller Putzbau aus nur drei Geschossen mit axialem Zwerchhaus.

Nr. 48 (ehem. Nordheimstr. 2) (Gebäudekatalog: 272)
Mietshaus – erbaut 1913 nach Entwurf des Architekten Adam Fischer für P. Fischer: Viergeschossiges Gebäude, dessen Ecke ein zylindrischer Vorbau betont; ehemaliges Mansarddach durch weiteres Stockwerk ersetzt.

(Nr. 54; ehem. Garten – erst nach 1939 bebaut)

*Nr. *56 (Gebäudekatalog: 273)*
Mietshaus – erbaut 1913 nach Plänen des Architekten Justus A. Helme für Jean Sauer (durch Neubau ersetzt).

Holbeinstr. 44a

Holbeinstr. 44a–48

Holbeinstr. 60

Holbeinstr. 76 (und Burnitzstr. 1)

Nr. 58 (Gebäudekatalog: 274)
Mietshaus – erbaut 1936 für das Architekturbüro Johann Wilhelm Proesler nach eigenem Entwurf: Moderner Putzbau.

Nr. 60 (Gebäudekatalog: 275)
Mietshaus – erbaut 1914 nach Plänen des Architekten Carl Bauer: Neoklassizistischer Putzbau; mittlere Fassadenachse durch Erker zwischen ionischen Pilastern und übergiebeltes Zwerchhaus betont.

*Nr. *62 (Gebäudekatalog: 276)*
Mietshaus – erbaut 1914 nach Plänen des Architekten Carl Schad (durch Neubau ersetzt).

Nr. 64 (Gebäudekatalog: 277)
Mietshaus – erbaut 1937 nach Entwurf des Architekten Richard Heinrich Achenbach: Symmetrisch konzipierter Zweispänner.

Nr. 68–70 Kath. Bonifatiuskirche (s.o. 2.3.6) (Gebäudekatalog: 278)
Kirche und Pfarrhaus – errichtet 1926–32 nach Entwurf des Kirchenbaumeisters Martin Weber durch die Baufirma Anton Hilf: Westwärts gerichteter Klinkerbau mit gestufter Ostfassade und dominierendem Choturmhexagon im Westen; Kirchenraum im Obergeschoss.

Nr. 74 (Gebäudekatalog: 279)
Siedlungshaus – errichtet 1929 (zusammen mit Burnitzstr. 2–8) nach Entwurf des Architekten Karl Olsson für die *„Baugesellschaft Sachsenhausen-West GmbH“*.

Nr. 76 (Gebäudekatalog: 280)
Stattliches Eckgebäude – errichtet 1927 (zusammen mit Burnitzstr. 1–9) für die *„Süddeutsche Großbauten AG“* als Kopfbau der gesamten Siedlungszeile in Architekturformen des Übergangs zur Moderne, akzentuiert durch Höhe und gestufte Fassadenrisalite mit aufwändigen Eingängen.

KAULBACHSTRASSE

Im Verlauf zwischen Diesterwegstraße und Oppenheimer Landstraße 1899 festgelegt, bebaut 1899–1902; benannt nach dem bayerischen Maler Wilhelm von Kaulbach (Arolsen 1805–1874 München) (zum Malerviertel zählen nur die Häuser Nr. 37–71 bzw. 30–60).

Nr. 37 (Gebäudekatalog: 281)
Mietshaus mit Ladeneinbau – errichtet 1900 (zusammen mit Schweizer Str. 98) nach Plänen des Architekten Friedrich Weil durch die Baufirma Gebr. Heunisch: Backsteingebäude – in Dimensionen und Details wie das angrenzende Haus Schweizer Straße 98.

Kaulbachstr. 37 (und Schweizer Str. 98)

Kaulbachstr. 39–49

Kaulbachstr. 45

Kaulbachstr. 53–71

Kaulbachstr. 63–71

Nr. 39 (Gebäudekatalog: 282)
Mietshaus – errichtet 1900 durch die Baufirma Gebr. Heunisch – vermutlich nach Entwurf von Friedrich Weil – für den Bauunternehmer Peter Bender: Viergeschossiger Klinkerbau in üblichen Formen der Neurenaissance; symmetrische Fassade durch Buntsandstein und Putzflächen gegliedert, am axialen Erker Bauinschrift *„1900"*.

Nr. 41 (Gebäudekatalog: 283)
Mietshaus – errichtet 1900 durch die Bauunternehmer Ludwig Röhling & Philipp Ernst nach eigenem Entwurf mit symmetrischer Putzfassade und pro Geschoss variierten Fensterumrandungen im Geschmack der Neurenaissance aus Buntsandstein.

Nr. 43, 43a (Gebäudekatalog: 284–285)
Mietshaus mit Hinterhaus – errichtet 1901 nach Plänen des Architekten Leonhard Hänel: Nr. 43 mit kaum gegliederter breiterer Putzfassade; historisierende Fensterumrandungen aus Buntsandstein. Tor zu Hof und Hinterhaus.

Nr. 45 (Gebäudekatalog: 286)
Mietshaus – errichtet 1900 durch die Baufirma Gebr. Heunisch – vermutlich nach Entwurf von Friedrich

Kaulbachstr. 36–40
Kaulbachstr. 40–44

Kaulbachstr. 71
(und Opppenheimer Landstr.)

Weil: Historisierender Putzbau mit Lisenen und zentralem Dekorationsfeld aus Backstein.

(Nr. 47–51 s.o. Hedderichstraße 104–114)
(Gebäudekatalog: 227)

Nr. 53 (Gebäudekatalog 287)
Mietshaus – errichtet 1900 durch die Baufirma Gebr. Heunisch als Eigentümer nach eigenem Entwurf: Putzbau, vierachsig und -geschossig mit symmetrischer Front und barocksierenden Fensterformen.

Nr. 55, 57 (Gebäudekatalog: 288–289)
Doppelhaus – erbaut 1900 nach leicht differierenden Entwürfen des Architekten Adolf Gustav Schenck: Auf breiter Parzelle jeweils nur zweiachsige Putzbauten, deren Fassaden zumindest in den drei Obergeschossen spiegelbildlich gestaltet sind.

Nr. 59, 61 (Gebäudekatalog: 290–291)
Doppelmietshaus – errichtet 1900 durch die Baufirma Gebr. Heunisch: Symmetrisch angelegte Mietshäuser mit spiegelbildlichen Putzfassaden aus drei Achsen, die gotisierende Fensterrahmungen aus Buntsandstein zeigen (Dach nach dem Krieg ersetzt).

Kaulbachstr. 56–60

Kaulbachstr. 30–60

Nr. 63, 65 (Gebäudekatalog: 292–293)
Doppelmietshaus – errichtet 1900 nach Plänen des Architekten Adolf Gustav Schenck für und durch die Baufirma Gebr. Heunisch: Auf breiter Parzelle jeweils nur zweiachsige Putzbauten mit spiegelbildlichen Fassaden, die über rot verblendetem Erdgeschoss neobarocke Fensterrahmung zeigen (vgl. Nr. 42–44).

Nr. 67, 69 (Gebäudekatalog: 294–295)
Doppelhaus – errichtet 1899 durch die Baufirma Gebr. Heunisch nach eigenem Entwurf für den Metzgermeister August Gruber: In den Detailformen identische Mietshäuser der Neurenaissance von unterschiedlicher Breite, wobei Nr. 69 in sich symmetrisch und durch Balkons und Giebel betont ist; dort Bauinschrift „*1899*".

Nr. 71 (Gebäudekatalog: 296)
Mietshaus – errichtet 1900 durch die Baufirma Gebr. Heunisch – vermutlich nach Entwurf von Friedrich Weil: Backsteinbau der Neurenaissance in Eckposition mit fast identischen Giebelfronten, deren gemeinsame Ecke ein Erker kaschiert; rückwärtig Hinterhaus Nr. 71a.

Nr. 30 (ehem. Schweizer Str. 96)
(Gebäudekatalog: 297)
Mietshaus mit Ladeneinbau – errichtet 1902 nach Entwurf des Architekten Jean Jungels durch die eigene Baufirma für August Sahm: Verputztes Eckhaus der Neurenaissance, viergeschossig mit Mansarddach; breitere Hauptfront zur Kaulbachstraße, Ladengeschoss mit rotem Sandstein verblendet.

Nr. 32 (Gebäudekatalog: 298)
Mietshaus – erbaut 1900 nach Plänen des Architekten Robert Strube: Schmales Neurenaissancehaus mit niedrigeren Geschosshöhen als Nr. 30 (entsprechend dem Charakter einer Nebenstraße).

*Nr. *34, 36 (Gebäudekatalog: 299–300)*
Doppelmietshaus – erbaut 1900: Vermutlich symmetrisch auf insgesamt U-förmigem Grundriss und mit spiegelbildlichen Fassaden errichtete schmale Mietshäuser der Neurenaissance; Erdgeschoss mit Sandstein verblendet, drei Obergeschosse verputzt mit schlichter Fensterumrandung (Nr. 34 – vielleicht nach Kriegsschäden – erneuert).

Nr. 38, 40 (Gebäudekatalog: 301–302)
Doppelmietshaus – errichtet 1900 durch die Baufirma Gebr. Heunisch nach eigenem Entwurf für den Bauunternehmer Peter Bender: Schmale Zwillingsbauten in den Dimensionen der Nachbarhäuser, jedoch mit reicher gestalteter Putzfassade.

Nr. 42, 44 (Gebäudekatalog: 303–304)
Doppelmietshaus – errichtet 1900 durch die Baufirma Gebr. Heunisch nach Entwurf von Adolf Gustav Schenck: Schmale Zwillingsbauten – ähnlich wie Nr. 38–40, jedoch mit etwas bizarren Fensterumrandungen.

Nr. 46, 48, 50, 52 (Gebäudekatalog: 305–308)
Mietshäuser mit Ladeneinbauten – errichtet 1899–1902 nach Entwurf der Architekten August Modrow und Heinrich Krieger durch dessen Baufirma: Insgesamt symmetrisch konzipierte Reihe aus dreiachsigen Bauten der Neurenaissance, wobei die beiden äußeren (Nr. 46 u. 52) sowie die beiden inneren (Nr. 48–50) formal gleich ausgebildet sind.

*Nr. *54 (Gebäudekatalog: 309)*
Mietshaus – errichtet 1900 durch die Baufirma Gebr. Heunisch nach eigenem Entwurf für F. Heymann (durch Neubau ersetzt).

Nr. 56, 58, 60 (Gebäudekatalog: 310–312)
Mietshäuser – errichtet 1900 durch die Baufirma Gebr. Heunisch als Eigentümer nach eigenem Entwurf: Dreiergruppe aus insgesamt symmetrisch konzipierten Häusern; verputzte Fassaden durch Gliederung in Backstein bzw. Rahmung aus Buntsandstein etwas bizarr dekoriert, Nr. 56 und 60 zusätzlich durch Konsolerker und gestuften Giebel akzentuiert.

Kennedyallee 33

KENNEDYALLEE

Als Ersatz mehrerer Feldwege von Alt-Sachsenhausen zum 1729 errichteten Oberforsthaus entstanden: 1874 ab Schweizer Straße als Allee durch Neu-Sachsenhausen festgelegt unter dem Namen Forsthausstraße, bebaut 1912–37; umbenannt ab Gartenstraße 1963 nach dem amerikanischen Präsidenten John Fitzgerald Kennedy (1917–63) (zum Malerviertel gehören nur die Häuser Nr. 33–65 bzw. 34–68; s.u. 2.6.1)

Nr. 33 (Gebäudekatalog: 313)
Mehrfamilienhaus – errichtet 1912 (zusammen mit Tischbeinstr. 2) nach Plänen des Architekten Adolf Metzger durch den Bauunternehmer Paul Junior für den Arzt Dr. Georg Brendel: Putzbau mit Gliederung und Dekor aus hellem Sandstein im *Zopfstil* – weitgehend symmetrische Ergänzung des Nachbarhauses; zur Allee übergiebelt, Ecke durch zylindrischen Vorbau mit Stufenkuppel betont.

Nr. 35, 37 (Gebäudekatalog: 314–315)
Doppelvilla – errichtet 1914 für den Offenbacher Architekten Philipp Hufnagel nach eigenen Plänen, spiegelbildlich in Grund- und Aufriss: Gemeinsame Fassade durch Stilmittel des späten 18. Jahrhunderts vertikal gegliedert und durch Eckrisalite mit kannelierten ionischen Pilastern bzw. Stufengiebel akzentuiert.

Nr. 39, 41 (Gebäudekatalog: 316–317)
Doppelvilla – errichtet 1914 durch die Baufirma Schaffner & Albert nach Plänen des Architekten Philipp Daniel Reinhardt für den Investor Wilhelm Dominique: Symmetrische Anlage aus zwei Geschossen unter gemeinsamem Mansarddach, spiegelbildlich in Grund- und Aufriss, jeweils mit äußerem Erkervorbau, der einen Balkon trägt; Portalrisalite an den Schmalseiten.

Nr. 43 Villa Sayn-Wittgenstein (Gebäudekatalog: 318)
Einfamilienhaus – errichtet 1922 durch die Baufirma Schaffner & Albert nach Plänen des Architekten Philipp Daniel Reinhardt: Neobarockes Gebäude auf fast quadratischem Grundriss, zweigeschossig mit Mansarddach und halbrundem Balkonerker.

Nr. 45, 47 (Gebäudekatalog: 319–320)
Doppelvilla – errichtet 1922 durch die Baufirma Schaffner & Albert nach Plänen des Architekten Philipp Daniel Reinhardt für den Investor Wilhelm Dominique: Ehemals aufwändiger gestaltetes Doppel-

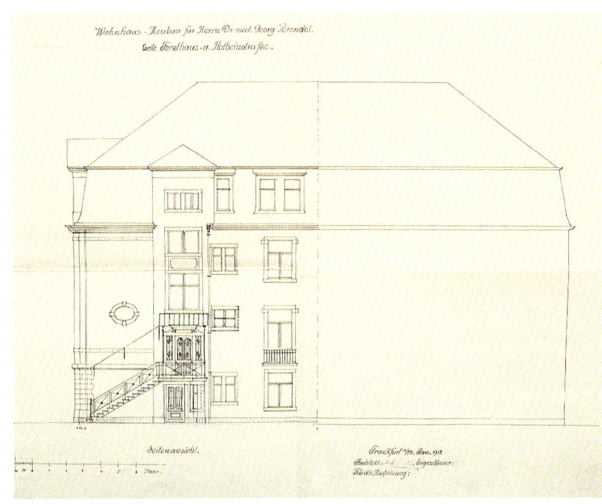

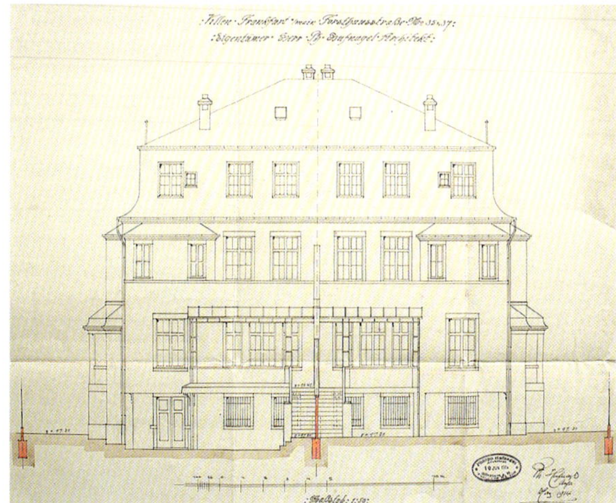

Kennedyallee 33
Ansicht und Grundriss

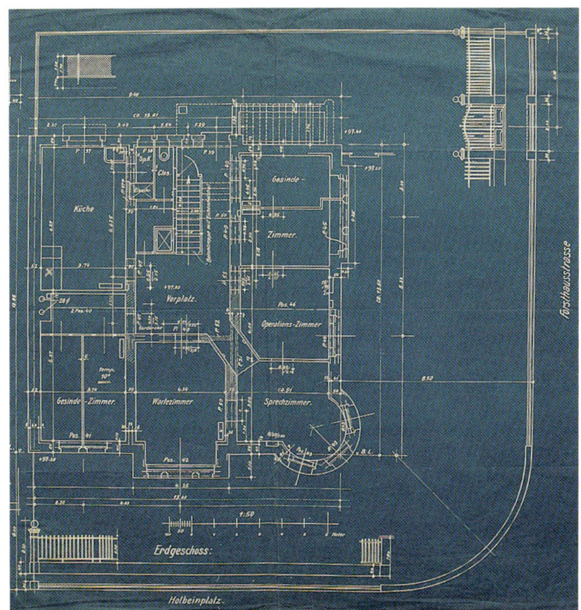

Kennedyallee 35–37, Straßen- und Gartenansicht

Kennedyallee 39–41
Kennedyallee 43 (unten links)

Kennedyallee 39–47

haus des Neobarock, doppelgeschossig und mit halbrundem Risalit- / Balkonvorbau – ursprünglich ähnlich wie Nr. 43, d.h. mit traditioneller Werksteingliederung und Mansarddach statt einem nach Kriegsschäden konstruierten Satteldach (die urspr. Planung sah zunächst für Nr. 45 eine frei stehende Villa vor, die dann – wie oft unter Dominique – symmetrisch ergänzt wurde).

Nr. 49 Villa May (Gebäudekatalog: 321)

Einfamilienhaus – errichtet 1924 nach Plänen des Architekten Fritz Nathan für Moritz May: Doppelgeschossiges Wohngebäude mit Walmdach; vor der Hauptfront ein von Pfeilern getragener Balkon hinter massiver Brüstung mit expressionistischem Zackenrelief – ebenso wie an symmetrischen Exedren der lang gestreckten Ostseite (zur Rubensstraße) die

Kennedyallee 45 / Ansichten

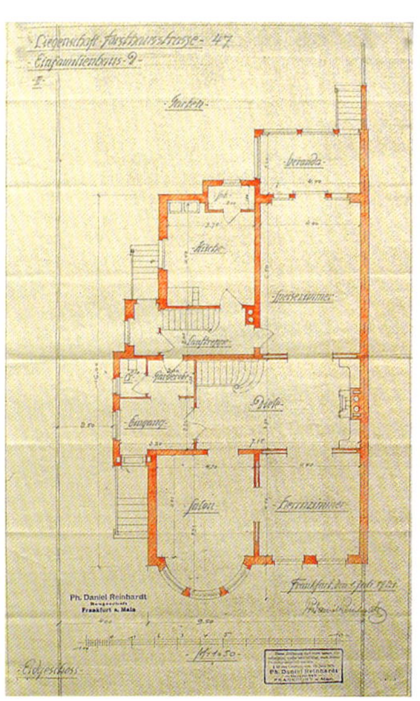

Kennedyallee 45 / Grundriss

Kennedyallee 45–47

Kennedyallee 49

Kennedyallee 49 / Grundriss

Kennedyallee 51

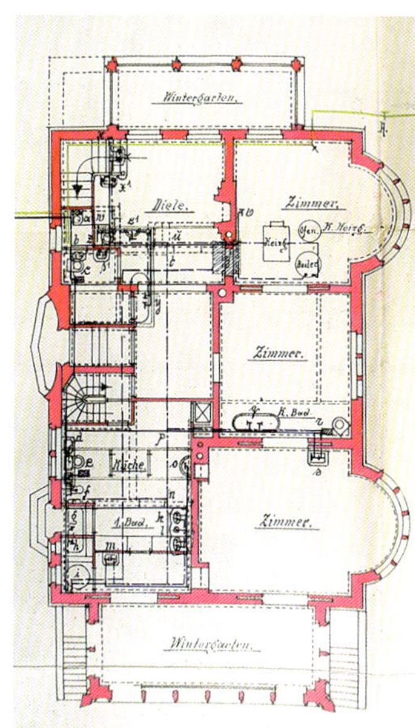

halbrunden Balkone (1920–24 entstandene Entwürfe eines Architekten Dissler wurden nicht realisiert; s.u. Kennedyallee 54 bzw. Rubensstr. 30).

Nr. 51 Villa Wilke (Gebäudekatalog: 322)
Einfamilienhaus – erbaut 1923 für den Hutfabrikanten C. G. Wilke (umgebaut 1939 nach Plänen des Architekten Hans Heinrich Schempp): Fast kubischer Putzbau, doppelgeschossig mit Walmdach und einem polygonalen Vorbau links.

*Nr. *53 Villa Marx (Gebäudekatalog: 323)*
Einfamilienhaus – errichtet 1925 nach Plänen des Architekten Christian Friedrich Ronnefeldt für Dr. Herbert von Marx durch die Baufirma Schaffner & Albert (weitestgehend durch Neubau ersetzt).

Nr. 55 Villa Junior (Gebäudekatalog: 324)
Einfamilienhaus – erbaut 1928 nach Plänen von F. Sauter für Kurt Junior (nach Erwerb des Geländes von Hermann Silberstein): Kubisches Gebäude mit Walmdach und axialem Portalvorbau unter expressionistischem Stufendach.

Nr. 57 Villa Zybell (Gebäudekatalog: 325)
Einfamilienhaus – erbaut 1924 nach Plänen des Architekten Franz Dehler für Dr. Zybell: Kubisches Gebäude mit Walmdach und halbrund vortretendem Axialrisalit.

Kennedyallee 49–51

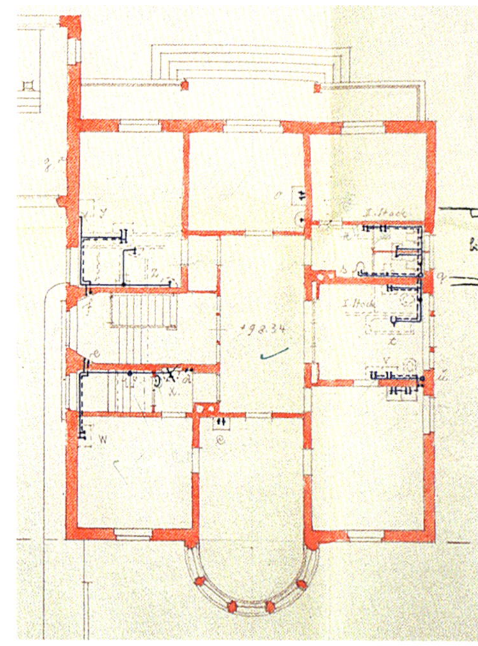

Kennedyallee 55
Kennedyallee 57 / Grundriss

(Nr. 59 – Garten erst um 1950 mit einer Villa bebaut)

Nr. 61 Villa Pollatschek (Gebäudekatalog: 326)
Einfamilienhaus – erbaut 1922 nach Entwurf des Architekten Fritz Voggenberger: Symmetrischer Putzbau mit erhöhter Mitte und expressionistischen Details (nachträglich formal vereinfacht und als Hotel umgebaut).

Nr. 63 (Gebäudekatalog: 327)
Mehrfamilienhaus – erbaut 1924 nach Plänen des Architekten Ludwig Ackermann für die *„Deutsche Reichsbahn"*: Schlichter Putzbau der Moderne aus drei Geschossen und Walmdach.

Nr. 65 (Gebäudekatalog: 328)
Doppelmietshaus – erbaut 1922 (zusammen mit Burnitzstraße 58) nach Entwurf des Architekten Ludwig Ackermann für die *„Deutsche Reichsbahn"* auf insgesamt halbrundem Grundriss.

Kennedyallee 55–57

Bauplan Kennedyallee 61 / Ansichten

Kennedyallee 63

Nr. 34 (Gebäudekatalog: 329)
Wohn- und Geschäftshaus – erbaut 1927 nach Entwurf des Architekten und Eigentümers Carl Diehl mit integrierter Konditorei (1956 umgebaut).

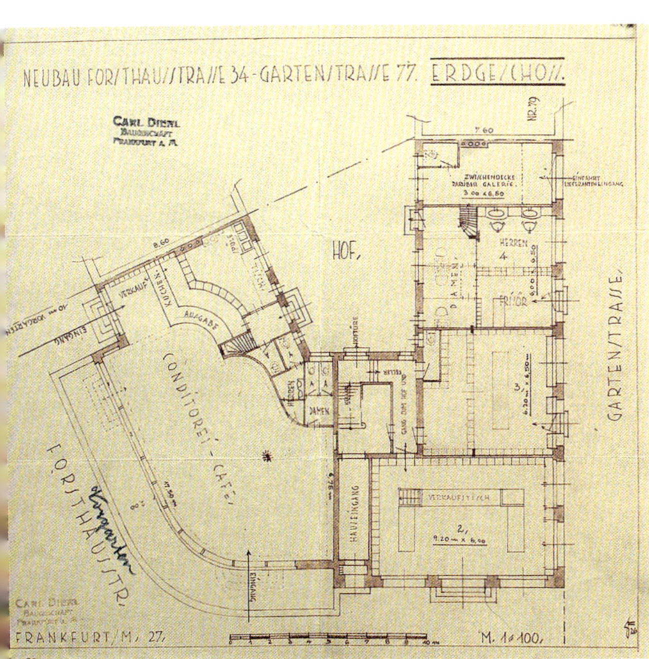

Kennedyallee 34 / Grundriss und Ansicht

Kennedyallee 38 / Grundriss

Kennedyallee 36–38

Nr. 36, 38 (Gebäudekatalog: 330–331)
Doppelmietshaus – erbaut 1913 nach Entwurf des Architekten und Eigentümers Wilhelm Behrens: Noble Zwillingsgebäude, spiegelbildlich in Grund- und Aufriss – eigentlich dreigeschossig, doch mittels genutztem Mansarddach durch ein Stockwerk ergänzt; zentral lange Balkone in allen Etagen, seitlich flankiert und geschützt durch polygonale Risalittürme, die in Kuppeln enden.

Nr. 40 (Gebäudekatalog: 332)
Mietshaus – erbaut 1913: Noble Fassade mit seitlichem Risalit, am Eck durch Loggien in allen drei Geschossen und im Dachbereich durch oktogonalen Tambour betont, den eine Kuppel überspannt.

Nr. 42, 44 (Gebäudekatalog: 333–334)
Doppelhaus – errichtet 1913 durch die Baufirma des Architekten Carl Diehl und nach dessen Plänen: Symmetrisch angelegte Mietshäuser in zurückhaltender Gliederung mit gemeinsamem Mittelrisalit (2:4:2 Achsen), den Attikageschoss und halbrunder Giebel überragen bzw. Balkone und Loggien flankieren.

Nr. 46 (Gebäudekatalog: 335)
Mietshaus – erbaut 1913 nach Entwurf des Architekturbüros Friedrich Carl von Kramer für Heinrich Bauer: Tief in die Parzelle ragendes Gebäude im Geschmack des Neoklassizismus auf rechteckigem Grundriss. Symmetrische Fassade durch polygonalen Erkervorbau zentriert, der einen vom Giebel hin-

Kennedyallee 36–40

Kennedyallee 40

Kennedyallee 36–48

Bauplan Kennedyallee 42–44 mit Ansicht

terfangenen Balkon trägt; an der Halbsäule über der Gebäudeecke skulptierte Statue eines *Putto*.

Nr. 48, 50 (Gebäudekatalog: 336–337)
Mietshäuser – erbaut 1937 nach Plänen des Architekten Daniel Reinhardt (d.J.) für Heinrich Bachmann: Schlichte Zwillingsbauten der frühen Moderne.

*Nr. *52 (Gebäudekatalog: 338)*
Mietshaus – errichtet 1913 nach Plänen des Architekten Justus A. Helme; Ecke zur Rubensstraße durch einen zylindrischen Vorbau betont (1959 durch Neubau ersetzt, dessen Eckrondell an den Vorgängerbau erinnert).

Kennedyallee 46

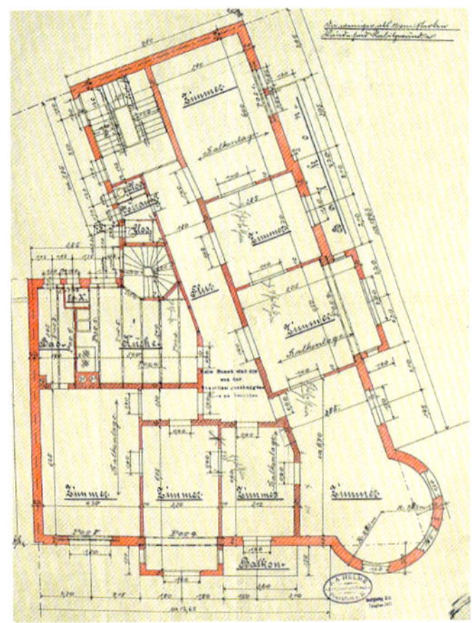

Kennedyallee 52 / Grundriss (1. OG)

*Nr. *54 (Gebäudekatalog: 339)*
Doppelvilla – erbaut um 1920–24 nach Entwurf des Architekten Georg Schmidt für E. Grieger: Neobarocke Einfamilienhäuser in Eckposition, spiegelbildlich in Grund- und Aufriss, unter gemeinsamen Mansarddach, jeweils mit polygonalen Eckrisaliten zu Kennedyallee und Garten (durch Neubau ersetzt; s.o. Hinweis bei Kennedyallee 49).

(Nr. 56– 58; ehem. Garten von Schreyerstr. 13 – erst 1952 bebaut)

(ehem. Nr. 60 – s.u. Schreyerstr. 17–19) (Gebäudekatalog: 562)

Nr. 62, 62a (Gebäudekatalog: 340–341)
Reihenhäuser – erbaut 1935 (zusammen mit Schreyerstr. 16) nach Plänen der Architekten Adolf Hecht & Bruno Francke.

Nr. 64, 66 (Gebäudekatalog: 342–343)
Einfamilien-Reihenhäuser – errichtet 1935 nach Plänen des Architekten Wilhelm Derlam durch den Bauunternehmer Heinrich Jourdan: Moderne Gebäudereihe mit zeittypisch eck-übergreifenden Fenstern.

Kennedyallee 62–64

Kennedyallee 64–68

*Nr. *68 (Gebäudekatalg: 344)*
Mietshaus – erbaut 1934 nach Entwurf der Architekten Erich Ronstadt & Richard Beyer (1944 ruiniert, 1946 wieder aufgebaut; durch modernen Neubau ersetzt).

(Die westliche Fortsetzung der Kennedyallee liegt außerhalb des Malerviertels – s.u. Kap. 2.7.1.)

MORETTOSTRASSE

(s.u. Schaub- und Schreyerstraße)

MORGENSTERNSTRASSE

Im Verlauf zwischen Schneckenhof- und Schwanthalerstraße 1899 festgelegt, bebaut 1903–09; benannt nach der Familie des Frankfurter Malers Johann Ludwig Ernst Morgenstern (Rudolstadt 1738–1819 Frankfurt), auf den mit Johann Friedrich (1877–1844), Carl (1811–1893), Friedrich Ernst (1853–1919) drei weitere Maler-Generationen folgten.

Nr. 3–3a Schillerschule (s.o. Gartenstr. 57 u. 2.3.5) (Gebäudekatalog: 122)

Nr. 21 (Gebäudekatalog: 345)
Mietshaus – erbaut 1903: Neobarockes Eckhaus mit fast symmetrischer Fassade, deren Mitte ein polygonaler Erker auf vegetabil reliefierter Konsole betont (urspr. vielleicht dreigeschossig unter hohem Mansarddach).

Nr. 31 (Gebäudekatalog: 346)
Mietshaus – errichtet 1904 nach Plänen des Architekten Friedrich Weil durch die Baufirma Gebr. Heu-

Morgensternstr. 21

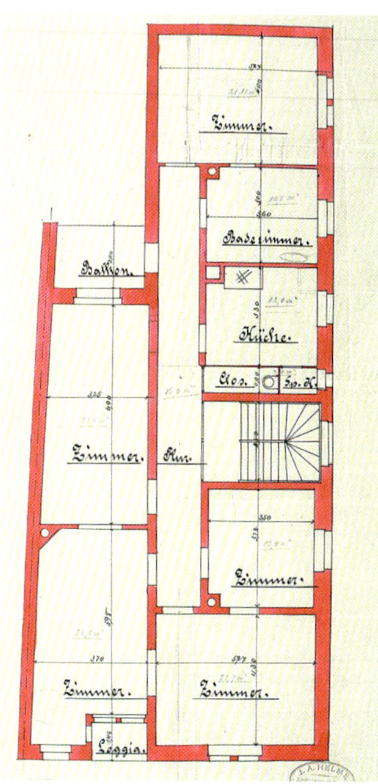

Morgensternstr. 33 / Grundriss (1. OG)

Morgensternstr. 31–41

nisch: Markanter Putzbau von drei Geschossen, über die mit drei weiteren Stockwerken ein verschieferter Wellgiebel ragt; daran schwalbennestartiger Polygonalerker aus Fachwerk. Gliederung mittels Buntsandstein, die rechte von drei Fassadenachsen für Loggien geöffnet.

Nr. 33 (Gebäudekatalog: 347)
Mietshaus – erbaut 1903 nach Entwurf des Architekten Peter de Ginder durch die eigene Baufirma: Asymmetrisch konzipiertes Gebäude mit drei Fassadenachsen aus schmalem Fenster und Balkon bzw. Doppelfenster; im Erdgeschoss rustizierter Buntsandstein, in den drei verputzten Stockwerken stilistischer Wechsel von Motiven von der Gotik bis zum Barock; auch hier eingetiefte Loggien, Erdgeschoss verblendet. Bauinschrift *„1903“*.

Nr. 35, 37 (Gebäudekatalog: 348–349)
Doppelmietshäuser – erbaut 1904 nach Plänen des Architekten und Eigentümers Max Helme (Nr. 37 weitgehend modern erneuert).

Morgensternstr. 31–33

Morgensternstr. 39–41

Morgensternstr. 8–12

Morgensternstr. 8–12

Morgensternstr. 14–16

Morgensternstr. 8–16

Nr. 39, 41 (Gebäudekatalog: 350–351)

Doppelhaus – erbaut 1903 nach Entwurf des Architekten Emil Anthes als Eigentümer durch die eigene Baufirma: Schmalbrüstige Klinkerbauten in traditionellen Fassadenformen des Historismus; im Erdgeschoss Bänderrustika aus Buntsandstein und Bogenfenster, in den drei Obergeschossen heller, rot geränderter Klinker und flächige Werksteingliederung. An der mittleren von jeweils drei Fassadenachsen schmaler Polygonalerker mit umrankter Kopfkonsole und abschließendem Kielbogengiebel.

Nr. 43 (Gebäudekatalog: 352)

Mietshaus – erbaut 1905 (zusammen mit Schwanthalerstr. 56–60) nach Entwurf des Architekten Maximilian Helme unter Mitwirkung von Georg Häusler: Putzbau im Geschmack der Neurenaissance mit Gliederung aus Buntsandstein.

Nr. 8, 10, 12 (Gebäudekatalog: 353–355)

Mietshäuser – errichtet 1908 als Dreiergruppe im Stil des Neoklassizismus nach Entwurf des Architekten Johann Georg Mohr für und durch den Bauunternehmer Friedrich Battenberg (Nr. 8 im Oberbau 1944 zerstört); Fassaden mit unterschiedlichen Architekturdetails, formal identische Reliefs jugendlicher Paare *„Bauer mit Saatgut"* bzw. *„Bäuerin mit Früchten"* an den Erkern von Nr. 8–10 (s.o. 2.5.2).

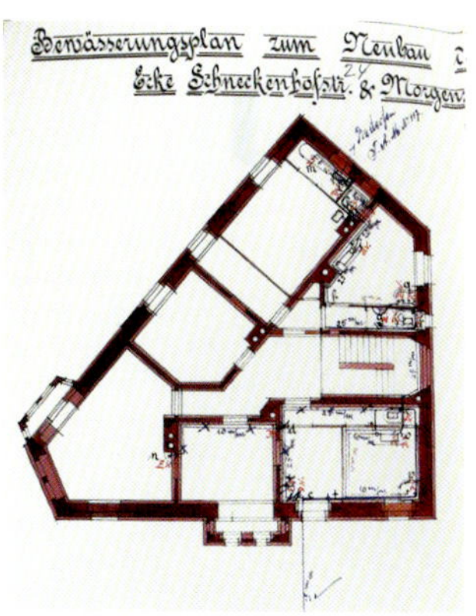

Morgensternstr. 18 (und Schneckenhofstr.)

Morgensternstr. 18 / Grundriss

Morgensternstr. 24–26

Nr. 14, 16 (Gebäudekatalog: 356–357)
Doppelmietshaus – erbaut 1908 nach Plänen des Architekten Johann Georg Mohr in Stilformen des Neoklassizismus; Fassaden jeweils leicht differierend in Gliederung, Balkons, Erkern und Giebel (ähnlich wie sein Eckhaus Schwarzburgstr / Oeder Weg im Nordend).

Nr. 18 (ehem. Schneckenhofstr. 24) (Gebäudekatalog: 358)
Mietshaus – erbaut 1908 nach Plänen des Architekten Johann Georg Mohr für F. Bott: Winkelposition zur Schneckenhofstraße durch zwei zwar unterschiedliche, jedoch weitgehend symmetrische Fassaden genutzt, wobei die eigentliche Ecke abgefast ist und – flankiert von Giebelrisaliten – einen kuppelartigen Aufsatz trägt.

*Nr. *22 (Gebäudekatalog: 359)*
Mietshaus – errichtet 1906 nach Entwurf des Architekten Philipp Brendel (vermutlich im Neubau Schneckenhofstr. 23 aufgegangen).

Nr. 24, 26 (Gebäudekatalog: 360–361)
Mietshäuser – erbaut 1903 nach unterschiedlichen Plänen der Architekten Franz Carl Becker & Carl Justus Beck, jeweils dreiachsig mit Erkervorbau – an Nr. 24 Maßwerkbrüstungen und Giebel, an Nr. 26 Wappenbrüstung und Schlussstein als „*Narrenkopf*" aus Buntsandstein.

Nr. 28, 30 (Gebäudekatalog: 362–363)
Doppelmietshaus – errichtet 1906/09 nach Entwurf der Architekten Ernst Faust & A. Wagner durch die Baufirma Emil Anthes mit symmetrischen Fassaden des Neoklassizismus, zentriert von Erkern und Giebeln.

Morgensternstr. 24–38

Morgensternstr. 38 (und Schwanthalerstr. 34)

Morgensternstr. 28–38

Morgensternstr. 28–36

Nr. 32, 34, 36 (Gebäudekatalog: 364–366)
Mietshäuser – errichtet 1906/08 als Dreiergruppe nach Plänen der Architekten Ernst Faust & A. Wagner durch die Baufirma Emil Anthes: Freistehende Gruppe des Neoklassizismus, insgesamt symmetrisch angelegt und jeweils über durchlaufendem Erker übergiebelt, wobei Nr. 34 dominiert.

Nr. 38 (Gebäudekatalog: 367)
Mietshaus – erbaut 1909 nach Entwurf des Architekten Gustav Günther für den Investor Heinrich Harneit: Markanter Putzbau des Neoklassizismus in Eckposition, wobei beide in sich symmetrischen Fassaden jeweils durch konvexen und übergiebelten Vorbau zentriert sind.

NELL-BREUNING-STRASSE

Moderne Hauptstraße des erst seit 2009 am Südrand des Malerviertels auf ehemaligem Gelände des Güterbahnhofs gleisparallel entstehenden „Holbeinquartiers“, benannt nach dem katholischen Theologen Oswald von Nell-Breuning (1890–1991); s.u. 3.4.

NORDHEIMSTRASSE

Im Verlauf zwischen Holbein- und Thorwaldsenstraße 1911 festgelegt, bebaut 1929–30; benannt nach dem Frankfurter Bildhauer August von Nordheim (1813–84).

*Nr. *1 (Gebäudekatalog: 368)*
Mietshaus – erbaut 1930 nach Entwurf des Architekten Adam Fischer (durch Neubau ersetzt).

Nordheimstr. 3–5

Nr. 3, 5 (ehem. Thorwaldsenplatz 1) (Gebäudekatalog: 369–370)
Mehrfamilienhäuser – errichtet 1929 durch die Baufirma Gebr. Heunisch nach eigenen, leicht variierten Entwürfen für leitende Angestellte der *Casella-Werke*.

(Nr. 4; Garten – erst nach 1939 bebaut)

OPPENHEIMER LANDSTRASSE

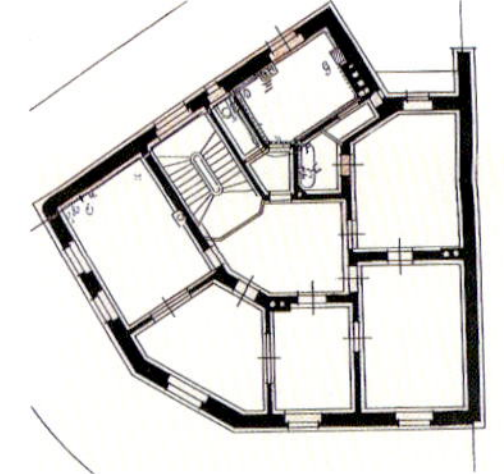

Oppenheimer Landstr. 31 / Grundriss

Als Fortsetzung der gleichzeitig innerhalb von Alt-Sachsenhausen trassierten Oppenheimer Straße 1878 bis zur Holbeinstraße festgelegt, bebaut 1890–1924; benannt nach der Rheinstadt Oppenheim (zum Malerviertel gehören nur die Häuser 27–73 und 34–76).

(ehem. 25 – s.u. Schweizer Str. 66) (Gebäudekatalog: 623)

Nr. 27 (Gebäudekatalog: 371)
Ehem. Garten- bzw. Hinterhaus (jetzt Restaurant), eingeschossig errichtet 1891.

Nr. 29 (Gebäudekatalog: 372)
Mietshaus – erbaut 1897 für Joseph Spielmeyer als viergeschossiger Putzbau mit üblicher Sandsteingliederung in Formen der Neurenaissance.

Nr. 31 (Gebäudekatalog: 373)
Mietshaus – erbaut 1890 in Eckposition zur Schwanthalerstraße mit einfachen Fassaden der Neurenaissance beiderseits einer abgefasten Hausecke.

Nr. 35 (Gebäudekatalog: 374)
Mietshaus – erbaut 1902 (zusammen mit Schwanthalerstr. 51) nach Plänen des Architekten Heinrich Heyter: Dreiachsiger Putzbau, im Detail mit barockisierenden Zierformen und verquadertem Erdgeschoss aus Buntsandstein.

Nr. 37, 39 (Gebäudekatalog: 375–376)
Doppelmietshäuser – erbaut 1902 nach Plänen des Architekten Heinrich Heyter mit Zwillingsfassaden, spiegelbildlich in Grund- und Aufriss: Zweiachsige Putzfassaden mit geschossweise variierten Fensterumrandungen; auf dem Walmdach jeweils polygonale Gaube mit Pyramidendach.

Nr. 41, 43 (Gebäudekatalog: 377–378)
Doppelmietshäuser – errichtet 1901 nach Plänen des Architekten Philipp de Ginder durch und für den Bau-

Oppenheimer Landstr. 35
Oppenheimer Landstr. 35–43 (und Schwanthalerstr. 51)

S. 197:
Oppenheimer Landstr. 41–49 (und Textorstr.)
Oppenheimer Landstr. 37–39
Oppenheimer Landstr. 41–43

Oppenheimer Landstr. 57

unternehmer Emil Anthes: Asymmetrische Baugruppe mit unterschiedlichen Fassaden aus rotem Klinker, den heller Sandstein architektonisch gliedert.

Oppenheimer Landstr. 61–63

Äußere Differenzierung mittels Zentral- bzw. Eckrisalit und anderer Details.

Nr. 43a (Gebäudekatalog: 379)
Mietshaus – errichtet 1901 nach Plänen des Architekten Philipp de Ginder durch den Bauunternehmer Emil Anthes (mit Hinterhaus) mit spärlicher Fassadengliederung im Geschmack der Neurenaissance.

Nr. 45 (Gebäudekatalog: 380)
Mietshaus – erbaut 1900 für Friedrich Best – vielleicht nach eigenem Entwurf: Viergeschossiger Putzbau mit Gliederung aus Buntsandstein im Renaissancegeschmack.

Nr. 47 (Gebäudekatalog: 381)
Mietshaus – errichtet 1899 durch den Bauunternehmer Adolf Andreas Wenzel vermutlich nach eigenem Entwurf für M. Schlesinger: Viergeschossiger Putzbau mit Gliederung aus Buntsandstein im Stil der Neurenaissance.

Nr. 49 (identisch mit Textorstr. 98) (Gebäudekatalog: 382)
Mietshaus mit Ladeneinbau – errichtet 1900 nach Plänen des Architekten Friedrich Maximilian Hancke, durch Eckposition zur Textorstraße auf rhombischem Grundriss – allerdings mit abgefaster Gebäudeecke: Weitgehend verputztes Gebäude mit Rahmung, Eck- und Sockelquaderung aus Buntsandstein in Formen der Neurenaissance.

*Nr. *53 (Gebäudekatalog: 383)*
Mietshaus – erbaut 1900 (durch Neubau ersetzt).

*Nr. *55 (Gebäudekatalog: 384)*
Mietshaus – erbaut 1893 (mit Hinterhaus; durch Neubau ersetzt).

*Nr. 57, 59, 61,*63, 67, 69,*71, 73 (Gebäudekatalog: 385–392)*
Mietshäuser – errichtet 1899/1902 (zusammen mit Hedderichstr. 130–132) durch die Baufirma und den Eigentümer Gebr. Heunisch nach Entwürfen von Friedrich Weil (Nr. 63 nur noch als Fragment erhalten, Nr. 71 völlig durch Neubau ersetzt): Helle Backsteinarchitektur mit leicht variiertem Rahmenwerk und Schmuckmotiven aus Buntsandstein vorwiegend unter Einfluss später Gotik – bis auf den Kopfbau Nr. 73, dessen Eck zur breiten Holbeinstraße (wie das Zwillingshaus Hedderichstr. 132) durch überkuppelten Polygonalerker städtebaulich hervorgehoben ist.

Nr. 34 (Gebäudekatalog: 393)
Mietshaus – errichtet 1893 (als Ersatz eines klassizistischen Eckhauses) für und durch den Bauunternehmer Karl Best: Schlichter Putzbau.

Nr. 36 (Gebäudekatalog: 394)
Mietshaus – errichtet 1893 für Jacob Geier: Schlichter Putzbau (mit Hinterhaus).

Nr. 40 (Gebäudekatalog: 395)
Mietshaus mit Ladeneinbau – errichtet 1903 nach Plänen des Architekten Peter de Ginder: Viergeschossiges Gebäude aus hellem Sichtklinker mit symmetrischer Fassade aus fünf Achsen; Gliederung und Rustika im Erdgeschoss aus Buntsandstein, symmetrische Zwillingsbalkone.

Nr. 42 (Gebäudekatalog: 396)
Mietshaus mit Ladenanbau – errichtet 1903 nach Plänen des Architekten Peter de Ginder: Viergeschossiger Putzbau mit symmetrischer Fassade aus vier Achsen in Mischformen aus Neogotik und Neurenaissance; an den Binnenachsen Zwillingsbalkone.

Oppenheimer Landstr. 67–69

Oppenheimer Landstr. 67

Oppenheimer Landstr. 69

Oppenheimer Landstr. 34 und 38

Oppenheimer Landstr. 40–46

Nr. 44 (Gebäudekatalog: 397)
Mietshaus mit Ladeneinbau – errichtet 1897 durch den Bauunternehmer Friedrich Joseph Spielmeyer: Vierachsiger Klinkerbau der Neurenaissance mit symmetrischer Fassade in Mischformen aus Neogotik und Neurenaissance.

Nr. 46 (Gebäudekatalog: 398)
Mietshaus – errichtet 1902 nach Entwurf des Architekten Jean Jungels für und durch den Bauunternehmer Ludwig Röhling: Viergeschossiger Putzbau in Eckposition mit spärlicher Fassadengliederung in historisierenden Formen (Erdgeschoss unpassend modernisiert).

Oppenheimer Landstr. 40–46

Oppenheimer Landstr. 48–50

Oppenheimer Landstr. 50–56

Oppenheimer Landstr. 48–58 (und Schwanthalerstr. 53)

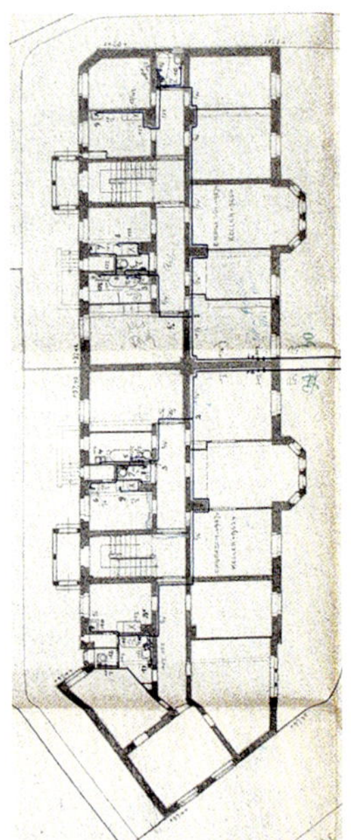

Oppenheimer Landstr. 58 / Grundriss

Oppenheimer Landstr. 48–58

Oppenheimer Landstr. 58

Oppenheimer Landstr. 70–76

Nr. 48 (Gebäudekatalog: 399)
Mietshaus – erbaut 1902 (identisch mit Schwanthalerstr. 53): Viergeschossiger Putzbau der Neurenaissance in Eckposition; beide Straßenfronten durch doppelgeschossige Erker betont zuseiten einer gefasten Gebäudeecke mit Balkonen und Pyramidengaube; Erdgeschoss mit Buntsandstein verblendet.

Nr. 50 (Gebäudekatalog: 400)
Mietshaus – errichtet 1903 nach ähnlichen Plänen des Architekten Ludwig Maul für Johann Kitzinger (aufgrund der formalen Verwandtschaft mit den Häusern Nr. 52–56 wäre als planender Architekt eher Alexander Philipp Heinitz zu vermuten).

Nr. 52, 54, 56 (Gebäudekatalog: 401–403)
Mietshäuser – erbaut 1904 als symmetrische Dreiergruppe von Backsteinbauten nach Plänen des Architekten Alexander Philipp Heinitz für den Maurermeister und Investor Johann Kitzinger. Fassaden aus zweifarbigem Klinker mit Neurenaissance-Dekor in Buntsandstein (Giebel von Nr. 56 im Krieg zerstört).

Nr. 58 (ehem. 68) (Gebäudekatalog: 404)
Doppelhaushälfte – erbaut 1924 (mit Textorstr. 100 – als Ersatz der 1864 an der damaligen *Lokalbahn* gegründeten Maschinenfabrik *Philipp Hirschel)* nach Plänen des Architekten Theodor Darlam: Monumentaler Baublock in klaren Architekturformen des Neoklassizismus mit expressionistischem Dekor in symmetrischer Fassade, die insgesamt von polygonalen Erkern bzw. Balkons rhythmisiert (2:1:3:1:2 Achsen) und durch einen Giebel zentriert wird. Über einem von aufgeputzter Bänderrustika gegliederten Erdgeschoss zwei schlichte Stockwerke und ein dem gestuften Walmdach integriertes Attikageschoss sowie gereihte Gauben.

Nr. 70, 72 (Gebäudekatalog: 405–406)
Doppelhaus – erbaut 1912 für A. Simon bzw. Franz Thoma nach Plänen des Architekten August Böcher als Teil einer annähernd symmetrischen Vierergruppe (mit Nr. 74 und 76) aus viergeschossigen Mietshäusern: Fassaden in schlichter Gliederung aus Buntsandstein, zwischen Balkons jeweils zentriert von einem Erker mit spärlichem neoklassizistischem Reliefdekor, über den vor das Mansarddach ein übergiebeltes Zwerchhaus tritt.

Nr. 74 (Gebäudekatalog: 407)
Mietshaus – erbaut 1912 nach Plänen des Architekten Justus A. Helme ähnlich den Nachbarhäusern (Giebel bei Nr. 74 zerstört).

Nr. 76 (Gebäudekatalog: 408)
Mietshaus – erbaut 1912 nach Plänen des Architekten Ludwig Maul ähnlich den Nachbarhäusern.

OSKAR-SOMMER-STRASSE

Im Verlauf zwischen Burnitzstraße und Stresemannallee 1911 – zunächst als Rietschelstraße (nach dem Bildhauer Ernst Rietschel) – festgelegt, bebaut 1914–38; bereits 1911 umbenannt nach dem Architekten Oskar Sommer (Wolfenbüttel 1840–1894 Frankfurt), der seit 1869 am Städel lehrte und dessen Neubau in Sachsenhausen entworfen hat.

Oskar-Sommer-Str. 1–13

Oskar-Sommer-Str. 6–14

Nr. 1, 3 (Gebäudekatalog: 409–410)
Reihenhäuser – erbaut 1938 (zusammen mit Burnitzstr. 45–47).

(Nr. 9–11; ehem. Gärten und Lagerplatz – 1955 durch die „Deutsche Bundesbahn" mit einem Wohnhaus bebaut).

(Nr. 13; ehem. Gärten und Lagerplatz – 1958 durch die „Deutsche Bundesbahn" mit einem Wohnhaus bebaut).

(Nr. 15–17; ehem. Gärten und Lagerplatz – 1967 durch die „Deutsche Bundesbahn" mit einem Wohnhaus bebaut, das um 1980 durch ein größeres Bürohaus ersetzt wurde).

Nr. 6 Villa Stahl (Gebäudekatalog: 411)
Einfamilienhaus – erbaut 1914 nach Plänen des Architekten Richard Hartherz für G. Stahl.

Nr. 8 (Gebäudekatalog: 412)
Einfamilienreihenhaus – erbaut 1914 nach Plänen des Architekten Ludwig Ross (d.Ä.).

Nr. 10 (Gebäudekatalog: 413)
Einfamilienreihenhaus – erbaut 1914 nach Plänen des Architekten W. Kullmann.

Nr. 12 (Gebäudekatalog: 414)
Einfamilienreihenhaus – erbaut 1914 nach Plänen des Architekten Hans Höllerer.

Nr. 14 (Gebäudekatalog: 415)
Einfamilienreihenhaus – erbaut 1925 nach Plänen eines Architekten Schmidt (nicht identifizierbar) für Erich Friedenstein: Doppelgeschossiger Putzbau unter traditionellem Mansarddach als Ende einer Häuserreihe.

Nr. 16 (Gebäudekatalog: 416)
Einfamilienhaus – errichtet 1925 durch die Bauunternehmer Wagner & Struth für Gustav Giesecke als Teil einer traditionellen Gebäudereihe.

Nr. 18 (Gebäudekatalog: 417)
Einfamilienhaus – erbaut 1914 für Oscar Selbach als Teil einer formal traditionellen Gebäudereihe.

Nr. 20 (Gebäudekatalog: 418)
Einfamilienhaus – erbaut 1914 nach Entwurf des Architekten Georg Heinrich Haas für Ludwig Haas: Einziges Giebelhaus zwischen traufenständigen Reihenhäusern.

Nr. 22 (Gebäudekatalog: 419)
Einfamilienhaus – erbaut 1914 nach Entwurf des Wiesbadener Architekten Erich Finley Freundlich in barockisierenden Formen für Dr. Harthe.

Oskar-Sommer-Str. 16–22

PASSAVANTSTRASSE

Im Verlauf zwischen Holbein- und Burnitzstraße 1898 festgelegt, bebaut 1913–35; benannt 1911 nach dem Frankfurter Maler und Kunstwissenschaftler Johann David Passavant (1787–1861), der ab 1840 als Inspektor am Städel'schen Kunstinstitut für dessen Erwerb zahlreicher Gemälde (u.a. von Jan van Eyck, Meister von Flémalle, Hans Memling, Moretto, Parmegianino) verantwortlich war.

Nr. 1, 3 (Gebäudekatalog: 420–421)
Mietshäuser – errichtet 1913 (zusammen mit Holbeinstr. 38) für und nach Entwurf des Architekten Otto Bäppler durch die Baufirma Gebr. Heunisch: Gediegene Putzbauten des Neoklassizismus mit zurückhaltender Fassadengliederung. Bei Nr. 1 (zuseiten der eingezogenen Gebäudeecke) beide Fronten durch breiten Risalit mit Lisenen / Pilastern, Balkonen und variierten Zwerchhäusern im Mansarddach akzentuiert; Nr. 3 etwas schlichter, so dass die gemeinsam zurückgenommenen Eingangsachsen rundbogige Zwillingsportale aufweisen.

Nr. 5 (Gebäudekatalog: 422)
Mietshaus – errichtet 1913 nach Entwurf des Architekten Otto Bäppler für und durch die Baufirma Gebr. Heunisch: Neoklassizistischer Putzbau in gleichen Dimensionen und ähnlichem Dekor wie die Nachbarhäuser, allerdings mit weitgehend symmetrischer Fassade, die im Unterbau mit gelblichem Sandstein verblendet und am axialen Risalit reicher gestaltet ist.

Passavantstr. 1–5 (und Böcklinstr.)

Passavantstr. 7–9

Nr. 7, 9 (Gebäudekatalog: 423–424)
Mietshäuser – erbaut 1935 nach Entwurf des Architekten Richard Heinrich Achenbach: Funktionale Baugruppe der frühen Moderne ohne Dekor.

Nr. 11 (Gebäudekatalog: 425)
Mietshaus – errichtet 1913 durch die Baufirma Conrad & Ernst Jost: Dreigeschossiger Putzbau mit axialem Risaliterker, den barockisierende Stuckreliefs zieren; hier Inschrift *„Erbaut 1913"*.

Nr. 13, 15 (Gebäudekatalog: 426–427)
Doppelhaus – errichtet 1913 nach variierten Entwürfen des Architekten Wilhelm M. Becker durch die Baufirma Carl Schad für F. Arnold (Nr. 13) und Becker selbst (Nr. 15): Ähnlich gegliederte Gebäude mit axialem Mittelrisalit, den ein Giebel überragt; Dekoration an Nr. 13 im *Zopfstil*, an Nr. 15 in strengerem Neoklassizismus.

Nr. 17 (Gebäudekatalog: 428)
Mietshaus – erbaut 1914 nach Plänen der Architekten Fritz Schwarz & Karl Wagner: Symmetrisch angelegtes Gebäude mit halbrund vortretendem Balkonrisalit (ehemaliges Mansarddach als viertes Geschoss ausgebaut).

Nr. 19 (Gebäudekatalog: 429)
Mietshaus – erbaut 1928 nach Plänen des Architekten Paul Hoffmann durch seine eigene Baufirma: Schlichter Putzbau aus drei Geschossen mit zentralem Erker.

Nr. 21, 23 (Gebäudekatalog: 430–431)
Doppelhaus – erbaut 1928 nach Plänen der Architekten Martin Hees (Nr. 21; für Dr. Rudolf Wolf): Moderne Zwillingsbauten, spiegelbildlich in Grund- und Aufriss.

Nr. 25, 27, 29 (Gebäudekatalog: 432–434)
Mehrfamilienhäuser – errichtet 1928 nach Entwurf des Architekten Paul Hoffmann durch seine eigene Baufirma: Dreiergruppe aus schlichten Putzbauten der Moderne unter gemeinsamem Walmdach.

Nr. 31 Villa Schreiber (Gebäudekatalog: 435)
Einfamilienhaus – erbaut 1934 nach Plänen des Architekten Karl Olsson: Modernes Eckgebäude, verputzt mit Balkonrisalit (zur Thorwaldsenstr.) und Walmdach.

Nr. 33 (identisch mit Thorwaldsenstr. 43) (Gebäudekatalog: 436)
Neobarockes Einfamilienhaus – errichtet 1925 nach Entwurf des Architekten Christian Friedrich Ronnefeld durch die Baufirma Schaffner & Albert für den Investor Wilhelm Dominique (zusammen mit Thorwaldsenstr. 39–41; nachträglich erweitert).

Nr. 35 Beamtenwohnhaus (Gebäudekatalog: 437)
Mietshaus – erbaut 1925: Doppelgeschossiger Putzbau im Erscheinungsbild einer großzügigen Villa auf rechteckigem Grundriss unter hohem Mansarddach; klassizistisch anmutende Hauptfront zur Burnitzstraße mittels übergiebeltem Zwerchhaus zentriert. Straßenecke in beiden Geschossen ursprünglich für Loggien geöffnet.

Passavantstr. 11–15

Passavantstr. 13–15

Passavantstr. 15–17

Passavantstr. 21–23
Passavantstr. 25–29

Nr. 6 (Gebäudekatalog: 438)
Mietshaus – errichtet 1923 für und durch den Bauunternehmer Friedrich Battenberg: Flächiger Putzbau von drei Geschossen mit spärlicher Gliederung an asymmetrischer Fassade, vor die rechts Erker bzw. Balkon treten und deren Mansarddach ein expressionistisch ausgebildeter Giebel überragt.

Nr. 8 (Gebäudekatalog: 439)
Mietshaus – erbaut 1913 nach Plänen des Architekten August Böcher: Zurückhaltend gegliederter Putzbau mit axialem Erker- / Balkonrisalit und einem dem Mansarddach vorgesetzten Giebel (urspr. reicher dekorierte Fassade geplant).

Nr. 10 (Gebäudekatalog: 440)
Mietshaus – erbaut 1913 durch die Baufirma Conrad & Ernst Jost in den Dimensionen der Nachbarbauten, aber aufwändiger durch gelben Sandstein an Erdgeschoss, Lisenen und barockisierenden Fenstern.

*Nr. *12 (Gebäudekatalog: 441)*
Gartenhaus – erbaut 1924 nach Plänen des Architekten Christian Friedrich Ronnefeldt für den Investor Wilhelm Dominique (durch Neubau ersetzt).

*Nr. *20 (Gebäudekatalog: 442)*
Einfamilienhaus – erbaut 1924 nach Plänen des Architekten Fritz Nathan (durch Neubau ersetzt).

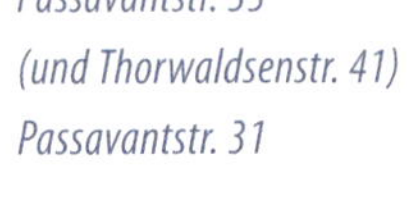

Passavantstr. 33
(und Thorwaldsenstr. 41)
Passavantstr. 31

Passavantstr. 22–24
Passavantstr. 26–28

Passavantstr. 35 (und Burnitzstr.)
Passavantstr. 6–10
Passavantstr. 8 / Baupläne

Nr. 22, 24 (Gebäudekatalog: 443–444)
Doppelhaus – errichtet 1923 nach Plänen des Architekten Christian Friedrich Ronnefeldt für den Investor Wilhelm Dominique durch die Baufirma Schaffner & Albert: Streng vertikal und gleichförmig durch Lisenen gegliederter Zwillingsbau mit Mansarddach.

Nr. 26, 28 (Gebäudekatalog: 445–446)
Doppelhaus – erbaut 1935 nach Entwurf des Architekten Richard Heinrich Achenbach durch die Baufirma M. Jourdan: Moderne Zwillingshäuser, spie-

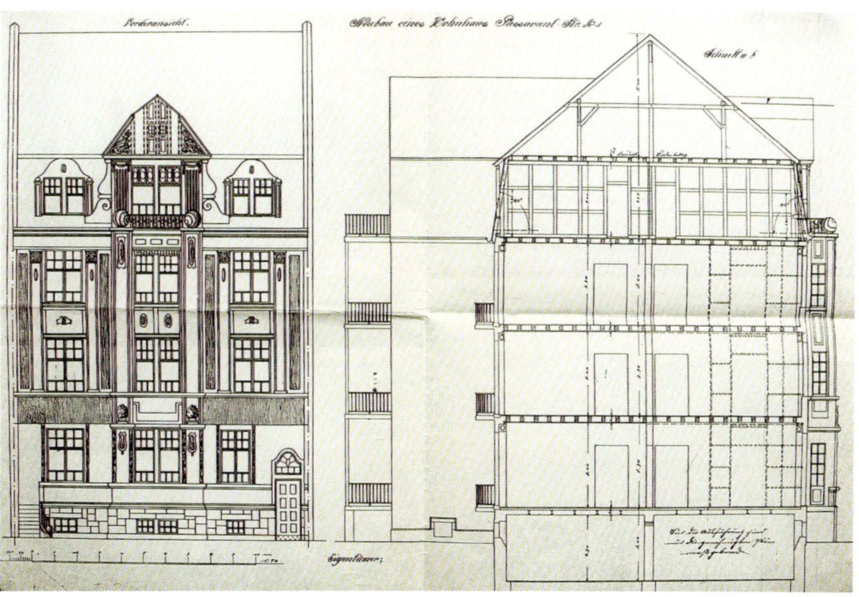

Passavantstr. 32–46
Passavantstr. 30

gelbildlich in Grund- und Aufriss, jeweils mit Eckrisalit.

Nr. 30 Villa Achenbach (Gebäudekatalog: 447)
Einfamilienhaus – erbaut 1936 nach Entwurf des Architekten Richard Heinrich Achenbach durch die Baufirma M. Jourdan: Kleine Eckvilla der Moderne (kurzfristig frei stehend), verputzt und mit Walmdach.

Nr. 32, 34, 36, 38, 40, 42, 44, 46 (Gebäudekatalog: 448–455)
Reihenhäuser – errichtet 1923 durch den *„Frankfurter Eisenbahner Siedlungsverein"*: Schlichte Einfamilienhäuser, doppelgeschossig unter gemeinsamem Walmdach.

Rembrandtstr. 9

REMBRANDTSTRASSE

Im Verlauf zwischen Schaumainkai und Gartenstraße 1888 festgelegt, bebaut 1892–1911; benannt nach dem niederländischen Maler Rembrandt Harmensz van Rijn (Leiden 1606–1669 Amsterdam)

(Nr. 1–7; ehem. Gärten – erst um 1975 mit überdimensioniertem Bürogebäude bebaut)

*Nr. *9 (= Steinlestr. 10) Villa L.Heunisch (Gebäudekatalog: 456)*
Einfamilienhaus – errichtet 1911 nach Entwurf des Architekten Alfred Günther für die eigene Familie, später von dem Bauunternehmer Leonhard Heunisch übernommen: Eckhaus, dessen asymmetrische Fassaden ein oktogonaler Kuppelturm überragt; nach Westen ein polygonaler Erker mit darüber ausgehöhlter Loggia. Südseite zur Steinlestraße größtenteils in Fachwerk, das – unter abgewalmtem Dach – in einem Zwerchhaus endet; insgesamt sehr ähnlich dem Nachbarhaus Holbeinstraße 8 (durch Neubau ersetzt).

(Nr. 11–15; ehem. Gärten – erst um 1975 mit überdimensioniertem Bürogebäude bebaut)

Nr. 17 (Gebäudekatalog: 457)
Einfamilienhaus – errichtet 1902 durch den Bauunternehmer Gustav Mack für Dr. A. Schmidt: Schmales Reihenhaus, dessen Satteldach ein von Friesbögen getragenes Zwerchhaus überragt.

Nr. 19, 21, 23, 25 (Gebäudekatalog: 458–461)
Reihenhäuser – errichtet 1892 nach Plänen des Architekten Alfred Günther für Wilhelm Günther durch

seine eigene Baufirma: Schmale Einfamilienhäuser aus Backstein, zweiachsig und doppelgeschossig als weitgehend symmetrisch angelegte Vierergruppe mit Eckrisaliten und Binnenerkern unter gemeinsamem Satteldach (unterteilt von höheren Brandmauern); Gliederung in hellem Sandstein, Dekor spärlich, variierte Portale (Türen und Fenster z.T. unpassend verändert).

Nr. 27 (Gebäudekatalog: 462)
Zweifamilienhaus – errichtet 1892 nach Entwurf des Architekten Alfred Günther durch den Bauunternehmer Carl Diehl als größerer Südabschluss der Reihenhäuser Nrn. 19–25. Schlichte Gliederung und Ziergiebel aus Buntsandstein, Portal an der Schmalseite; Giebelinschrift *„1892"*.

*Nr. *29 (ehem. Gartenstr. 92) (Gebäudekatalog: 463)*
Mietshaus – errichtet 1895 nach Plan des Architekten und Eigentümers Louis Greb von der eigenen Baufirma (durch Neubau ersetzt).

Nr. 10 (s.u. Steinlestr. 15) (Gebäudekatalog: 675)

Nr. 12 Haus Kühn (Gebäudekatalog: 464)
Doppelhaushälfte – erbaut 1903 (zusammen mit Steinlestr. 15) für und nach Entwurf des Architekten Martin Kühn in typisch asymmetrischer Gestaltung – zwar mit übergiebelter Mitte, doch flankiert von variierten Fenstern und Erkern; nach Süden verglaste Veranda und Fachwerkgiebel.

Nr. 14 (Gebäudekatalog: 465)
Doppelhaushälfte – errichtet 1902 durch den Bauunternehmer Gustav Mack vermutlich nach Plänen der benachbarten Architekten Joseph Rindsfüßer & Martin Kühn für den Kunstschmied Heinrich Armbrüster: Klassisch-strenger Dreiachser mit fast symmetrischer Fassade und barock anmutendem Mansarddach.

*Nr. *16 Haus Lautenschlager (Gebäudekatalog: 466)*
Doppelhaushälfte – errichtet 1905 nach Plänen von Prof. Hugo Eberhardt durch den Bauunternehmer

Rembrandtstr. 17–27

Rembrandtstr. 19–25

Rembrandtstr. 12

Rembrandtstr. 14
Rembrandtstr. 16, um 1908

Wilhelm Schmidt-Diehler für Stadtrat E. Lautenschlager: Wohnhaus des Neoklassizismus aus zwei Geschossen mit seitlichem Portalrisalit, der einen Giebel trägt; Fassaden durch Lisenen gegliedert, hohes Mansarddach zur Straße mit Fledermausgaube geöffnet.

Nr. 18 (ehem. Gartenstr. 94) (Gebäudekatalog: 467)
Mietshaus – erbaut 1904 (zusammen mit Gartenstr. 96) nach Entwurf des Architekten Peter Umpfenbach: Hälfte eines Zwillingshauses in Eckposition, von dem außen – abgesehen von Steinsockel und einigen Fensterrahmungen – lediglich Kontur und Dimension moderne Umbauten überdauerten.

RETHELSTRASSE

Im Verlauf zwischen Thorwaldsen- und Burnitzstraße 1911 festgelegt (ohne eigene Hausnummerierung), benannt nach dem Maler Alfred Rethel (Aachen 1816–1859 Düsseldorf), der 1836–44 am Städel Schüler von Philipp Veit war.

RUBENSSTRASSE

Im Verlauf zwischen Schaumainkai und Gartenstraße1888 festgelegt, 1911 bis zur Kennedyallee verlängert, bebaut 1902–24; benannt nach dem flämischen Maler Peter Paul Rubens (Siegen 1577–1640 Antwerpen)

S. 213:
Rubensstr. 13 (und Steinlestr. 23)
Rubensstr. 15–17

Rubensstr. 19 (und Gartenstr. 102)
Rubensstr. 21 (und Gartenstr. 93– 95)

Nr. 13 (Gebäudekatalog: 468)
Einfamilienhaus – errichtet 1903 (als Doppelhaushälfte – vermutlich zusammen mit Steinlestr. 25) vielleicht nach Entwurf der Architekten Friedrich Zöllner oder Georg Waag durch dessen Baufirma für den Kaufmann Th. Souchay: Traditioneller Putzbau, dessen rechtes Fassadendrittel polygonaler Erker und Wellgiebel betonen.

Nr. 15 (Gebäudekatalog: 469)
Einfamilienhaus – errichtet 1906 nach Plänen des Architekten Friedrich Zöllner durch die Baufirma Georg Waag: Traditionelle Doppelhaushälfte auf bossiertem Sockel aus Buntsandstein; linke Fassadenhälfte mit polygonalem Erker und abgewalmtem Giebel.

Nr. 17 (Gebäudekatalog: 470)
Einfamilienhaus – errichtet 1902 nach Plänen des Architekten Friedrich Zöllner durch die Baufirma Georg Waag: Weitgehend Pendant zu Nr. 15, jedoch schlichter.

Nr. 19 (ehem. Gartenstr. 104) (Gebäudekatalog: 471)
Mietshaus – erbaut 1903 (zusammen mit Gartenstr. 102): Putzbau in Eckposition – nach Westen mit neomanieristischem Volutengiebel und Axialrisalit, nach Süden mit polygonalem Konsolerker (wie Gartenstr. 102).

Nr. 21 (Gebäudekatalog: 472)
Mietshaus – errichtet 1912 (zusammen mit Gartenstr. 93–95) nach Plänen des Architekten Justus A. Helme für und durch die Baufirma Jacob Ried: Markantes Eckhaus, beidseitig mit hohem Mansardgiebel, Erkern bzw. Balkonen, verputzt mit Sockel und Rahmen aus Buntsandstein.

Gartenstraße
122-110
Rubensstraße
12-14

*Nr. 23, 25,*27 (Gebäudekatalog: 473–475)*
Mietshäuser – errichtet 1912 nach Plänen des Architekten Justus A. Helme für und durch die Baufirma Jacob Ried: Wahrscheinlich als symmetrische Dreiergruppe entstanden, deren neoklassizistische Mitte durch breiteren Giebel und gelbliche Sandsteingliederung zwischen schmaleren Flankenbauten mit neobarockem Dekor in Buntsandstein betont ist (Nr. 27 durch weiter ausgreifenden Neubau ersetzt).

*Nr. *33 (Gebäudekatalog: 476)*
Mietshaus – erbaut 1912 (durch Neubau ersetzt).

Nr. 2 (ehem. Schaumainkai 81) Villa H. Günther (Gebäudekatalog: 477)
Einfamilienhaus – erbaut 1912 nach Plänen des Architekten Alfred Günther für Dr. H. Günther: Kubisch wirkendes Gebäude aus hellem Sandstein mit unterschiedlichen Osterkern, deren Brüstungen die für Günthers Architektur typischen Motive aufweisen (ehemaliges Mansarddach nach 1945 ersetzt, 1998 turmartig aufgestockt).

Rubensstr. 21–27
Rubensstr. 23–25

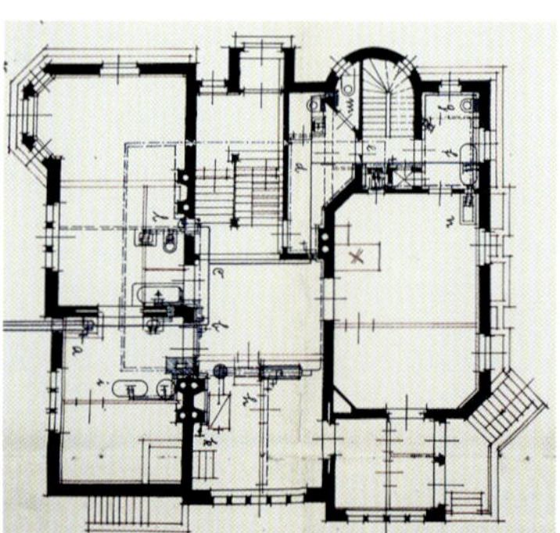

Rubensstr. 2 /Ansicht (1982) und Grundriss (1912)

Rubensstr. 10

Rubensstr. 12

(Nr. 4 – s.u. Steinlestr. 20) (Gebäudekatalog: 688)

Nr. 12 (Gebäudekatalog: 478)
Einfamilienhaus – errichtet 1904 nach Plänen des Architekten Gustav Mack für und durch die Baufirma Franz Brofft für G. Heicke: Barockisierender Putzbau hinter asymmetrischer Fassade, deren rechte Hälfte als Risalit heraustritt und übergiebelt ist, ähnlich wie an der Eingangsseite.

Rubensstr. 14

Nr. 14 (Gebäudekatalog: 479)
Einfamilienhaus – errichtet 1907 nach Plänen des Architekten Philipp Grimm durch die Baufirma Koch & Grimm: Schmales Reihenhaus aus zwei Achsen mit origineller Fassade, die barocke Dekorationsformen aus rotem Sandstein mit anderen traditionellen Motiven verbindet: Neben konvexem Annex mit Balkon ein tief gekehltes Bogenportal. – 1903 war für diese Ecke sowie die angrenzenden Parzellen Rubensstr. 12 bzw. Gartenstr. 110 unter Franz Brofft durch die Architekten Bäppler & Graeff ein aufwändiges Mietshausensemble geplant worden.

Nr. 18 (ehem. Gartenstr. 99) (Gebäudekatalog: 480)
Mietshaus – erbaut 1911 nach Plänen des Architekten Ludwig Maul: Eckteil einer Häuserzeile in Formen des Neobarock mit weitgehend verputzten Fassaden und beidseitig Erkern, Balkonen, Giebel, die Rahmen und Dekor aus hellem Sandstein zeigen (Teil einer älteren Planung).

Nr. 20, 22, 24, 26 (Gebäudekatalog: 481–484)
Mietshausreihe – erbaut 1912 nach Plänen des Architekten Ludwig Maul für den Investor Valentin Schad: Symmetrisch konzipierte stattliche Vierergruppe des Neobarock, weitgehend verputzt und dekoriert mit Gelbsandstein (2:4:4:2 Achsen). Außenbauten durch polygonale Kuppelerker begrenzt, in allen drei Geschossen durch Loggien geöffnet und seitlich zugänglich; an den Binnenbauten dezentral Balkone und Erker bzw. axial Zwillingsportale und -giebel.

Rubensstr. 18 (und Gartenstr. 99a)
Rubensstr. 20–26

Nr. 28 (Gebäudekatalog: 485)
Mietshaus – erbaut 1924 für Dr. Karl Götz.

*Nr. *30 (Gebäudekatalog: 486)*
Einfamilienhaus – vielleicht 1924 erbaut (im Zusammenhang einer Planung für Kennedyallee 49 wären Entwurf und Ausführung durch den in keinem Frankfurter Adressbuch nachweisbaren Architekten bzw. Bauunternehmer Dissler denkbar; durch Neubau ersetzt).

(Nr. 32; ehem. Garten von Passavantstr. 14, modern bebaut)

SAARALLEE *(s.u. Stresemannallee)*

SCHADOWSTRASSE

Im Verlauf zwischen Schneckenhof- und Schwanthalerstraße 1899 festgelegt, bebaut 1903–08; benannt nach dem Berliner Bildhauer Johann Gottfried Schadow (1764–1850).

(ehem. Nr. 1 – s.u. Schneckenhofstr. 29) (Gebäudekatalog: 541)

Nr. 3 (Gebäudekatalog: 487)
Mietshaus – errichtet 1904 durch die Baufirma Gebr. Heunisch nach eigenem Entwurf: Viergeschossiges Gebäude, dessen Mitte ein Erker betont; rechte Achse am Eck mit Wellgiebeln (als Pedant zu Nr. 1).

Nr. 5 (Gebäudekatalog: 488)
Mietshaus – errichtet 1905 nach Plänen des Architekten Robert Werner durch seine eigene Baufirma: Gebäude mit reich in Buntsandstein durch eine Motivmischung aus Neoklassizismus und Jugendstil dekorierter, annähernd symmetrischer Fassade. Oberhalb der rot umfangenen Bogenfenster des Erdgeschosses folgen in drei Stockwerken ähnlich ausgebildete Öffnungen, zentriert in polygonalem Konsolerker mit Balkon und in ganzer Breite überfangen vom Rankenrelief einer Dachvoute, über die hinaus eine turmförmige Gaube ragt.

Nr. 7 (Gebäudekatalog: 489)
Mietshaus – erbaut 1904 für I. Büchsel: Von Dimensionen und Material her ähnlich wie Nr. 5, allerdings

Schadowstr. 1–13

Schadowstr. 1–13

formal unterschiedlich – v.a. hinsichtlich der Bauplastik an den Brüstungen; am Polygonalerker *„Frauenkopf mit Diadem und Kollier"* (Dachzone verändert).

Nr. 9 (Gebäudekatalog: 490)

Mietshaus – errichtet 1905 nach Plänen des Architekten Philipp Hufnagel durch seine eigene Baufirma: Neobarocker Putzbau mit reich in gelbem Sandstein dekorierter Fassade, die durch Giebel, Erker und Lisenen annähernd symmetrisch gestaltet ist; Kopfkonsolen über den Fenstern des zweiten Obergeschosses.

Nr. 11 (Gebäudekatalog: 491)

Mietshaus – errichtet 1905 für den Architekten Heinrich Hämel nach eigenem Entwurf: Putzbau in üblicher Parzellenbreite von drei Achsen mit fast symmtrischer Fassade, die durch polygonalen Erker und Kuppeltürmchen zentriert wird. Maßwerkdekor aus Buntsandstein an den Brüstungen von Erker und Balkon.

Nr. 13 (Gebäudekatalog: 492)

Mietshaus – errichtet 1905 für den Architekten Heinrich Hämel nach eigenem Entwurf: Putzbau ähnlich wie Nr. 11, doch im Detail variiert und schlichter (Dachzone nach 1945 vereinfacht).

Nr. 15 (identisch mit Schwanthalerstr. 68) (Gebäudekatalog: 493)

Doppelhaushälfte – erbaut 1904 (zusammen mit Schwanthalerstr. 66) nach Entwurf von Philipp Reinhardt Kleinhansz für J. A. Bender: Eckhaus mit verputzten Fronten und Gliederung aus Buntsandstein – symmetrisch mit zentraler Balkonachse zur Schadowstraße nach Süden, dezentral zur Schwanthalerstraße mit übergiebeltem Konsolerker, der wiederum im Zwilllingshaus Nr. 66 sein Pendant findet.

Nr. 2 (Gebäudekatalog: 494)

Doppelhaushälfte – erbaut 1903 (zusammen mit Schneckenhofstr. 31) nach Plänen des Architekten Johann Franz Engel als Eckhaus in Formen der Neurenaissance. Nach Norden die auf ein Doppelhaus deutende Putzfassade mit Zwillingsgiebeln und Balkonen, nach Osten lediglich zweiachsig doch mit axialem Konsoltürmchen auf einer Kopfkonsole (als *Luginsland* wie an Nr. 4); spärlicher Dekor und Eckladen aus Buntsandstein.

P
Ein-und Ausfahrt
Tag und Nacht
freihalten!

Schadowstr. 5–7

Schadowstr. 5–7

Schadowstr. 9

Schadowstr. 15 (und Schwanthalerstr. 66)

Schadowstraße

Schadowstraße

S. 220:
Schadowstr. 2–16 Schadowstr. 4
Schadowstr. 2 Schadowstr. 8

Nr. 4 (Gebäudekatalog: 495)
Mietshaus – errichtet 1904 durch den Bauunternehmer Ludwig Röhling: Traditionelles Gebäude, verputzt und mit Zierrat aus Buntsandstein. Fassade axialsymmetrisch mit Erker über drei Geschosse, der für das vierte einen Balkon trägt; darüber in Fachwerk polygonale Kuppelgaube als Auslug.

*Nr. *6 (Gebäudekatalog: 496)*
Mietshaus – erbaut 1903 für den Architekten Gustav Günther nach eigenem Entwurf (durch Neubau ersetzt).

Nr. 8 (Gebäudekatalog: 497)
Mietshaus – erbaut 1907 nach Plänen des Architekten Gustav Günther für G. Jordan: Traditioneller Putzbau, vor dessen rechte Fassadenhälfte konvex ein Konsolerker aus hellem Sandstein tritt.

Nr. 10 (Gebäudekatalog: 498)
Mietshaus – erbaut 1907 nach Entwurf der Offenbacher Architekten Dr. Fritz Bossert & C. Brunn für den Stuckfabrikanten August Grossmann: Traditioneller Putzbau, dessen Fassade nach links verschobenen Konsolerker und neobarocken Giebel zeigt.

Nr. 12, 14 (Gebäudekatalog: 499–500)
Doppelhaus – errichtet 1908 nach Entwurf des Architekten Leonhard Hänel für den Bauunternehmer und Investor Heinrich Harneit: Vorwiegend mit Renaissancemotiven aus hellem Sandstein dekorierte Zwillingsfassaden, vor deren Außenachsen jeweils ein Polygonalerker tritt.

Nr. 16 (Gebäudekatalog: 501)
Doppelhaushälfte – errichtet 1903 (zusammen mit Schwanthalerstr. 70) nach Entwurf des Architekten Gustav Günther für und durch den Bauunternehmer August Eberhardt: In Dimensionen und Material ähnlich wie die Häuser Nr. 12–14 ausgeführter Putzbau, wobei der Erker gotisierendes Brüstungsmaßwerk zeigt und in überkuppeltem Polygon endet.

(Nr. 18 – s.u. Schwanthalerstr. 70)
(Gebäudekatalog: 592)

Schadowstr. 8–14
Schadowstr. 10

Schaubstr. 3
Schaubstr. 8

SCHAUBSTRASSE

Im Verlauf zwischen Schaumainkai und Gartenstraße 1888 festgelegt, bebaut 1904–36; zunächst benannt nach dem lombardischen Maler Moretto (= Alessandro Bonvicino aus Brescia, um 1490–1554), umbenannt 1917 nach dem Frankfurter Stifter Carl Ludwig Schaub (1851–1906), der besonders das Städel förderte.

Schaubstr. 11
(und Gartenstr. 120–122)

*Nr. *1 (= Schaumainkai 91) (Gebäudekatalog: 525)*

*Nr. *3 (identisch mit Steinlestr. 40) (Gebäudekatalog: 502)*
Mehrfamilienhaus – errichtet 1906 nach Entwurf des Architekten August Gebauer durch die eigene Baufirma (moderner Wiederaufbau).

Nr. 7, 9 (Gebäudekatalog: 503–504)
Mehrfamilienhäuser – als Dreiergruppe erbaut 1933 (zusammen mit Steinlestr. 43) nach Plänen des Architekten August Jacob Steitz (nachträglich aufgestockt).

Nr. 11 (ehem. Gartenstr. 124) (Gebäudekatalog: 505)
Mietshaus – erbaut 1903 (zusammen mit Gartenstr. 120–122 als Teil einer fast symmetrischen Dreiergruppe) vermutlich nach Entwurf des Architekten Albert Klöckler (jedoch nicht nach Plan von Ernst Eduard Zimmermann). Dreigeschossiges Gebäude, das ehemals von Mezzanin und Giebelgauben aus Fachwerk überragt war.

Nr. 8 Villa Fischer (Gebäudekatalog: 506)
Einfamilienhaus – errichtet 1936 nach Plänen der Baufirma Johann Wilhelm Proesler für den Kaufmann Dr. A. Fischer: Moderner Putzbau mit Walmdach.

Nr. 10 Villa Engel (Gebäudekatalog: 507)
Einfamilienhaus – erbaut 1939 für den Kaufmann W. Engel (nach Kriegsschäden 1950–55 weitgehend erneuert).

Schaubstr. 10

Nr. 12, 14 (Gebäudekatalog: 508–509)
Einfamilienhäuser – erbaut 1936.

*Nr. *16 (Gebäudekatalog: 510)*
Mietshaus – erbaut 1936 nach Plänen des Architekten Hermann Geittner (durch Neubau ersetzt).

SCHAUMAINKAI

Anstelle des ehemaligen Treidelpfads 1851 entlang dem südlichen Mainufer ab dem einstigen Schaumaintor flussab trassiert und nach diesem Schaumainstraße benannt (seit 1874 mit dem neuen Namen Schaumainquai bzw. -kai) und bebaut (zum Malerviertel gehören nur die Häuser Nr. 41–103). Alle vor 1870 errichteten Gebäude (noch auf Stadtplänen um 1870 als Nr. 41–57 nachweisbar) wurden zugleich neu nummeriert und ersetzt, so dass Verwechslungen v.a. im Bereich bis zur Dürerstraße möglich sind.

*Nr. *39 Villa Bernus*
Erbaut um 1850 (zum Durchbruch der Schweizer Straße 1874 abgerissen); das heutige Mietshaus Nr. 39 wurde im ehemaligen Garten der einstigen Villa 1888 durch die Baufirma Gebr. Seeger zusammen mit dem Eckhaus Schweizer Str. 1 nach eigenem Entwurf errichtet und steht <u>außerhalb</u> des Malerviertels.

Schaumainkai 41, 1982

Schaumainkai 41

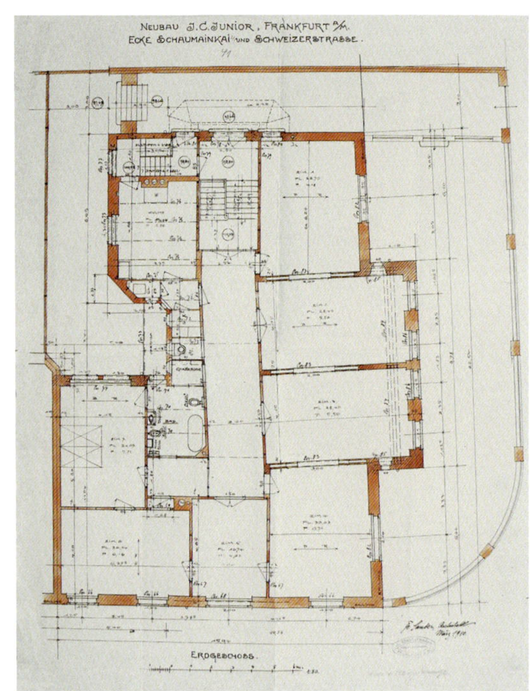

Schaumainkai 41, 1982
Schaumainkai 41 / Grundriss

Nr. 41 (ehem Schweizer Str. 2–4; Filmmuseum) (Gebäudekatalog: 511)
Mietshaus – erbaut 1910 (westlich der 1870–90 betriebenen Strauß'schen „*Frankfurter Bade- & Reinigungsanstalt*") nach Entwurf des Architekten Friedrich Sander: Viergeschossiges Wohnhaus des Neoklassizismus mit axialsymmetrischer Flussfront. Erdgeschoss durch Bänderustika als Sockel, oberstes Stockwerk über dem Hauptgesims als Attikageschoss ausgewiesen. Dreiachsiger Mittelteil als Risalit vorgezogen und durch ionische Freisäulen betont. In erstem und zweitem Obergeschoss Balustraden bzw. Balkone. Antikisierende Bauplastik an Konsolen und Fenster- / Türstürzen (beim Umbau zum Museum entkernt – s.u. 3.3).

Schaumainkai 41

Nr. 43 (–43a) (Architekturmuseum) (Gebäudekatalog: 512)
(Ehem.) Doppelvilla – erbaut 1912 nach Entwurf des Architekten Friedrich Geldmacher durch die Baufirma Jacob Carl Junior (als Ersatz der klassizistischen Villa von Dr. Jeanrenaud): Repräsentativer Zwillingsbau des Neoklassizismus aus zwei Geschossen mit eingezogener Fassadenmitte, in die ionische Säulen zuseiten einer antikisierenden *Frauenstatue* gestellt sind. Über dem Hauptgesims ein Mezzanin mit gaubenähnlichen Fenstern und hohes Walmdach (Erdgeschoss durch modernen Sockel aus Buntsandstein verborgen).

*Nr. *45 Villa Schmidt (Gebäudekatalog: 513)*
Einfamilienhaus – errichtet 1876 für den Kaufmann Hermann Schmidt: Zurückgesetztes Gebäude in Formen des Neobarock, doppelgeschossig mit symmetrischer Fassade und Mansarddach (umgebaut 1900 für Jakob Carl Junior; durch Neubau ersetzt).

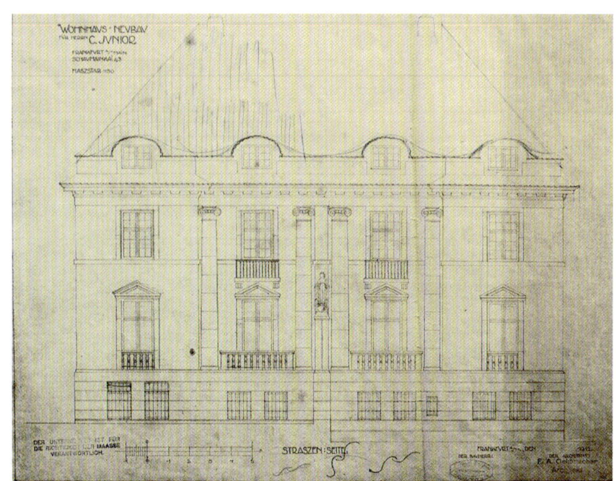

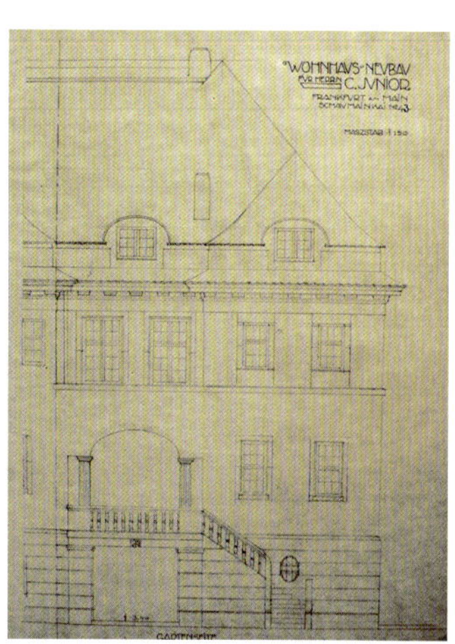

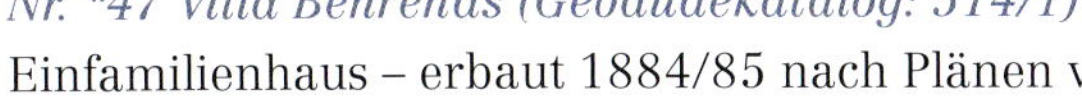

Schaumainkai 43, 1981

Schaumainkai 43 / Ansichten
Schaumainkai 43
Schaumainkai 45

*Nr. *47 Villa Behrends (Gebäudekatalog: 514/1)*
Einfamilienhaus – erbaut 1884/85 nach Plänen von Johann Christian Gramm: Herrschaftliches Einfamilienhaus, doppelgeschossig aus hellem Kalkstein sorgfältig gequadert unter einem Mansarddach; Nordwestecke turmartig überhöht, Fassaden in nobler Quaderung mit Fugenschnitt; nach Westen polygonaler Treppenrisalit, zum Garten Hufeisentreppe (1906 durch Villa Hauck ersetzt).

*Nr. *47 Villa Hauck(-Metzler)*
(Gebäudekatalog: 514/2)
Einfamilienhaus – errichtet 1906 nach Plänen des Architekten Alfred Günther für den Bankier Otto Hauck: Nobles Neobarockgebäude, doppelgeschossig mit Mansarddach, symmetrisch und zentriert durch halbrunden Vestibülrisalit mit Giebel (nach Kriegsschäden ab 1957 durch ein modernes Verwaltungsgebäude der NH ersetzt).

Nr. 53 Villa de Neufville
(Museum für Kommunikation)
(Gebäudekatalog: 515/2)
Einfamilienhaus – errichtet 1891 für Otto de Neufville (als Ersatz der für Kommerzienrat Gustav de Neufville um 1820 erbauten klassizistischen Villa) nach Plänen des Architekten Franz von Hoven durch den Bauunternehmer Gustav Mack (nach Kriegsschäden unpassend verändert und durch modernes Nebengebäude für die neue Museumsfunktion ergänzt).

*Nr. *55 Villa de Neufville (Gebäudekatalog: 515/1)*
Sommerhaus – erbaut vermutlich um 1870 mit Garten auf den Nrn. 57–59 (erst um 1960 für modernes Verwaltungsgebäude überbaut).

Schaumainkai 47, Villa Behrends / Grundriss und Ansicht
Schaumainkai 47, Villa Hauck-Metzler / Ansicht

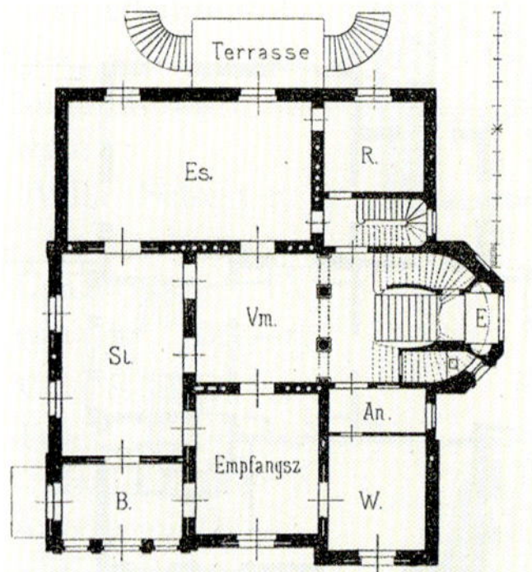

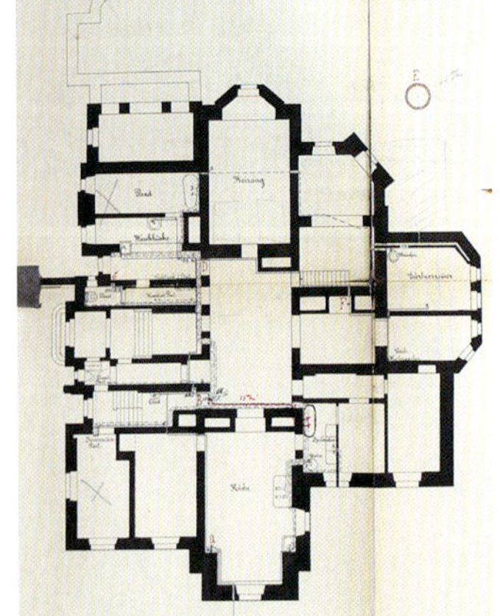

*Nr. *61 Villa von Metzler (Gebäudekatalog: 516)*
Elegantes Einfamilienhaus – erbaut 1876–77 nach Entwurf von Heinrich Burnitz; für den Bankier Albert Metzler: Herrschaftliche Villa im französisch gepräg-

Schaumainkai 53, Villa Neufville / Grundriss zu Bau II
Schaumainkai 53, Villa Neufville I, um 1870
Schaumainkai 53, Villa Neufville II, um 1900
Schaumainkai 53, um 1970

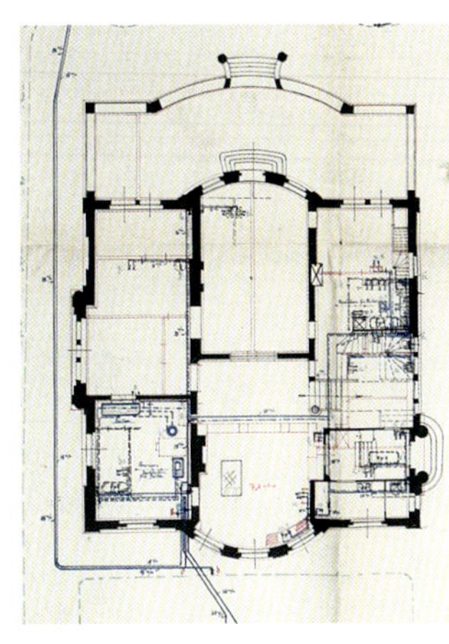

Schaumainkai 47, Villa Hauck-Metzler / Grundriss

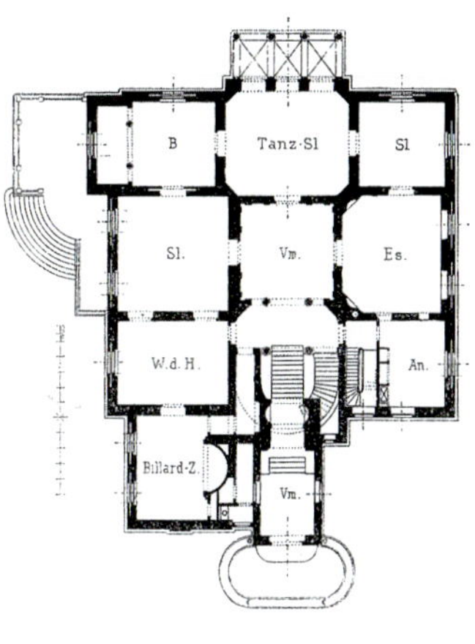

Schaumainkai 61 / Grundriss und Ansicht

ten Geschmack der Neurenaissance, doppelgeschossig aus grünlich-grauem Werkstein unter hohem Mansarddach. Fassade zum Fluss mit paarigen Eckrisaliten, die in Gauben enden; dazwischen vor der Beletage ein Balkon. Zugang von Osten durch vorgesetzten Trakt. Vor der Front zur Dürerstraße ein Mittelrisalit mit weiterem von Säulen getragenem Balkon als axialem Abschluss der Repräsentationsräume (vom Vestibül bis zum Ballsaal). Ehemals die prachtvollste Villa des Malerviertels. Durch den Bauunternehmer Gustav Mack 1907 erweitert (1934 plante *Ferdinand Kramer* für die Familie von Metzler den Bau einer neuen Villa mit nur sieben Zimmern; alles 1960 durch das moderne Verwaltungsgebäude der LVA ersetzt).

Nr. 63 Städelmuseum (s.o. 2.3.2) (Gebäudekatalog: 517)

Gemäldegalerie für die Sammlung des Stifters Johann Friedrich Städel (1728–1816) – errichtet 1874–78 nach Entwurf des Architekten Oskar Sommer auf kreuzförmigem Grundriss in Formen der italienischen Hochrenaissance, 1907 unter Franz von Hoven südwärts zu H-förmiger Fläche ergänzt, erweitert 1914/15 bzw. 1921 unter den Architekten Hermann von Hoven und Franz Heberer, jeweils durch die Baufirma Philipp Holzmann. Mainfront symmetrisch angelegt mit Risaliten, von denen der mittlere *Künstlerstatuen* und allegorische Reliefs zeigt (nach Kriegsschäden mehrfach ergänzt und erweitert). – Städelschule 1899 um die Osthälfte durch Franz von Hoven ergänzt (s.o. Dürerstr. 10).

*Nr. *65 Germania-Vereinshaus (s.o. 2.3.4) (Gebäudekatalog: 518/1)*

Errichtet 1884–85 für die *„Rudergesellschaft Germania"* nach Plänen der Architekten Alfred Günther und Anton Berg: Villenartiges Gebäude aus zwei Geschossen, deren oberes aus Fachwerk bestand und am Eck durch einen das Mainufer dominierenden Eckturm mit zusätzlichem Fahnenmast (nach Art von Segelschiffen) überragt wurde (1928 durch Neubau ersetzt).

Nr. 65 Germania-Vereinshaus (s.o. 2.3.4) (Gebäudekatalog: 518/2)

Errichtet 1927/28 für denselben Ruderverein als modernes Clubhaus nach Entwurf des Architekten Fritz

Schaumainkai 63, Fassadenmitte

Schaumainkai 65

Schaumainkai 69

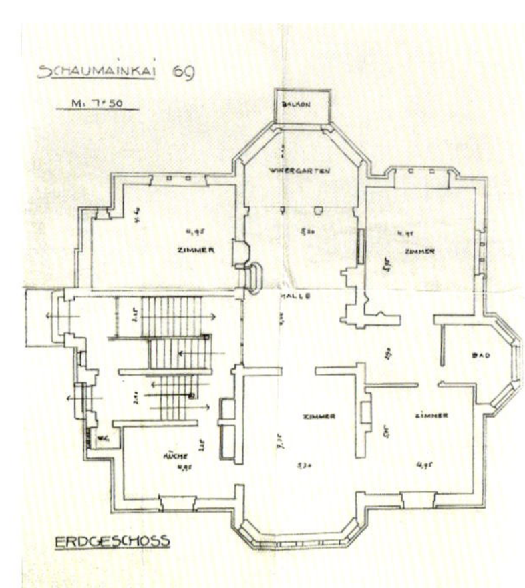

Josseaux durch die Baufirma Johann Wilhelm Schmidt-Diehler mit Restaurant und Ruderbecken (an der Holbeinstr. nach Süden um 2010 modern ergänzt.

*Nr. *67 Villa W. Günther (Gebäudekatalog: 519)*
Einfamilienhaus – erbaut 1889 nach Plänen des Architekten Alfred Günther für seinen Vater: Villa der Neurenaissacne mit symmetrischer Flussfront, die zwischen knappen Eckrisaliten Portal, Balkon und Zwerchhaus betonten. An der Ostseite turmartig überhöhter Vorbau (um 1975 durch modernes Verwaltungsgebäude ersetzt).

Schaumainkai 67

*Nr. *69 Villa O. Günther (Gebäudekatalog: 520)*
Einfamilienhaus – erbaut 1913 in Eckposition für und nach Entwurf des Architekten Alfred Günther für O. Günther (um 1975 durch modernes Verwaltungsgebäude ersetzt).

Nr. 71 Villa Liebieg (Liebieghaus / Skulpturenmuseum) (s.o. 2.3.3) (Gebäudekatalog: 521)
(Ehem.) Einfamilienhaus des Barons Heinrich von Liebieg (1839–1904) – erbaut 1892–96 nach Plänen des Münchener Architekten Leonhard Romeis: Burgähnlicher Gebäudekomplex mit dominierendem Bergfried und Wohnbauten im Stil *„altdeutscher Renaissance"*, die auch den Eindruck der Räume bestimmt. Entlang der Westseite einst ein Wandelgang. Nach Übernahme durch die Stadt Frankfurt als Museum 1909 rückwärtig (Steinlestr. 16) durch Galerietrakt erweitert nach Plänen von Paul Kanold.

Nr. 81 (s.o. Rubensstr. 2) (Gebäudekatalog: 477)

Nr. 83 Villa Holzmann (Museum Giersch) (Gebäudekatalog: 522)
Einfamilienhaus – errichtet 1911 in Formen des Neoklassizismus durch die Baufirma Philipp Holzmann für Eduard Holzmann: Symmetrisches Gebäude aus gelblichem Sandstein, gegliedert durch ionische Pilaster und vegetabilen Fries, gedeckt durch hohes Mansarddach; Fassadenmitte durch halbrund vortretenden Kuppelrisalit betont (1998 zum Privatmuseum umgebaut).

Nr. 85 Villa Roessler (Gebäudekatalog: 523)
Einfamilienhaus – errichtet 1900 für Dr. F. Roessler: In beiden Hauptgeschossen verputztes Gebäude mit zurückhaltenden Zierformen aus Neugotik und -re-

Schaumainkai 83
Schaumainkai 85

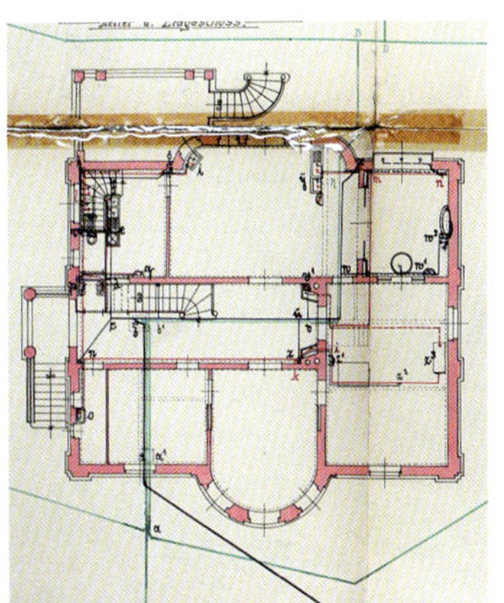

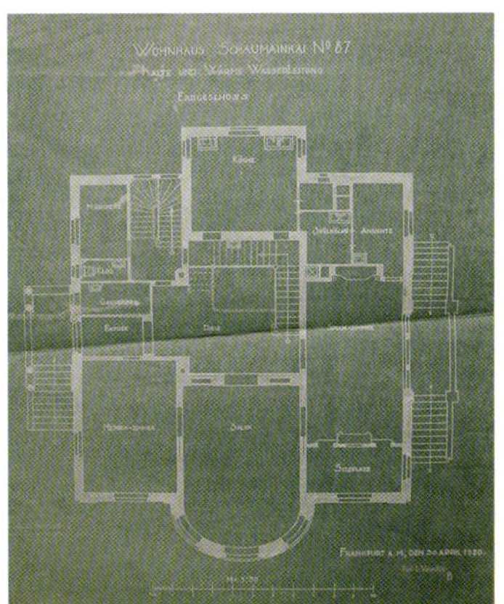

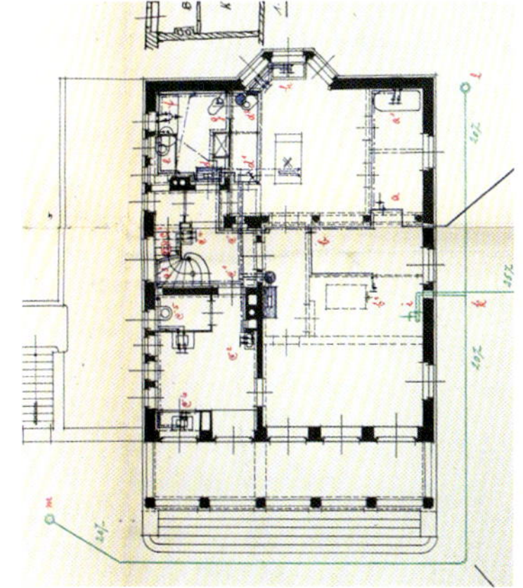

Schaumainkai 83 / Grundriss
Schaumainkai 87/ Grundriss
Schaumainkai 91 / Grundriss

Schaumainkai 95–97 / Ansicht

naissance. Darüber ein abgewalmter und übergiebelter Oberbau aus Fachwerk mit überkuppeltem Eckerker bzw. Kuppelgaube.

*Nr. *87 Villa Borgmann (Gebäudekatalog: 524)*
Einfamilienhaus – erbaut 1882 für und den Bauunternehmer und Investor Gustav Borgmann (durch Neubau ersetzt).

*Nr. *91 (ehem. Schaubstr. 1) Villa Schauroth (Gebäudekatalog: 525)*
Einfamilienhaus – errichtet 1911 für die der Holzmannfamilie entstammende Malerin Lina von Schauroth (1874–1970) durch die Baufirma Philipp Holzmann. Flussfront ehemals mit Freitreppe und frei stehenden Säulen, die vermutlich einen Balkon trugen (durch Neubau ersetzt).

Nr. 95, 97, 99 (Gebäudekatalog: 526–528)
Dreiteilige Mietshausgruppe – errichtet 1934 durch die Baufirma Johann Wilhelm Proesler als Planer und Eigentümer: Schmucklose Putzbauten unter gemeinsamem Walmdach.

Nr. 101–103 Iduna-Haus (Gebäudekatalog: 529)
Verwaltungsgebäude der frühen Moderne mit symmetrischer Fassade zum Fluss – errichtet 1924 nach Entwurf der Architekten Müller-Henneberg und Friedrich Sander durch die *„Wayss & Freytag AG“* als Firmenzentrale; später im Eigentum der *„Iduna-*

Schaumainkai 95–99

Schaumainkai 101–103

Versicherung" (ehemals hohes Walmdach nach dem Krieg durch zwei Vollgeschosse ersetzt). – Zentral an der Mainfront drei symbolische Statuen *„Tiefbauer mit Maulwurf"*, *„Bauplaner mit Hermes"*, *„Hochbauer mit Biber"*.

SCHNECKENHOFSTRASSE

Im Verlauf zwischen Schweizer Platz und Holbeinstraße 1899 als Ersatz des ehemaligen Niederräder Fuß- und Schneckenhofwegs trassiert, bebaut 1883–1908; benannt nach dem zumindest noch 1870 vorhandenen Schneckenhof.

*Nr. *1 (s.u. Schweizer Str. 62) (Gebäudekalog: 622)*

*Nr. *5, 7 (Gebäudekatalog: 530–531)*
Doppelhaus – errichtet 1901 nach Plänen des Architekten Peter de Ginder durch die eigene Baufirma; von ehemals mit Zwillingsfassaden ausgestatteten Mietshäusern nur das rechte erhalten: Putzbau mit symmetrischer Front, deren doppelachsige Mitte eine übergiebelte Gaube betont. Über eingebautem Laden drei Wohnetagen mit Renaissancerahmung aus Buntsandstein, die nach oben weniger aufwändig sind (Nr. 5 nach Kriegsschäden durch Flachbau ersetzt).

Nr. 9 (Gebäudekatalog: 532)
Mietshaus – errichtet 1902 durch die Baufirma Gebr. Seeger nach vermutlich eigenem Entwurf: Ähnlich wie Nr. 7 angelegter Putzbau, im Erdgeschoss mit doppelflügeligem Tor zu Hof und Hinterhaus.

Nr. 11 (Gebäudekatalog: 533)
Mietshaus – erbaut 1904 für Karl Braun: Ähnlich wie Nr. 9 angelegter Putzbau; in dem von Bänderrustika überzogenen Erdgeschoss breiter Zugang zu Hof und Hinterhaus Nr. 11H.

Nr. 13 (Gebäudekatalog: 534)
Mietshaus – erbaut 1902 erbaut nach Plänen des Architekten Max Helme: Ähnlich wie Nr. 11 angelegter Putzbau; in dem von Bänderrustika überzogenen Erdgeschoss breiter Zugang zu Hof und Hinterhaus Nr. 13H.

Schneckenhofstr. 7–19

Schneckenhofstr. 11–19

Schneckenhofstr. 19–29

Nr. 15 (Gebäudekatalog: 535)
Mietshaus – errichtet 1904 nach Plänen des Architekten Ludwig Maul durch den Bauunternehmer Gustav Mack für den Makler und Architekten Johannes Kitzinger, der vermutlich am Entwurf mitwirkte: In den Proportionen wie die Nachbarhäuser, jedoch mit Fassade aus hellem Klinker, die durch dunklen im Zahnschnittmuster begrenzt wird; Fensterrahmung aus Buntsandstein. Einfahrt zu Hof und Hinterhaus 15 H.

Nr. 17 (Gebäudekatalog: 536)
Mietshaus – erbaut 1902 nach Plänen des Architekten Maximilian Helme: Fassade fast wie Nr. 15.

Nr. 19 (Gebäudekatalog: 537)
Mietshaus – errichtet 1904 nach Entwurf des Architekten Friedrich Weil durch die Baufirma Gebr. Heunisch: Aufwändig gestaltetes Eckhaus mit vorwiegend gotischen Ziermotiven aus Buntsandstein. Nach Norden wie zur Morgensternstraße verputzte Fronten mit variiertem Schiefer- bzw. Fachwerkgiebel,

zentriert in polygonal über einem Ladeneinbau der Ecke entwachsenden Erkerturm, der in gestufter Kuppel endet; zweimal Bauinschrift *„1904“*.

*Nr. *23 (ehem. Morgensternstr. 22) (Gebäudekatalog: 538)*

Mietshaus – erbaut 1903 nach Plänen der Architekten Carl Justus Beck & Franz Carl Becker für J. Nauraht (durch Neubau ersetzt).

Nr. 25 (Gebäudekatalog: 539)

Mietshaus – errichtet 1904 nach Plänen des Architekten Peter de Ginder durch die Baufirma Philipp de Ginder: Überhöht wirkender Putzbau aus fünf Geschossen in der Breite dreier Achsen; über dem Fugenschnitt des eingebauten Ladens flache Gliederung durch Riefelmotive aus rotem Sandstein.

Schneckenhofstr. 25–27

Schneckenhofstr. 25

Schneckenhofstr. 29

Nr. 27 (Gebäudekatalog: 540)
Mietshaus – errichtet 1903 durch die Baufirma Gebr. Heunisch nach eigenen Plänen für H. Schwindt: Aufwändig und originell mittels Maßwerkbrüstungen aus Buntsandstein horizontal zergliederte Hauptfront, an der sich – flankiert von übergiebeltem Fassadenteil und seitlicher Erkerfront – zwischen zwei oktogonalen Kuppeltürmen (der linke nur angedeutet) unterwölbte Loggien spannen.

Nr. 29 Haus V. Heunisch (Gebäudekatalog: 541)
Mietshaus – errichtet 1905 (zusammen mit Schadowstr. 1) durch die Baufirma Gebr. Heunisch als Eigentümer vermutlich nach Plänen von Valentin Heunisch, der hier auch wohnte: Markant wie ein Burgturm gestalteter Eckbau – zwischen schlichteren Fassaden, im Oberbau Balkone, Fachwerk und „*altdeutsche*" Tourellen im Kontrast zum polygonalen Eckerker der Belétage. Bauinschrift „*1905*" (s. 2.3.3).

Nr. 31 (Gebäudekatalog: 542)
Doppelhaushälfte – erbaut 1903 (zusammen mit Schadowstr. 2) nach Plänen des Architekten Johann Franz Engel in Formen der Neurenaissance mit Zwillingsgiebel und Kopfkonsole aus Buntsandstein.

*Nr. 33, *35 (Gebäudekatalog: 543–544)*
Doppelhaus – erbaut 1903 nach Plänen des Architekten Gustav Günther: Ehemals vermutlich mit Zwillingsfassaden; Nr. 33 mit Inschrift „*J.K.*" (Nr. 35 durch Neubau ersetzt).

Nr. 2 (Gebäudekatalog: 545)
Wohnhaus mit Ladeneinbau – errichtet 1884 (zusammen mit Schweizer Str. 58) nach Plänen des Archi-

Schneckenhofstr. 29 / Obergeschosse

Schneckenhofstr. 31–33 (und Schadowstr. 2)

tekten Oswald Bauch durch die eigene Baufirma: Dreigeschossiges Klinkergebäude mit Ziermauerwerk, renaissancistisch gegliedert in Buntsandstein.

Nr. 4 (Gebäudekatalog: 546)
Wohnhaus mit Ladeneinbau – errichtet 1883 nach Plänen der Architekten und Eigentümer Max Jacobi und Oswald Bauch durch die eigene Baufirma: Ehemals dreigeschossiges Klinkergebäude (wie Nr. 2) im Geschmack der Neurenaissance (Oberbau ersetzt).

Nr. 6 (Gebäudekatalog: 547)
Mietshaus – erbaut 1883: Schlichter Putzbau des späten Klassizismus aus vier Geschossen (weitgehend modernisiert ohne ursprüngliche Details).

Nr. 8 (Gebäudekatalog: 548)
Mietshaus – erbaut 1884: Schlichter Putzbau des späten Klassizismus (Erdgeschoss völlig verändert).

Nr. 10 (Gebäudekatalog: 549)
Mietshaus – erbaut 1880: Schlichter Putzbau des späten Klassizismus aus vier Geschossen (Erdgeschoss völlig verändert).

(Nr. 14 – s.o. Cranachstr. 24) (Gebäudekatalog: 84)

Nr. 16, 18 (Gebäudekatalog: 550–551)
Doppelhaus – errichtet 1902 nach Plänen des Architekten und Eigentümers Johannes Emmel: Mietshäuser mit verputzten Zwillingsfassaden; Erdgeschoss mit Bänderrustika aus Buntsandstein verblendet, in den drei Obergeschossen schlichte Fensterrahmung mit Renaissancemotiven.

Nr. 20 (Gebäudekatalog: 552)
Mietshaus – erbaut 1903 nach Entwurf des Architekten Philipp Brendel für Wilhelm Brendel: Noble Neobarockfassade, symmetrisch gegliedert mit Fugenschnitt an Gebäudekanten und Erdgeschoss sowie axialem Erker und Giebel.

Schneckenhofstr. 2 (und Schweizer Str. 54a)
Schneckenhofstr. 2–4

Schneckenhofstr. 2–10

Schneckenhofstr. 16–18

(Nr. 24 – s.o. Morgensternstr. 18)
(Gebäudekatalog: 358)

*Nr. *26, 28, 30 (Gebäudekatalog: 553–555)*
Mietshäuser – errichtet 1905/06 nach Plänen des Architekten und Eigentümers Martin Löffler durch die eigene Baufirma: Vermutlich ehemals symmetrisch angelegte Dreiergruppe aus dreiachsigen Häusern, von denen Nr. 28 durch Mittelportal, -erker und -giebel hervorgehoben wird (Nr. 26 durch Neubau ersetzt).

*Nr. *32 Carl-Schurz-Schule (s.o. Holbeinstr. 21–23)*
(Gebäudekatalog: 241)

Schneckenhofstr. 20

Schneckenhofstr. 28–30

Schreyerstr. 1
Schreyerstr. 3–11
Schreyerstr. 11 / Grundriss (1. OG)
Schreyerstr. 15 / Grundrisse
Schreyerstr. 13 / Grundriss und Schnitt

SCHREYERSTRASSE

Als Verlängerung der Schaubstraße unter dem ursprünglichen Namen Morettostraße zwischen Gartenstraße und Kennedyallee 1898 festgelegt, bebaut 1913–35; benannt nach dem Frankfurter Maler Adolf Schreyer (1828–99), der ab 1843 Schüler von Jakob Becker am Städel war.

Nr. 1 (ehem. Gartenstr. 115)
(Gebäudekatalog: 556)
Mietshaus – errichtet 1914 (zusammen mit Gartenstr. 109–113) nach Plänen von August Böcher, unterstützt von Otto Rompel: Eckgebäude in den Proportionen der Zeile entlang der Gartenstraße; an beiden Fassaden axiale Erker und vermutlich ehemals Giebel.

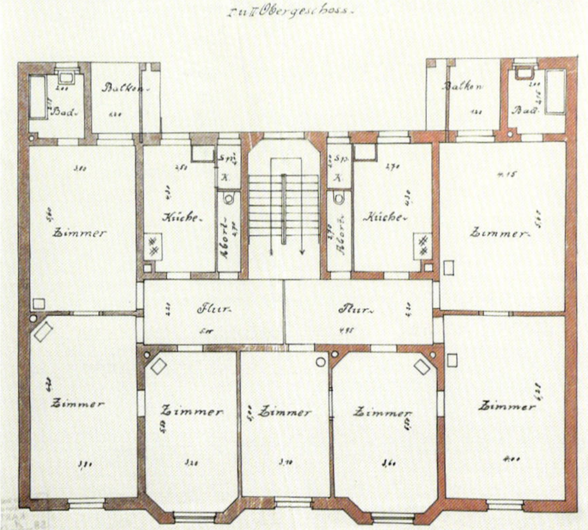

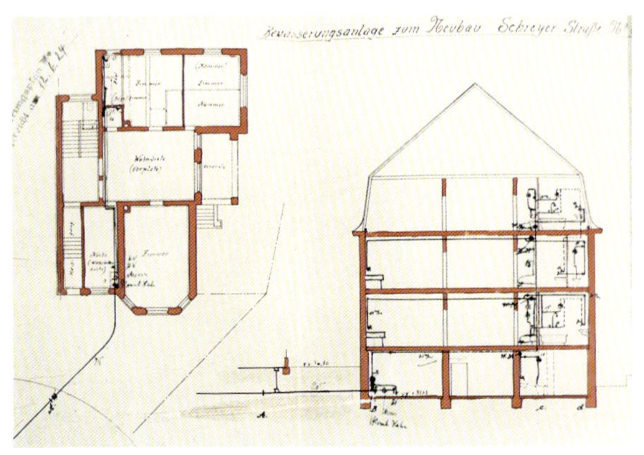

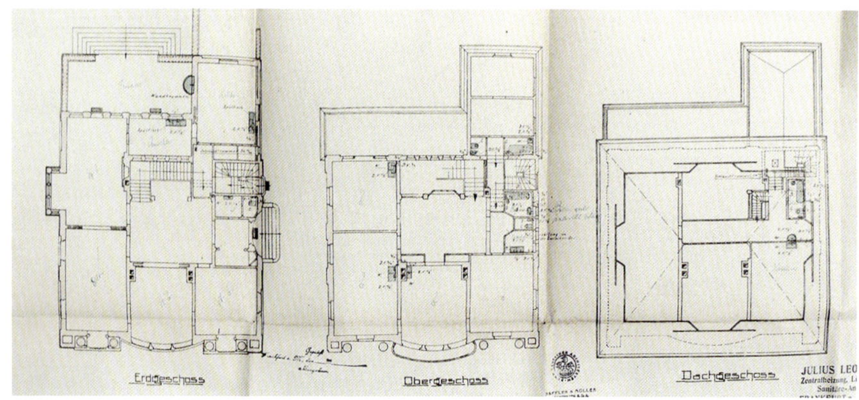

Nr. 3, 5, 7 (Gebäudekatalog: 557–559)
Mietshäuser – errichtet 1927 für die *„Gemeinnützige Siedlungsgesellschaft der Frankfurter Polizeibeamten“* durch die *„Nassauische Heimstätte“*: Ursprünglich dreigeschossige Putzbauten der Moderne mit Balkonrisaliten und Mansarddächern (Nr. 3–5 nach Kriegsschäden aufgestockt).

Nr. 11 (Gebäudekatalog: 560)
Mietshaus – erbaut 1925: Viergeschossiger Putzbau mit polygonalem Erkerrisalit (nach Kriegsschäden vereinfacht und um ein Geschoss ergänzt).

*Nr. *13 Villa Messer (Gebäudekatalog: 561)*
Einfamilienhaus – erbaut 1925 für Adolf Messer (anstelle eines älteren Reihenhausentwurfs von Bäppler & Müller von 1924 an der Kennedyallee – s.o. 2.5.3): Vermutlich doppelgeschossiges Gebäude mit symmetrischer Südfassade, deren axiales Portal beidseitig von Zwillingssäulen flankiert war (1953 – wahrscheinlich nach Kriegsschäden – ersetzt).

(Nr. 15 ; ehem. Garten von Nr. 13 – erst 1953 bebaut)

Nr. 17–19 (ehem. Nr. 15 bzw. Forsthausstr. 60) Villa Metz (Gebäudekatalog: 562)
Großzügiges Einfamilienhaus – errichtet 1923 nach Entwurf der Architekten Heinrich Bachmann und Robert Wollmann für Paul Metz: Lang sich in das Grundstück schiebendes Gebäude mit Giebelfront zur Kennedyallee; entlang der Schreyerstraße arkadiertes Erdgeschoss und übergiebelte Zwillingserker, nach Norden Terrasse auf polygonalem Grundriss.

Nr. 4–6 Villa Greffenius (Gebäudekatalog: 563)
Großbürgerliches Einfamilienhaus des Neoklassizismus aus zwei Bauphasen – errichtet durch die Baufirma Johann Wilhelm Proesler nach eigenen Plänen für Else Greffenius 1913 (Nord) bzw. Dr. Greffenius 1926 (Süd), wobei der auf dreieckigem Grundriss erbaute ältere Teil verschwand; Südwestecke als ge-

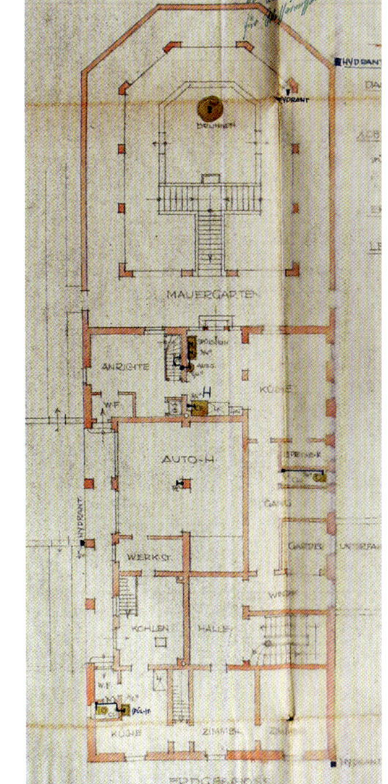

Schreyerstr. 17–19 / Grundriss

Schreyerstr. 17–19

Schreyerstr. 6

Schreyerstr. 6, um 1930

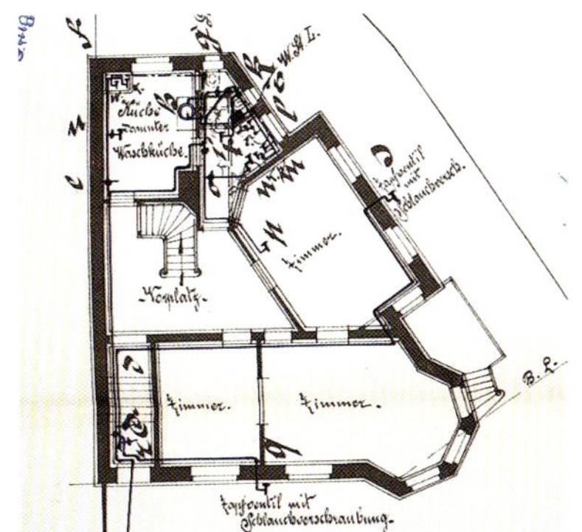

Schreyerstr. 4 / Grundriss

Schreyerstr. 16 (und Kennedyallee)

Schwanthalerstr. 51 Grundriss

Schwanthalerstr. 51 (S. 239 oben links)

Schwanthalerstr. 55 (S. 239 unten links)

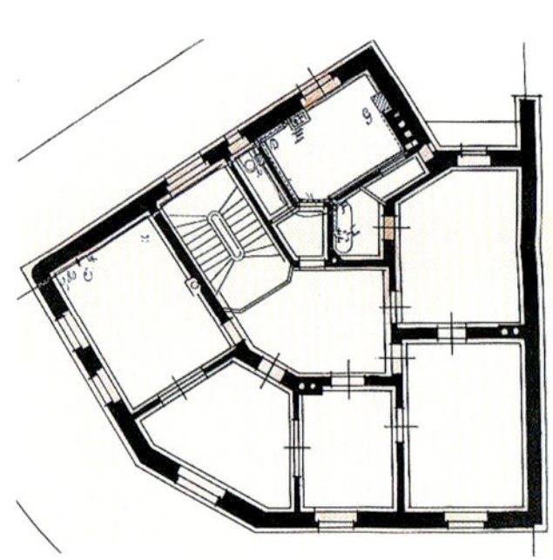

stufter Kuppelturm gestaltet. Einfriedung am gerundeten Eck zur Gartenstraße als Balustrade mit *Maskaron* (wie am Haupteingang), dahinter ehemals ein Teepavillon auf Säulen mit Pagodendach.

Nr. 8 (–10) (s.u. Stresemannallee 19–23) (Gebäudekatalog: 697)

Nr. 12, 14 (Gebäudekatalog: 564–565)
Einfamilienhäuser – erbaut 1934 nach Plänen des Architekten Wilhelm M. Becker.

Nr. 16 (Gebäudekatalog. 566)
Einfamilienhaus – erbaut 1935 (zusammen mit Kennedyallee 62) nach Entwurf der Architekten Adolf Hecht & Bruno Francke.

Schwanthalerstr. 45–49

SCHWANTHALERSTRASSE

Im Verlauf zwischen Laube- und Schweizer Straße 1877 festgelegt, 1899 verlängert bis zur Holbeinstraße, bebaut 1895–1908; benannt nach dem Münchener Bildhauer Ludwig von Schwanthaler (1802–48) (zum Malerviertel gehören nur die Häuser Nr. 45–73 bzw. 42–74).

Nr. 45 (identisch mit Schweizer Str. 76) (Gebäudekatalog: 567)
Mietshaus mit Ladeneinbau – erbaut 1895 (zusammen mit Nr. 47) nach Entwurf des Architekten Heinrich Heyter durch den Maurermeister Heinrich Meixner und die Baufirma Wilhelm Pfeiffer: Klar gegliederter Eckbau im Stil der Neurenaissance mit Bänderrustika im Erdgeschoss.

Nr. 47 (Gebäudekatalog: 568)
Mietshaus – errichtet 1895 (zusammen mit Nr.45) für und nach Entwurf des Architekten Heinrich Heyter durch die Baufirma Wilhelm Pfeiffer: Vierachsiger und -geschossiger Putzbau der Neurenaissance mit verblendetem Erdgeschoss und Gliederung aus Buntsandstein – formal wie Nr.45.

Nr. 49 (Gebäudekatalog: 569)
Mietshaus – erbaut 1899 für und nach Entwurf des Architekten Heinrich Heyter durch die Baufirma Wilhelm Pfeiffer: Neobarocker Putzbau; Erdgeschoss mit Buntsandstein verkleidet, der auch die Fassade gliedert.

Nr. 51 (Gebäudekatalog: 570)
Mietshaus – erbaut 1902 (zusammen mit Oppenheimer Landstr. 35) für und nach Entwurf des Architekten Heinrich Heyter: Neobarocker Eckbau mit verblendetem Erdgeschoss und Gliederung aus Buntsandstein; gefaste Ecke durch doppelgeschossigen Erker betont.

Nr. 53 (bauliche Einheit mit Oppenheimer Landstraße 48) (Gebäudekatalog: 571)

Nr. 55 (Gebäudekatalog: 572)
Mietshaus – erbaut 1903 nach Entwurf des Architekten Ludwig Maul für H. Kitzinger: Backsteinbau mit Stufengiebel und Gliederung aus Buntsandstein.

Nr. 57 (Gebäudekatalog: 573)
Mietshaus – errichtet 1904 durch die Baufirma Gebr. Schreiber: Durch Buntsandstein variiert gegliederter Putzbau mit asymmetrischer Fassade.

Schwanthalerstr. 53–57
Schwanthalerstr. 59–61

Nr. 59 (Gebäudekatalog: 574)
Mietshaus – errichtet 1904 durch die Baufirma Gebr. Seeger: Durch gelben Sandstein gegliederter Putzbau der Neurenaissance (im Hof Hinterhaus Nr. 59a).

Nr. 61 (Gebäudekatalog: 575)
Schuldirektorenhaus – erbaut 1906/07 nach Plänen des Stadtbaumeisters Joseph Ernst Richter: Neobarockes Wohngebäude im Stil der benachbarten Schulen.

Nr. 63 Schwanthaler- / Textorschule (s.o. 2.3.5) (Gebäudekatalog: 576)
Doppelschule – erbaut 1906/08 nach Plänen des Stadtbaumeisters Joseph Ernst Richter: Symmetrischer Putzbau aus vier Geschossen; Dachkonstruktion nach Kriegsschäden unter Verzicht auf den Dachreiter vereinfacht, aufwändige Sandsteinportale und -brunnen des Neobarock.

Nr. 65 (Gebäudekatalog: 577)
Mehrfamilienhaus – erbaut 1908 für den Investor Bernhard Himmler: Traditioneller Putzbau im *„altdeutschen Stil"* mit polygonalem Sandsteinerker und Fachwerkgiebeln wie Nr. 67.

*Nr. *67 (Gebäudekatalog: 578)*
Mehrfamilienhaus – erbaut 1908 für den Investor Bernhard Himmler (1953 fast völlig ersetzt).

*Nr. *69 (Gebäudekatalog: 579)*
Einfamilienhaus – erbaut 1907 für den Lehrer A. Morin (nach Kriegsschäden weitgehend ersetzt).

Schwanthalerstr. 61 / Ansichten
Schwanthalerstr. 65

Schwanthalerstr. 73 (–53 und Holbeinstr. 41), um 1920
Schwanthalerstr. 73

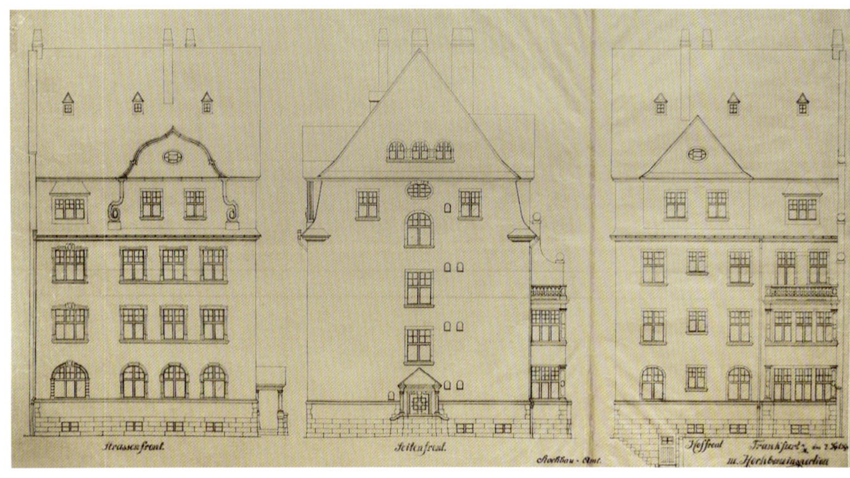

Nr. 71 (Gebäudekatalog: 580)
Mietshaus – errichtet 1907 durch die Baufirma J.G.J. Seeger nach eigenen Plänen im Geschmack der Neurenaissance.

Nr. 73 (Gebäudekatalog: 581)
Einfamilienhaus – erbaut 1908 im Geschmack altdeutscher Renaissance mit Obergeschoss in Fachwerk (seitlicher Portalturm nachträglich).

Schwanthalerstr. 42
(und Oppenheimer Landstr. 31)
Schwanthalerstr. 48
(und Oppenheimer Landstr. 46)

Nr. 42 (Gebäudekatalog: 582)
Mietshaus – erbaut 1896 nach Plänen des Architekten Max Meckel: Putzbau der Neurenaissance mit Sandsteingliederung und -fugenschnitt im Erdgeschoss.

Schwanthalerstr. 48–50

Schwanthalerstr. 52–54

Schwanthalerstr. 56–60
Schwanthalerstr. 66
(und Schadowstr. 15)
Schwanthalerstr. 66–74
Schwanthalerstr. 72–74
(und Holbeinstr. 39)

Nr. 48, 50 (Gebäudekatalog: 583–584)
Symmetrische Mietshäuser zuseiten eines Bauwichs – errichtet 1904 durch die Bauunternehmer Gebr. Schreiber nach eigenen Plänen für F. Pichon: Jeweils dreiachsige Backsteinbauten mit spiegelbildlichen Fronten aus hellem Klinker, identisch in Grund- und Aufriss; Außenachsen übergiebelt, Erdgeschoss und variierte Fensterumrandung aus Buntsandstein.

Nr. 52–54 (Gebäudekatalog: 585–586)
Doppelmietshaus – erbaut 1902 für und nach Entwurf des Architekten Maximilian Helme: Neurenaissancebauten, symmetrisch in Grund- und Aufriss (1908 unter Wilhelm M. Becker umgebaut).

Nr. 56, 58, 60 (Gebäudekatalog: 587–588)
Mietshausreihe – erbaut 1903 für und nach Entwurf des Architekten Maximilian Helme: Dreiergruppe aus

Putzbauten mit Gliederung aus Buntsandstein (Nr. 60 ist identisch mit Morgensternstr. 43; s.o.).

Nr. 62 (Gebäudekatalog: 589)
Mietshaus – erbaut 1904.

Nr. 64, 66 (Gebäudekatalog: 590–591)
Mietshäuser – erbaut 1904 nach Plänen des Architekten Philipp Reinhardt Kleinhansz; Nr. 66 ehemals mit Ziergiebel (wie die Zwillingsfront von Nr. 68).

Nr. 68 (s.o. Schadowstr. 15) (Gebäudekatalog: 493)

Nr. 70 (ehem. Schadowstr. 18) (Gebäudekatalog: 592)
Mietshaus – erbaut 1905 (zusammen mit Schadowstr. 16) nach Entwurf des Architekten Gustav Günther durch den Bauunternehmer August Eberhardt für Conrad Weber.

Nr. 72 (Gebäudekatalog: 593)
Mietshaus – errichtet 1907 für und nach Plänen der Architekten Alfred und Gustav Günther mit überkuppeltem Eckerker und im Mansarddach in Fachwerk ausgebautem fünftem Geschoss.

Nr. 74 (Gebäudekatalog: 594)
Mietshaus – erbaut 1907 nach Plänen des Architekten Alfred Günther: Dreiachsiges Gebäude mit fast symmetrischer Fassade, die ähnliche Architekturdetails wie Nr. 72 aufweist; Mitte durch kleinen Giebel betont.

Schweizer Str. 6–10

SCHWEIZER PLATZ

Geplant und realisiert 1872/77 als zentrierender Sternplatz (Vorbild Paris / Etoile) zur besseren Erschließung von West-Sachsenhausen. Hausnummerierung von Nr. 54a bis Nr. 62 – zwar fortlaufend innerhalb der Schweizer Straße – zwischenzeitlich auf den Platz bezogen, der 1933–61 Gustav-Adolf-Platz hieß.

Schweizer Platz

SCHWEIZER STRASSE

Im Verlauf zwischen Schaumainkai und Mörfelder Landstraße 1872/77 – zunächst unter wechselnden Namen (z.B. Neue Mainzer- oder Untermainbrückenstraße) – festgelegt; 1874 wegen der im selben Jahr beschlossenen eidgenössischen Verfassung nach der Schweiz benannt und 1880 südwärts geradlinig geplant, um an der Sachsenhäuser Warte in spitzem Winkel mit der schließlich 1908 endgültig festgelegten Darmstädter Landstraße zusammenzutreffen; Westseite 1874–1912 bebaut (zum Malerviertel gehören nur die Häuser Nr. 2–108).

(ehem. Nr. 2 u. 4 – s.o. Schaumainkai 41) (Gebäudekatalog: 511)

Nr. 6, 8, 10 (Gebäudekatalog: 595–597)
Mietshäuser – errichtet 1911 (anstelle der 1870–90 betriebenen Strauß'schen *„Bade- & Reinigungsan-*

Schweizer Str. 6 / Grundriss (1.–3.OG)

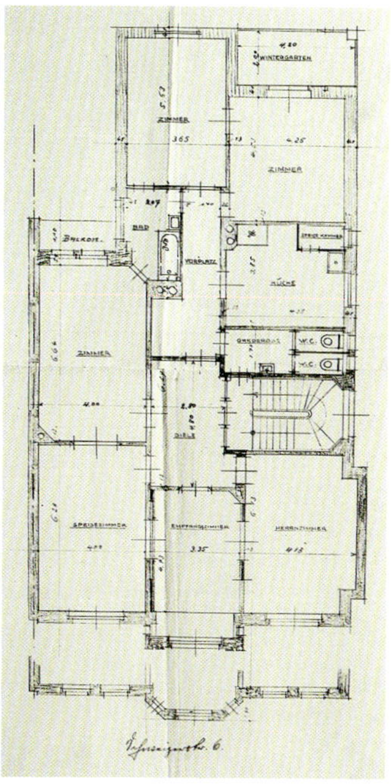

Schweizer Str. 10

stalt") nach Entwurf des Architekten Wilhelm Müller (d.Ä.), an dem auch Justus A. Helme beteiligt war, für den Investor Heinrich Harneit und den Bauunternehmer Jacob Carl Junior: Symmetrische Dreiergruppe im Geschmack von Neobarock und Zopfstil aus spiegelbildlichen Flankenbauten, die dem kaum breiteren Mittelhaus in dem mit Buntsandstein verblendeten Erdgeschoss wie in axialem Erker und Giebel weitgehend entsprechen; spärlicher Reliefdekor, seitlich paarige Torbögen – auch zu den jeweiligen Nachbarhäusern.

Nr. 12 (Gebäudekatalog: 598)
Mietshaus mit Ladeneinbau – errichtet 1910 nach Entwurf der Architekten Joseph Rindsfüßer & Martin Kühn für und durch den Bauunternehmer Jacob Carl Junior: Asymmetrisches Gebäude des Neoklassizismus; Fassade vertikalisiert durch enge Lisenengliederung – linker Teil übergiebelt, rechts ein polygonaler Erker.

Schweizer Str. 6–16
Schweizer Str. 12–16
Schweizer Str. 12 / Grundrisse und Ansicht (rechts unten)

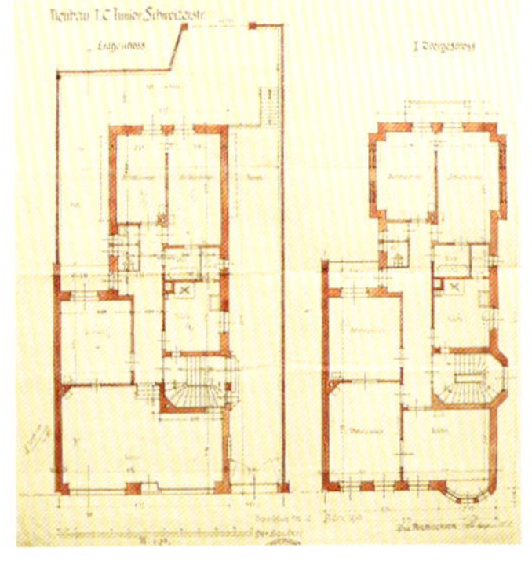

Nr. 14 (Gebäudekatalog: 599)
Mietshaus mit Ladeneinbau – errichtet 1911 (zusammen mit Nr. 16) vielleicht nach Entwurf der Architekten Joseph Rindsfüßer & Martin Kühn oder nach Plänen des Architekten Anton Hilf durch dessen Baufirma für C. Schwarte: Harmonisch in drei Achsen proportioniertes Gebäude mit axialem Erker; auf dessen Deckplatte neobarocke Deckelurnen, an seinen Konsolen Reliefbüsten aus Buntsandstein *„Bauernpaar mit Sichel und Sense"*.

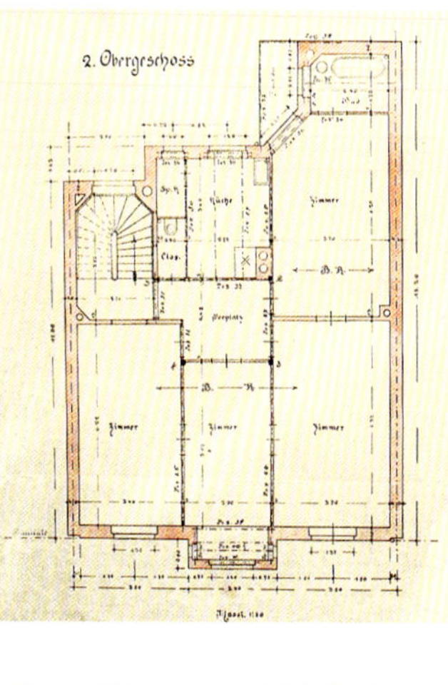

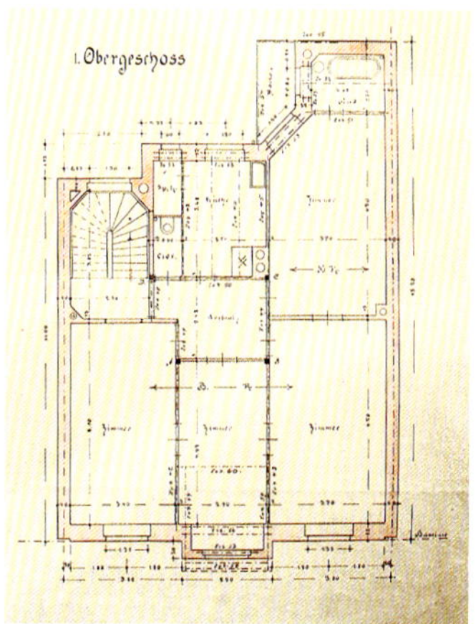

Nr. 16 (Gebäudekatalog: 600)
Mietshaus mit Ladeneinbau – errichtet 1911 (zusammen mit Nr. 14 und Städelstr. 2) nach Entwurf der Architekten Joseph Rindfüßer & Martin Kühn durch und für den Bauunternehmer Anton Hilf: Dreiachsiger Putzbau des Neoklassizismus mit Axialerker.

Schweizer Str. 26
Schweizer Str. 26–30

Schweizer Str. 22
Schweizer Str. 22 / Grundrisse

(ehem. Nr. 18 – s.u. Städelstr. 2)
(Gebäudekatalog: 657)

*Nr. *20 (identisch mit Hans-Thoma-Str. 1, s.o.)*
(Gebäudekatalog: 189)

Nr. 22, 22a (Gebäudekatalog: 601–602)
Mietshäuser mit Ladeneinbau – errichtet 1912 nach unterschiedlichen Plänen der Architekten Paul Junior & Adolf Metzger bzw. Philipp Hufnagel für und durch die Baufirma Jacob Carl Junior: Dreiachsige Putzbauten; Fassade von Nr. 22 durch Erker und barockisierenden Giebel zentriert (der Vergleich mit Nr. 28a legt allerdings die Autorenschaft des Architekten Philipp Hufnagel nahe).

*Nr. *24, 26 (Gebäudekatalog: 603–604)*
Mietshäuser mit Ladeneinbau – errichtet 1912 nach unterschiedlichen Plänen der Architekten Paul Ju-

nior & Adolf Metzger für und durch die Baufirma Paul Junior oder Jacob Carl Junior: Dreiachsige Putzbauten; Fassade von Nr. 26 durch Erker und barockisierenden Giebel zentriert (Nr. 24 durch Neubau ersetzt).

Nr. 28, 28a (Gebäudekatalog: 605–606)

Mietshäuser mit Ladeneinbau – errichtet 1912 nach unterschiedlichen Entwürfen des Architekten Philipp Hufnagel für den Bauunternehmer Paul Junior: Neben dem schmalem Giebelhaus Nr. 28 bietet Nr. 28a bei ähnlicher Gliederung und barockisierenden Giebeln die hier typische Breite über drei Achsen (Nr. 28a entspricht formal Nr. 22).

(Nr. 30 – s.o. Gartenstr. 30) (Gebäudekatalog: 147)

(Nr. 32 – s.o. Gartenstr. 27) (Gebäudekatalog: 109)

*Nr. *34, *36,* 38,*40 (Gebäudekatalog: 607–610)*

Mietshäuser mit Ladeneinbauten – errichtet 1887 nach Plänen der Architekten Max Jacobi & Oswald Bauch durch die gemeinsame Baufirma (im Hinterhof ehemals Bauch'scher Lagerschuppen; alles durch Neubauten ersetzt).

*Nr. *42,*44, *46,*48,*50,*52,*54, 54a,*54c (Gebäudekatalog: 611–619)*

Mietshäuser – errichtet 1889/92 nach Plänen der Architekten Max Jacobi & Oswald Bauch durch die gemeinsame Baufirma – viergeschossig, jenseits der Ecke zum Platz nur dreigeschossig (völlig oder größtenteils durch Neubauten ersetzt). Lediglich Nr. 54a als markantes Eckgebäude gut erhalten: Ladeneinbau im Erdgeschoss, Fensterrahmung mit Renaissancemotiven aus Buntsandstein; zum Platzrund kon-

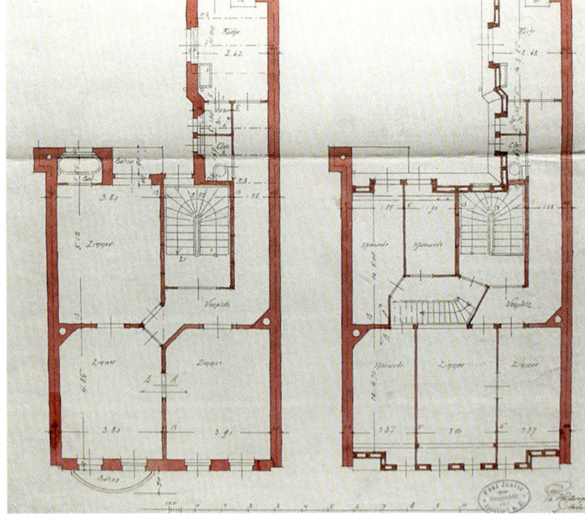

Schweizer Str. 24 / Grundriss (1. OG)

Schweizer Str. 28 mit Grundrissen

Schweizer Str. 28
Schweizer Str. 28a

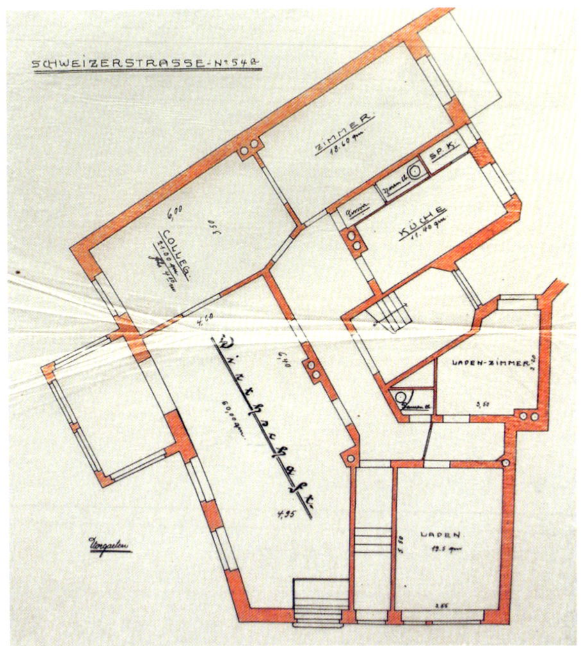

Schweizer Str. 54a / Grundriss

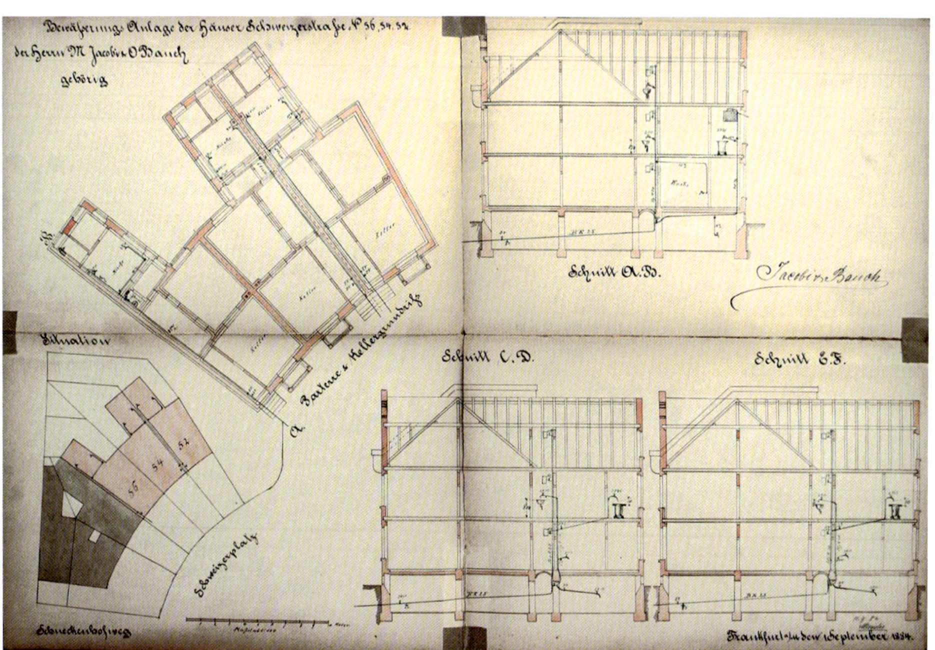

Schweizer Str. 52–54 / Lageplan und Schnitte

Schweizer Str. 54a

kave Backsteinfassade mit zentraler Balkon- und Giebelachse, Gebäudeecke mittels Erker und Stufenkuppel überhöht.

*Nr. *56 (Gebäudekatalog: 620)*
Mietshaus – errichtet 1884 nach Entwurf des Architekten Oswald Bauch: Ehemals vermutlich dreigeschossiger Backsteinbau (durch Neubau ersetzt).

Nr. 58 (Gebäudekatalog: 621)
Mietshaus – erbaut 1884 nach Entwurf des Architekten Oswald Bauch: Ehemals vermutlich dreigeschossiger Backsteinbau.

*Nr. *62 (identisch mit Schneckenhofstr. 1) (Gebäudekatalog: 622)*
Mietshaus – erbaut 1902 durch die Baufirma Gebr. Heunisch nach eigenem Entwurf (durch Neubau ersetzt).

Nr. 66 (ehem. Oppenheimer Landstr. 25) (Gebäudekatalog: 623)
Mietshaus mit Ladeneinbau – errichtet 1891 von dem Bauunternehmer Oswald Bauch für Georg Braun: Fünfgeschossiges Eckgebäude auf fast spitzwinkligem Grundriss. Fassaden im Unterbau mit Buntsandstein verblendet bzw. darüber mit Renaissancemotiven gegliedert. An gefaster Gebäudeecke Balkon und Giebel.

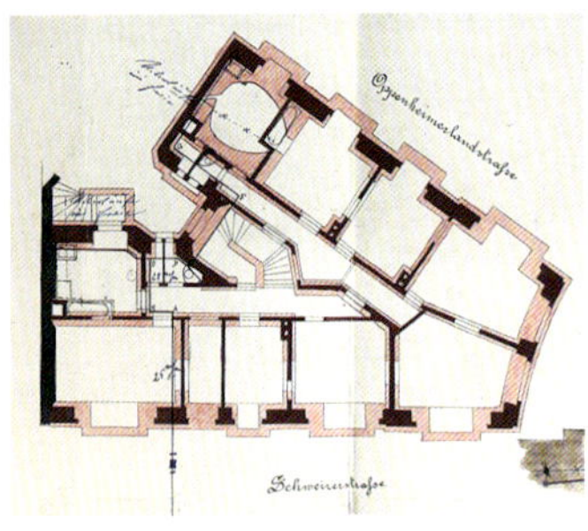

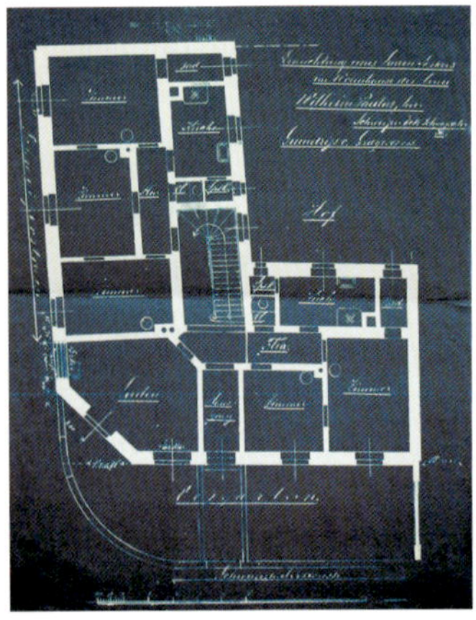

Schweizer Str. 66 (und Oppenheimer Landstr. 27) / Grundriss
Schweizer Str. 72 / Grundriss

Schweizer Str. 66–72

Nr. 68 (Gebäudekatalog: 624)
Mietshaus mit Ladeneinbau – errichtet 1890 nach Entwurf und durch die Baufirma des Architekten Martin Löffler für Philipp Heister: Zurückhaltend und glatt gestalteter Putzbau.

Nr. 70 (Gebäudekatalog: 625)
Mietshaus mit Ladeneinbau – errichtet 1891 nach Entwurf des Architekten Peter de Ginder durch und für die Baufirma von Philipp de Ginder: Großzügig mit Zwillingsfenstern ausgestatteter Putzbau mit Architekturmotiven aus Buntsandstein.

Nr. 72 (Gebäudekatalog: 626)
Wohn- und Geschäftshaus – erbaut 1897: Auf vier Geschosse beschränkter Eckbau mit jeweils symmetrischen Putzfassaden ohne auffällige Gliederung.

Nr. 76 (s.o. Schwanthalerstr. 45) (Gebäudekatalog: 567)

Nr. 78 (Gebäudekatalog: 627)
Mietshaus mit Ladeneinbau – errichtet 1885 vermutlich durch den Maurermeister Heinrich Meixner (zusammen mit Nr. 76) für Wilhelm Pfeiffer durch dessen Baufirma: Wohlproportioniertes, doch schmuckloses Gebäude mit symmetrischer Fassade im Stil der Neurenaissance; im Erdgeschoss Bänderrustika aus Buntsandstein sowie Tor zu Hof und Hinterhaus.

Nr. 80 (Gebäudekatalog: 628)
Mietshaus mit Ladeneinbau – erbaut 1891 nach Plänen des Architekten Leonhard Hänel (mit Hinterhaus): Durch zusätzliches fünftes Geschoss überhöht, in Breite und Stil wie Nr. 78; erstes und zweites Stockwerk durch Putzrustika bzw. Wechsel der Fenstergiebel betont.

Nr. 82 (Gebäudekatalog: 629)
Mietshaus mit Ladeneinbau – errichtet 1895: Stilistisch ähnlich wie Nr. 80, wenn auch nur viergeschossig im schlichten Stil der Neurenaissance; Durchfahrt zum Hinterhaus.

Nr. 84 (Gebäudekatalog: 630)
Mietshaus – errichtet 1901 durch den Bauunternehmer Jean Jungels für August Lahm: Großzügiger Winkelbau, auf L-förmigem Grundriss an der für Vorgärten ab hier südwärts verbreiterten Straße, deren Übergang turmähnlich betont ist; folglich reiche Fassadengestaltung mit offenen Loggien in allen drei Stockwerken, an die sich links eine schmale Giebelfront fügt.

Nr. 86 (Gebäudekatalog: 631)
Mietshaus – erbaut 1899 für M. Schlesinger: Schmales Wohnhaus mit symmetrischer Fassade, über einem in Buntsandstein rustizierten Erdgeschoss zentriert durch Balkone und übergiebelte Gaube.

Nr. 88 (Gebäudekatalog: 632)
Mietshaus mit Ladeneinbau – erbaut 1899 durch die Baufirma Gebr. Heunisch nach eigenem Entwurf für den Investor Konrad Kost: Stattliches Eckgebäude der Neurenaissance mit symmetrisch gestalteter Südfassade und rustiziertem Erdgeschoss, Eckverquaderung sowie Lisenen.

Nr. 90 (Gebäudekatalog: 633)
Mietshaus mit Ladeneinbau – erbaut 1899 nach Entwurf des Architekten Philipp Reinhardt Kleinhansz für F. Linkmann: Weitgehend als Pendant zu Nr. 88 errichtet mit Hauptfront nach Norden.

Nr. 92 (Gebäudekatalog: 634)
Mietshaus – erbaut 1899: Üblicher Dreiachser mit symmetrischer Fassade, zentriert durch Erker, Balkone und kleinen Giebel.

*Nr. *94 (Gebäudekatalog: 635)*
Mietshaus – errichtet 1902 durch den Bauunternehmer Jean Jungels (weitgehend ersetzt).

Nr. 96 (Gebäudekatalog: 636)
Mietshaus – erbaut 1900: Südwärts gerichtetes Eckgebäude im Stil der Neurenaissance.

Schweizer Str. 76–88 (und Schwanthalerstr. 45)

Schweizer Str. 66–88 (und Textorstr.)

Schweizer Str. 84

Schweizer Str. 90–92 (und Textorstr. 87)

Schweizer Str. 96 (und Kaulbachstr. 30–32)
Schweizer Str. 98 (und Kaulbachstr. 37)

Nr. 98 (Gebäudekatalog: 637)
Wohn- und Geschäftshaus – errichtet 1900 (zusammen mit Nr. 100–102 u. Kaulbachstr. 37) nach Entwurf des Architekten Friedrich Weil durch die Baufirma Gebr. Heunisch: Backsteingebäude in Eckposition mit gotisierenden Architekturmotiven aus Buntsandstein, nach Osten originell kombinierter Erker und Stufengiebel zuseiten einer der gefasten Gebäudeecke vorgesetzten Erkerkuppel.

Schweizer Str. 98–102
Schweizer Str. 108 (und Hedderichstr. 65)

Nr. 100, 102 (Gebäudekatalog: 638–639)
Mietshäuser – errichtet 1899 nach unterschiedlichen Entwürfen des Architekten Friedrich Weil durch die Baufirma Gebr. Heunisch: Backsteinbauten mit leicht variierten Fassadenmotiven aus Buntsandstein und in Dimensionen wie Nr. 98; an Nr. 100 axialer Erker und Giebelinschrift *„1899"*. – Nr. 102 ehemals Firmensitz der Baufirma Heunisch; dort dezentraler Kuppelerker.

(Nr. 104; ehem. Lagerplatz – erst um 1950 bebaut)

Nr. 108 (Gebäudekatalog: 640)
Bedienstetenwohnhaus – erbaut 1874 (zusammen mit Hedderichstr. 65) für die ehemalige *„Bebraer Bahn"*.

STÄDELSTRASSE

Im Verlauf zwischen Schiffer- und Dürerstraße 1873 festgelegt, bebaut 1883–1938; benannt nach dem Frankfurter Kaufmann Johann Friedrich Städel (1728–1816), dem Stifter des seinen Namen tragenden Kunstinstituts (nach ihm sollte als westliche Fortsetzung ebenso die heutige Steinlestraße benannt werden); der östliche Teil (außerhalb des Malerviertels jenseits der Schweizer Straße) erhielt 1913 den Namen Metzlerstraße nach dem Bankier und Stadtrat Albert von Metzler (1839–1918).

Nr. 1, 1a, 3, 3a, 5, 7, 9 (Gebäudekatalog: 641–647)
Mehrfamilienhausreihe – errichtet 1935 nach Plänen des Architekten Fritz Fischer unter Mitwirkung von Carl Ribbe und Johann Schapp durch die Baufirma von Ernst & Fritz Fischer.

Nr. 11 (ehem. Nr. 51) (Gebäudekatalog: 648)
Mehrfamilienhaus – erbaut 1883 für die Färberei J. C. Boehler: Schlichtes, altertümliches Klinkergebäude (vielleicht nachträglich aufgestockt und urspr. wie Nr. 13) – rückwärtig fabrikähnlicher Anbau für den Boehler'schen Färbereibetrieb.

Nr. 13 (Gebäudekatalog: 649)
Mehrfamilienhaus – erbaut 1883: Schlichtes, altertümliches Klinkergebäude aus 2 ½ Geschossen; rückwärtig Fabrikanbau.

Städelstr. 1–9

Städelstr. 11–13

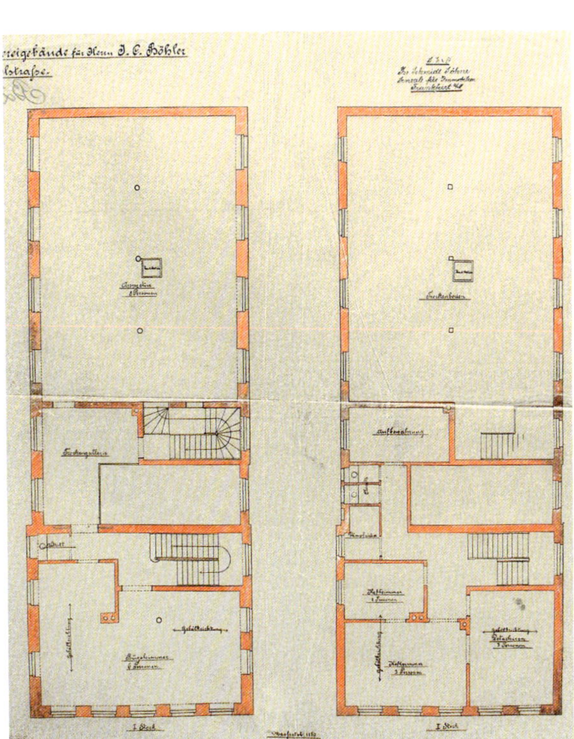

Städelstr. 11–15

Städelstr. 11 / Grundrisse

Städelstr. 14–18
Ansichten Städelstr. 14

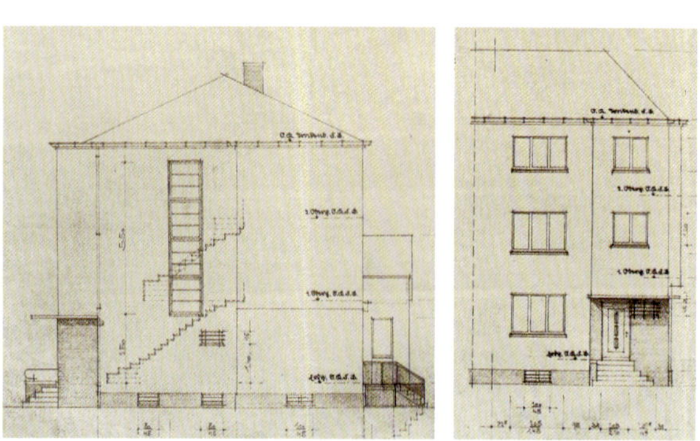

Städelstr. 30 / Grundriss

*Nr. 15, *17, *19,* 21,*23 (ehem. Nr. 53, 53a, 55, 55a, 57) (Gebäudekatalog: 650–654)*
Mehrfamilienhäuser – errichtet 1888 durch die Baufirma Georg Lönholdt & Söhne nach eigenen Entwürfen für und durch die eigene Baufirma; Nr. 15 mit turmartig ausgebauter Ecke, Nr. 17–23 bereits 1935 durch moderne Reihenhauszeile nach Plänen des Architekten Hans Sauer ersetzt und nach 1945 weitgehend modernisiert.

Nr. 25 (ehem. Nr. 59) (Gebäudekatalog: 655)
Mehrfamilienhaus – erbaut 1921 nach Entwurf des Architekten Wilhelm Müller (stark verändert).

*Nr. *27 (ehem. Nr. 61) (Gebäudekatalog: 656)*
Mehrfamilienhaus – erbaut 1903 für Oberlandesgerichtsrat Dr. von Schöller (durch Neubau ersetzt).

(Nr. 29; ehem. Garten – erst um 1950 bebaut)

Nr. 2 (Gebäudekatalog: 657)
Mietshaus – errichtet 1911 (zusammen mit Schweizer Str. 16) nach Entwurf der Architekten Joseph Rindsfüßer & Martin Kühn durch den Bauunternehmer Anton Hilf (v.a. am Dach verändert).

*Nr. *4 (ehem. Nr. 42) (Gebäudekatalog: 658)*
Mietshaus – errichtet 1911 nach Entwurf der Architekten Joseph Rindsfüßer & Martin Kühn durch den Bauunternehmer Anton Hilf (durch Neubau ersetzt).

*Nr. *6 (ehem. Nr. 44) (Gebäudekatalog: 659)*
Einfamilienhaus – errichtet 1912 nach Entwurf des Architekten Fritz Geldmacher für Otto Weinstein (durch Neubau ersetzt).

*Nr. *8 (ehem. Nr. 46) (Gebäudekatalog: 660)*
Einfamilienhaus – errichtet 1912 nach Entwurf des Architekten Fritz Geldmacher für H. Weinreben (durch Neubau ersetzt).

Städelstr. 20–26
Städelstr. 20 / Ansichten und Grundrisse

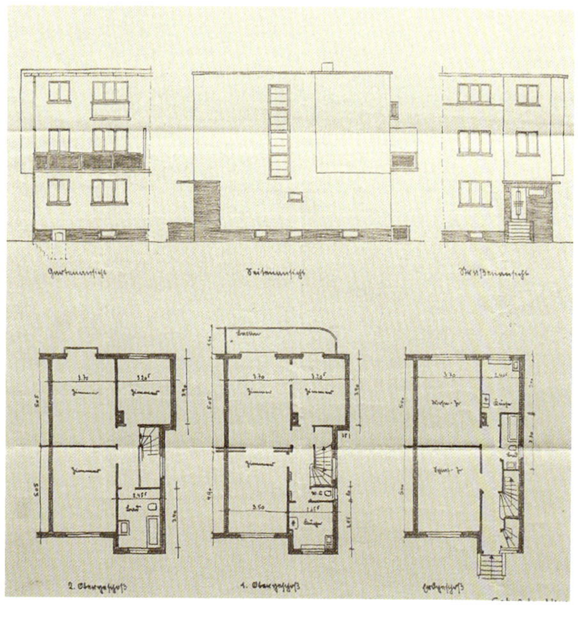

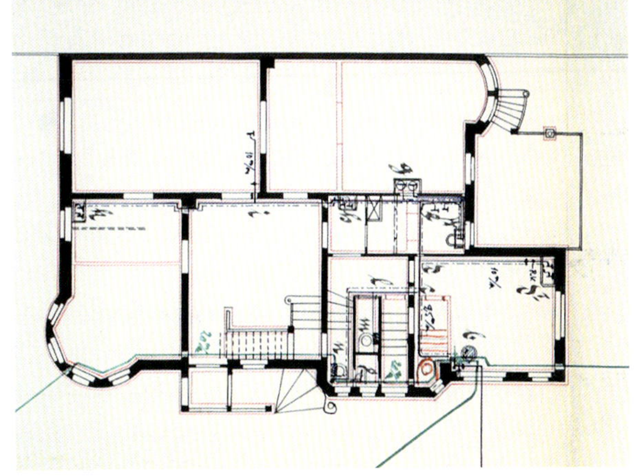

(Nr. 10–12; ehem. Garten von Schaumainkai 47)

Nr. 14, 16, 18 (Gebäudekatalog: 661–663)
Mehrfamilien-Reihenhäuser – errichtet 1932 nach Entwurf des Architekten Walter Nicol durch die Baufirma Gebr. Nicol als symmetrische Putzbauten der Moderne mit Eckrisaliten.

Nr. 20, 22, 24, 26 (Gebäudekatalog: 664–667)
Mehrfamilien-Reihenhäuser – errichtet 1938 nach Entwurf des Architekten Walter Nicol durch die Baufirma Gebr. Nicol, doppelgeschossige Putzbauten mit Flachdach (z.T. stark verändert).

*Nr. *28 (ehem. Nr. 62) (Gebäudekatalog: 668)*
Remise – erbaut 1887 für Otto von Neufville (1960 durch modernes Verwaltungshochhaus der LVA ersetzt).

*Nr. *30 (Gebäudekatalog: 669)*
Remise – errichtet 1914 an der Ecke zur Dürerstraße nach Entwurf des Architekten Ludwig Graeff für Albert von Metzler (1960 durch modernes Verwaltungshochhaus der LVA ersetzt).

STEINLESTRASSE

Im Verlauf zwischen Holbein- und Schaubstraße 1888 festgelegt (zunächst noch unter dem Namen Städelstraße), bebaut 1897–1933; um 1900 benannt nach dem Maler Edward von Steinle (Wien 1810–1886 Frankfurt), der 1839 nach Frankfurt übergesiedelt war, ab 1850 am Städel eine Professur innehatte und u.a. Gemälde für Römer und Dom schuf.

Nr. 1 (ehem. Holbeinstr. 10) (Gebäudekatalog: 670)
Doppelhaushälfte – errichtet 1906 (mit Holbeinstr. 12) durch die Baufirma Gebr. Seeger nach eigenen Plänen für J. Kahn: Neobarockes Einfamilienhaus mit rundem Eckerker und polygonalem Nordrisalit, aber deutlich asymmetrisch zu Holbeinstraße 12.

Nr. 7, 9 (Gebäudekatalog: 671–672)
Doppelvilla – errichtet 1897 wahrscheinlich nach Plänen von Alfred Günther durch die Baufirma Gebr. Seeger: Zweigeschossige Einfamilienhäuser von annähernd gleichen Proportionen, jedoch in planvoller Asymmetrie altdeutscher Architekturmotive wie Fachwerkgiebel, Erker, Balkon, Fensterreihen.

Steinlestr. 1
Steinlestr. 1 / Grundriss
Steinlestr. 7–13

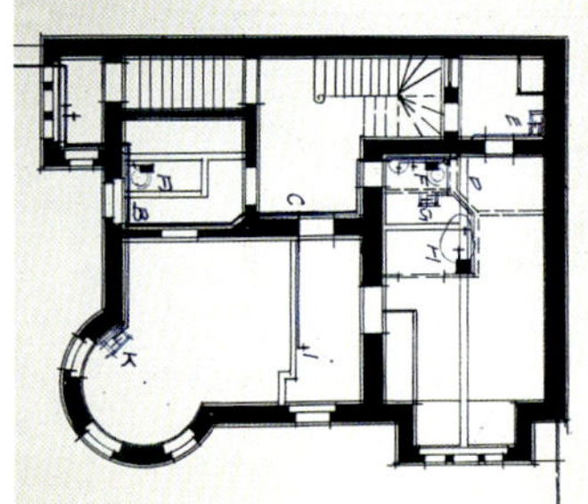

Steinlestr. 13 / Grundriss
Steinlestr. 11–13

Nr. 11, 13 (Gebäudekatalog: 673–674)
Doppelvilla – errichtet 1907 wahrscheinlich nach Plänen von Alfred Günther durch die Baufirma Gebr. Seeger: Zweigeschossige Einfamilienhäuser von ähnlichen Proportionen, mit gemeinsamem Portalvorbau, aber asymmetrisch v.a. durch Giebel bzw. runden Eckturm mit Kegeldach und Balkonerker.

Nr. 15 Haus Rindsfüßer (Gebäudekatalog: 675)
Doppelhaushälfte – erbaut 1902 (zusammen mit Rembrandtstr. 12) für und nach Entwurf des Architekten Joseph Rindsfüßer: Doppelgeschossiges Einfamilienhaus in traditioneller Form auf L-förmigem Grundriss, doch von deutlicher Asymmetrie zu Rembrandtstraße 12; Nordfront mit polygonalem Konsol-

Steinlestr. 15
Steinlestr. 17–19
Steinlestr. 17–25

erker, der bis zum Schopfwalm des Fachwerkgiebels reicht.

Steinlestr. 21

Nr. 17 (Gebäudekatalog: 676)
Einfamilienhaus – erbaut 1902 (als Doppelhaushälfte) nach Plänen des Architekten Johann Georg Steitz mit Fassade aus hellem Sandstein: Gebäudeecke von stämmigem – ehemals vermutlich überkuppeltem – Erkerturm betont.

Nr. 19 (Gebäudekatalog: 677)
Einfamilienhaus – erbaut 1902 (als Doppelhaushälfte) nach Plänen des Architekten Ernst Friedrich Ambrosius durch die eigene Baufirma für Karl Dietze: Verputzte Fassade durch Giebel mit Bauplastik und polygonalen Erker aus hellem Sandstein dekoriert: Gebäudeecke auf Säule gestützt, dahinter überwölbter Windfang zum Portal.

Nr. 21 (Gebäudekatalog: 678)
Einfamilienhaus – errichtet 1900 nach eigenen Plänen durch die Baufirma Schaffner & Albert für Rudolf Ronnefeld: Altdeutsche Fassaden durch Fachwerk an Giebel und Seitenerker bereichert.

*Nr. *23 (Gebäudekatalog: 679)*
Einfamilienhaus – errichtet 1903 durch die Baufirma Georg Waag (weitgehend ersetzt).

Nr. 25 (Gebäudekatalog: 680)
Doppelhaushälfte – errichtet 1903 (zusammen mit Rubensstr. 13) wahrscheinlich nach Entwurf der Architekten Friedrich Zöllner oder Georg Waag durch dessen Baufirma für den Chemiker Dr. H. Rössler: Eckgebäude, nordwärts gerichtet mit breiter Fassade, die altdeutsche Dekoration an unterschiedlich geformten Erkern und Fachwerkgiebel zeigt; seitlich ebenso in Fachwerk ausgeführter Portalvorbau.

Steinlestr. 25

Steinlestr. 27

Nr. 27 (Gebäudekatalog: 681)
Mehrfamilienhaus – errichtet 1905 nach Entwurf des Architekten Alfred Günther durch die Baufirma Franz Brofft: Beidseitig durch hohe Wellgiebel und im Winkel eingestellten Kuppelturm stattlich wirkendes Eckgebäude im Geschmack der Spätrenaissance.

Nr. 29 (Gebäudekatalog: 682)
Mehrfamilienhaus – errichtet 1905 (als Endbau einer Vierergruppe) nach Entwurf des Architekten Alfred Günther durch die Baufirma Franz Brofft: Fassade übergiebelt, in Mischformen aus Neobarock und Jugendstil. Straßen- und Gartenfront ehemals reicher gestaltet.

Nr. 31 (Gebäudekatalog: 683)
Einfamilienhaus – errichtet 1905 nach Plänen des Architekten Alfred Günther durch den Bauunternehmer Franz Brofft: Schmales Reihenhaus mit traditionellem Wellgiebel.

Nr. 33 (Gebäudekatalog: 684)
Einfamilienhaus – erbaut 1905 nach Entwurf des Architekten K. Krumbach durch die Baufirma Franz Brofft für J. Emmerling (vermutlich auch Bauherr der Nrn. 27–31): Schmales Reihenhaus mit polygonalem Erker und Fachwerkgiebel (Fassade modern vereinfacht).

*Nr. *35 (Gebäudekatalog: 685)*
Mehrfamilienhaus – erbaut 1905 (als Endbau einer Vierergruppe) für R. Hüttich (weitgehend ersetzt).

*Nr. *39 (Gebäudekatalog: 686)*
Einfamilienhaus – errichtet 1913 nach Plänen des Architekten Heinrich Anthes durch die eigene Baufirma: Ehemals traditionelle Doppelhaushälfte mit zylindrischem Eckvorbau und seitlichem Giebel (durch Neubau ersetzt).

Nr. 43 (Gebäudekatalog: 687)
Einfamilienhaus – erbaut 1933 nach Entwurf des Architekten August Jakob Steitz für Friedrich Notna-

Steinlestr. 27–33 (und Rubensstr.)

Steinlestr. 29–33

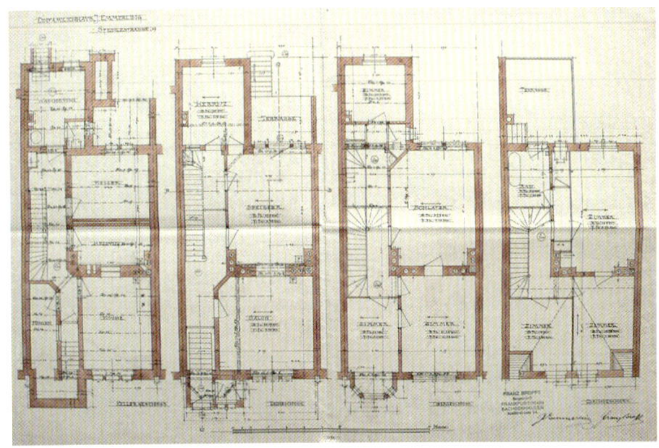

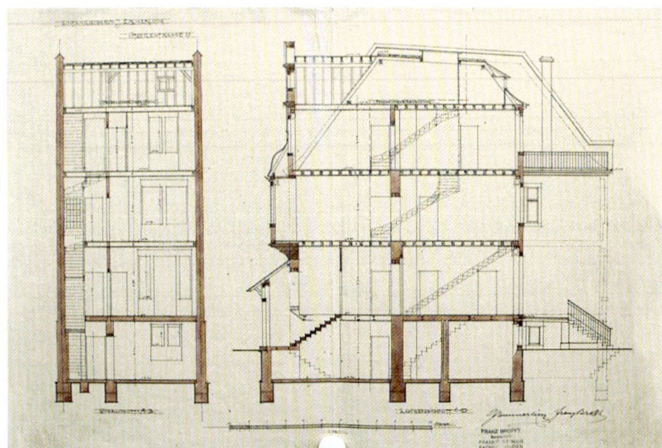

Steinlestr. 33 / Grundrisse und Schnitte

Steinlestr. 39

Steinlestr. 43 (und Schaubstr. 7–9)

Steinlestr. 16

gel: Doppelgeschossiger Putzbau der Moderne mit ursprünglichem Mansarddach (mit Schaubstr. 7–9 ehemals Teil einer formal identischen Dreiergruppe).

(Nr. 6; ehem. Garten – erst um 1975 durch überdimensioniertes Bürogebäude bebaut zusammen mit Rembrandtstr. 9)

Nr. 16 Liebieghaus (s.o. Schaumainkai 71) (Gebäudekatalog: 521)
Museumsgebäude – errichtet 1909 (als Ersatz einstiger Nebengebäude von 1891) nach Entwurf von Paul Kanold für die städtische Skulpturensammlung: Symmetrisch geplantes Galeriegebäude mit zentralem Eingangspavillon in Mischformen aus Neobarock und Jugendstil, gegliedert durch kannelierte ionische Pilaster und z.T. mit skurrilem Dekor; am Ostflügel eine Brunnennische mit Obelisk und *Putto* (Westflügel nachträglich modern ergänzt).

Nr. 20, 22 (Gebäudekatalog: 688–689)
Doppelhaus – errichtet 1932 für das Architekturbüro Johann Wilhelm Proesler nach dessen Entwurf durch den Bauunternehmer Louis Seeger: Symmetrische, schlichte Putzbauten der Moderne.

(Nr. 24, 26, 28; ehem. Garten – erst 1955–57 bebaut)

Nr. 32 (Gebäudekatalog: 690)
Mehrfamilienhaus – errichtet 1905 für Louis Seeger durch seine Baufirma Gebr. Seeger nach deren

Steinlestr. 20–22

Stresemannallee 29–33
Steinlestr. 32–34

Entwurf (1933–45 hessische Parteizentrale der NSDAP; nach Kriegsschäden weitgehend erneuert).

Nr. 34 (Gebäudekatalog: 691)
Mehrfamilienhaus – errichtet 1905 für den Architekten August Gebauer nach eigenem Entwurf und durch seine Baufirma (nach Kriegsschäden weitgehend ersetzt).

*Nr. *36, *38 (Gebäudekatalog: 692–693)*
Mietshäuser – erbaut 1905 für den Architekten Hermann von Hoven nach eigenen Plänen (bis auf geringe Reste durch Neubauten ersetzt).

*Nr. *40 (identisch mit Schaubstr. 3) (Gebäudekatalog: 502)*

Stresemannallee 33–43

STRESEMANNALLEE

Entsprechend dem Verlauf der auf die Friedensbrücke gerichteten Gleiskurve der zugleich ersetzten Main-Neckar-Bahn 1889 zu Ehren von Kaiser Wilhelm I. (1798–1888) großzügig als Wilhelmstraße angelegt, bebaut 1893–1936; neu benannt seit 1919 nach dem ehemaligen deutschen Außenminister Gustav Stresemann (1878–1929), nach dem erneuten Anschluss des Saarlands (1935) kurzfristig 1935–45 als Saarallee bezeichnet (zum Malerviertel gehören nur die Häuser Nr. 1–43).

(Nr. 1–3; ehem. Gärten – erst nach 1939 bebaut)

*Nr. *7 (Gebäudekatalog: 694)*
Mehrfamilienhaus – erbaut 1935 (durch Neubau ersetzt).

*Nr. *11 (Gebäudekatalog: 695)*
Mehrfamilienhaus – erbaut 1936 nach Entwurf des Architekten Walter Zimmermann (durch Neubau ersetzt).

*Nr. *13 (Gebäudekatalog: 696)*
Mehrfamilienhaus – errichtet 1924 durch den Bauunternehmer Adolf Junior (durch Neubau ersetzt).

*Nr. *19–*23 Hippodrom (s.o. 2.3.4) (Gebäudekatalog: 697)*
Monumentale Reit- und Festhalle – errichtet 1893–98 (im Gelände einer ehem. Fabrik) nach Entwurf der Architekten Adolf Haenle und Johann Christoph Welb, umgebaut 1913 nach Plan des Architekten Heinrich F.W. Hancke (1944 zerstört, 1956 abgebro-

chen, 1961 durch ein modernes Verwaltungsgebäude ersetzt).

Nr. 29, 31 (Gebäudekatalog: 698–699)
Einfamilienhäuser – errichtet 1924 durch den Bauunternehmer Adolf Junior: Traditionelle Reihenhäuser, doppelgeschossig mit Mansarddach.

Nr. 33 (Gebäudekatalog: 700)
Einfamilienhaus – erbaut 1923 nach Entwurf des Architekten Max Kramer: Traditionelles Reihenhaus mit Mansarddach.

Nr. 37, 39 (Gebäudekatalog: 701–702)
Einfamilienhäuser – erbaut 1923 vermutlich nach Entwurf des Architekten Paul Heinrich Krag: Vermutlich ehemals traditionelle Zwillingsbauten aus zwei Geschossen – wahrscheinlich nachträglich im Zentrum durch gemeinsame Reihengaube erhöht.

Nr. 41, 43 (Gebäudekatalog: 703–704)
Einfamilienhäuser – erbaut 1922 für die *„Elektrizitäts AG"* nach Entwurf des Architekten Robert Wollmann: Traditionelle Zwillingsbauten aus zwei Geschossen, um 1930 durch modernen Eckturm ergänzt.

TEXTORSTRASSE

Trassierung zunächst um 1860 zwischen Darmstädter Landstraße und Schweizer Straße (gemäß dem Verlauf der 1875 aufgegebenen Lokalbahn), 1870 Festlegung erster Fluchtlinien; 1886 Benennung nach dem Frankfurter Arzt Dr. Georg Varrentrapp (1809–86), auf dessen Initiative u.a. der Bau der nahen Mühlbruchsiedlung zurückgeht, als Varrentrappstraße; westwärts 1899 verlängert auf der Bettung der einstigen Bahngleise bis zur Holbeinstraße – ab 1912 unter der neuen Bezeichnung Textorstraße nach der Bürgermeisterfamilie, der auch Goethes Mutter Elisabeth (Frau Aja) entstammte; bebaut 1899–1925 (zum Malerviertel gehören nur die Häuser Nr. 87–111 bzw. 80–112).

Nr. 87 (s.o. Schweizer Str. 90)
(Gebäudekatalog: 633)

Nr. 89 (Gebäudekatalog: 705)
Wohn- und Geschäftshaus – erbaut 1903 nach Entwurf des Architekten Adolf Gustav Schenck: Mit fünf Geschossen und Mansarddach zwischen viergeschossigen Nachbarbauten dominierend und wie innerhalb der gesamten Zeile mit breiter Neurenaissance-Fassade aus vier Achsen, deren äußere allerdings knapp vortreten und durch Eckquaderung und Fenstergiebel aus Buntsandstein bereichert sind. Ladengeschoss verändert, Durchfahrt zum Hinterhaus Nr. 89 H.

Textorstr. 89

Textorstr. 91–95

Textorstr. 105

Nr. 91, 93, 95, 97 (Gebäudekatalog: 706–709)
Mietshausreihe – erbaut 1899 nach kaum differierenden Plänen des Architekten Adolf Gustav Schenck (bei Nr. 91–93 ist seine Autorenschaft nicht bewiesen) für den Investor Maximilian Schlesinger: Viergeschossig und -achsig, wobei die Außenachsen nur bei dem Backsteinbau Nr. 95 knapp vortreten.

Textorstr. 109

Textorstr. 105–109

Nr. 99 (Gebäudekatalog: 710)
Mietshaus – erbaut 1902 wahrscheinlich nach Entwurf des Architekten Adolf Gustav Schenck (fast als Kopie von Nr. 97): Fassade der Neurenaissance symmetrisch aus vier Achsen mit zentraler Portal- / Fenstergruppe (vermutlich ursprünglich in sichtbarem Backstein bzw. gliederndem Buntsandstein).

Nr. 101 (Gebäudekatalog: 711)
Mietshaus – erbaut 1902 nach Entwurf des Architekten Adolf Gustav Schenck; Neurenaissance-Fassade ähnlich wie Nr. 99, jedoch aus sichtbar belassenem Backstein.

*Nr. *103 (Gebäudekatalog: 712)*
Mietshaus mit Ladeneinbau – erbaut 1899 nach Entwurf des Architekten Louis Modrow für den Investor Maximilian Schlesinger (nach Kriegsschäden vereinfacht wieder aufgebaut).

Nr. 105, 107 (Gebäudekatalog: 713–714)
Doppelvilla – errichtet 1914 durch den Bauunternehmer Carl Friedrich Schäfer: Unter gemeinsamem Mansarddach spiegelbildlich in Grundriss und Aufbau mit polygonalem Eckerker und seitlichem Risalit fürs Treppenhaus.

Nr. 109 (Gebäudekatalog: 715)
Einfamilienhaus – errichtet 1909 nach Entwurf des Stadtbaumeisters Joseph Ernst Richter als Villa des Direktors der Holbeinschule: Doppelgeschossiger Giebelbau, durch arkadierten Galerietrakt mit dem Schulgebäude verbunden.

Nr. 111 Holbeinschule (s. o. 2.3.5)
(Gebäudekatalog: 716)
Realschule – errichtet 1909 nach Entwurf des Architekten Joseph Ernst Richter: Großer Rechteckbau aus drei Geschossen, aus dessen hohem Walmdach an den Schmalseiten wie ein viertes Geschoss Reihengauben ragen. An der Straßenfassade symmetrische Konsolerker unter separat verdachten Gauben (Dachaufbau nach Kriegsschäden vereinfacht).

Nr. 80 (Gebäudekatalog: 717)
Mietshaus – erbaut 1901 nach Entwurf des Architekten Philipp Reinhardt Kleinhansz für den Investor und Makler Maximilian Schlesinger: Schlichter Putzbau im Geschmack der Neurenaissance.

Nr. 82, 82a, 84, 84a, 86, 86a, 88
(Gebäudekatalog: 718–724)
Mietshausensemble – errichtet 1906/07 nach Entwurf von Adam Friedrich Kayser durch dessen Baufirma Philipp Carl Kayser & Sohn nach eigenem Entwurf für die *„Frankfurter Wohnungsgenossenschaft"*: Insgesamt auf hufeisenförmigem Grundriss um begrünten Hof auf umlaufend bossiertem Sandsteinsockel symmetrisch gruppierte Dreiflügelanlage. Seitentrakte (Nr. 82 & 88) zur Straße durch Volutengiebel und polygonale Kuppelerker, zum Hof durch Balkons und Treppenturm betont. Anschließend – jenseits einer arkadierten Vorhalle – ein durch Portalrisalit und Fachwerkgiebel hervorgehobenes Häuserpaar. Rückwärtig der durch gestuften Treppenturm mit aufwändigem Renaissanceportal zentrierte und mit Eckkuppeln ausgestattete Haupttrakt.

Nr. 90 (Gebäudekatalog: 725)
Mietshaus mit Ladeneinbau – errichtet 1899 nach Plänen des Architekten Philipp Reinhardt Kleinhansz: Traditionelles Gebäude mit symmetrischer und vertikal gegliederter Putzfassade; im Erdgeschoss Verblendung aus Buntsandstein und Einfahrt zum Hof. Giebelinschrift *„1899"*.

Nr. 92, 94 (Gebäudekatalog: 726–727)
Doppelmietshaus – erbaut 1899 nach Entwurf des Architekten Adolf Gustav Schenck vielleicht für den Investor Maximilian Schlesinger: Spiegelbildlich aufeinander bezogene Putzbauten, jeweils viergeschossig und dreiachsig mit zurückhaltender Gliederung aus (modern übermaltem) Buntsandstein.

Nr. 96 (Gebäudekatalog: 728)
Mietshaus mit Ladeneinbau – errichtet 1899 wahrscheinlich nach Entwurf von Adolf Gustav Schenck für den Investor Maximilian Schlesinger: Etwas niedrigerer Putzbau aus zwei Achsen, im Erdgeschoss mit Bänderrustika aus Buntsandstein im Stil der Neurenaissance.

Nr. 98 (identisch mit Oppenheimer Landstr. 49) (Gebäudekatalog: 382)

Textorstr. 80–90 (und Schweizer Str. 88)

Nr. 100 (Gebäudekatalog: 729)
Doppelhaushälfte – erbaut 1924 (zusammen mit Oppenheimer Landstr. 58 – als Ersatz der 1864 an der damaligen *Lokalbahn* gegründeten Maschinenfabrik von *Philipp Hirschel*) nach Plänen des Architekten Theodor Darlam: Monumentales Gebäude aus kla-

Textorstr. 82–90

Textorstr. 80–90

Textorstr. 82–88
Textorstr. 100–102

ren Architekturformen des Neoklassizismus und expressionistischem Dekor in symmetrischer Fassade, die insgesamt von polygonalen Erkern bzw. Balkons rhythmisiert und durch einen Giebel zentriert wird. Über einem von aufgeputzter Bänderrustika gegliederten Erdgeschoss zwei schlichte Stockwerke und ein dem gestuften Walmdach integriertes Attikageschoss sowie gereihte Gauben. Südwärts zum Eck mit der Textorstraße niedrigerer Annex mit Erkerpolygon.

Nr. 102 (Gebäudekatalog: 730)

Einfamilienhaus – erbaut 1906/07 nach Plänen des Stadtbaumeisters Joseph Ernst Richter: Kleines Giebelhaus mit Mansarddach.

Nr. 104 Textorschule (s. o. Schwanthalerstr. 63 bzw. 2.3.5) (Gebäudekatalog: 576)

Nr. 106 (Gebäudekatalog: 731)

Einfamilienhaus – erbaut 1907 für Prof. Dr. Roemer: Traditionelle Doppelhaushälfte, unter Einfluss des

Textorstr. 114, Grundrisse

Textorstr. 82–98 (und Oppenheimer Landstr. 49)
Textorstr. 106–108

benachbarten Schulgebäudes mit Mansarddach, barockisierenden Giebeln sowie polygonalem und Fachwerkerker.

Nr. 108 (Gebäudekatalog: 732)
Einfamilienhaus – erbaut 1907 nach Entwurf des Architekten Johann Georg Seeger durch dessen Baufirma für P. Schubbert: Durch axialen Erker und Gaube symmetrisch wirkendes Haus aus zwei Geschossen und Mansarddach.

*Nr. *110 (Gebäudekatalog: 733)*
Mehrfamilienhaus – erbaut 1907 (durch Neubau ersetzt).

*Nr. *112 (Gebäudekatalog: 734)*
Mehrfamilienhaus – erbaut 1907 (durch Neubau ersetzt).

*Nr. *114 (Gebäudekatalog: 735)*
Einfamilienhaus – erbaut 1907 nach Entwurf des Stadtbaurats Gustav Schaumann: Ehemals doppelgeschossiges Eckgebäude mit Erkern zu Holbein- und Textorstraße; dort seitlicher Portalvorbau (durch Neubau ersetzt).

THORWALDSENPLATZ

In der Folge kurviger Straßenführung verbliebenes Dreieck, das 1911 als freier Platz ausgewiesen und wie die flankierende Straße nach dem Kopenhagener Bildhauer Berthel Thorvaldsen (1768–1844) benannt wurde; bebaut 1913–28.

(ehem. Nr. 1 – s. o. Nordheimstr. 5) (Gebäudekatalog: 370)

*Nr. *1 (ehem. Nr. 3) Villa Cunz (Gebäudekatalog: 736)*
Modernes Einfamilienhaus – 1925 in großem Zier- und Nutzgarten errichtet durch die Baufirma Gebr. Heunisch angeblich nach Entwurf des Münchener Architekten Louis von Stempel für Dipl. Ing. Wilhelm Cunz, Schwager von David Stempel und Direktor in dessen Schriftgießerei (durch größer dimensionierten Neubau ersetzt).

(ehem. Nr. 2 – s. o. Böcklinstr. 16) (Gebäudekatalog: 17)

*Nr. *4 (Gebäudekatalog: 737)*
Einfamilienhaus – erbaut 1913 durch die Baufirma Johann Wilhelm Proesler nach eigenen Plänen für den Buchdrucker Franz Büttel (1950 weitgehend ersetzt).

Thorwaldsenplatz 1 (am linken Bildrand)
Thorwaldsenplatz 1 (vermutlich)

Thorwaldsenplatz 8 (und Thorwaldsenstr. 14)

*Nr. *6 (Gebäudekatalog: 738)*
Mehrfamilienhaus – erbaut 1925 nach Entwurf des Architekten Richard Heinrich Achenbach für Otto Sachs (1950 weitgehend ersetzt).

Nr. 8 (Gebäudekatalog: 739)
Einfamilienhaus – erbaut 1928 (zusammen mit Thorwaldsenstr. 14) nach Entwurf des Düsseldorfer Regierungsbaumeisters Ernst Stahl für Prof. Dr. K. W. Mautner: Klarer Klinkerbau der frühen Moderne.

(ehem. Nr. 10; s. u. Thorwaldsenstr. 14) (Gebäudekatalog: 760)

THORWALDSENSTRASSE

Als Fortsetzung der Textorstraße gemäß dem Verlauf der 1875 aufgegebenen Lokalbahn zwischen Holbeinstraße und Stresemannallee 1899 trassiert, benannt 1911, bebaut 1913–36 (s. o. Thorwaldsenplatz).

Nr. 1–11 Kath. Bonifatiuskirche (s. o. Holbeinstr. 68–70) (Gebäudekatalog: 278)

Nr. 13 (ehem. Thorwaldsenplatz 13) (Gebäudekatalog: 740)
Mehrfamilienhaus – erbaut 1925 nach Entwurf der Architekten Christian Schmidt-Knatz & Andreas Heuss für R. Woge: Putzbau mit doppelgeschossiger Eckrotunde und Walmdach.

Thorwaldsenstr. 11–15
Thorwaldsenstr. 17–21

Nr. 15 (ehem. Thorwaldsenplatz 15) Villa Dencker (Gebäudekatalog: 741)
Einfamilienhaus – errichtet 1926 durch die Baufirma Philipp Holzmann in neobarockem Stil für Paul Dencker (1949 weitgehend ersetzt).

*Nr. *17 (Gebäudekatalog: 742)*
Einfamilienhaus – erbaut 1928 (1957 weitgehend durch Neubau ersetzt).

Nr. 19 (ehem. Thorwaldsenplatz 17) (Gebäudekatalog: 743)
Einfamilienhaus – errichtet 1929 durch die Baufirma Gebr. Nicol nach eigenem Entwurf für Dr. Hektor Roessler.

Nr. 21 (Gebäudekatalog: 744)
Einfamilienhaus – errichtet 1927 durch den Bauunternehmer Peter Hafner für Eduard Becker.

Nr. 23 (Gebäudekatalog: 745)
Doppelhaushälfte – errichtet 1927 als traditionelles Einfamilienhaus durch den Bauunternehmer Karl Eurich für Philipp Kirchhoff.

Nr. 25 (Gebäudekatalog: 746)
Doppelhaushälfte – errichtet 1928 als traditionelles Einfamilienhaus nach Entwurf des Architekten Friedrich Jobst durch dessen Baufirma für Georg Schneider.

Nr. 27, 29, 31, 33, 35, 37 (Gebäudekatalog: 747–752)
Gereihte Doppelvillen – errichtet 1923–25 im Geschmack des Neobarock nach Plänen des Architekten Friedrich Ronnefeld durch die Baufirma Schaffner & Albert für den Investor Wilhelm Dominique; jeweils mit Zwillingsfassaden.

Nr. 39, 41 (Gebäudekatalog: 753–754)
Einfamilienhäuser – errichtet 1925 (zusammen mit Passavantstr. 33) nach Plänen des Architekten Friedrich Ronnefeld durch die Baufirma Schaffner & Albert für den Investor Wilhelm Dominique: Weitgehend symmetrische Dreiergruppe mit neobarocken Details.

Nr. 45, 47, 49 (Gebäudekatalog: 755–757)
Reihenhäuser – errichtet 1923 als symmetrische Baugruppe durch den Bauunternehmer Carl Diehl nach eigenem Entwurf für den *„Frankfurter Eisenbahner Siedlungsverein“* (stark modernisiert).

Thorwaldsenstr. 19–39
Thorwaldsenstr. 23–29
Thorwaldsenstr. 23

Nr. 51 (Gebäudekatalog: 758)
Mehrfamilienhaus – errichtet 1923 nach Plänen der Architekten Ludwig Zweifel und Ludwig Ackermann durch den Bauunternehmer Carl Diehl für den *„Eisenbahner Siedlungsverein"* als symmetrisches Gebäude (wie Burnitzstr. 56).

Nr. 4 Villa Baumann (Gebäudekatalog: 759)
Einfamilienhaus – erbaut 1936 nach Plänen des Architekten Fritz Kupke für H. Baumann: Moderner Putzbau der frühen Moderne mit Fassadenrisalit und Walmdach.

(Nr. 6 – ehem. Garten von Thorwaldsenplatz 3; s. o.)

Nr. 14 (ehem. Thorwaldsenplatz 10) (Gebäudekatalog: 760)
Einfamilienhaus – errichtet 1935 nach Plänen des Architekten Richard Heinrich Achenbach als Klinkerbau der frühen Moderne für Dr. W. Schulenburg (nach Kriegsschäden ergänzt).

Nr. 16 Villa Müller (Gebäudekatalog: 761)
Einfamilienhaus – errichtet 1928 durch die Baufirma Jourdan GmbH für Dr. Erich Müller (nach Kriegsschäden ergänzt).

Nr. 20 (Gebäudekatalog: 762)
Mietshaus – erbaut 1936 nach Plänen des Architekten Richard Heinrich Achenbach für Peter Meister: Modernes Eckhaus mit zeittypisch gerundeten Eckbalkons; traditionell dreigeschossig und mit Mansarddach. Fassadenknick zur Franz-Lenbach-Straße durch Treppenturm kaschiert.

Thorwaldsenstr. 31–33
Thorwaldsenstr. 35–37
Thorwaldsenstr. 39–41
(und Passavantstr. 33)

Thorwaldsenstr. 45–49
Thorwaldsenstr. 51

Thorwaldsenstr. 4
Thorwaldsenstr. 14

Nr. 22 (Gebäudekatalog: 763)
Mietshaus – errichtet 1913 durch den Bauunternehmer Paul Junior für Adolf Schüler: Neobarockes Gebäude mit polygonalem Zentralrisalit, über dem ein Giebel ansetzt; auf den Brüstungen Stuckdekor (Draperien und Lambrequins), über dem Eingang Bauinschrift *„1913"*.

Nr. 28 (Gebäudekatalog: 764)
Mietshaus – erbaut 1936 nach Plänen des Architekten Richard Hermann Achenbach für Gottfried Achenbach: Schlichtes Gebäude, verputzt und auf einem Klinkersockel – vermutlich unmittelbar nach Errichtung von Achenbachs Eckvilla (s. o. Passavantstr. 30) auf deren Gartengrundstück viergeschossig entstanden.

Thorwaldsenstr. 14–16
Thorwaldsenstr. 20

Thorwaldsenstr. 20–22

Thorwaldsenstr. 28 (und Passavantstr. 30

Thorwaldsenstr. 30

Thorwaldsenstr. 34

Nr. 30 (Gebäudekatalog: 765)

Mietshaus – erbaut 1914 nach Plänen des Architekten Justus A. Helme: Dreigeschossiger Putzbau des Neoklassizismus mit axialem Risalit.

*Nr. *32 (Gebäudekatalog: 766)*

Mehrfamilienhaus – erbaut 1933 für und nach Plänen des Architekten Richard Heinrich Achenbach für sich selbst (durch Neubau ersetzt).

Nr. 34 (Gebäudekatalog: 767)

Mietshaus – erbaut 1914 nach Entwurf des Architekten Adolf Philipp Menges für Wilhelm Döllmann: Ursprünglich dreigeschossiger Putzbau mit symmetrischer Fassade, Eckrisaliten und Mansarddach.

*Nr. *36 (Gebäudekatalog: 768)*

Mietshaus – erbaut 1935 für und nach Plänen des Architekten Richard Heinrich Achenbach (durch Neubau ersetzt).

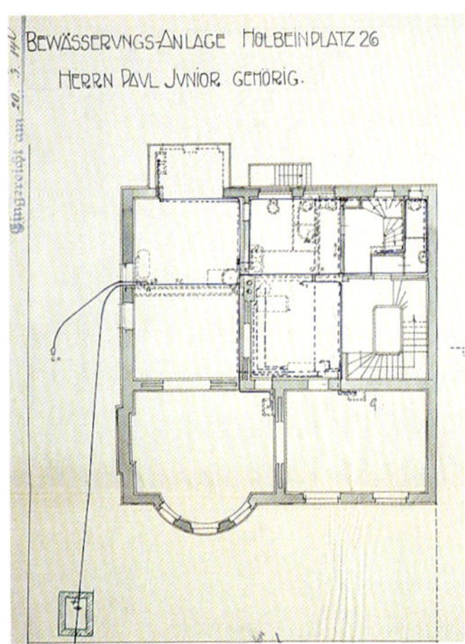

Tischbeinstr. 2 / Grundriss

Tischbeinstr. 2 (und Kennedyallee 33)

Tischbeinstr. 4–8

TISCHBEINSTRASSE

Als Fortsetzung der Holbeinstraße jenseits der Kennedyallee 1911 mit dem Namen Holbeinplatz angelegt (nachträglich 1969 Otto-Hahn-Platz nach dem Frankfurter Nobelpreisträger) unter Beibehaltung der durchlaufenden Hausnummerierung in der Straße, bebaut 1912–15; später umbenannt nach der Malerdynastie Tischbein, als deren berühmtester Vertreter wegen seines Gemäldes „Goethe in der Campagna" Johann Heinrich Wilhelm Tischbein (Hain 1751–1829 Eutin) gilt.

Tischbeinstr. 8

Nr. 2 (ehem. Holbeinstr. 26) (Gebäudekatalog: 769)
Mehrfamilienhaus – errichtet 1914 (gemeinsam mit Kennedyallee 33) nach Entwurf des Architekten Adolf Metzger für und durch die gemeinsam mit Paul Junior betriebene Baufirma: Putzbau aus zwei Geschossen im *„Zopfstil"* mit sparsamer Vertikalgliederung aus gelblichem Sandstein und Mansarddach.

Nr. 4 (ehem. Holbeinplatz 28) (Gebäudekatalog: 770)
Einfamilienhaus – erbaut 1912 nach Entwurf des Architekten Franz Thyriot für Dr. med. Sanner: Teil einer Dreiergruppe in traditionellen Formen.

Nr. 6 (ehem. Holbeinplatz 30) (Gebäudekatalog: 771)
Einfamilienhaus – errichtet 1912 nach Entwurf des Architekten Friedrich Sander durch den Bauunternehmer Gustav Mack: Höherer Mittelbau einer Dreiergruppe (außen stark verändert).

Nr. 8 (ehem. Holbeinplatz 32) (Gebäudekatalog: 772)
Einfamilienhaus – erbaut 1915 nach Entwurf des Architekten Harald Greiner für Lic. Greiner: Teil einer Dreiergruppe in traditionellen Formen.

WILHELMSTRASSE *(s. o. Stresemannallee)*

Baumeister zwischen Bauarbeitern: Hochbauer mit Bieber (links), Tiefbauer mit Maulwurf (rechts) / vom Bürohaus Schaumainkai 101–103

2.6.2 Architekten- und Bauunternehmer / Kurzbiografien

In alphabetischer Folge genannt sind zwischen 1874 und 1939 nur im Malerviertel nachweisbare Vertreter beider Berufsgruppen (ca. 250) – jedoch keine Firmen, so dass im Einzelfall Bauvorhaben noch nach dem Tod eines Firmengründers unter dessen Namen aufgeführt sein können. Auch muss man davon ausgehen, dass auf Plänen üblicherweise nicht der zeichnende Entwurfsarchitekt, sondern der Leiter des Architekturbüros unterschrieben hat (d.h., dass beispielsweise J.C. Junior oder Val. Heunisch kaum für einen detaillierten Entwurf infrage kommen, andererseits viele Architekten anonym bleiben werden).

*Ähnlich relativiert sich das Berufsbild des Bauunternehmers, wenn Architekten sich kurzfristig eine Mannschaft aus Handwerkern zusammenstellten, die sich nach Vollendung eines Gebäudes wieder auflöste. Zu den darüber hinaus im Fließtext und in den Exkursen erwähnten Architekten finden sich nur dort vereinzelt Lebensdaten und weitere Informationen; dies gilt ebenso für die Vertreter anderer Berufs- oder Kunstgattungen (Ingenieur, Handwerker, Maler, Bildhauer etc.). Eine in Klammern gesetzte Hausnummer kennzeichnet lediglich die Vermutung eines Entwurfsarchitekten oder eine nicht realisierte Planung, ein vorangestellter *(Asterisk) verweist auf weitgehenden oder völligen Verlust eines Gebäudes.*

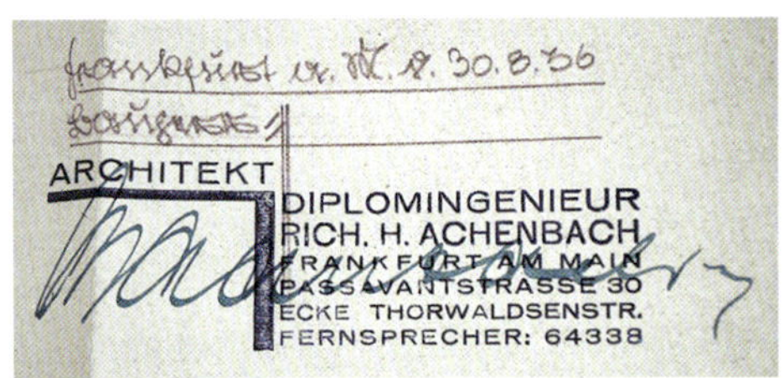

Achenbach, Richard Heinrich (1909–73)
Architekt, nach 1930 in Frankurt selbständig;
30 Bauten in Frankfurt nachgewiesen – darunter im Malerviertel
Holbeinstraße 64
Passavantstraße 7–9, 26–30
Thorwaldsenplatz 6
*Thorwaldsenstraße 14, 20, 28, *32, *36*

Ackermann, Ludwig (tätig um 1920–1936)
Architekt, zeitweise assoziiert mit Ludwig Zweifel;
11 Bauten in Frankfurt nachgewiesen – darunter im Malerviertel
Burnitzstraße 50–58
Kennedyallee 63–65

Albert, August (tätig um 1871–1910)
Architekt und Bauunternehmer, seit 1878 assoziiert mit Friedrich & Peter Schaffner (Schaffner & Albert);
106 Bauten in Frankfurt nachgewiesen – darunter im Malerviertel
Burnitzstraße 34–36, 38–40
*Holbeinstraße *31, 33*
Kennedyallee 39–47
Passavantstraße 22–24
Steinlestraße 21
Thorwaldsenstraße 27–37, 39–43

Ambrosius, Ernst Friedrich (1848–1919)
Architekt und Bauunternehmer, Gründer der nach ihm benannten Baufirma 1872; kurze Zeit im Hochbauamt der Stadt Frankfurt beschäftigt. Vornehmlich Tätigkeit der Firma im Wohnbau – bevorzugt für noble Villen und Mietshäuser in Zentrum und Vorstädten, oft auch als Eigentümer;
79 Bauten in Frankfurt nachgewiesen – darunter im Malerviertel
Steinlestraße 19

Anthes, Emil (1872–1909)
Architekt und Bauunternehmer;
30 Bauten von ihm in Frankfurt nachgewiesen – darunter im Malerviertel
Gartenstraße 84–86
*Holbeinstraße *25, *27, 29*
Morgensternstraße 39–41, 28–36
Oppenheimer Landstraße 41–43
*Steinlestraße *39*

Bachmann, Heinrich (tätig um 1905–35)
Architekt;
5 Bauten in Frankfurt nachgewiesen – darunter im Malerviertel
Kennedyallee 48–50
Schreyerstraße 17–19

Bäppler, Johann Philipp (Hans) (1899 – nach 1936)
Architekt, Sohn von Otto Bäppler, assoziiert mit Wilhelm Müller;
14 Bauten in Frankfurt nachgewiesen – darunter im Malerviertel
Kennedyallee (56–58)
*Schreyerstraße *13*

Bäppler, Otto Christian Heinrich (1868–1922)
Architekt aus Offenbach, seit 1900 in Frankfurt tätig – zunächst bei dem Architekten Aage von Kaufmann, ab 1905 selbständig;
22 Bauten in Frankfurt nachgewiesen – darunter im Malerviertel
Böcklinstraße 1
Gartenstraße (110)
Holbeinstraße 38
Passavantstraße 1–5
Rubensstraße (12–14)

Baerenz, Wilhelm (tätig um 1930)
Architekt;
Achenbachstraße 2

Balser, Ernst (1893–1964)
Architekt, ausgebildet bei Hugo Eberhardt in Offenbach und an der TH Darmstadt, in Frankfurt zunächst bei C.W. Leonhardt tätig, ab 1919 selbständig;
34 Bauten in Frankfurt nachgewiesen – darunter im Malerviertel
Burnitzstraße 31

Balzer, Heinrich (tätig um 1877–94)
Architekt und Bauunternehmer;
36 Bauten in Frankfurt nachgewiesen – darunter im Malerviertel
*Cranachstraße *12–*14*

Battenberg, Friedrich (*1871, tätig um 1910/20)
Architekt und Bauunternehmer;
8 Bauten in Frankfurt nachgewiesen – darunter im Malerviertel
Böcklinstraße 5
Morgensternstraße 8–12
Passavantstraße 6

Bauch, Oswald (1852–1928)
Architekt und Bauunternehmer; als gelernter Zimmermann aus Liegnitz seit 1880 in Frankfurt tätig, zeitweise assoziiert mit Max Jacobi;
81 Bauten in Frankfurt nachgewiesen – darunter im Malerviertel
*Cranachstraße 1–3, *5, 7*
*Gartenstraße *29, 31–37, *103*
Hedderichstraße 71, 106–114
Schneckenhofstraße 2–4
*Schweizer Straße *34–*52,*54–54a, *54c–*56, 58, 66*

Bauer, Carl (tätig 1889–1930)
Architekt (Büro u.a. Rhönstr. 37); zeitweilig assoziiert mit Franz Carl Becker, tätig u.a. für die Bauunternehmer Alexander Cohn & Peter Kreh;
214 Bauten in Frankfurt nachgewiesen – darunter im Malerviertel
Cranachstraße 15
*Hans-Thoma-Straße (3–5), *7, 9–11, 25*
Holbeinstraße 60

Beck, Carl Justus (1866–1944)
Architekt aus Offenbach; Ausbildung zunächst an der FH Offenbach, 1887–91 an der TH Stuttgart, danach im Staatsdienst bei der Eisenbahn tätig. Ab 1893 in Frankfurt im Hochbauamt, seit 1893 selbständig – zeitweise assoziiert mit Wilhelm Grünrwald bzw. Franz Carl Becker;
17 Bauten in Frankfurt nachgewiesen – darunter im Malerviertel
Morgensternstraße 24–26
*Schneckenhofstraße *23*

Becker, Franz Carl (tätig um 1897–1919)
Architekt, zeitweise assoziiert mit Carl Bauer, Adolf Schenck bzw. Carl Justus Beck;
142 Bauten in Frankfurt nachgewiesen – darunter im Malerviertel
Morgensternstraße 24–26
*Schneckenhofstraße *23*

Becker, Wilhelm M. (tätig um 1885–1935)
Architekt, 1905–16 assoziiert mit Heinrich Mayer;
49 Bauten in Frankfurt nachgewiesen – darunter im Malerviertel
Burnitzstraße 25
*Gartenstraße *81*
Holbeinstraße 55–57, 42–44
Passavantstraße 13–15
Schreyerstraße 12–14
Schwanthalerstraße 52

Behrens, Wilhelm (tätig um 1888–1928)
Architekt aus Stuttgart, seit 1888 in Frankfurt tätig;
3 Bauten in Frankfurt nachgewiesen – darunter im Malerviertel
Kennedyallee 36–38

Benzing, Friedrich (*1878, tätig um 1911–36)
Architekt und Bauunternehmer aus Dörnigheim;
72 Bauten in Frankfurt nachgewiesen – darunter im Malerviertel
Böcklinstraße 11

Best, Friedrich (tätig um 1931–37)
Architekt (?);
9 Bauten in Frankfurt nachgewiesen – darunter im Malerviertel
Oppenheimer Landstraße (45)

Best, Karl (tätig um 1895)
Bauunternehmer;
Oppenheimer Landstraße 34

Beyer, Johann Heinrich (*1865, tätig 1904–28)
Architekt (?) und Bauunternehmer aus Marburg;
47 Bauten in Frankfurt nachgewiesen – darunter im Malerviertel
Holbeinstraße 59–63, 40

Beyer, Richard (tätig um 1935–40)
Architekt, assoziiert mit Erich Ronstadt;
17 Bauten in Frankfurt nachgewiesen – darunter im Malerviertel
*Kennedyallee *68*

Böcher, August (1863–1922)
Architekt (?) und Bautechniker aus Gießen, zeitweilig assoziiert mit Friedrich Görck;
67 Bauten in Frankfurt nachgewiesen – darunter im Malerviertel
Oppenheimer Landstraße 70–72
Passavantstraße 8
Schreyerstraße 1

Boehden, Alfred (*1877, tätig um 1910)
Architekt aus Berlin;
Holbeinstraße 47

Borgmann, Gustav (tätig um 1880–95)
Bauunternehmer und Investor;
69 Bauten in Frankfurt nachgewiesen – darunter im Malerviertel
*Cranachstraße *8*
*Gartenstraße *51, 48–52, (56)*
*Hans-Thoma-Straße *27*
*Schaumainkai *87*

Bossert, Dr. Fritz (tätig um 1933–56)
Architekt und Frankfurter Stadtbaurat;
11 Bauten in Frankfurt nachgewiesen – darunter im Malerviertel
Schadowstraße 10

Brendel, Philipp (tätig um 1900–05)
Architekt;
3 Bauten in Frankfurt nachgewiesen – darunter im Malerviertel
*Morgensternstraße *22*
Schneckenhofstraße 20

Brix, Wilhelm (tätig um 1900)
Architekt;
*Gartenstraße *90*

Brofft, Franz (1826–1914)
Maurermeister und Bauunternehmer aus einer Frankfurter Bauunternehmerdynastie;
50 Bauten in Frankfurt nachgewiesen – darunter im Malerviertel
Rubensstraße 12
Steinlestraße 27–33

Brunn, C. (tätig um 1905)
Architekt aus Offenbach;
Schadowstraße 10

Burnitz, (Rudolf) Heinrich (1827–80)
Architekt; Sohn von Rudolf Burnitz (1781–1849) – ausgebildet 1849–51 in Berlin bei Stüler, 1852/53 bei Heinrich Hübsch in Karlsruhe, 1853/55 in Italien; danach als freier Architekt in seiner Vaterstadt Frankfurt, für deren Hochbauamt er plant und als deren Stadtrat er 1868–72 tätig ist. Als sein Hauptwerk gilt die Börse;
26 Bauten in Frankfurt nachgewiesen – darunter im Malerviertel
*Schaumainkai *61*

Camozzi, Baptist Carl (tätig 1872–1900)
Architekt, zeitweise assoziiert mit dem Bauunternehmer Oswald Bauch;
30 Bauten in Frankfurt nachgewiesen – darunter im Malerviertel
*Cranachstraße 1–3, *5, 7, 16–20*
*Gartenstraße *29, 31–37*

Carlé, Friedrich Wilhelm (tätig um 1906–35)
Bauunternehmer, assoziiert mit Jakob Stapp;
19 Bauten in Frankfurt nachgewiesen – darunter im Malerviertel
*Gartenstraße *83*

Christ, Joseph (tätig 1894–1926)
Architekt;
8 Bauten in Frankfurt nachgewiesen – darunter im Malerviertel
Gartenstraße 89–91

Cohn, Alexander (tätig 1882–1936)
Bauunternemer und Investor, assoziiert mit Peter Kreh;
17 Bauten in Frankfurt nachgewiesen – darunter im Malerviertel
Gartenstraße 107

Darlam, Theodor (1886–1970)
Architekt und Regierungsbaumeister, tätig im Frankfurter Hochbauamt;
12 Bauten in Frankfurt nachgewiesen – darunter im Malerviertel
Oppenheimer Landstraße 58
Textorstraße 100

Dechert, Heinrich (tätig um 1910)
Architekt;
*Gartenstraße *79*

Dehler, Franz (tätig um 1913–39)
Architekt;
17 Bauten in Frankfurt nachgewiesen – darunter im Malerviertel
Kennedyallee 57

Demuth, Johann Heinrich (Johannes) (1881–1927)
Architekt;
8 Bauten in Frankfurt nachgewiesen – darunter im Malerviertel
*Gartenstraße *40, 42*

Derlam, Wilhelm (*1877, tätig um 1903–49)
Architekt;
118 Bauten in Frankfurt nachgewiesen – darunter im Malerviertel
Gartenstraße 72–74
Kennedyallee 64–66

Diehl, Carl August (*1869, tätig um 1899–1929)
Architekt (?) und Bauunternehmer, ab 1885 in Frankfurt tätig;
72 Bauten in Frankfurt nachgewiesen – darunter im Malerviertel
Burnitzstraße 30–32, 56
Gartenstraße 77, 87
Kennedyallee 34, 42–44
Thorwaldsenstraße 45–49, 51

Dissler, (?) (tätig um 1920–25)
Architekt und Baunternehmer (Büro Beethovenstr. 33a; jedoch in Frankfurter Adressbüchern nicht nachweisbar);
Kennedyallee (49)
Rubensstraße (30)

Eberhardt, August Justin (*1863, tätig 1883–1908)
Architekt und Bauunternehmer aus Geisa;
33 Bauten in Frankfurt nachgewiesen – darunter im Malerviertel
Schwanthalerstraße 70

Eberhardt, Prof. Dr. Hugo (1874–1959)
Architekt aus Furtwangen, TH-Ausbildung in Stuttgart und Karlsruhe, 1904–07 Bauinspektor in Frankfurt, 1907–45 Direktor FH Offenbach, Gründer des dortigen Ledermuseums;
5 Bauten in Frankfurt nachgewiesen – darunter im Malerviertel
*Gartenstraße *57*
*Rembrandtstraße *16*

Emmel, Johannes (1836–1906)
Bauunternehmer und Investor, zeitweise assoziiert mit dem Architekten Adolf Schenck und dem Bauunternehmer Wilhelm Fück;
10 Bauten in Frankfurt nachgewiesen – darunter im Malerviertel
Schneckenhofstraße 16–18

Engel, Johann Franz (*1878, tätig um 1896–1939)
Architekt und Investor
43 Bauten in Frankfurt nachgewiesen – darunter im Malerviertel
Schadowstraße 2

Engelhard, Alfred Bruno (*1867, tätig um 1902–31)
Architekt aus Offenbach;
53 Bauten in Frankfurt nachgewiesen – darunter im Malerviertel
Böcklinstraße 14

Erker, Josef (*1879, tätig um 1911–44)
Architekt;
7 Bauten in Frankfurt nachgewiesen – darunter im Malerviertel
*Gartenstraße 32, *34, 34a*

Ernst, Philipp (tätig um 1899–1903)
Architekt und Bauunternehmer, assoziiert mit Ludwig Röhling;
9 Bauten in Frankfurt nachgewiesen – alle im Malerviertel
Hedderichstraße 116–126
*Holbeinstraße *17, 19*
Kaulbachstraße 41

Eurich, Adolf (*1882, tätig um 1906–41)
Bauunternehmer und Investor in gemeinsamer Firma mit seinen Brüdern Heinrich (d. J.) und Wilhelm (†1914);

55 Bauten der Firma in Frankfurt nachgewiesen – darunter im Malerviertel
Gartenstraße 68–70
Hans-Thoma-Straße 10

Eurich, Heinrich d.J. (*1877, tätig um 1906–47)
Bauunternehmer und Investor in gemeinsamer Firma mit seinen Brüdern Adolf und Wilhelm (†1914);
55 Bauten der Firma in Frankfurt nachgewiesen – darunter im Malerviertel
Gartenstraße 68–70
Hans Thoma-Straße 10

Eurich, Karl (tätig um 1925–35)
Bauunternehmer;
4 Bauten in Frankfurt nachgewiesen – darunter im Malerviertel
Thorwaldsenstraße 23

Faulstroh, Emil (tätig um 1925)
Bauunternehmer;
Franz-Lenbach-Straße 5

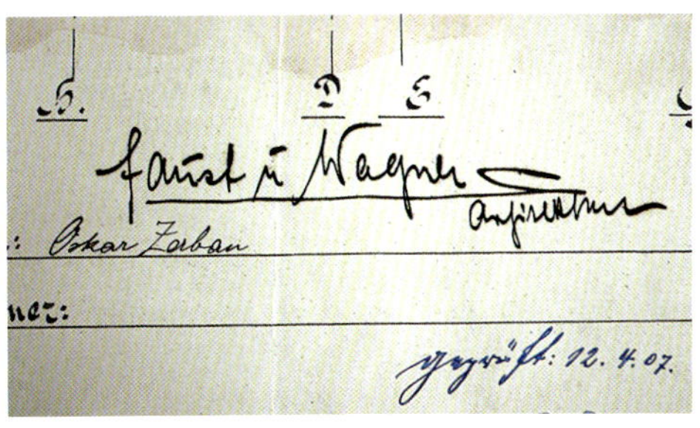

Faust, Ernst (*1871, tätig 1905–13)
Architekt aus Hadamar und kgl. Regierungsbaumeister, assoziiert mit A. Wagner, ab 1924 Teilhaber der Baufirma Johann Wilhelm Hancke;
42 Bauten in Frankfurt nachgewiesen – darunter im Malerviertel
Morgensternstraße 28–36

Feick, Georg (1892–ca.1960)
Architekt aus Bad Homburg, ausgebildet an der FH Offenbach und im Büro von Clemens Musch & Ernst May, seit 1927 selbständig in Frankfurt;
24 Bauten in Frankfurt nachgewiesen – darunter im Malerviertel
Franz-Lenbach-Straße 7–9
Gartenstraße 130

Fischer, Adam (*1884, tätig um 1913–54)
Architekt aus Niederselters;
6 Bauten in Frankfurt nachgewiesen – darunter im Malerviertel
Burnitzstraße 61
Holbeinstraße 48
*Nordheimstraße *1*

Fischer, Ernst (tätig um 1927–39)
Architekt und Bauunternehmer aus Dörnigheim, assoziiert mit Fritz Fischer;
65 Bauten in Frankfurt nachweisbar – darunter im Malerviertel
Städelstraße 1–9

Fischer, Fritz (tätig um 1928–39)
Architekt und Bauunternehmer aus Dörnigheim, assoziiert mit Ernst Fischer;
65 Bauten in Frankfurt nachweisbar – darunter im Malerviertel
Städelstraße 1–9

Flaunaus, Ernst Friedrich (*1878, tätig um 1902–29)
Architekt;
19 Bauten in Frankfurt nachgewiesen – darunter im Malerviertel
Burnitzstraße 33

Francke, Bruno (tätig um 1933–38)
Architekt, assoziiert mit Adolf Hecht;
6 Bauten in Frankfurt nachgewiesen – darunter im Malerviertel
Kennedyallee 62–62a
Schreyerstraße 16

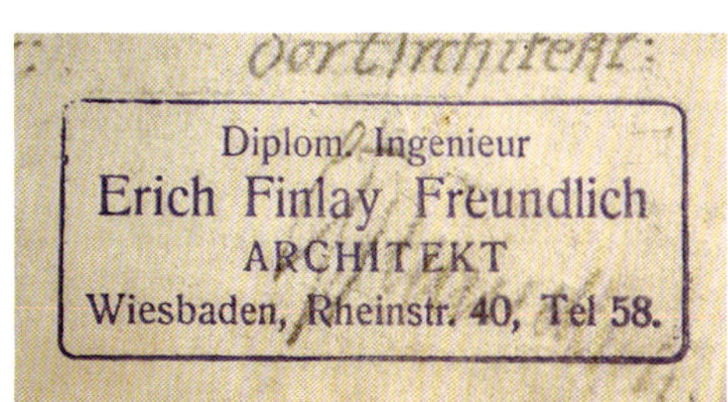

Freundlich, Erich Finley (tätig um 1914)
Architekt aus Wiesbaden;
Oskar-Sommer-Straße 22

Fülbert, Georg (1856–1924)
Bauunternehmer aus Neustadt;
35 Bauten in Frankfurt nachgewiesen – darunter im Malerviertel
Gartenstraße 56

Gebauer, August (1851–1926)
Architekt und Bauunternehmer aus Offenbach;
37 Bauten in Frankfurt nachgewiesen – darunter im Malerviertel
*Schaubstraße *3*
*Steinlestraße *34*

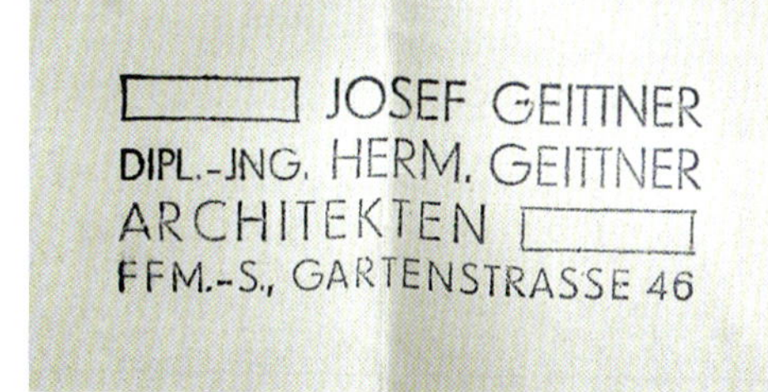

Geittner, Georg Joseph (*1867, tätig um 1898–1937)
Architekt und Bauunternehmer aus Mainz, assoziiert mit seinem Bruder Hermann;
8 Bauten in Frankfurt nachgewiesen – darunter im Malerviertel
Gartenstraße 44–46
*Hans-Thoma-Straße *17–*19, 21*

Geittner, Hermann (*1885, tätig um 1921–37)
Architekt und Bauunternehmer, assoziiert mit seinem Bruder Georg Joseph;
6 Bauten im Malerviertel nachgewiesen – darunter im Malerviertel
Gartenstraße 126–128
Holbeinstraße 44a
*Schaubstraße *16*

Geldmacher, Fritz Arthur (*1880, tätig um 1899–1914)
Architekt aus Elberfeld bzw. Wiesbaden, ab 1892 in Frankfurt, bis 1905 tätig im städtischen Hochbauamt, später assoziiert mit Willi Lutz;
58 Bauten in Frankfurt nachgewiesen – darunter im Malerviertel
Schaumainkai 43–43a
*Städelstraße *6*

Ginder, Peter de (*1880, tätig um 1903–28)
Architekt und Bauunternehmer aus Mörfelden, Sohn von Philipp de Ginder;
43 Bauten in Frankfurt nachgewiesen – darunter im Malerviertel
Morgensternstraße 33
Oppenheimer Landstraße 40–42
*Schneckenhofstraße *5, 7, 25*
Schweizer Straße 70

Ginder, Philipp de (1849–1911)
Bauunternehmer aus Mörfelden, Vater von Peter de Ginder;
8 Bauten in Frankfurt nachgewiesen – darunter im Malerviertel
Cranachstraße 10
Gartenstraße 101
Morgensternstraße 33
Oppenheimer Landstraße 41–43a, 40–42
*Schneckenhofstraße *5, 7, 25*
Schweizer Straße 70

Graeff, Ludwig (?) (tätig um 1904–14)
Architekt;
2 Bauten in Frankfurt nachgewiesen – darunter im Malerviertel
Gartenstraße (110)
Rubensstraße (12–14)
*Städelstraße *30*

Gramm, Johann Christian (*1824; tätig 1854–86)
Architekt und Architekturschriftsteller, ausgebildet 1842–46 an der Münchener Kunstakademie, dort u. a. später im Atelier bei Friedrich v. Gärtner, 1849–83 in seiner Vaterstadt Frankfurt, anschließend in Berlin tätig;
12 Bauten in Frankfurt nachgewiesen – darunter im Malerviertel
*Schaumainkai *47*

Greb, Louis (Georg Ludwig) (1845–1913)
Architekt und Bauunternehmer;
51 Bauwerke in Frankfurt nachgewiesen – darunter im Malerviertel
Gartenstraße 44–46
*Rembrandtstraße *29*

Greiner, Harald
Architekt;
3 Bauten in Frankfurt nachgewiesen – darunter im Malerviertel
Tischbeinstraße 8

Grimm, Philipp (tätig um 1904–13)
Architekt und Bauunternehmer, assoziiert mit Heinrich Koch (Büro Rembrandtstr. 18);
8 Bauten in Frankfurt nachgewiesen – darunter im Malerviertel
Rubensstraße 14

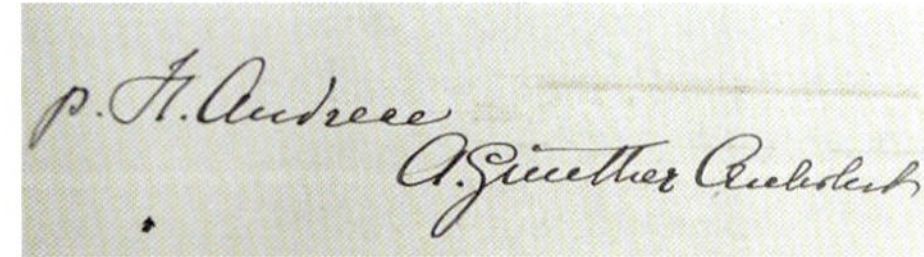

Günther, Alfred Christian (1857–1936)
Architekt und Investor; Ausbildung 1877–80 am Stuttgarter Polytechnikum, 1880–81 in Paris, ab 1881 in Frankfurt – zunächst im Büro Mylius & Neher. 1883–84 in Italien, danach selbständiger Architekt in Frankfurt;
46 Bauten in Frankfurt nachgewiesen – darunter im Malerviertel
Gartenstraße 6,
*Hans-Thoma-Straße *13–*15, 20,*
Holbeinstraße 8, (14)
*Rembrandtstraße *9,19–27*
Rubensstraße 2
*Schaumainkai 35,*47, *67–*69,*
Schwanthalerstraße 72–74
Steinlestraße (7–9), (11–13), 27–31

Günther, Friedrich Carl (*1875, tätig um 1912–35)
Architekt aus Hannover;
66 Bauten in Frankfurt nachgewiesen – darunter im Malerviertel
Holbeinstraße 37–39

Günther, Gustav (tätig um 1888–1934)
Architekt und Investor (Büro Zeil 47 und Kirchhainer Str. 13);
150 Bauten in Frankfurt nachweisbar – darunter im Malerviertel
*Holbeinstraße *25, 27–29*
Morgensternstraße 38
*Schadowstraße *6, 8, 16*
*Schneckenhofstraße 33, *35*
Schwanthalerstraße 70–72

Haas, Georg Heinrich (tätig um 1900–14)
Architekt und Bauunternehmer;
13 Bauten in Frankfurt nachgewiesen – darunter im Malerviertel
Oskar-Sommer-Straße 20

Hämel, Heinrich (tätig um 1892–1907)
Architekt und Maurermeister aus Gelnhausen;
13 Bauten nachgewiesen – darunter im Malerviertel
Schadowstraße 11–13

Hänel, Leonhard (tätig um 1884–1914)
Architekt;
313 Bauten in Frankfurt nachgewiesen – darunter im Malerviertel
*Hans-Thoma-Straße 12, *14, 16*
Kaulbachstraße 43–43a
Schadowstraße 12–14
Schweizer Straße 80

Haenle, Adolf (1842–1907)
Architekt; ausgebildet in Stuttgart, bis 1902 Abteilungsleiter bei Ph. Holzmann & Co.;
23 Bauten in Frankfurt nachgewiesen – darunter im Malerviertel
*Stresemannallee *19–*23*

Häusler, Georg (tätig um 1871–1911)
Architekt;
11 Bauten in Frankfurt nachgewiesen – darunter im Malerviertel
Morgensternstraße 43

Hafner, Peter (tätig um 1927–36)
Bauunternehmer;
7 Bauten in Frankfurt nachgewiesen – darunter im Malerviertel
Thorwaldsenstraße 21

Hancke, Friedrich Maximilian (*1864, tätig um 1893–1907)
Architekt, Neffe von Heinrich Friedrich Wilhelm Hancke;
56 Bauten in Frankfurt nachgewiesen – darunter im Malerviertel
Oppenheimer Landstraße 49

Hancke, Heinrich Friedrich Wilhelm (1839–1903)
Zimmermann und Bauunternehmer, Onkel von Friedrich Maximilian Hancke;
4 Bauten in Frankfurt nachgewiesen, weitere 32 ab 1903 – darunter im Malerviertel
*Stresemannallee *19–*23*

Hartherz, Richard (*1880, tätig um 1913–49)
Architekt;
33 Bauwerke in Frankfurt nachgewiesen – darunter im Malerviertel
Oskar-Sommer-Straße 6

Heberer, Franz (1883–1955)
Architekt aus Heusenstamm; ausgebildet 1897–1900 an der Offenbacher Kunstgewerbeschule, 1900–12 Mitarbeiter im Frankfurter Rathaus-Neubaubüro der Bauräte Franz v. Hoven und Ludwig Neher, ab 1912 als selbständiger Architekt und Altstadt-Sanierer erfolgreich;
24 Bauten in Frankfurt nachgewiesen – darunter im Malerviertel
Dürerstraße 10
Schaumainkai 63

Hecht, Adolf (tätig um 1933–38)
Architekt, assoziiert mit Bruno Francke in Frankfurt;
63 Bauten in Frankfurt nachgewiesen – darunter im Malerviertel
Kennedyallee 32, 62–62a
Schreyerstraße 16

Hees, Martin (tätig um 1900–51)
Architekt;
41 Bauten in Frankfurt nachgewiesen – darunter im Malerviertel
Hans-Thoma-Straße 8
Passavantstraße 21–23

Heinitz, Alexander Philipp (1852–1924);
Architekt und Bauherr aus Naumburg;
51 Bauten in Frankfurt nachgewiesen – darunter im Malerviertel
Oppenheimer Landstraße (50), 52–56

Held, Karl (tätig um 1905)
Architekt;
*Holbeinstraße *31, 33*

Helfmann, Johann Philipp (1843–87)
Architekt und Bauunternehmer aus Kelsterbach, Mitbegründer der Baufirma Gebr. Helfmann (mit Balthasar Johann und Johann Jakob Helfmann, nachmals Hoch-Tief AG);
Gartenstraße 30, 38

Helme, Justus A. (tätig um 1903–37)
Architekt (Büro Bergweg 30, Gwinnerstr. 30), vermutlich Sohn von Joseph Helme, bedeutenster Vertreter der Baumeisterfamilie;

382 Bauten in Frankfurt nachgewiesen – darunter im Malerviertel
Gartenstraße 93–95, 99a, 110, 112–118
*Holbeinstraße *56*
*Kennedyallee *52*
Oppenheimer Landstraße 74
*Rubensstraße 21, 23–25, *27*
Schweizer Straße 6–10
Thorwaldsenstraße 30

Helme, Maximilian (1878–1930)
Architekt, Investor und Bauunternehmer;
131 Bauten in Frankfurt nachgewiesen – darunter im Malerviertel
Morgensternstraße 35–37, 43
Schneckenhofstraße 13, 17
Schwanthalerstraße 52–60

Hess, Ferdinand (tätig um 1875–1926)
Bauunternehmer;
57 Bauten in Frankfurt nachgewiesen – davon im Malerviertel
Gartenstraße 90

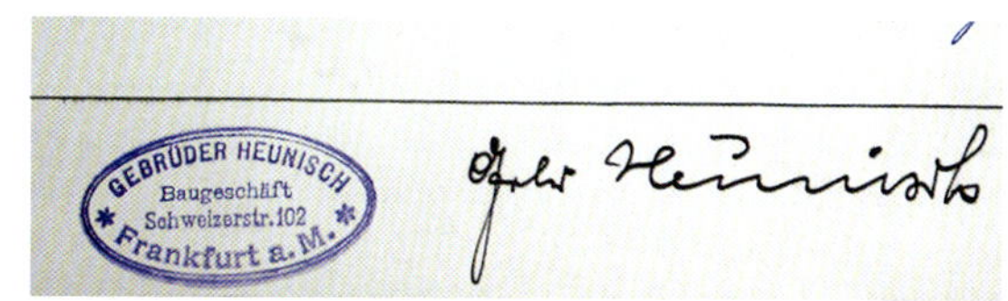

Heunisch, Leonhard (1866–1939)
Heunisch, Michael (1870–1946)
Heunisch, Valentin (1862–1919)
Architekten und Bauunternehmer (Gebr. Heunisch seit 1893) aus Reichenberg / Ufr.

113 Bauten in Frankfurt nachgewiesen – darunter im Malerviertel
Böcklinstraße 1, 2–6
Burnitzstraße 65–69
Hedderichstraße 79–81, 96–102, 116–132
Holbeinstraße 38
*Kaulbachstraße 37–39, 45, 53, 59–71, 38–44, *54, 56–60*
Morgensternstraße 31
Nordheimstraße 3–5
*Oppenheimer Landstraße 57–69, *71, 73*
Passavantstraße 1–5
Schadowstraße 3
Schneckenhofstraße 19, 27–29
*Schweizer Straße *62, 88, 98–102*
*Thorwaldsenplatz *1*

Heuss, Andreas (tätig um 1925)
Architekt;
Thorwaldsenstraße 13

Heuss, Heinrich (1879–1922)
Architekt;
43 Bauten in Frankfurt nachgewiesen – darunter im Malerviertel
*Dürerstraße *19*

Heusser, Carl (tätig um 1876–1905)
Architekt;
9 Bauten in Frankfurt nachgewiesen – darunter im Malerviertel
Cranachstraße 25

Heyter, Heinrich (1852–1903)
Maurermeister, Architekt, Bauunternehmer;
13 Bauten in Frankfurt nachgewiesen – darunter im Malerviertel
Böcklinstraße 5
Oppenheimer Landstraße 35, 37–39
Schwanthalerstraße 45–51

Hilf, Anton (1877–1929)
Bauunternehmer;
143 Bauten in Frankfurt nachgewiesen – darunter im Malerviertel
Schweizer Straße 14, 16
*Städelstraße 2, *4*

Höllerer, Hans (tätig um 1914)
Architekt;
Oskar-Sommer-Straße 12

Hoffmann, Paul (*1896, tätig 1923–42)
Architekt und Bauunternehmer aus Kroppach; seit 1898 in Frankfurt, assoziiert mit Joseph Müller in der Baufirma Hoffmann & Müller GmbH;
72 Bauten in Frankfurt nachgewiesen – darunter im Malerviertel
Burnitzstraße 30–32
Passavantstraße 19, 25–29

Holzmann, Philipp (1836–1904)
Bauunternehmer, Sohn des Sägewerkbesitzers Joh. Philipp Holzmann (1805–1870) aus Dreieichenhain; bis 1855 Ausbildung an der TH in Darmstadt, 1858 Eintritt ins väterliche Baugeschäft; seit 1873 Philipp Holzmann & Cie. bzw. GmbH;
102 Bauten in Frankfurt nachgewiesen – darunter im Malerviertel
*Cranachstraße *6*
*Dürerstraße *10*
Schaumainkai 63, 83, 91
Thorwaldsenstraße 15

Hoven, Franz von (1842–1924)
Architekt und kgl. Baurat; 1860–62 Ausbildung an der TH Karlsruhe, bis 1863 an der Berliner Bauakademie, danach Auslandsreisen, seit 1866 selbständig in Frankfurt;
41 Bauten in Frankfurt nachgewiesen – darunter im Malerviertel
Schaumainkai 53, 63

Hoven, Hermann von (*1877, tätig 1911–22)
Architekt, Sohn des Franz v. Hoven; 1894–95 Schüler von Wilhelm Manchot an der Städelschule, bis 1897 an der TH Darmstadt, bis 1899 an der TH München, ab 1902 selbständig in Frankfurt;
4 Bauten in Frankfurt nachgewiesen – darunter im Malerviertel
Schaumainkai 63
*Steinlestraße *36–*38*

Hufnagel, Philipp (tätig um 1902–27)
Architekt und Bauunternehmer;
26 Bauten in Frankfurt nachgewiesen – darunter im Malerviertel
Kennedyallee 35–37
Schadowstraße 9
Schweizer Straße 22–22a, 28–28a

Jacobi, Max (*1851, tätig um 1885–1927)
Architekt und Bauunternehmer; assoziiert mit Oswald Bauch;
70 Bauten in Frankfurt nachgewiesen – darunter im Malerviertel
*Cranachstraße 1–3, *5, 7*
*Gartenstraße *29, 31–37*
Schneckenhofstraße 4
*Schweizer Straße *34–*52, *54–54a, *54c*

Jobst, Friedrich (tätig um 1894–1939)
Architekt und Bauunternehmer; zeitweise assoziiert mit Martin Milch;
32 Bauten in Frankfurt nachgewiesen – darunter im Malerviertel
Thorwaldsenstraße 25

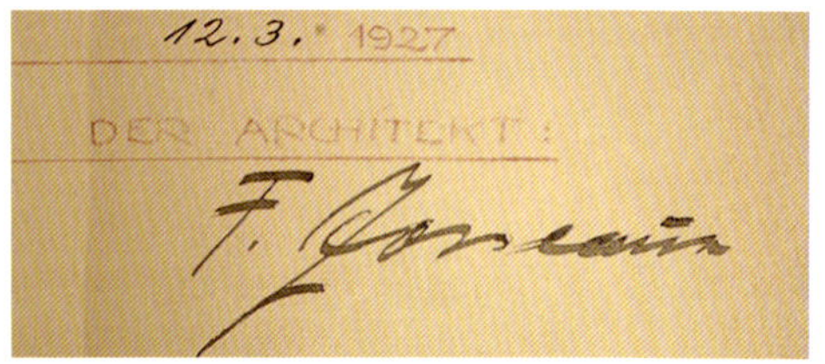

Josseaux, Fritz (tätig um 1927–36)
Architekt;
9 Bauten in Frankfurt nachgewiesen – darunter im Malerviertel
Schaumainkai 65

Jost, Conrad (1850–1916)
Bauunternehmer aus Offenbach, assoziiert mit Gustav Krug sowie mit Ernst & Leonhard Jost;
22 Bauten in Frankfurt nachgewiesen – darunter im Malerviertel
Passavantstraße 11, 10

Jost, Ernst (tätig um 1900–14)
Bauunternehmer aus Offenbach, zeitweise assoziiert mit Conrad Jost;
Passavantstraße 11, 10

Jourdan, Heinrich (tätig um 1933–47)
Architekt und Bauunternehmer;
67 Bauten in Frankfurt nachgewiesen – darunter im Malerviertel
Kennedyallee 64–66

Jourdan, M. (tätig um 1928–35)
Bauunternehmer (vermutlich aus Walldorf);
9 Bauten in Frankfurt nachgewiesen – darunter im Malerviertel
Franz-Lenbach-Straße 8–10, 12, 18
Passavantstraße 26–30

Jourdan, Peter (*1892, tätig um 1927–49)
Architekt und Bauunternehmer aus Walldorf;
22 Bauten in Frankfurt nachgewiesen – darunter im Malerviertel
Böcklinstraße 3,12
Thorwaldsenstraße 16

Jungels, Jean (*1874, tätig um 1894–1907)
Architekt, Bauunternehmer u. Investor in der Firma seines Vaters Johann Jungels (1842–1922);
32 Bauten in Frankfurt nachgewiesen – darunter im Malerviertel
Kaulbachstraße 30
Oppenheimer Landstraße 46
*Schweizer Straße 84, *94*

Junior, Adolf (tätig um 1891–1924)
Bauunternehmer (vermutlich aus Bad Soden);
16 Bauten in Frankfurt nachgewiesen – darunter im Malerviertel
*Gartenstraße *55*
*Stresemannallee *13, 29–31*

Junior, Jacob Carl (1859–1946)
Architekt, Bauunternehmer und Investor aus Bad Soden;
49 Bauten in Frankfurt nachgewiesen – darunter im Malerviertel
Gartenstraße 36
Schaumainkai 43–43a
*Schweizer Straße 6–10, 12, 22–22a, (*24–26)*

Junior, Paul (*1873, tätig um 1902–38)
Bauunternehmer aus Bad Soden, assoziiert mit dem Architekten Adolf Metzger (Junior & Metzger – Bauausführungen GmbH);
113 Bauten in Frankfurt nachgewiesen – darunter im Malerviertel
*Hans-Thoma-Straße 3–5, *7, 9–11*
Kennedyallee 33
*Schweizer Straße 22–22a,*24, 26, 28–28a*
Thorwaldsenstraße 22
Tischbeinstraße 2

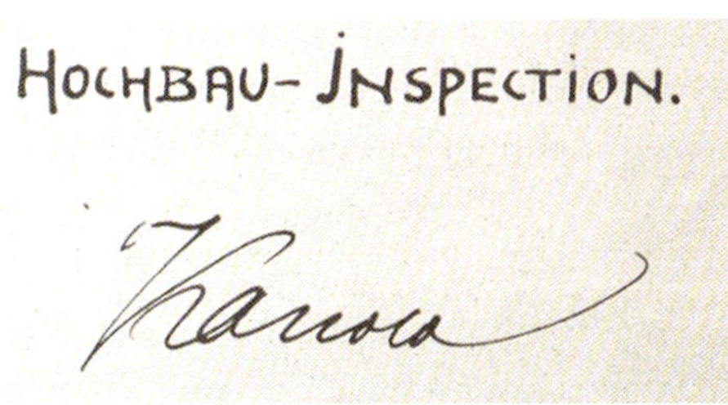

Kanold, Paul (*1874, tätig 1909–11)
Architekt aus Breslau, ab 1908 Stadtbauinspektor in Frankfurt, seit 1911 Professor an der TH Hannover;
3 Bauten in Frankfurt nachgewiesen – darunter im Malerviertel
Steinlestraße 16

Kayser, Adam Friedrich d. J. (1833–1910)
Architekt und Bauunternehmer; ausgebildet an der TH Karlsruhe – wie sein Sohn Johann Heinrich Kayser (*1870) Mitinhaber der auf seinen gleichnamigen Großvater Adam Friedrich Kayser d. Ä. (1770–1843) bzw. seinen Vater Philipp Carl Kayser (1800–85) zurückgehenden Baumeisterdynastie und Baufirma (Ph. C. Kayser & Sohn);
59 Bauten in Frankfurt nachgewiesen – darunter im Malerviertel
Textorstraße 82–88

Kitzinger, Johann (tätig um 1905)
Maurermeister und Investor in Frankfurt;
Oppenheimer Landstraße 52–56

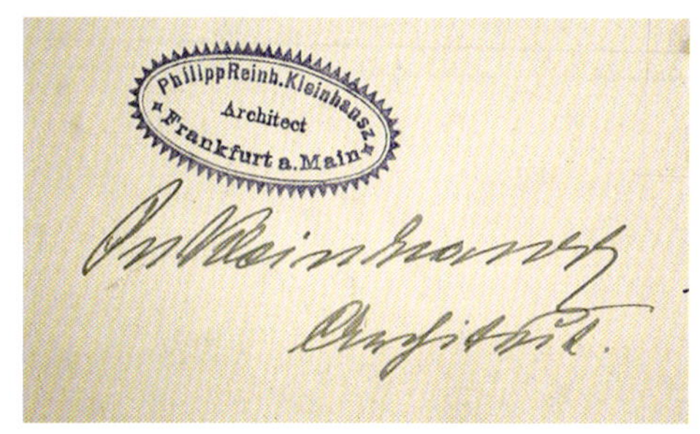

Kleinhansz, Philipp Reinhard (1850–1931)
Architekt; bis ca. 1885 als Maurermeister tätig, danach zeitweise Zusammenarbeit mit Louis Rupp bzw. Louis Schwennhagen, seit 1900 selbständiger Unternehmer;
192 Bauten in Frankfurt nachgewiesen – darunter im Malerviertel
*Gartenstraße (48–52), *54, 56*
*Holbeinstraße *17, 19*
Schadowstraße 15
Schwanthalerstraße 65, 64–66
Schweizer Straße 90
Textorstraße 80, 90

Klöckler, Albert (*1874, tätig um 1888–1907)
Architekt aus Hirtscheid; nach 1907 in Bensheim-Auerbach;
41 Bauten in Frankfurt nachgewiesen – darunter im Malerviertel
Gartenstraße 82, 120–122
Holbeinstraße (20)
Schaubstraße (11)

Klöss, Heinrich (tätig um 1912–39)
Architekt und Bauunternehmer (?);
5 Bauten in Frankfurt nachgewiesen – darunter im Malerviertel
Burnitzstraße 37

Koch, Gustav Adolf (1845–1904)
Architekt; Ausbildung zunächst am Städel, 1863–64 an der TH Karlsruhe, 1866–69 in Zürich, später in Wien tätig. 1874 nach Frankfurt als städtischer Bauinspektor berufen und mit Schulbauten betraut;
8 Bauten in Frankfurt nachgewiesen – darunter im Malerviertel
*Holbeinstraße *21–*23*

Koch, Heinrich (tätig um 1904–13)
Bauunternehmer, assoziiert mit Peter Grimm;
Rubensstraße 14

Krag, Paul Heinrich (1891–1954)
Architekt;
Stresemannallee (37–39)

Kramer, Ferdinand (1898–1985)
Architekt;
11 Bauten vor 1939 in Frankfurt nachgewiesen;
Schaumainkai (61)

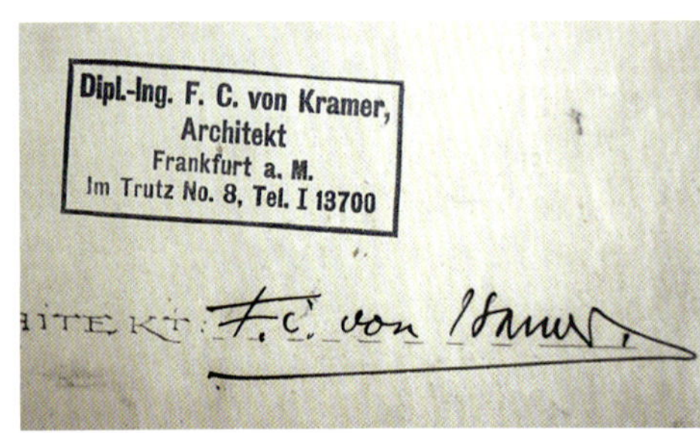

Kramer, Friedrich Carl von (1852–1907)
Architekt aus Wasserburg /Oberbayern, seit 1885 in Frankfurt;
32 Bauten in Frankfurt nachgewiesen – darunter im Malerviertel
Gartenstraße (89–91)
Kennedyallee 46

Kramer, Max (tätig um 1923)
Architekt;
Stresemannallee 33

Kramer, Philipp Egidius (1836–1909)
Bauunternehmer aus Bad Vilbel;
13 Bauten in Frankfurt nachgewiesen – darunter im Malerviertel
Cranachstraße 19–21

Kreh, Peter (tätig um 1900)
Maurermeister, Bauunternehmer und Investor, assoziiert mit Alexander Cohn (Cohn & Kreh);
19 Bauten in Frankfurt nachgewiesen – darunter im Malerviertel
Gartenstraße (90), 107
Waidmannstraße 11, 13

Krieger, Heinrich (tätig um 1881–1905)
Architekt und Bauunternehmer;
13 Bauten in Frankfurt nachgewiesen – darunter im Malerviertel
Kaulbachstraße 46–52

Krumbach, K. (tätig um 1905)
Architekt;
Steinlestraße 33

Kühn, Martin (1869–1942)
Architekt, seit 1896 assoziiert mit Joseph Rindsfüßer;
106 Bauten in Frankfurt nachgewiesen – darunter im Malerviertel
Gartenstraße 49
Holbeinstraße 18
Rembrandtstraße 12, (14)
Schweizer Straße 12, (14), 16
*Städelstraße 2, *4*

Kullmann, W. (tätig um 1914)
Architekt;
Oskar-Sommer-Straße 10

Kunz, Joseph (tätig um 1876–1938)
Architekt und Bauunternehmer in F-Höchst;
65 Bauten in Frankfurt nachgewiesen – darunter im Malerviertel (vielleicht)
Burnitzstraße 29 (?)

Kupke, Fritz (tätig um 1935)
Architekt;
Thorwaldsenstraße 4

Landgrebe, Wilhelm Georg (*1878, tätig um 1907–12)
Architekt aus Melsungen;
6 Bauten in Frankfurt nachgewiesen – darunter im Malerviertel
Holbeinstraße 49

Langeloth, Johann Ludwig (1849–1903)
Architekt aus Würzburg; Ausbildung an der TH München, danach als Maurer und Maschinenbauer tätig; seit 1871 bei Heinrich Burnitz in Frankfurt, ab 1872 unter Franz Jos. v. Denzinger als Bauleiter am Dom;
Burnitzstraße (63)

Leonhardt, Carl Friedrich Wilhelm (1881–1918)
Architekt und Maler; Ausbildung am Städel'schen Kunstinstitut, ab 1900 an der TH Karlsruhe, danach freier Architekt in Frankfurt;
44 Bauten in Frankfurt nachgewiesen – darunter im Malerviertel
Gartenstraße 67–71

Löffler, Martin (tätig um 1882–1922)
Architekt und Bauunternehmer;
33 Bauten in Frankfurt nachgewiesen – darunter im Malerviertel
Gartenstraße 73
Holbeinstraße 15
*Schneckenhofstraße *26, 28–30*
Schweizer Straße 68

Lönholdt, Georg Hermann (1840–1910)
Architekt und Bauunternehmer, Gründer der Baufirma Georg Lönholdt & Söhne;
60 Bauten in Frankfurt nachgewiesen –

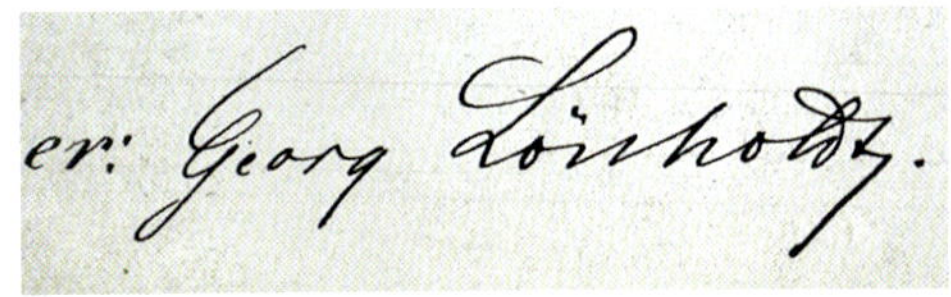

darunter im Malerviertel
*Städelstraße 15, *17–*23*

Lönholdt, Julius Hermann (*1865, tätig 1893–1928)
Architekt und Bauunternehmer, Sohn des Architekten Georg Hermann Lönholdt (unter ihm wurde der väterliche Betrieb zur GmbH, später: AG für Bauausführungen);
89 Bauten in Frankfurt nachgewiesen – darunter im Malerviertel
Achenbachstraße 6
Burnitzstraße 20
*Gartenstraße *134*

Mack, Gustav
Architekt (?), Bauunternehmer und Installateur;
163 Bauten in Frankfurt nachgewiesen, bei denen er vielleicht nur am Bau der Wasserleitung beteiligt war – darunter im Malerviertel
Franz-Lenbach-Straße 4–6, 14
Holbeinstraße 16
Rembrandtstraße 17, 14
Rubensstraße 12
*Schaumainkai 53, *61*
Schneckenhofstraße 15
Tischbeinstraße 6

Markwort, Emanuel Josef (tätig um 1923)
Architekt aus Darmstadt, assoziiert mit dem Architekten Seibert; nachgewiesen im Frankfurter Malerviertel
Rubensstraße 23

Maul, Ludwig (tätig um 1897–1914)
Architekt;
169 Bauten in Frankfurt nachgewiesen – darunter im Malerviertel
Oppenheimer Landstraße 5, 50, 76
Rubensstraße 18–26
Schneckenhofstraße 15
Schwanthalerstraße 55

Meckel, Max (1847–1910)
Architekt aus Mönchen-Gladbach; Ausbildung 1865–70 in Köln. In Frankfurt 1871–73 am Dom, 1874–94 als freier Architekt tätig, danach in Freiburg;
14 Bauten in Frankfurt nachgewiesen – darunter im Malerviertel
Schwanthalerstraße 42

Meixner, Johann Heinrich (tätig um 1890–1900)
Maurermeister;
4 Bauten in Frankfurt nachgewiesen – darunter im Malerviertel
Schwanthalerstraße 45
Schweizer Straße 76, (78)

Menges, Adolf Philipp (tätig um 1900–35)
Architekt;
5 Bauten in Frankfurt nachgewiesen – darunter im Malerviertel
Thorwaldsenstraße 34

Metzger, Adolf (tätig um 1904–38)
Architekt, assoziiert mit dem Bauunternehmer Paul Junior;
30 Bauten in Frankfurt nachgewiesen – darunter im Malerviertel
Kennedyallee 33
*Schweizer Straße 22–22a, *24, 26*
Tischbeinstraße 2

Modrow, August Heinrich Eberhard (*1874; tätig 1899–1911)
Architekt, im Büro seines Vaters Louis Modrow tätig;
13 Bauten in Frankfurt nachgewiesen – darunter im Malerviertel
Kaulbachstraße 46–52

Modrow, Johann Ludwig Balthasar (Louis) (1838–1905)
Architekt, Vater von August Modrow;
44 Bauten in Frankfurt nachgewiesen – darunter im Malerviertel
*Textorstraße *103*

Mohr, Johann Georg (1875–1918)
Architekt;
41 Bauten in Frankfurt nachgewiesen – darunter im Malerviertel
Morgensternstraße 8–18

Müller, Joseph (tätig um 1923–42)
Bauunternehmer, assoziiert mit dem Architekten Paul Hoffmann;
69 Bauten in Frankfurt nachgewiesen – darunter im Malerviertel
Burnitzstraße 30–32

Müller, A.W. (tätig um 1930–42)
Architekt;
9 Bauten in Frankfurt nachgewiesen – darunter im Malerviertel
Burnitzstraße 37

Müller, H.(einrich?) (tätig um 1930)
Architekt;
Franz-Lenbach-Straße 14

Müller, Philipp (tätig um 1925)
Architekt;
4 Bauten in Frankfurt nachgewiesen – darunter im Malerviertel
Böcklinstraße 16

Müller, Wilhelm d.Ä. (1854–1927)
Architekt aus Langenselbold; Ausbildung 1869–73 am Städel bei Oskar Sommer, 1873–77 an der TH Stuttgart, danach in Frankfurt seit 1885 selbständig;
61 Bauten in Frankfurt nachgewiesen – darunter im Malerviertel
Gartenstraße 36–38
Schweizer Straße 6–10
Städelstraße 25

Müller-Henneberg, ? (tätig um 1925)
Architekt, Dipl.-Ing;
Schaumainkai 101–103

Nathan, Fritz (1891–1960)
Architekt; Ausbildung an der TH München, seit 1922 selbständig in Frankfurt;

14 Bauten in Frankfurt nachgewiesen – darunter im Malerviertel
Kennedyallee 49
*Passavantstraße *20*

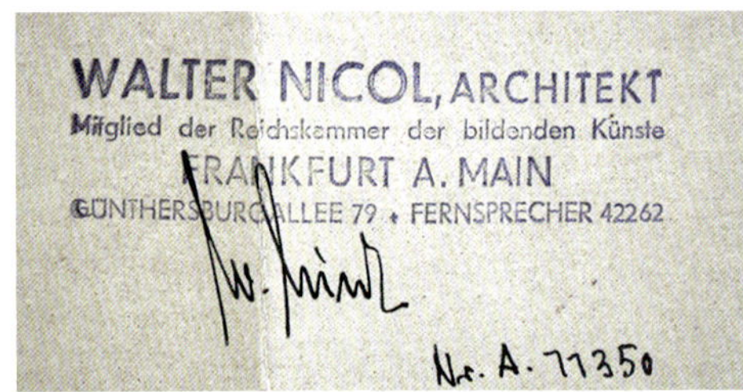

Nicol, Walter (1905–91)
Architekt und Bauunternehmer (Gebr. Nicol); Ausbildung 1923–26 an der TH Darmstadt, 1926–27 im Büro Heinrich Koch, bis 1930 im Bauunternehmen der Familie (Gebr. Nicol), seit 1932 als selbständiger Architekt in Frankfurt tätig;
24 Bauten in Frankfurt nachgewiesen – darunter im Malerviertel
Städelstraße 14–26
Thorwaldsenstraße 19

Ochs, Christian (tätig um 1910)
Architekt (?);
Holbeinstraße 12

Olsson, Karl (1888–1950)
Architekt aus Kiel; bis 1914 an der Kunstgewerbeschule Kiel, 1918–22 in Berlin im Büro von Bielenberg & Moser, danach freier Architekt in Frankfurt;
82 Bauten in Frankfurt nachgewiesen – darunter im Malerviertel
Burnitzstraße 2–8
Holbeinstraße 74
Passavantstraße 31

Pfeiffer, Wilhelm (Willi) (tätig um 1895–1930)
Bauunternehmer;
4 Bauten in Frankfurt nachgewiesen – darunter im Malerviertel
Schwanthalerstraße 45–49
Schweizer Straße 78

Philipp, Ernst (tätig um 1900)
Bauunternehmer, assoziiert mit Ludwig Röhling;
Bauten nur im Malerviertel nachgewiesen
*Holbeinstraße *17, 19*
Kaulbachstraße 41
Oppenheimer Landstraße 46
Schadowstraße 4

Platz, Gustav (tätig um 1908–26)
Architekt;
Bauten nur im Malerviertel nachgewiesen
Böcklinstraße 7–9
*Gartenstraße *53*

Proesler, Johann Wilhelm (1850–1912)
Architekt und Bauunternehmer (Gründer der nach ihm benannten und bis 1956 bestehenden Baufirma);
288 Bauten in Frankfurt nachgewiesen – darunter im Malerviertel
Burnitzstraße 22, 24–26
Holbeinstraße 46, 58
Schaubstraße 8
Schaumainkai 95–99
Schreyerstraße 4–6
Steinlestraße 20–22
*Thorwaldsenplatz *4*

Rau, Karl Friedrich (tätig um 1882–1926)
Architekt;
21 Bauten in Frankfurt nachgewiesen – darunter im Malerviertel
Schaumainkai 71 (als Bauleiter)

Reiber, Otto (tätig um 1930)
Architekt;
2 Bauten in Frankfurt nachgewiesen – darunter im Malerviertel
Burnitzstraße 35

Reinhardt, Daniel d. J. (*1905, tätig um 1914–37)
Architekt, Sohn des Philipp Daniel Georg Reinhardt;
6 Bauten in Frankufrt nachgewiesen – darunter im Malerviertel
Gartenstraße 132
Kennedyallee 48–50

Reinhardt, Philipp Daniel Georg (*1876, tätig um 1901–36)
Architekt und Bauunternehmer aus Frankfurt-Oberrad, Sohn des Daniel Reinhardt d. Ä. (1852–1910);
102 Bauten in Frankfurt nachgewiesen – darunter im Malerviertel
Kennedyallee 39–47

Reinhardt, Wilhelm (tätig um 1895–1931)
Bauunternehmer;
42 Bauten in Frankfurt nachgewiesen – darunter im Malerviertel
Böcklinstraße 2–6, 8

Ribbe, Carl (*1903, tätig um 1926–50)
Architekt aus Mainz;
33 Bauten in Frankfurt nachgewiesen – darunter im Malerviertel
Städelstraße 1–9

Richter, Joseph Ernst (1867–1924)
Architekt aus Berlin, Stadtbaumeister in Frankfurt;
43 Bauten in Frankfurt nachgewiesen – darunter im Malerviertel
Schwanthalerstraße 61–63
Textorstraße 109–111, 102

Ried, Jakob (tätig um 1904–12)
Bauunternehmer und Investor;
8 Bauten in Frankfurt nachgewiesen – darunter im Malerviertel
Gartenstraße 93–95
*Rubensstraße 21, 23–25, *27*

Ried, Wilhelm (tätig um 1912–52)
Architekt;
30 Bauten in Frankfurt nachgewiesen – darunter im Malerviertel
Holbeinstraße 55–57

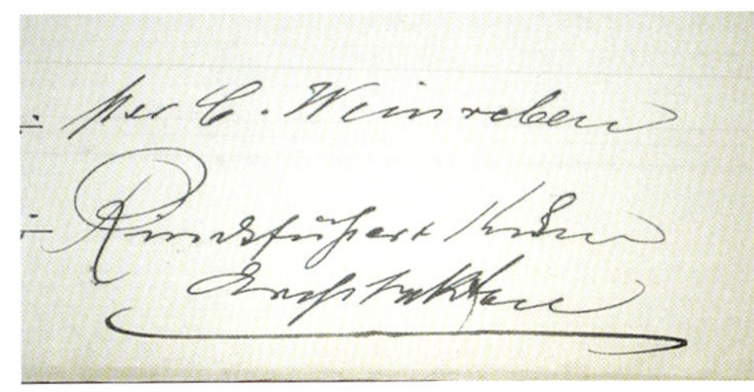

Rindsfüßer, Joseph (1864–1927)
Architekt und Bauunternehmer aus Osterspai, seit 1896 in Frankfurt assoziiert mit Martin Kühn;
106 Bauten in Frankfurt nachgewiesen – darunter im Malerviertel
Gartenstraße 49
Holbeinstraße 18
Rembrandtstraße (14)
Schweizer Straße 12, (14), 16
*Städelstraße 2, *4*
Steinlestraße 15

Roeckle, Franz (1879–1953)
Architekt aus Vaduz; Ausbildung an der TH Stuttgart, ab 1908 als freier Architekt in Frankfurt, ab 1925 enge Zusammenarbeit mit Stadtbaurat Ernst May (1886–1970);
25 Bauten und 4 Siedlungen in Frankfurt nachgewiesen – darunter im Malerviertel
*Holbeinstraße *43*

Röhling, Ludwig
Bauunternehmer, assoziiert mit Ernst Philipp;
Bauten nur im Malerviertel nachgewiesen
*Holbeinstraße *17, 19*
Kaulbachstraße 41
Oppenheimer Landstraße 46
Schadowstraße 4

Romeis, Leonhard (1854–1904)
Architekt aus München;
Schaumainkai 71

Rompel, Otto (tätig um 1878–1933)
Architekt (Bruder des Architekten Carl Rompel);
23 Bauten in Frankfurt nachgewiesen – darunter im Malerviertel
Gartenstraße 109–113
Schneckenhofstraße (1)

Ronnefeld, Christian Friedrich (*1864, tätig um 1915–37)
Architekt;
25 Bauten in Frankfurt nachgewiesen – darunter im Malerviertel
Burnitzstraße (30–32), 34–36, 38–40
*Kennedyallee *53*
*Passavantstraße *12, 22–24*
Thorwaldsenstraße 27–37, 39–43

Ronstadt, Erich (tätig um 1933–39)
Architekt, assoziiert mit Richard Beyer;
17 Bauten in Frankfurt nachgewiesen – darunter im Malerviertel
*Kennedyallee *68*

Roos, Johann Philipp Friedrich (1854–1900)
Architekt und Bauunternehmer aus Steinbach;
12 Bauten in Frankfurt nachgewiesen – darunter im Malerviertel
Cranachstraße 9–11, (13)

Ross, Ludwig d. Ä. (*1874, tätig um 1904–29)
Architekt aus Darmstadt, seit 1904 in Frankfurt tätig;
5 Bauten in Frankfurt nachgewiesen – darunter im Malerviertel
Oskar-Sommer-Straße 8

Rühl, E.(rnst ?) (tätig um 1930)
Bauunternehmer (Fa. E. Rühl & Sohn);
Burnitzstraße 27

Rühl, Wilhelm (tätig um 1876–1939)
Architekt und Bauunternehmer;
26 Bauten in Frankfurt nachgewiesen – darunter im Malerviertel
*Franz-Lenbach-Straße 11–13, *15–*17*

Rummel, Hans (1872–1952)
Architekt, nach praktischer Tätigkeit erst 1898–1902 Studium an der TH Berlin-Charlottenburg;
47 Bauten in Frankfurt nachgewiesen – darunter im Malerviertel
Gartenstraße 68–70

Sander, Friedrich Heinrich Ludwig (*1869, tätig um 1891–1937)
Architekt; Ausbildung 1886–88 am Städel bei Oskar Sommer, danach bis 1891 an der TH Darmstadt bzw. TH Stuttgart, bis 1896 in Frankfurt im Baubüro des Aage v. Kauffmann, danach selbständig;
47 Bauten und 1 Siedlung in Frankfurt nachgewiesen – darunter im Malerviertel
Schaumainkai 41, 101–103
Tischbeinstraße 6

Sauer, Hans (tätig um 1930–39)
Architekt;
11 Bauten in Frankfurt nachgewiesen – darunter im Malerviertel
Städelstraße 17–23

Sauter, F. (tätig um 1915–30)
Architekt;
2 Bauten in Frankfurt nachgewiesen – darunter im Malerviertel
Kennedyallee 55

Schad, Carl (*1868, tätig um 1902–33)
Architekt und Bauunternehmer aus Rommerz bei Fulda;
39 Bauten nachgewiesen – darunter im Malerviertel
*Holbeinstraße *62*
Passavantstraße 13–15

Schäfer, Carl Friedrich (tätig um 1876–1910)
Bauunternehmer;

19 Bauten in Frankfurt nachgewiesen – darunter im Malerviertel
Textorstraße 105–107

Schaffner, Peter (1846–99)
Architekt und Bauunternehmer; seit 1878 assoziiert mit August Albert (Schaffner & Albert);
106 Bauten in Frankfurt nachgewiesen – darunter im Malerviertel
Burnitzstraße 34–36, 38–40
*Holbeinstraße *31, 33*
Kennedyallee 39–47
Passavantstraße 22–24
Steinlestraße 21
Thorwaldsenstraße 27–37, 39–43

Schapp, Johann (tätig um 1935)
Architekt;
Städelstraße 1–9

Schaumann, Gustav (1861–1937)
Architekt aus Osnabrück; Ausbildung an der TH Aachen und in Berlin, 1885–89 im Staatsdienst, bis 1895 in den Stadtbauämtern Hannover, Elberfeld bzw. Halle, 1896–1903 Baudirektor und Stadtkonservator in Lübeck, 1903–25 Stadtrat in Frankfurt;
27 Bauten in Frankfurt nachgewiesen – darunter im Malerviertel
*Textorstraße *114*

Schauroth, Udo von (1905–88)
Architekt; Ausbildung ab 1924 an der TH Darmstadt, 1928–31 assoziiert mit Christoph Meffert in Franfurt, 1931–32 Mitarbeiter von Hans Poelzig in Berlin, 1933–38 und nach 1945 mit eigenem Büro in Frankfurt;
17 Bauten in Frankfurt nachgewiesen – darunter im Malerviertel
Franz-Lenbach-Straße 8

Schempp, Hans Heinrich (tätig um 1940)
Architekt und Bauunternehmer;
4 Bauten in Frankfurt nachgewiesen – darunter im Malerviertel
Kennedyallee 51

Schenck, Adolf Gustav (1858–1924)
Architekt, Bauunternehmer und Investor;
206 Bauten in Frankfurt nachgewiesen – darunter im Malerviertel
Kaulbachstraße 55–57, 63–65, (42–44)
Textorstraße 89, (91–93), 95–101, 92–96

Schlösser, Hermann Julius (tätig um 1865–82)
Architekt; Ausbildung an der TH Darmstadt bzw. Karlsruhe, ab 1866 assoziiert mit Bapt. Carl Camozzi;
Cranachstraße 16–20

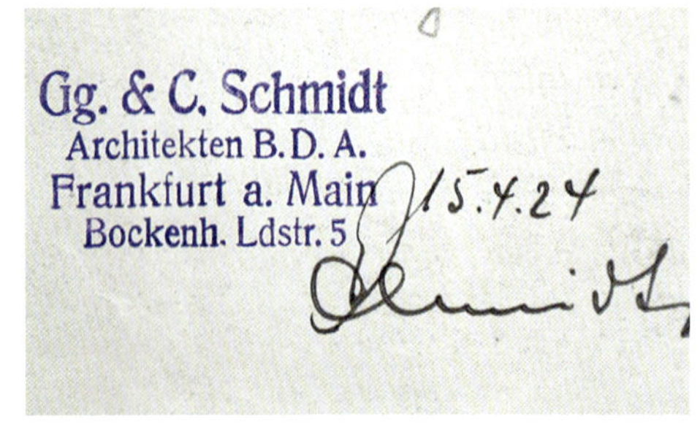

Schmidt, Georg (1881–1963)
Architekt; Ausbildung bis 1903 an FH Offenbach und TH Karlsruhe, danach in Frankfurt bei Beck & Grünewald; seit 1908–26 in gemeinsamem Büro mit seinem Bruder Carl (Carl & Georg Schmidt);
25 Bauten in Frankfurt nachgewiesen – darunter im Malerviertel
*Kennedyallee *54*

Schmidt, ? (tätig um 1925)
Architekt;
Oskar-Sommer-Straße 14

Schmidt-Diehler, Johann Wilhelm (1846–1918)
Architekt und Bauunternehmer aus Offenbach (seine Firma besteht noch);
92 Bauten in Frankfurt nachgewiesen – darunter im Malerviertel
*Burnitzstraße *51/*55*
*Hans-Thoma-Straße *1*
*Rembrandtstraße *16*

Schmidt-Knatz, Christian (*1877, tätig um 1884–1925)
Architekt und Bauunternehmer;
31 Bauten in Frankfurt nachgewiesen – darunter im Malerviertel
Thorwaldsenstraße 13

Schreiber, ? (tätig um 1879–1906)
Bauunternehmer (Gebr. Schreiber);
14 Bauten in Frankfurt nachgewiesen – darunter im Malerviertel
Schwanthalerstraße 55–57, 48–50

Schwarz, Fritz (tätig um 1914)
Architekt aus Offenbach;
Passavantstraße 17

Schwennhagen, Ludwig (Louis) (tätig um 1887–98)
Maurermeister und Architekt;
48 Bauten in Frankfurt nachgewiesen – darunter im Malerviertel
Cranachstraße 2
Gartenstraße 43

Seeger, Johann Georg Jacob (1848–1914)
Architekt und Bauunternehmer aus Frankfurt-Oberrad (Gebr. Seeger);
90 Bauten in Frankfurt nachgewiesen – darunter im Malerviertel

Gartenstraße 71, 88
Holbeinstraße 12
Schneckenhofstraße 9
Schwanthalerstraße 71
Steinlestraße 1, 7–13
Textorstraße 108

Seeger, Louis (1846–1908)
Bauunternehmer (Gebr. Seeger);
Steinlestraße 20–22, 32

Seeger, Martin (tätig um 1897–1907)
Architekt und Bauunternehmer (Gebr. Seeger)
Holbeinstraße 45–47,12

Seibert (tätig um 1923)
Architekt aus Darmstadt, assoziiert mit Emanuel Josef Markwort;
nachgewiesen im Frankfurter Malerviertel
Rubensstraße 23

Simon, Clemens Anton (*1879, tätig um 1901–19)
Architekt aus Oberwesel;
14 Bauten in Frankfurt nachgewiesen – darunter im Malerviertel
Cranachstraße 5
Oppenheimer Landstraße 85

Sommer, Oskar (1840–1894)
Architekt aus Wolfenbüttel; Studium 1858–61 an der TH Hannover, danach in Zürich im Atelier von Gottfried Semper, 1863–64 in Florenz, 1864–65 in Berlin, 1865 in Frankfurt – zunächst bei P. Schmick, dann bei Schaffner & Albert, seit 1869 Lehrer an der Städelschule;
9 Bauten in Frankfurt nachgewiesen – darunter im Malerviertel
*Dürerstraße *10*
*Gartenstraße 45, *47*
Schaumainkai 63

Spielmeyer, Friedrich Joseph (tätig um 1897)
Bauunternehmer;
Oppenheimer Landstraße 44

Stahl, Ernst (tätig um 1928)
Architekt und Regierungsbaumeister;
Thorwaldsenplatz 8

Stapp, Jacob (tätig um 1906–35)
Bauunternehmer, assoziiert mit Wilhelm Carlé;
12 Bauten in Frankfurt nachgewiesen – darunter im Malerviertel
*Gartenstraße *83*

Steitz, August Jacob (*1874, tätig um 1906–35)
Architekt;
23 Bauten in Frankfurt nachgewiesen – darunter im Malerviertel
Schaubstraße 7–9
Steinlestraße 17, 43

Stempel, Louis Ritter von (1850–1917)
Architekt aus München; Studium an der TH München, zuletzt Vorstand der obersten Baubehörde im Kgl. Bayerischen Innenministerium;
Hedderichstraße 104–114 /Kaulbachstraße 47–49
Thorwaldsenplatz (1)

Strigler, Philipp (tätig um 1879–1901)
Architekt;
7 Bauten in Frankfurt nachgewiesen – darunter im Malerviertel
Dürerstraße 21–23
*Hans-Thoma-Straße *30*

Strube, Karl (tätig um 1887–1913)
Architekt und Bauunternehmer;
9 Bauten in Frankfurt nachgewiesen – darunter im Malerviertel
*Holbeinstraße (*27–29)*

Strube, Robert (*1857, tätig um 1886–1910)
Architekt aus Kassel;
26 Bauten in Frankfurt nachgewiesen – darunter im Malerviertel
Kaulbachstraße 32

Struth, Valentin (tätig um 1925)
Bauunternehmer; assoziiert mit (?) Wagner;
11 Bauten in Frankfurt nachgewiesen – darunter im Malerviertel
Oskar-Sommer-Straße 16

Thyriot, Franz (1869–1934)
Architekt aus Hanau; Ausbildung an der TH Berlin-Charlottenburg, danach in Berlin als Architekt tätig, seit 1908 in Frankfurt;
93 Bauten in Frankfiurt nachgewiesen – darunter im Malerviertel
Tischbeinstraße 4

Uhlmann, Otto (*1862, tätig um 1890–1905)
Architekt und Bauunternehmer;
10 Bauten in Frankfurt nachgewiesen – darunter im Malerviertel
Gartenstraße 98–100

Umpfenbach, Peter (*1877, tätig um 1904–36)
Architekt und Bauunternehmer aus Langen, seit 1904 in Frankfurt;
52 Bauten in Frankfurt nachgewiesen – darunter im Malerviertel
Gartenstraße 96
Rembrandtstraße 18

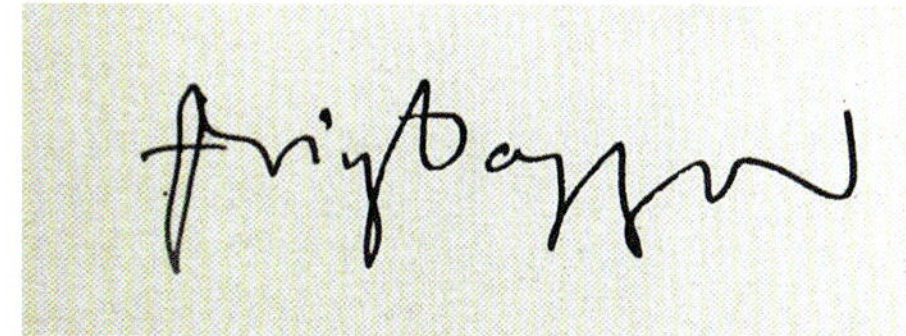

Voggenberger, Fritz (1885–1924)
Architekt;
6 Bauten in Frankfurt nachgewiesen – darunter im Malerviertel
Kennedyallee 61

Waag, Georg (tätig um 1891–1903)
Architekt und Bauunternehmer
6 Bauten in Frankfurt nachgewiesen – darunter im Malerviertel
Rubensstraße 13, 15–17
*Steinlestraße *23, 25*

Wagner, A. (tätig um 1895–1924)
Architekt, bis 1924 assoziiert mit Ernst Faust;
42 Bauten in Frankfurt nachgewiesen – darunter im Malerviertel
Morgensternstraße 28–36

Wagner, Karl (tätig um 1914)
Architekt;
Passavantstraße 17

Wagner, ? (tätig um 1890–1935)
Bauunternehmer, assoziiert mit Valentin Struth;
11 Bauten in Frankfurt nachgewiesen – darunter im Malerviertel
Oskar-Sommer-Straße 16

Weber, Martin (1890–1941)
Architekt, Kirchenbauer; Ausbildung an der FH Frankfurt, danach an der TH Darmstadt; 1922–25 assoziiert mit Dominikus Böhm;
27 Bauten in Frankfurt nachgewiesen – darunter im Malerviertel
Holbeinstraße 68–70

Weil, Friedrich (*1881, tätig um 1900)
Architekt und Bautechniker aus Idstein, vorwiegend in der Baufirma Gebr. Heunisch tätig (erst ab 1903 in Frankfurt ansässig);
30 Bauten in Frankfurt nachgewiesen – darunter im Malerviertel
Hedderichstraße 116–132
Kaulbachstraße 37, (39), 45, 71
Morgensternstraße 31
*Oppenheimer Landstraße 57–69, *71, 73*
Schneckenhofstraße 19
Schweizer Straße 98–102

Welb, Johann Christoph (1847–1922)
Architekt; Studium an der TH Darmstadt und in München, in Frankfurt seit 1893 Stadtverordneter;
12 Bauten in Frankfurt nachgewiesen – darunter im Malerviertel
Holbeinstraße 35
*Stresemannallee *19–*23*

Wenzel, Adolf Andreas (*1851, tätig um 1882–1910)
Architekt und Bauunternehmer aus Bruchköbel;
13 Bauten in Frankfurt nachgewiesen – darunter im Malerviertel
*Cranachstraße *14*
Oppenheimer Landstraße 47

Werner, Robert (1846–1917)
Architekt und Bauunternehmer;
10 Bauten in Frankfurt nachgewiesen – darunter im Malerviertel
Schadowstraße 5, (7)

Wollmann, Robert (1879–1948)
Architekt aus Berlin; seit 1904 in Frankfurt bei Vietze & Helfrich bzw. Schaffner & Albert, ab ca. 1916 selbständig; ab 1935 ist in seinem Büro Udo von Schauroth beschäftigt;
21 Bauten in Frankfurt nachgewiesen – darunter im Malerviertel
Schreyerstraße 17–19
Stresemannallee 41–43

Zimmermann, Ernst Eduard (*1879, tätig um 1890–1937)
Bautechniker, vielleicht auch als Entwurfsarchitekt tätig;
225 Bauten in Frankfurt nachgewiesen – darunter im Malerviertel
Gartenstraße 101, 120–122
*Holbeinstraße *35*
Oppenheimer Landstraße 34
Schaubstraße 11

Zimmermann, Walter (tätig um 1934–67)
Architekt;
36 Bauten in Frankfurt nachgewiesen – darunter im Malerviertel
Gartenstraße121–127
*Stresemannallee *11*

Zöllner, Friedrich (tätig um 1895–1925)
Architekt;
9 Bauten in Frankfurt nachgewiesen – darunter im Malerviertel
Rubensstraße (13),15, (17)
Steinlestraße (25)

Zweifel, Ludwig (tätig um 1928–49)
Architekt;
11 Bauten in Frankfurt nachgewiesen – darunter im Malerviertel
Burnitzstraße 56–58

2.7 EXKURSE

Eine klare Beschränkung des Begriffs *Malerviertel* stellt sich von den Grenzen wie vom Namen her als schwierig dar (s. o. Einleitung). Auch endet dessen beschauliche Wohnbebauung entlang der Kennedyallee keineswegs an der Stresemannallee, sondern setzt sich westwärts (noch kaum gestört) fort. Allenfalls die aus ganz anderen Quellen geschöpften Straßennamen – ursprünglich nach ehemaligen Hofgütern oder mittelalterlichen Dichtern, später nach erfolgreichen Ärzten – schaffen eine Differenz. Völlig anders verhält sich dies hoch oben am Südrand der Vorstadt; denn dort nahe der ehemaligen Landwehr reihen sich neben historischen Flurbezeichnungen auf kleinem Areal Pfade und Wege, deren Namen an einheimische Maler aus der Wende zum 20. Jahrhundert erinnern und dadurch mit dem *Malerviertel* im Tal in nomineller Verbindung stehen.

Sandhof im 19. Jahrhundert

2.7.1 Flussab: Fortsetzung zum Forsthaus

> *„Den Bewohnern der Forsthausstraße soll ein besonders ruhiges und angenehmes Wohnen gewährleistet werden, was zweifellos aus dem Umstand hervorgeht, dass weitestgehende Baubeschränkungen mit der besonderen Bestimmung, dass nur Villen ausgebaut werden dürfen, auf die Baugrundstücke gelegt wurden."*
> *(aus einer Bürgerpetition, 1914)*

Bereits 1874, während flussauf die Pfeiler der *Untermainbrücke* aus dem Flussbett wuchsen und am südlichen Ufer die Baugrube für die *Städel'sche Gemäldegalerie* an Tiefe gewann, brütete im fernen Berlin der königlich-preußische Bahnbauinspektor *Alfred Hottenrott* (*1837) über Frankfurter Stadtplänen. Das Ziel seines Nachdenkens war ein Doppeltes: Entscheidung über den zukünftigen Standort des vom Königreich Preußen geplanten *Centralbahnhofs* sowie die damit notwendig gewordene Gleisverlegung von insgesamt neun Bahnstrecken beiderseits des Mains, dessen Überbrückung nicht zum Problem werden sollte. Zwar wurden dazu zwischen Berlin und Frankfurt nötige Verhandlungen im Geheimen geführt, da sich jedoch die Angelegenheit allgemeinen Interesses erfreute, erweiterte sich der Kreis der Diskutierenden rasch um Vertreter aus Handel und Politik. 1878 hatte sich endlich der Magistrat von Frankfurt gegen das *Ministerium der öffentlichen Arbeiten* in Berlin durchgesetzt: Der *Hauptbahnhof* sollte 600 Meter westlich der einstigen Wallanlagen im ehemaligen *Galgenfeld* entstehen. Und dafür hatte Hottenrott eine Lösung ausgearbeitet: Für *Sachsenhausen* bedeutete dies zumindest einen neuen Brückenschlag; denn zum Einfädeln der Bahnstrecken aus Hanau oder Darmstadt (d. h. *Bebraer*- bzw.

Oberforsthaus, um 1900

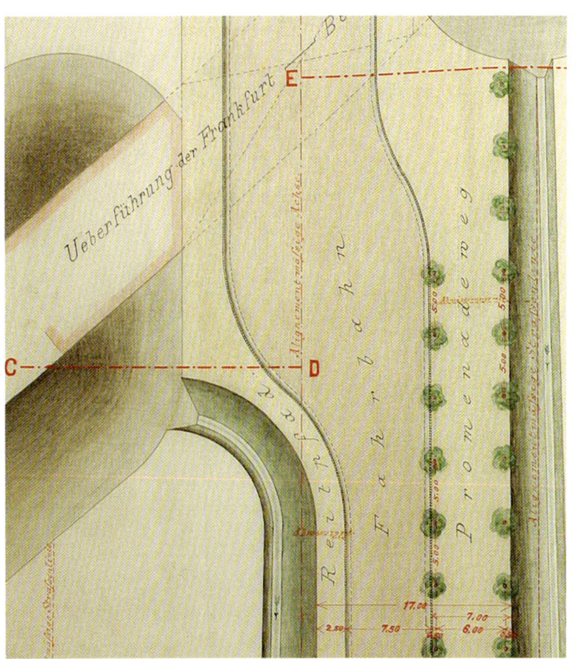

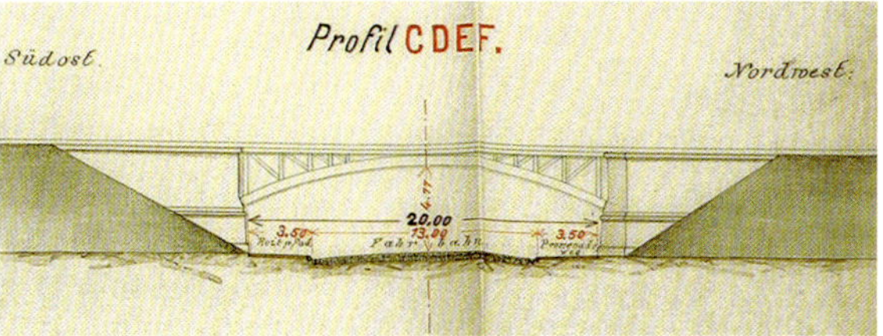

Neue Bahnbrücke über die Forsthausstr./ Lageplan und Ansicht, 1882

Alfred Hottenrott, 1888

Main-Neckar-Bahn) mussten deren Gleiskurven um ca. 500 Meter nach Westen verlegt werden (s.o. 1.3). Die alte Bahnbrücke konnte zur Straßenbrücke (*Friedensbrücke / ehem. Wilhelmsbrücke*), deren anschließende Gleistrasse zur Durchgangsstraße (*Stresemannallee / ehem. Wilhelmsstraße* bzw. *Baseler Straße*) werden. Schließlich überspannten flussab ab 1883 statt einer sogar zwei neue Eisenbahnbrücken den Main. Danach erst entstand der neue Bahnhof – aus Material, das bereits auf den neuen Schienen zum Bauplatz gefahren werden konnte. Hottenrott muss somit als der eigentliche Wegbereiter einer planvollen Weiterentwicklung von Sachsenhausen über das Malerviertel hinaus gelten; denn er war es, der nicht nur Vorgaben von Stadt und Staat umsetzte, sondern gleichermaßen aus der Kombination unterschiedlicher Transportwege die westliche Verlängerung des von Main und Bahn begrenzten Gebiets und seine zukünftige Doppelnutzung als Klinik- und Wohnquartier einleitete. (Dass jenes *Klinikquartier* sich bereits ab 1886 mit einer kontinuierlich wachsenden Zahl an Stations- und Institutsgebäuden als *Städtisches Krankenhaus* bzw. schließlich als *Uniklinikum* über mehr als die Hälfte des nun zur Verfügung stehenden Areals ausbreiten würde, steht – sieht man davon ab, dass viele Ärzte in benachbarten Villen ihre Wohnung fanden – in keinem unmittelbaren Zusammenhang mit dem Malerviertel.)
Voraussetzung für eine solche Entwicklung am Südufer des Mains war die Korrektur der Eigentumsverhältnisse; denn nahezu die gesamten Ländereien beiderseits des Bahndammes über die Mörfelder Land- und die Forsthausstraße hinaus – also rings um *Sandhof* und *Riedhof*, *Lerchesberg* und *Louisa* (ehem. *Schwarzkaut* wegen dortiger Basaltbrüche) – galten als Bethmann'scher Besitz. Schon unter der Herrschaft des Fürstprimas *Carl Theodor von Dalberg* (1744–1817) waren sie 1810/12 dem Bankier und Diplomaten *Simon Moritz von Bethmann* (1768–1826) zugefallen, und 70 Jahre später verfügte dessen Enkel *Ludwig Simon Moritz von Bethmann* (1844–1902) darüber (ähnlich wie zuvor weiter östlich die Familien *Bernus* und *Bansa* zu Sachsenhäuser „Großgrundbesitzern" aufgestiegen waren). Mit ihm musste die Stadt Frankfurt handelseinig werden; denn allein die Verbreiterung der als Magistrale gedachten Forsthausstraße (auf ca. 28 m bzw. 47 m) bis *Niederrad* ging nicht ohne Erwerb eines mehr als einen Kilometer langen Streifens Bethmann'schen Geländes. Mit 20-seitigem Vertrag über Geländeabtretung, -tausch und -kauf endeten die Verhandlungen 1884 (17.06.), und es dauerte fast drei weitere Jahre, bis mit Zustimmung der Bankiersfamilie das *„Alignement über das Terrain zwischen Garten- und Forsthausstraße"* beschlossen war (d.h. zwischen alter und neuer Trasse der *Main-Neckar-Bahn*; 01.02.1887). Bereits 1888 war sie als Fahrstraße mit vorläufigem Belag hergestellt, aber erst 1910 folgte ihre Straßenbeleuchtung, 1911 ihr Kopfsteinpflaster. Dennoch ist sie rasch – als südwärts verschobene Fortsetzung des an der Friedensbrücke endenden Schaumainkais – zu einer von teils opulenten Villen flankierten Allee aufgestiegen. Dass sie eine besondere Straße werden würde, ergab sich bereits aus ihrem Ziel und dessen Geschichte – dem *Oberforsthaus*, wo traditionelll der *„Frankfurter Geldadel"* nicht nur sonntags vierspännig vorfuhr, um zu speisen: Dieses als jüngstes 1729 zur Kontrolle des Stadtwalds errichtete Gebäude (das noch erhaltene *Frankfurter Haus* an der Grenze zu Neu-Isenburg entstand bereits 1701) war ebenso als Herberge ausgebaut, wo die Kaiser des alten Reichs traditionell ihrer standesgemäßen Einholung durch Bürgermeister und Ratsherren der Reichsstadt zu Wahl und Krönung im *Frankfurter Dom* harrten – Karl VII. (1742), Joseph II. (1764), Leopold II. (1790); seine Funktion als permanentes Restaurant reicht allerdings nur bis 1839 zurück (ähnlich wie bei den zu Eichel- und Buchenmast der Schweine 1779–81 angelegten *Schweinstiegen*) – wenn auch die Frankfurter nachweislich in seiner Umgebung seit 1792 ihren *Wäldchestag* feiern.
Zum anderen verband die Forsthausstraße direkt mit *Galopp-Rennbahn* (ab 1865) und *Waldstadion* (ab 1925; s.o. Einleitung bzw. 2.3.4). Angesichts von all dem fehlt traditionsbewussten Sachsenhäusern sowohl das Verständnis für den seit mehr als 60 Jahren fortschreitenden Verfall des im Zweiten Weltkrieg

Neue Bahnbrücke über die Forsthausstr., 1888

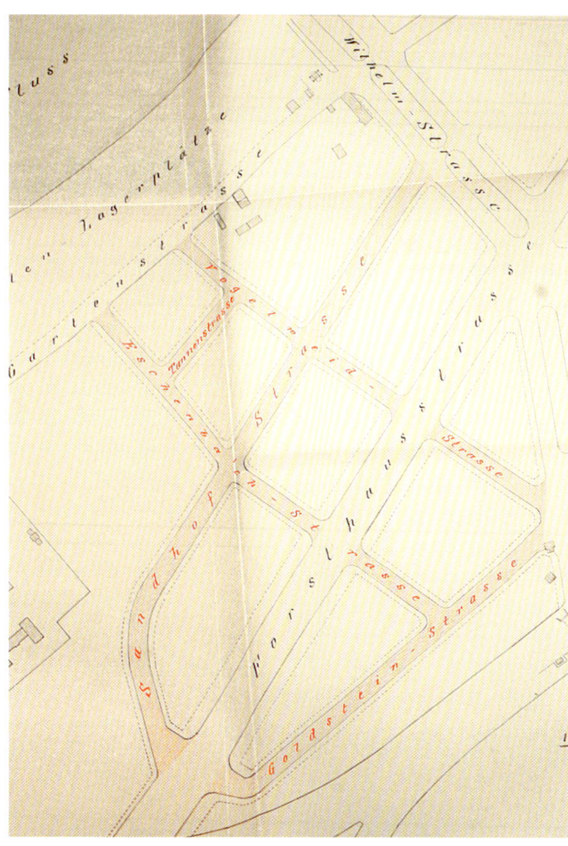

Fluchtlinienplan: Untere Forsthausstr., 1898

ruinierten Forsthauses wie für die 1963 aus Anlass des nur wenige Stunden währenden Besuchs eines amerikanischen Präsidenten ausgelöste Umbenennung der *Forsthausstraße* in *Kennedyallee*.

Statt schmaler Straßendurchlässe, die an den alten Gleisdämmen Gegenverkehr unmöglich gemacht haben, bot Hottenrotts Planung bereits 1880 stützenlos über mehr als 20 Meter Breite gespannte Bahnbrücken – jeweils unterspannte eiserne Gitterträger auf gemauerten Brückenköpfen, an denen sich die Forsthausstraße allerdings um die Breite von Reit- und Fußweg einschnüren lassen musste; für beide Strecken sind sie formal gleich ausgeführt worden (1927 durch weiter reichende und schwerer belastbare Vollwandträger ersetzt). Auch der städtische Baudirektor *Dehnhardt* hatte sich im Dreikaiserjahr 1888 für die Kreuzung der Forsthausstraße mit der *Niederräder Landstraße* eine originelle Idee ausgedacht: Ein weitläufiger Ovalplatz sollte hier die Gemarkungsgrenze nach Niederrad wirkungsvoll markieren. Und da jene beiden Verkehrsachsen nicht im rechten Winkel zusammentrafen, plädierte er für eine zusätzliche Diagonalverbindung von *Buchenrode* (NW) zu *Bürgerwiese* (SO), mittels derer die andernfalls fehlende Platzsymmetrie zustande gekommen wäre (vgl. Situation und Genealogie des Schweizer Platzes; s. o. 2.2.1). Offensichtlich hatte der Stadtgärtner *Andreas Weber* (1832–1901) entsprechend großflächiger Rodung bereits zugestimmt – aber das Projekt verschwand zwischen Aktendeckeln. Dennoch schien alles gut vorbereitet, um die Chaussée zum renommierten Oberforsthaus in einen zwischen Stadt und Wald mit Alleebäumen und aufgelockerter Villenbebauung vermittelnden Provinz-Boulevard mit Anliegerspur und Reitweg zu verwandeln, der durch Dimension und Noblesse den Vergleich zu der am jenseitigen Flussufer durch ihre Geschäftshäuser dominierenden *Kaiserstraße* nicht zu scheuen brauchte. Die ersten jener Villen an der westlichen Forsthausstraße sind noch kurz vor der Wende zum 20. Jahrhundert erbaut worden. Doch der imposanteste Bau geht auf den Bankier *Eduard Beit von Speyer* zurück, der als einer der reichsten Männer im Kaiserreich galt (Kennedyallee 70, 1904; s. o. 2.3.3). Am weitesten von der Stadt entfernt ließ sich gleichzeitig westlich der Bahndämme der Kaufmann *Hermann Mumm von Schwarzenstein* eine opulente Villa erbauen (Kennedyallee 151); es dürfte ihm geschmeichelt haben, dass fast gleichzeitig für die sein Parkgrundstück begrenzende *Luderbachstraße* der standesgemäße Name *Am Königsbrünnchen* festgelegt wurde (seit 1927 *Richard-Strauß-Allee*). 80 Jahre dauerte es, bis dieses großbürgerliche Ambiente verschwand; denn nachdem die Familie Mumm das Anwesen aufgegeben hatte, lag bereits 1935 ein erster Entwurf für seine Zerlegung in Bauparzellen vor. Immerhin hat es noch weitere 80 Jahre gedauert, bis das 2015 realisiert und der Park verschwunden war. Unmittelbar östlich im Gleisdreieck hatte sich übrigens ebenfalls 1904 der *Sportclub Forsthausstraße* (SAFO) angesiedelt.

Nachweislich sind zwischen 1890 und 1939 ungefähr 165 Wohngebäude errichtet worden – zumeist als Doppelhäuser (davon 22 Doppelvillen und 22 Doppelmietshäuser), aber auch 31 einzeln stehende Villen auf großen Grundstücken (v. a. an der Kennedyallee). Dass auch hier Investoren als Zwischenhändler mehrfach zahlreiche Bauparzellen erwarben, be-

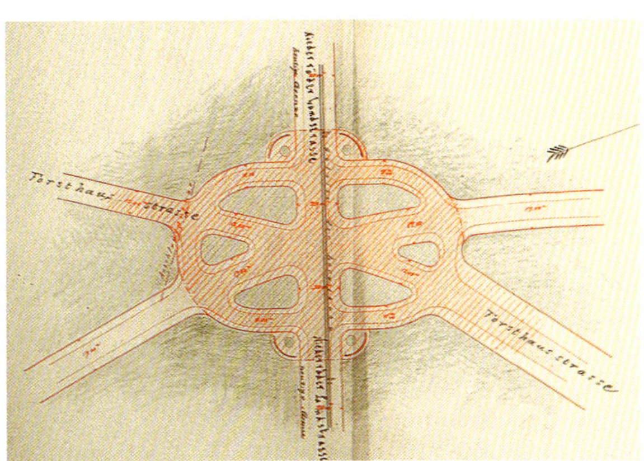

„Sternplatz" Kennedyallee - Niederräder Landstr. / Projekt, 1888

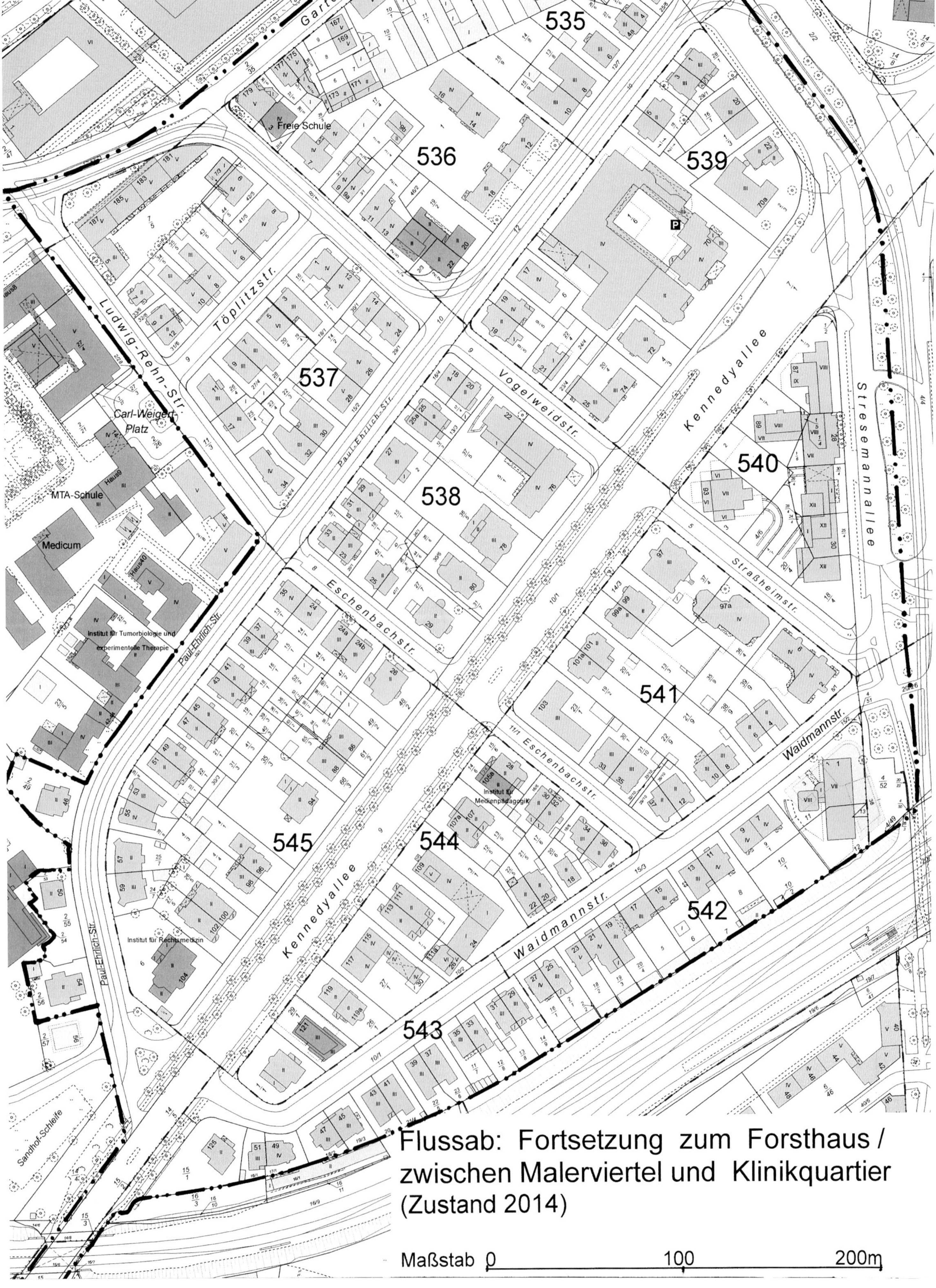

Flussab: Fortsetzung zum Forsthaus / zwischen Malerviertel und Klinikquartier (Zustand 2014)

Maßstab 0 100 200m

weist nicht allein der umtriebige Architekt *Alfred Günther* am Beginn der Kennedyallee (Nr. 70–78), sondern ebenso sein als Planer nicht hervorgetretener Kollege *Friedrich Alexander Carl Weber*, der die Grundstücke Eschenbachstraße 28–32 und Flächen an der Waidmannstraße besaß, oder der ebenso als Bauunternehmer tätige *Ernst Friedrich Ambrosius*, dem das Areal Waidmannstraße 45–51 gehörte. Als führende Baumeister tätig waren *Julius Hermann Lönholdt* mit seiner Baufirma (18 Häuser), *Albert Klöckner* (15) und *Carl Friedrich Wilhelm Leonhardt* (13).

Doch auch hier führten nicht alle Baupläne zu einem realisierten Gebäude: Als prominentes Beispiel dafür gilt ein *Schubladenentwurf* von *Ernst May*: Noch aus seiner Atelierzeit im *Holzhausenschlösschen* 1913 stammt der Entwurf einer Doppelvilla für die benachbarte *Kleebergstraße*. Als daraus nichts wurde, versuchte er ihn einem Bauherrn in der *Ditmarstraße* (Bockenheimer *Diplomatenviertel*) anzudienen. Und als genauso vergeblich erwies sich 1914 sein dritter Versuch, diese Planung in der Kennedyallee 121 zu verwirklichen – 1925, dem Jahr seiner Berufung als Frankfurter Baustadtrat, entstand dort ein Wohnhaus nach Plänen eines Konkurrenten für einen neuen Eigentümer (2010 abgebrochen). Besser erging es 1914 *Julius Hermann Lönholdt*, der sich für die Paul-Ehrlich-Straße 1–5 angesichts des gegenüber stehenden *Hippodroms* etwas Imponierendes für die noch heute vorhandenen Wohnhäuser ausgedacht hatte; zwar erhielt er den Auftrag für beide Bauten, doch sie wurden billiger und biederer. Von allen ursprünglichen Gebäuden des Quartiers blieben 130 erhalten (ungeachtet der Randzonen zwischen Stresemannallee und Strassheim-/Vogelweidstraße bzw. entlang der südlichen Gartenstraße).

Als weniger dauerhaft erwiesen sich die Namen nahezu aller Straßen in diesem Villenannex des Malerviertels: Aus der nach Süden flankierenden *Goldsteinstraße* wurde die *Waidmannstraße*, nördlich aus dem *Sandhöfer Weg* die *Paul-Ehrlich-Straße*. Mit ihm vollzog sich die Neubenennung von *Ludwig-Rehn-* und (zeitweise) *Victor-Schmieden-Straße* – fast immer zu Ehren erfolgreicher Ärzte am Klinikum, aber unter Verzicht auf historische Zielrichtung. Gültig blieb (zumindest für Teile der beiden Querstraßen) die Benennung nach den beiden bedeutendsten Dichtern im Deutschland des Hochmittelalters – dem Lyriker *Walther von der Vogelweide* und dem Epiker *Wolfram von Eschenbach*.

STRASSEN UND GEBÄUDE

(*deutet auf Verlust oder völlige Veränderung)

ESCHENBACHSTRASSE

1898 angelegt und benannt nach dem mittelalterlichen Dichter Wolfram von Eschenbach (um 1170–um 1220; Nordteil in Ludwig-Rehn-Str. umbenannt – s. u.)

Nr. 23

1904 errichtet als Doppelvilla (mit Paul-Ehrlich-Str. 33) in unterschiedlichen Formen des Historismus durch den Bauunternehmer Ludwig Kopf – auffällig durch L-förmigen Grundriss, Fachwerkgiebel und originelle Balkongestaltung.

Nr. 25 (–27) Villa Kertess

1922 errichtet nach Entwurf von Fritz Voggenberger als einer der seltenen Bauten des Expressionismus in Frankfurt für den Kaufmann Adolf Kertess – symmetrisch und doppelgeschossig aus Schiefer-Bruchstein unter elegantem Mansarddach, das spitze Drei-

Eschenbachstr. 23

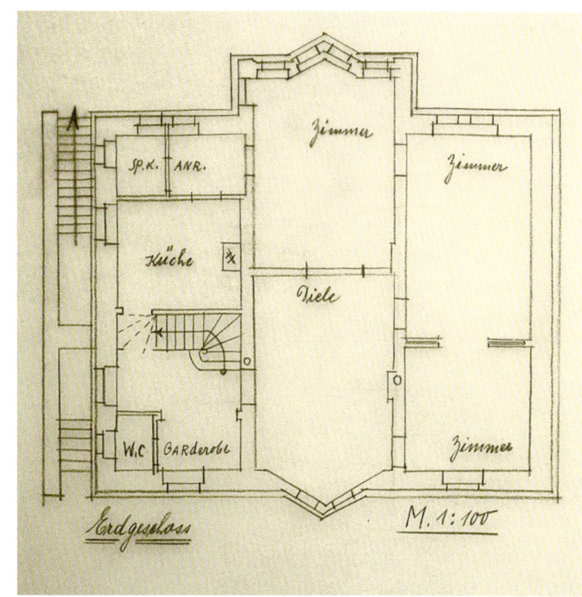

Eschenbachstr. 25
Eschenbachstr. 25, Grundriss (EG)

ecksgauben durchstoßen; Fassadenmitte durch bugartigen Erker betont.

Nr. 29 (ehem. Kennedyallee 82) Villa Behrends
1906 errichtet durch die Baufirma Gebr. Seeger für K. Behrends unter Betonung der prominenten Eckposition durch übergiebelten Erkerrisalit und dominierenden Portalturm unter glockenförmigem Dach.

Nr. 33, 35
1929 errichtet als symmetrische Doppelvilla in schlichten Formen der frühen Moderne nach Plänen von Carl Schad durch dessen Baufirma.

Nr. 37 (ehem. Waidmannstr. 14)
1929 errichtet als Doppelvilla an der Wende zur Moderne (zusammen mit Waidmannstr. 12) nach Plänen von Carl Schad durch dessen Baufirma: Unter

Eschenbachstr. 29

Eschenbachstr. 33–35
Eschenbachstr. 37 / Waidmannstr. 12

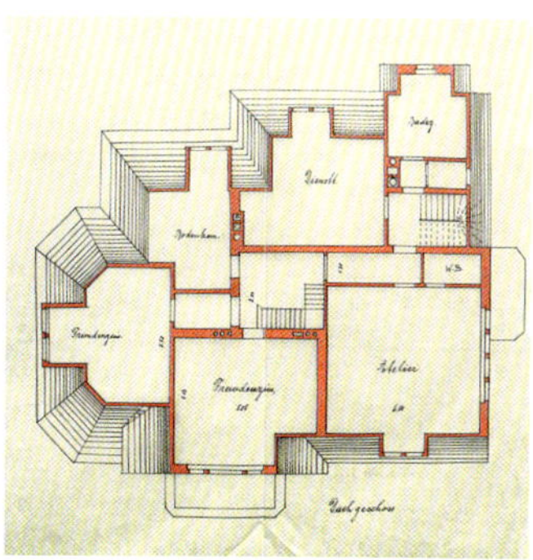

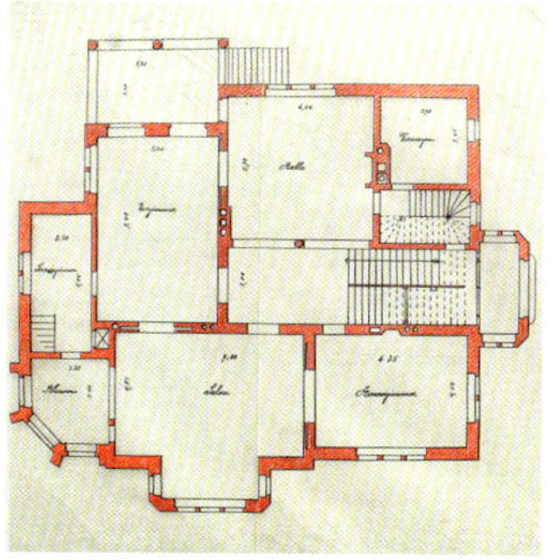

Eschenbachstr. 24 / Paul-Ehrlich-Str. 25
Eschenbachstr. 24a–b
Eschenbachstr. 26 und Ansicht, Grundrisse (EG und Dach)
Eschenbachstr. 28 / Kennedyallee 105a–107a

hohem Walmdach symmetrische Südfassaden, Ecken durch halbrunde Vorbauten betont.

Nr. 24
1902 erbaut als traditionelles Doppelmietshaus nach Plänen von August Schott (zusammen mit Paul-Ehrlich-Str. 35), symmerische Fassade formal weitgehend mit dem Nachbarhaus identisch.

Nr. 24a, 24b
1937 erbaut spiegelbildlich als modernes Doppelhaus nach Plänen von Ernst Eimer; in Grund- und Aufriss symmetrische Anlage.

Nr. 26 (ehem. Kennedyallee 84) Villa A. Andreae
1910 erbaut nach Plänen von Alfred Günther mit den für ihn üblichen Materialien und Motiven der Neurenaissance (vgl. Holbeinstr. 8 bzw. Rembrandtstr. 9; s. o. 2.6.1) für August Andreae (dazu existiert ein stilistisch konträrer Entwurf von Fritz Voggenberger).

Nr. 28 Villa Leonhardt
1906 erbaut nach Plänen von Carl Friedrich Wilhelm Leonhardt (zusammen mit Kennedyallee 105–105a) für Joh. Heinrich Leonhardt in neobarocken Formen mit Sandsteingliederung; an den Gebäudeecken polygonaler Vorbau bzw. runder Erker – jeweils überkuppelt. Zur Kennedyallee überhöhte Grundstücksmauer mit Kugelbesatz.

Eschenbachstr. 28–32

Eschenbachstr. 34

*Nr. 30, *32*

1908 erbaut als neobarocke Doppelvilla nach Plänen von Justus A. Helme für den Kollegen Carl Weber (Nr. 32 nach Kriegsschäden modern ersetzt).

Nr. 34

1908 erbaut als neobarockes Giebelhaus nach Plänen von Justus A. Helme für Carl Weber (im nördlichen Drittel formal schlicht erneuert).

Nr. 36

1906 erbaut nach Plänen von Carl Friedrich Wilhelm Leonhardt als neobarockes Wohnhaus für L. Weber.

FORSTHAUSSTRASSE (s. u. KENNEDYALLEE)

GARTENSTRASSE

1849 auf der Trasse des einstigen Mittelwegs verlängert, um 1890 westwärts bis zur Vogelweidstraße verlängert.

Nr. 133–179

Mietshausbebauung von 1890 bis 1937 – nur noch in geringen Resten erhalten.

KENNEDYALLEE

Nach 1729 als allmählicher Ersatz eines Feldwegs (im Westteil identisch mit dem ehem. Sandhöfer Fußweg) befahrbar zum Oberforsthaus angelegt, entsprechend unter dem Namen Forsthausstraße 1874 im Ostteil (bis zur künftigen Stresemannallee), bis 1888 im Westteil ausgebaut und – ähnlich wie der Schaumainkai – von noblen Villen flankiert; 1963 nach dem US-amerikanischen Präsidenten John F. Kennedy (1917–63) umbenannt (s. o. 2.6.1)

*Nr. *87 Villa Kurfess*

1910 errichtet nach Plänen von Faust & Wagner durch die Baufirma Helfmann für den Kaufmann *Jakob. Kurfess* auf weitgehend rechteckigem Grundriss mit barocken Reminiszenzen. Gliederung mittels Kolossalpilastern. Symmetrische Fassade durch Eckrisalite und konvexen Balkonannex gestaltet (durch Neubau ersetzt).

*Nr. *89 Villa Helfmann*

1905 erbaut für den Bauunternehmer Th. Helfmann (durch Neubau ersetzt).

Kennedyallee 87

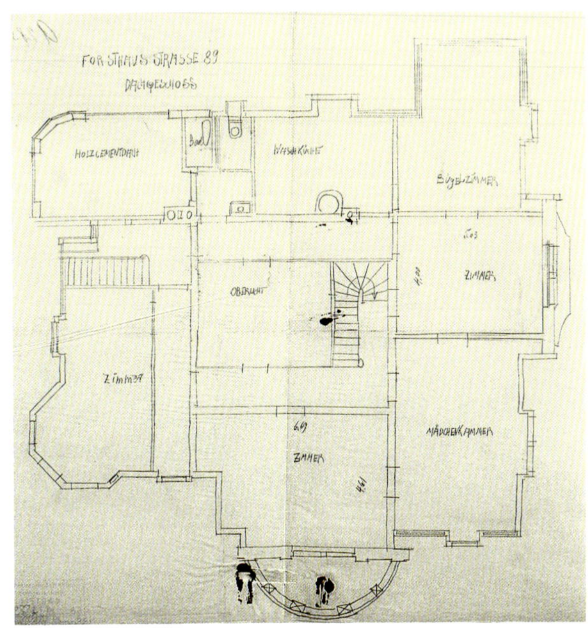

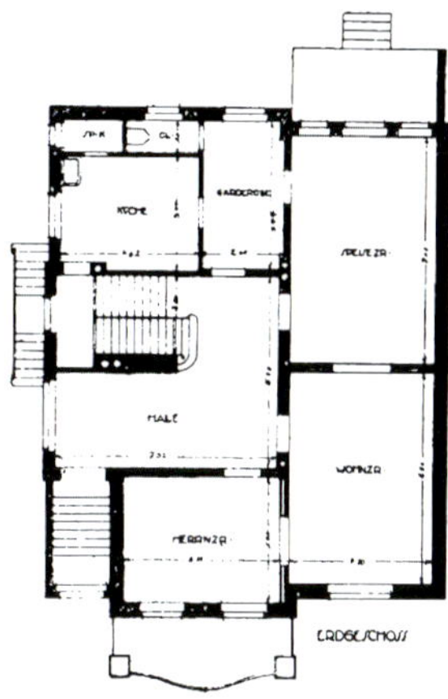

Kennedyallee 89, Grundriss
Kennedyallee 91 / Ansicht und Grundriss

*Nr. *91 Villa Welb*
1900 erbaut nach Entwurf von Johann Christoph Welb durch seine Baufirma für sich selbst: Annähernd symmetrisches Einfamilienhaus auf rechteckigem Grundriss; Fassadenmitte durch übergiebelten Risalit betont, linke Ecke eingezogen und für Portal bzw. Balkon genutzt (durch Neubau ersetzt).

*Nr. *93 Villa Rückert*
1902 erbaut in Eckposition nach Plänen der Architekten Hans Weidmann & Hermann Arenz für Dr. August Rückert (durch Neubau ersetzt).

Nr. 97 Villa Oehler
1899 errichtet durch den Bauunternehmer Johann Philipp Helfmann für den Geh. Kommerzienrat G. Oehler: Großzügiges Einfamilienhaus im Stil der Neurenaissance mit symmetrischer Fassade, zentriert in polygonalem (vermutlich ehemals übergiebeltem) Erker (2. Obergeschoss und Walmdach nachträglich anstelle des ausgebrannten Mansarddachs).

Nr. 99, 99a
1905 errichtet nach Plänen von Alfred Günther als symmetrische Doppelvilla des Neobarock für Generalkonsul G. Krebs (Nr. 99) bzw. Kaufmann A. Scherlensky (Nr. 99a): Insgesamt weitgehend symmetrischer Putzbau mit zurückhaltendem Steindekor. An der Hauptfront Eckrisalite (unterschieden durch Erker- bzw. Balkonvorbau), an den Seiten übergiebelte Treppenrisalite.

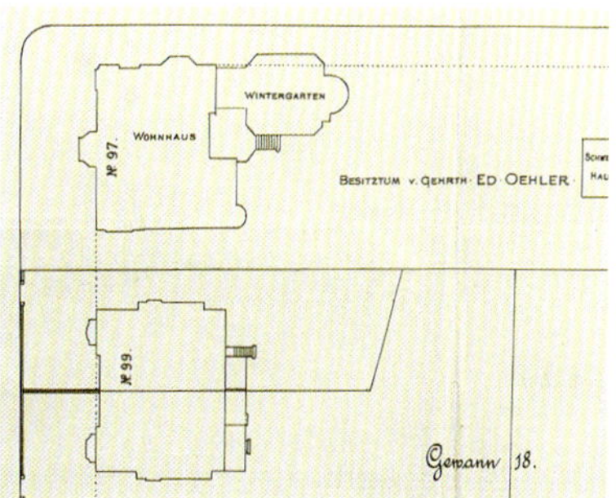

Kennedyallee 97
Kennedyallee 97–99, Lageplan

Kennedyallee 99–99a

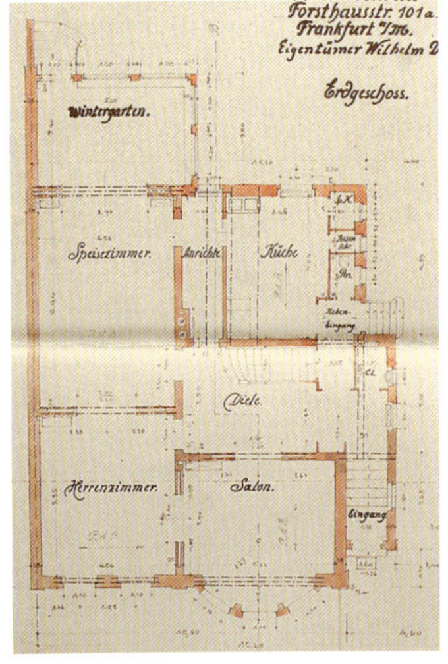

Kennedyallee 107–107a
Kennedyallee 105 a / Ansicht

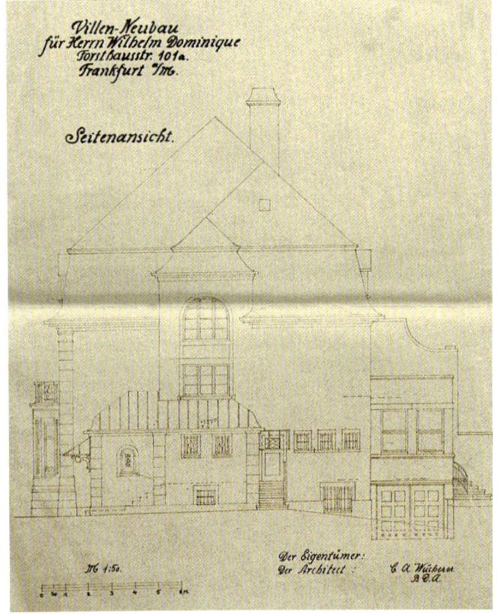

Kennedyallee 101–101a
Kennedyallee 101a / Baupläne

Nr. 101, 101a
1925 erbaut nach Plänen von Carl August Wucherer als symmetrische Doppelvilla des Neobarock für den Investor Wilhelm Dominique: Deutlich schlichteres und modernes Bauwerk unter formalem Einfluss von Nr. 99–99a.

Nr. 103 Villa Schleussner
1898 errichtet durch den Bauunternehmer Ludwig Carlé für den Fabrikdirektor Dr. Friedrich Schleussner.

Nr. *105, 105a*
1907 erbaut nach Entwurf von Carl Friedrich Wilhelm Leonhardt als neobarocke Doppelvilla für Johann Heinrich Leonhardt.

Nr. 107, 107a
1909 erbaut von Carl Friedrich Wilhelm Leonhardt für Johann Heinrich Leonhardt als weitgehend traditionelle Doppelvilla mit asymmetrischen Giebeln, östlichem Risalitturm und rückwärtigem Fachwerkteil.

Nr. 111, 113
1902 errichtet nach Plänen von Julius Hermann Lönholdt durch dessen Baufirma als neobarocke Doppelvilla: Symmetrischer Putzbau auf rechteckigem Grundriss mit Sandsteindekor. An der Fassade knappe Eckrisalite, betont durch Balkone und Giebel; Seitenfronten mit üppig geschmückten Eingängen.

*Nr. *115–117 Villa Löw-Beer*
1914 errichtet für Dr. Otto Löw-Beer nach Plänen von Otto Bäppler als opulente Doppelvilla auf H-förmigem Grundriss mit symmetrischen Fassaden, vor die rückwärtig zu Garten- und Waidmannstraße wie zur Kennedyallee Exedren traten (ungewiss bleibt, ob nach diesen Plänen tatsächlich gebaut wurde oder ob ein simpleres Projekt von Ludwig Hirschmann realisiert worden ist; durch Neubau ersetzt).

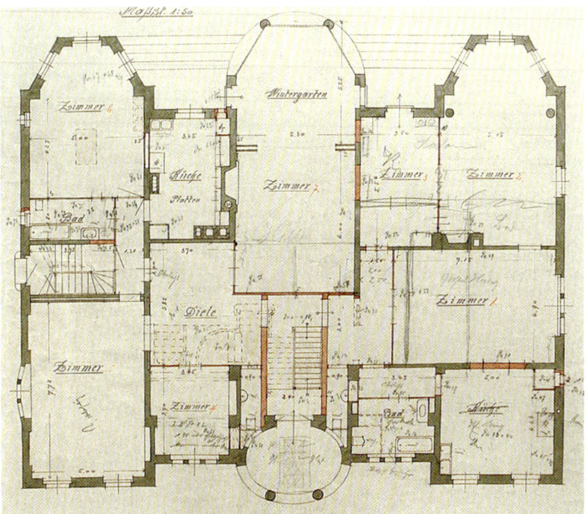

Kennedyallee 111–113
Kennedyallee 115–117, Grundriss und Ansichten (Projekt)

Nr. 119 Villa Röver

1911 erbaut nach Entwurf von Christian Carl Poppe für F. Röver.

*Nr. *121 Villa Reinhardt*

1925 erbaut nach Plänen von Paul Hoffmann im Geschmack des Neobarock für Philipp Reinhardt. Rechte Fassadenhälfte mittels konvexem Annex hervorgehoben (durch Neubau ersetzt). (Für das Grundstück hatte Ernst May 1914 einen nicht realisierten Entwurf geliefert, mit dem er bereits in Kleeberg- und Ditmarstraße gescheitert war.)

Kennedyallee 121

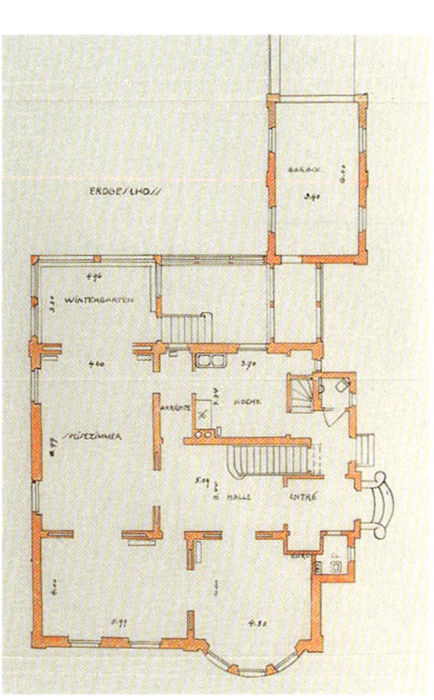

Kennedyallee 121 / Grundriss

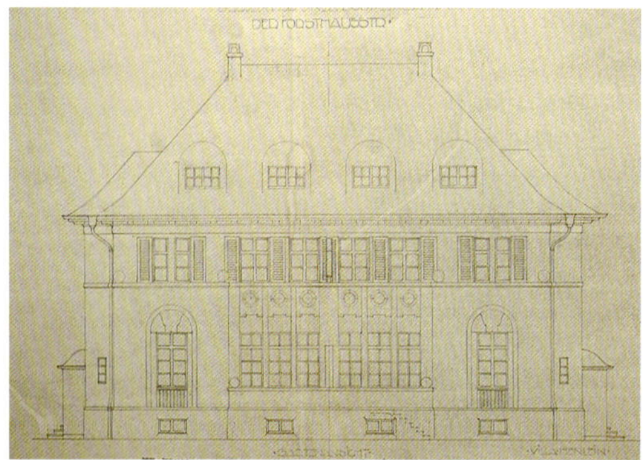

Baupläne Kennedyallee 121 / Ansichten
Kennedyallee 121, Projekt May

Nr. 123 Villa Grünewald
1909 erbaut für Wilhelm Grünewald nach gemeinsamem Entwurf mit seinem Kompagnon Carl Justus Beck im Stil des Neoklassizismus unter hohem Mansarddach, aus dem sich zu den Straßen Zwerchhäuser vorschieben: Axial an der Nordfassade konvexer Vorbau, flankiert von Fensterachsen mit Ovalreliefs. Breitere Westfront mit polygonalem Vorbau zur Waidmannstraße.

Nr. 125 Villa Ambrosius
1912 errichtet nach Entwurf von Ernst Friedrich Ambrosius durch dessen Baufirma im Geschmack des Neoklassizismus, in Position und Dimension (wenn auch nicht in den Details) als Pendant zu Nr. 123.

Nr. 129 Vereinshaus
1904 erbaut innerhalb des Gleisdreiecks in schlichten Formen des Neobarock für den *„Frankfurter*

Kennedyallee 123 / Ansicht und Grundriss

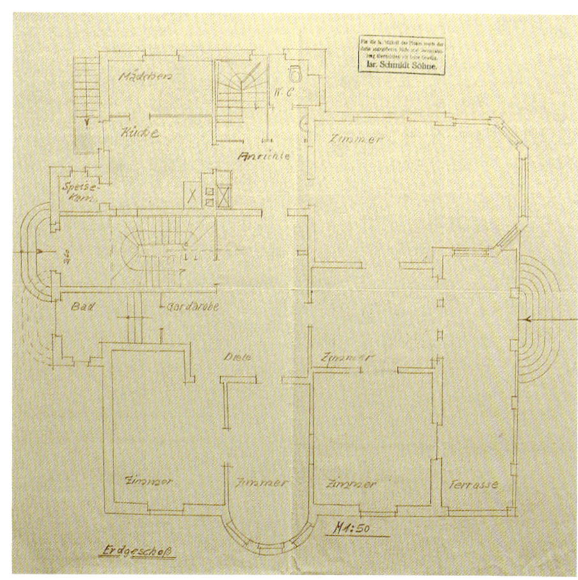

Sportclub e.V.“ (= *„Tennisclub Forsthausstraße / SAFO“*).

Nr. 151 Villa Mumm
1904 erbaut als eines der aufwändigsten Privathäuser der Jahrhundertwende für den Kaufmann Hermann Mumm von Schwarzenstein nach Plänen der Architekten Aage von Kauffmann & Otto Bäppler, die von der Hochrenaissancearchitektur Andrea Palladios beeinflusst sind: Entfernt von Nebengebäuden (Pförtnerhaus, Stallungen) und isoliert innerhalb eines weitläufigen Parks ein Bauwerk von schlossartigen Dimensionen: Kernbau von maximal vier Geschossen auf quadratischem Grundriss mit gestuft in der NO/SW-Hauptachse vorgeschobenen Trakten. Deren Fassaden jeweils symmetrisch und mit großen Balkonen – zur Stadt mit überwölbter Vorfahrt vor übergiebeltem Risalit, zum Wald mit Halbrondell und doppelläufiger Freitreppe zum Park. Schlichtere Eingangsfront nach Westen. Im Innern Repräsentationsräume (Park bereits seit 1935 verkleinert, Innenräume durch Behördennutzung verändert; Nebengebäude für moderne Neubebauung 2013 abgebrochen. Dafür wurden die Reste des einst großen Parks vernichtet).

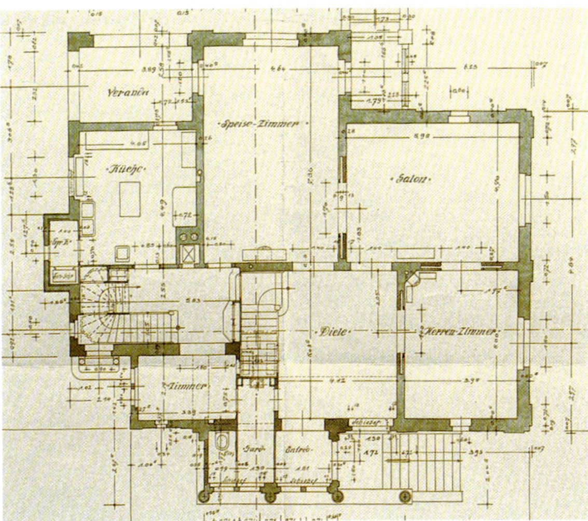

Kennedyallee 125, Grundriss und Ansichten

Kennedyallee 151, 1982

Kennedyallee 151 / mit Grundriss

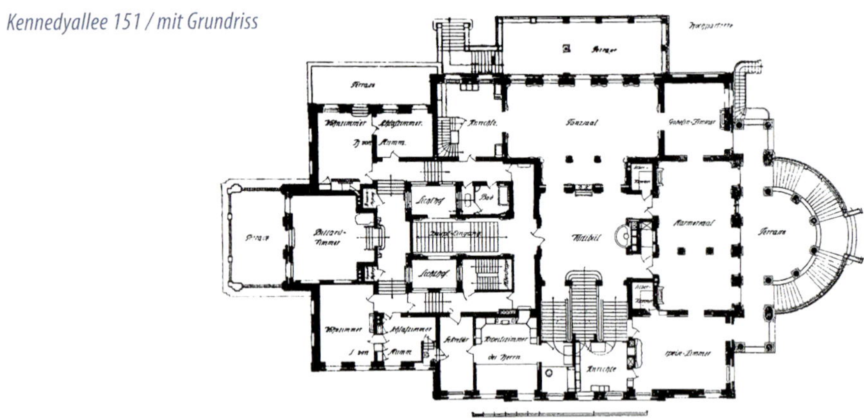

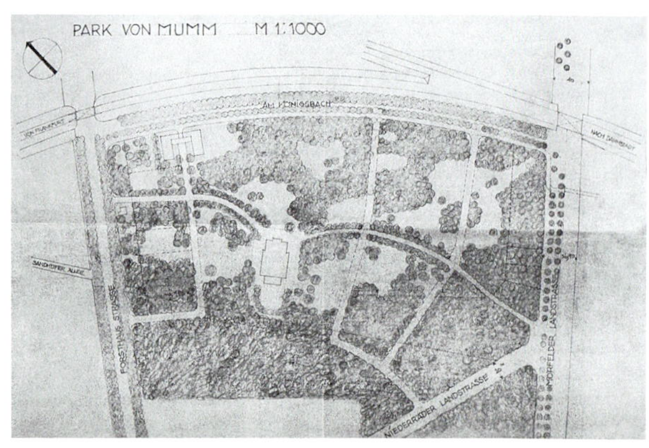

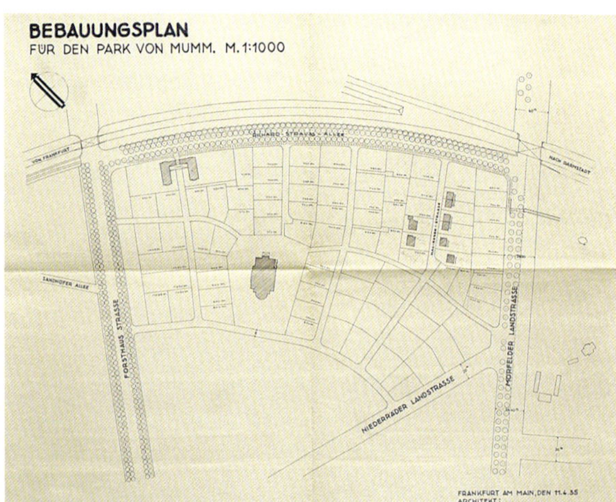

Kennedyallee 151 „Mumm'scher Park", 1935 – im ursprünglichen Zustand und parzelliert

Nr. 70 (ehem. 62) Villa Speyer

1904 erbaut als palaisartiges Wohnhaus in der Nachfolge feudaler Architektur nach Plänen von Alfred Günther für den Bankier Eduard Beit von Speyer (1860–1933) mit hellen Werksteinfassaden, die Details aus Mittelalter und Renaissance kombinieren; Eckposition zur Stresemannallee durch bergfriedartigen Turm mit Tourellen betont (1938 „arisiert", von der Stadt Frankfurt übernommen und dem *Kaiser-Wilhelm-Institut für Biophysik* überlassen, 1942 in dessen Auftrag unter dem leitenden Radiologen Prof. Dr. Boris Rajewski durch einen von Robert Wollmann geplanten Luftschutz-Bunker an der Paul-Ehrlich-Straße ergänzt, dieser inzwischen abgebrochen; Gesamtareal nach 1990 zum Hotel ausgebaut und erweitert; s. 2.3.3).

Nr. 72 Villa G. Andreae

1905 erbaut für Gerhard Andreae nach Entwurf von Alfred Günther in Stilformen der Neurenaissance: Auf L-förmigem Grundriss übergiebelter Westteil, neben vor schmalem Ostteil überwölbter Terrasse bzw. Balkon mit oktogonalem Eckturm verbunden. Ost- und Südteil in Fachwerk.

Kennedyallee 70 und Turm

Kennedyallee 72

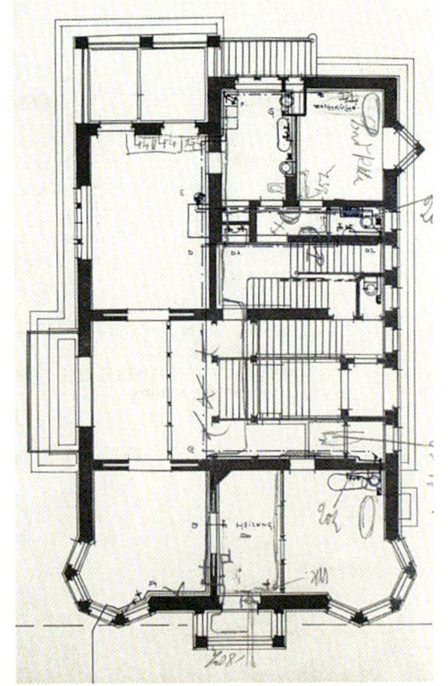

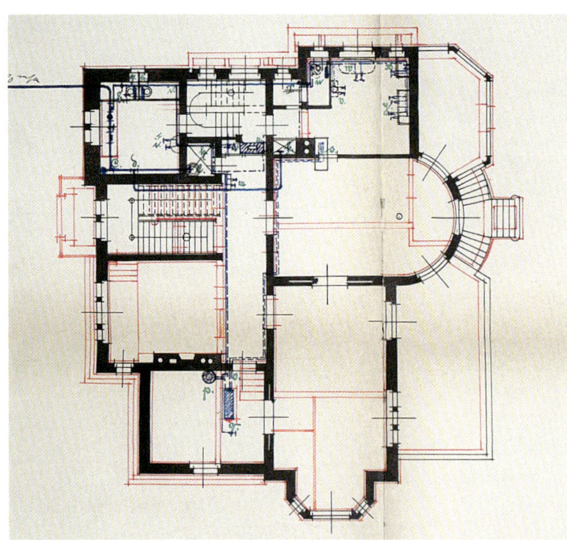

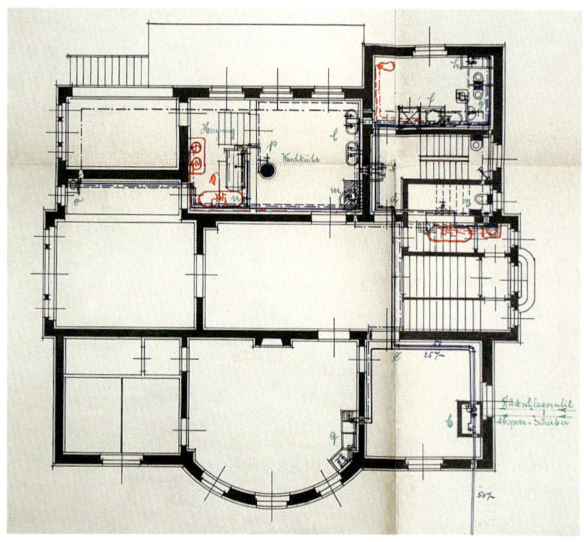

Kennedyallee 76, Grundriss
Kennedyallee 74, Grundriss
Kennedyallee 78, Grundriss

*Nr. *74 Villa Schmidt-Polex (=Vogelweidstr. 25)*
1905 erbaut als Einfamilienhaus nach Plänen von Alfred Günther für den Kaufmann Anton Schmidt-Polex (durch Neubau ersetzt).

*Nr. *76 Villa Passavant*
1907 erbaut für Richard von Passavant nach Entwurf Franz von Hovens: Schmales Eckgebäude; symmetrische Südfassade mittels zweier (vermutlich überkuppelter) Polygonalrisalite akzentuiert (durch Bürogebäude ersetzt).

Nr. 78 Villa H. Andreae
1908 erbaut als stattliches Einfamilienhaus für Heinrich Andreae nach Entwurf von Alfred Günther im Geschmack des Neoklassizismus mit symmetrischer Hauptfront, an deren übergiebelter Mitte das Speisezimmer konvex vortritt (durch Robert Wollmann 1935 verändert).

*Nr. *80 Villa Ritsert*
1908 erbaut für Dr. E. Ritsert nach Plänen von Fritz Geldmacher in barockisierenden Formen: Großzü-

Kennedyallee 78

Kennedyallee 78–80, 1945

Kennedyallee 80, Grundriss und Ansicht

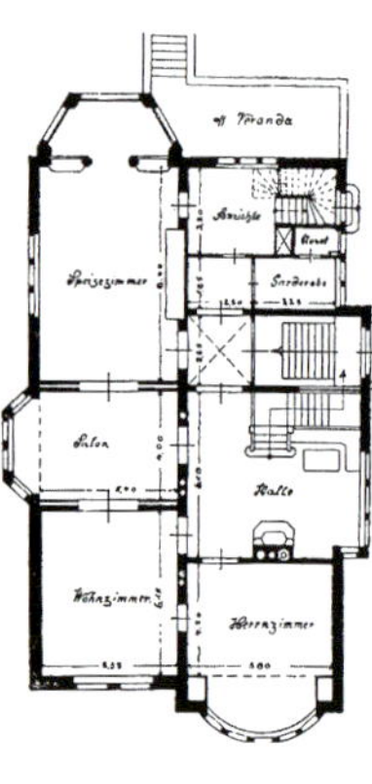

Kennedyallee 94 / Ansicht und Grundriss

gig übergiebelte Fassade rechts durch konvexen Annex des Herrenzimmers aufgewertet, ebenso wie am Salon der Westseite (weitgehend durch modernen Neubau ersetzt).

Nr. 82 (s. o. Eschenbachstr. 29)

Nr. 84 (s. o. Eschenbachstr. 26)

*Nr. *86, *88*

1938 erbaut als Doppelvilla für Albert Gauer nach Plänen von Ernst Eimer (durch Neubau ersetzt).

Nr. 94 Villa Maier

1924 erbaut als nobles Einfamilienhaus im Mischstil aus Neobarock und -klassizismus für Conrad Maier: Symmetrisches Gebäude auf rechteckigem Grund-

Kennedyallee 100–102, Ansichten

Kennedyallee 94–104

riss mit axial zwischen Lisenen halbrund vortretendem Säulenannex. Nach Westen Portalvorbau.

Nr. 96, 98
1935 erbaut als modernes Doppelmietshaus nach Plänen von Hans Martin Born.

Nr. 100, 102
1904 errichtet als neobarocke Doppelvilla nach Plänen von Julius Hermann Lönholdt durch die eigene Baufirma; Hauptfront mit übergiebelten Eckrisaliten und üppigem Dekor (Maskarons, Voluten, Vasen).

Nr. 104 Villa Schleussner
1907 errichtet als opulentes Einfamilienhaus im Winkel zur Paul-Ehrlich-Straße für Dr. Carl Schleussner nach Plänen von Julius Hermann Lönholdt durch die eigene Baufirma: Hauptfront mit asymmetrischem Turmrisalit, an der Westseite polygonaler Balkonvorbau; am Straßeneck ehemals offener Pavillon mit Pagodendach – wie das Haupthaus.

(*Nr. *120 Tankstelle* – urspr. 1933 errichtet nach Plänen von Hans Martin Born – vielfach verändert und ersetzt).

LUDWIG-REHN-STRASSE

1898 angelegt als Nordteil der Eschenbachstraße (s. o.), 1910 umbenannt nach dem seit 1886 am städtischen Klinikum tätigen Chirurgen Dr. Ludwig Rehn (1849–1930).

Nr. 7 Villa Laenger
1905 errichtet als Einfamilienhaus für den Privatier M. Laenger (nach Kriegsschäden vereinfacht ergänzt).

Kennedyallee 104
Ludwig-Rehn-Str. 7

Nr. 9
1904 errichtet als symmetrisch konzipierte Doppelvilla des Historismus (zusammen mit Töplitzstr. 12.) – jeweils mit Polygonalerker und Giebel – nach Plänen von Albert Klöckner (vermutlich durch die Baufirma Sutor & Coste). Annähernd symmetrische Fassade mit axialen Balkons und spärlicher Bauplastik, v.a. in dem als Palladiomotiv geöffneten Erdgeschoss.

Nr. 17
1904 errichtet als Doppelmietshaus (zusammen mit Töplitzstr. 11) nach Entwurf von Albert Klöckner durch die Baufirma Sutor & Coste.

PAUL-EHRLICH-STRASSE

1898 angelegt zunächst als Sandhofstraße, 1910 umbenannt nach dem Arzt und Nobelpreisträger Prof. Dr. Paul Ehrlich (1854–1915).

Nr. 1, 3
1914 errichtet als neobarockes Doppelhaus nach Entwurf von Julius Hermann Lönholdt durch dessen „*Gesellschaft für Bauausführungen*". Symmetrische Anlage von drei Geschossen unter einem Mansarddach, mit Eckrisaliten und seitlichen Eingängen (voraus ging Lönholdts Planung für ein aufwändiges Mietshaus).

Ludwig-Rehn-Str. 17
Ludwig-Rehn-Str. / Carl-Weigert-Platz, ursprünglich Uniklinik-Eingang
Paul-Ehrlich-Str. 1–3, Projekt

Paul-Ehrlich-Str. 1–3

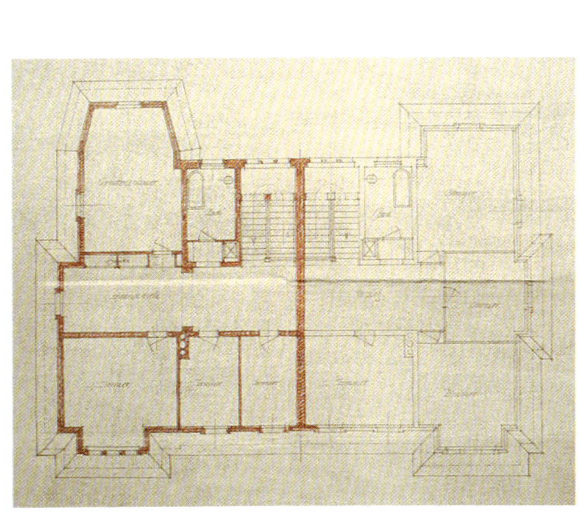

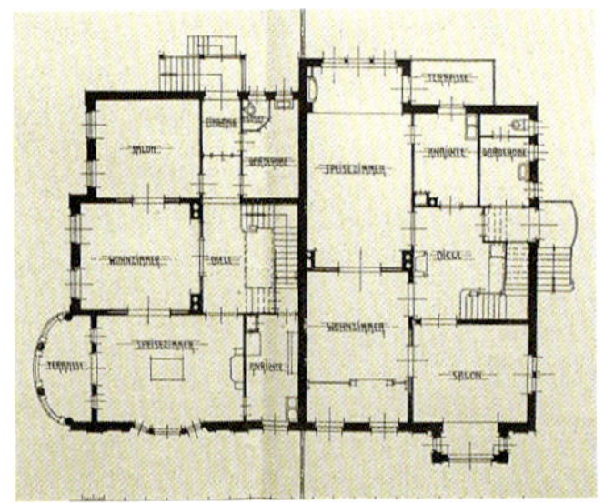

Paul-Ehrlich-Str. 5

Paul-Ehrlich-Str. 5, Projekt

Nr. 5 (–7)

1914 errichtet als repräsentative Nerobarock-Villa nach Entwurf von Julius Hermann Lönholdt durch dessen Baufirma, doppelgeschossig unter hohem Mansarddach mit symmetrischer Fassade (Lönholdt hatte zuvor einen anspruchsvolleren Entwurf geliefert).

Nr. 17

1899 erbaut als Mietshaus mit überkuppeltem Eckerker nach Plänen von Heinrich Beck.

Nr. 19

1901 erbaut als Mietshaus für Dr. W. Stroh.

Nr. 25, 25a

1902 errichtet als Doppelvilla nach Entwurf von Albert Klöckner durch die Baufirma Sutor & Coste. Fast symmetrische Anlage mit knappen, übergiebelten Eckrisaliten (Nr. 25a nachträglich vereinfacht).

Nr. 27

1899 errichtet als Mietshaus in schlichten Formen der Neurenaissance nach Plänen von Albert Klöckner durch die Baufirma Sutor & Coste.

Paul-Ehrlich-Str. 25–25a

Paul-Ehrlich-Str. 27

Paul-Ehrlich-Str. 29–31

Paul-Ehrlich-Str. 25–33
Paul-Ehrlich-Str. 37–39
Paul-Ehrlich-Str. 37–51

Nr. 29
1904 errichtet als Mehrfamilienhaus mit Fachwerkgiebel und -gaube für Carl Wehner.

Nr. 31
1903 errichtet als Mietshaus nach Plänen von Albert Klöckner durch die Baufirma Sutor & Coste (2. Obergeschoss u. Dach verändert).

Nr. 33
1905 errichtet in Eckposition als neobarockes Zweifamilienhaus (zusammen mit Eschenbachstr. 23) mit zweiseitigen Giebelfronten durch den Bauunternehmer Ludwig Kopf für sich selbst und vielleicht nach eigenem Entwurf.

Nr. 35
1904 erbaut als traditionelles Doppelmietshaus (zusammen mit Eschenbachstr. 24) nach Plänen von August Schott; Fassaden formal dem Nachbarhaus sehr ähnlich.

Nr. 37, 39
1902 errichtet als symmetrisch konzipierte Doppelvilla im altdeutschen Geschmack nach Entwurf von Gustav Mack durch dessen Baufirma für Otto Uhlmann. Spiegelbildlicher Grund- und Aufriss unter gemeinsamem Satteldach; an den Seitenfronten abgewalmte Fachwerkgiebel.

Nr. 41–43, 45–47, 49–51
1902 errichtet als drei symmetrisch konzipierte Doppelvillen des Neobarock nach Entwurf von Julius Hermann Lönholdt durch dessen Baufirma. Spiegelbildliche Grundrisse und Fassaden mit variiertem Dekor und alternierenden Giebeln (an Nr. 51 vereinfacht erneuert) über knapp vortretenden Eckrisaliten; seitliche Eingangsfronten.

Paul-Ehrlich-Str. 41–43
Paul-Ehrlich-Str. 45–47

Paul-Ehrlich-Str. 49–51
Paul-Ehrlich-Str. 53–55

Nr. 53, 55
1908 erbaut als Doppelmietshaus nach Plänen von Johann Burkhard & Porcher. Zwillingsfassaden mit polygonalen Eckrisaliten, die von geschweiften Giebeln überragt werden (an Nr. 55 vereinfacht ersetzt).

Paul-Ehrlich-Str. 57–59
Bauplan Paul-Ehrlich-Str. 57–59, Gartenplan

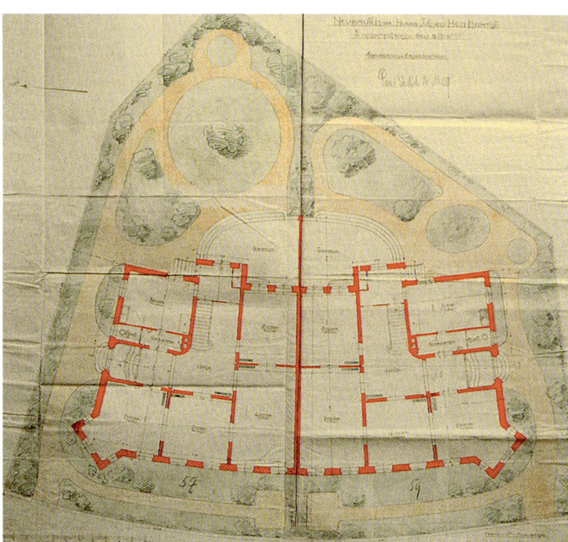

Paul-Ehrlich-Str. 8–10
Paul-Ehrlich-Str. 22
Paul-Ehrlich-Str. 24 / Vogelweidstr. 12–14

Nr. 57, 59
1904 errichtet als symmetrische Doppelvilla nach Plänen von Julius Hermann Lönholdt durch dessen Baufirma; Fassadenecken betont durch diagonal vorgesetzte Risalite, die vermutlich als Ecktürmchen ausgebildet waren (ursprüngliches Mansarddach durch modernes Obergeschoss ersetzt).

Nr. 4, 4a
1933 erbaut als Doppelmietshaus in schlichten Formen der frühen Moderne.

Nr. 8, 10
1905 errichtet als Doppelmietshaus nach Plänen von Carl Diehl für Johann Diehl; neobarocke Fassaden in Dimensionen und Details verwandt, jedoch durch Anordnung der Giebel, Erker und Balkons von bewusster Asymmetrie.

Nr. 12, 14
1936 errichtet als formale gleiche Mietshäuser der Moderne durch die Baufirma Paul Junior.

Nr. 16
1904 erbaut als Mietshaus für den Investor Bernhard Himmler.

*Nr. *20*
1902 erbaut für Dr. H. Marx (durch Neubau ersetzt).

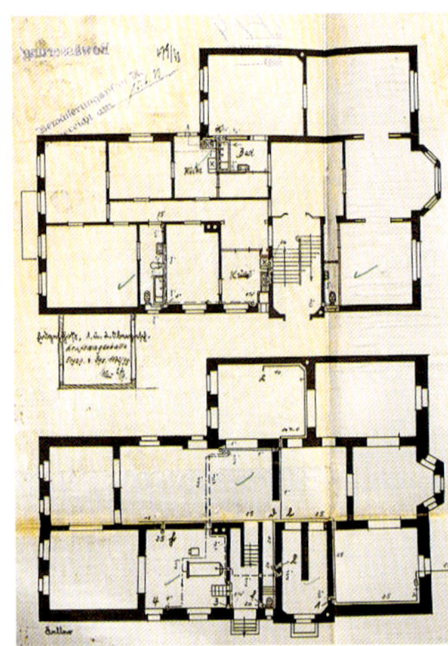

Paul-Ehrlich-Str. 28, Grundriss

Paul-Ehrlich-Str. 24

Nr. 22

1906 erbaut nach Plänen von L. Kayser für C. Kayser in Eckposition als neobarockes Zweifamilienhaus mit symmetrischer Hauptfassade zur Vogelweidstraße.

Nr. 24 (ehem. Vogelweidstr. 16)

1905 erbaut als neobarockes Doppelhaus (zusammen mit Vogelweidstr. 14) nach Plänen von Franz Carl Becker mit symmetrischer Ostfassade. An der Ecke oktogonaler Erker (ehemals mit Kuppel); Schlusssteine z. T. als Köpfe skulptiert.

Nr. 26

1901 erbaut nach Plänen von Johann Georg Steitz.

Nr. 28

1929 erbaut nach Plänen von Ferdinand Kramer für Dr. N. Rosenthal.

Paul-Ehrlich-Str. 30–32

Paul-Ehrlich-Str. 34

Paul-Ehrlich-Str. 46

Paul-Ehrlich-Str. 50

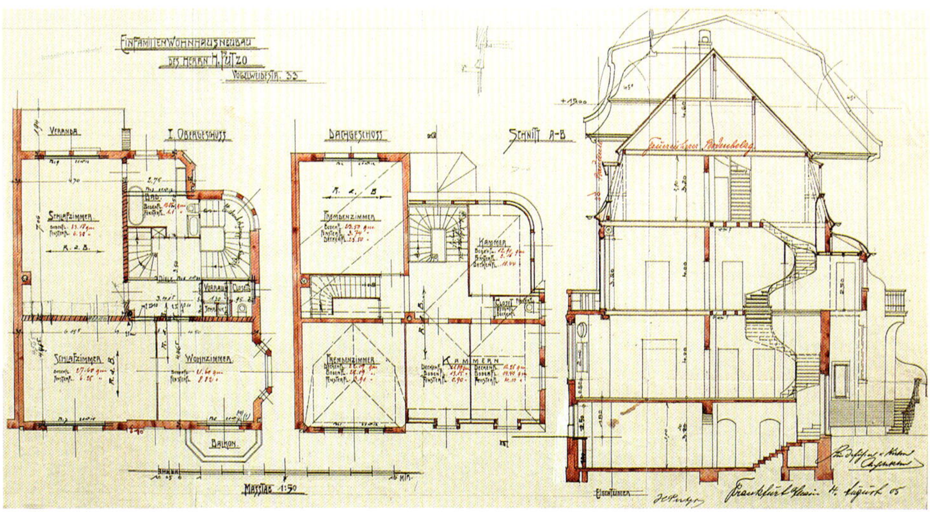

Paul-Ehrlich-Str. 54

Strassheimstr. 33, Grundrisse und Schnitt

Nr. 30, 32
1902 errichtet als Doppelmietshaus nach Plänen von Albert Klöckner durch die Baufirma Sutor & Coste. Spiegelbildliche Anlage hinter übergiebelten Zwillingsfassaden mit Motiven aus Renaissance und Barock .

Nr. 34
1902 als Mietshaus errichtet nach Plänen von Albert Klöckner durch die Baufirma Sutor & Coste. Gebäudeecke mittels oktogonalem Erker betont (3. Obergeschoss und Dach nicht ursprünglich).

Nr. 42
1907 erbaut als Ärztewohnhaus.

Nr. 46 Villa
1906 erbaut als *Oberarzt-Villa* in traditionellen Formen aus Backstein und Fachwerk.

Nr. 50 Villa
1910 erbaut als neobarocke *Oberarzt-Villa*; an der Fassade farbiges Wappenrelief *„Stadtadler"*.

Nr. 54 Villa
1910 erbaut auf T-förmigem Grundriss als neobarocke *Chefarzt-Villa* unter geschwungenen Mansarddächern; u.a. Wohnsitz der Klinik-Professoren Dr. Ludwig Rehn und Dr. Victor Schmieden.

STRASSHEIMSTRASSE

1898 als Südteil der Vogelweidstraße angelegt, nach 1945 umbenannt – zunächst nach dem Arzt Dr. Victor Schmieden (1874–1945), dann 1994 nach dem Botaniker Conrad Peter Straßheim (1850–1923). Sämtliche Gebäude nach 1945 ersetzt.

*Nr. *31, *33*
1906 erbaut als Doppelhaus nach Entwurf der Architekten Joseph Rindsfüßer & Martin Kühn für H. Putzo (durch modernes Bürohaus ersetzt).

*Nr. *35 Villa Knochendörfer*
1912 erbaut für den Chemiker Dr. E. Knochendörfer im Winkel zur Stresemannallee, wobei der eingezogenen Fassadenecke halbrund eine Freitreppe vorgebaut war (durch Neubau ersetzt).

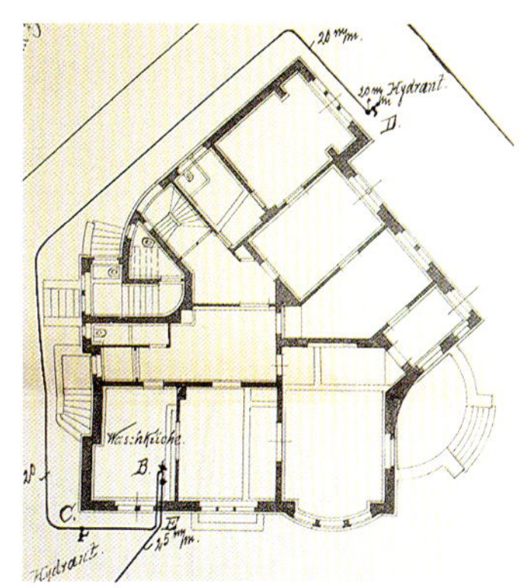

Strassheimstr. 35, Grundriss

STRESEMANNALLEE

Auf dem Gleisbett der Main-Neckar-Bahn 1890 trassiert – zunächst als Wilhelmstraße, ab 1935 kurzfristig als Saarallee, nach 1961 mit dem Namen des ehemaligen Außenministers Gustav Stresemann (1870–1929).

Stresemannallee 22

*Nr. *8*
Um 1910 errichtet als Mietshaus (durch Neubau ersetzt).

*Nr. *18*
1902 errichtet als Mietshaus nach Entwurf des Architekten Ernst Rühl Jr. (durch Neubau ersetzt).

*Nr. *20 Villa Herz-Mills*
1903 erbaut nach Plänen von Johann Christoph Welb (durch Neubau ersetzt).

Nr. 22
1904 erbaut – vermutlich Gärtnerhaus von Kennedyallee 70: Kleines Fachwerkhaus im spätgotischen Tudorstil mit polygonalem Erker; über der Portalnische Inschrift *„1904“* (verändert).

TÖPLITZSTRASSE

1898 angelegt – zunächst unter dem Namen Tannenstraße, 1919 umbenannt nach dem Stifter Julius Töplitz (1850–1918).

Nr. 1 (ehem. Vogelweidstr. 10)
1902 erbaut als Doppelmietshaus (zusammen mit Vogelweidstr. 12) nach Pänen von Carl Diehl. Trotz identischer Sandsteingliederung, Geschosshöhen und Mansarddach – im Vergleich zum Nachbarhaus –

Töplitzstr. 1–3

Töplitzstr. 3–5, Ansicht

asymmterisch gestaltet mittels Erker, Balkon und Giebel.

*Nr. 3,*5*
1903 erbaut als symmetrisch konzipiertes Doppelmietshaus nach Plänen von Franz Carl Becker mit seitlichen Giebelrisaliten (Nr. 5 durch Neubau ersetzt).

Nr. 7, 9
1903 errichtet als symmetrisch konzipiertes Doppelmietshaus nach Entwurf von Albert Klöckner durch die Baufirma Sutor & Coste. Zwillingsfassaden mit seitlichen Giebelrisaliten und verglasten Binnenbalkonen bzw. Loggien; spärliche Bauplastik an der *Belétage*.

Nr. 11 (ehem. Eschenbach-/ Ludwig-Rehnstr. 15)
1904 errichtet als Doppelmietshaus (zusammen mit Ludwig-Rehnstr. 17) nach Entwurf von Albert Klöckner durch die Baufirma Sutor & Coste, wobei die Eckposition durch polygonalen Erker betont ist.

Nr. 8, 10
1904 erbaut als neobarockes Doppelmietshaus mit symmetrischen Fassaden und Zwillingserkern (ursprüngliches Mansarddach durch 3. Obergeschoss und Walmdach ersetzt).

Nr. 12
1904 errichtet als symmetrisch konzipierte Doppelvilla des Historismus (zusammen mit Ludwig-Rehn-Straße 9) – jeweils mit Polygonalerker und Giebel – nach Plänen von Albert Klöckner (vermutlich durch die Baufirma Sutor & Coste).

VOGELWEIDSTRASSE

1898 angelegt und benannt nach dem mittelalterlichen Dichter Walther von der Vogelweide (um 1170 – um 1230)

*Nr. *3*
1905 errichtet als Mietshaus nach Entwurf des Architekten Albert Klöckner – vermutlich durch die Baufirma Sutor & Coste (durch Neubau ersetzt).

*Nr. *7 Villa Beit*
1899 erbaut für den Bankier Eduard Beit (ab 1910: Beit von Speyer; durch Neubau ersetzt).

Töplitzstr. 7–9
Töplitzstr. 11
Töplitzstr. 8–10

Töplitzstr. 12

Vogelweidstr. 9–9a
Vogelweidstr. 19
Vogelweidstr. 19, Büstenrelief

Nr. 9, 9a

1909 erbaut für den Fabrikanten Dr. Friedrich Schleussner als symmetrisches Doppelmietshaus mit Zwillingsgiebeln und -balkonen; *Point de vue* aus der Töplitzstraße.

Vogelweidstr. 21 / Baupläne
Projekt (?)
Vogelweidstr. 21

*Nr. *11, *13*

1903 errichtet als Doppelmietshaus nach Plänen des Architekten Adolf Metzger durch die Baufirma Paul Junior (weitgehend ersetzt).

Nr. 19 Villa Bodewig

1899 erbaut nach Plänen von Johann Christoph Welb als neobarockes Einfamilienhaus mit Mansarddach für den Rechtsanwalt Dr. H. Bodewig; Fassadenrisalit unter glockenförmig geschwungenem Kuppeldach im Stil des mainfränkischen Barock.

*Nr. *21 Villa Pfeiffer-Belli*

Um 1905 errichtet als opulentes Einfamilienhaus im Geschmack des Neobarock (nach Vorbild von Nr. 19) für den Literaten und Dramaturgen Dr. Wilhelm Pfeiffer-Belli (um 1935 durch eine moderne Villa ersetzt).

*Nr. *25 (s. o. Kennedyalle 74)*

Nr. 8 (ehem. Töplitzstr. 6)

1903 erbaut als repräsentatives Mietshaus des Neobarock, an der Hauptfassade (zu Töplitzstr.) mit breitem Giebelrisalit zwischen kannelierten Säulen. Gebäudeecke durch oktogonalen Vorbau betont, der mit drittem Stockwerk über das Mansarddach wächst und ehemals vermutlich in einer Kuppel endete.

Nr. 12

1902 errichtet als symmetrisches Doppelmietshaus (zusammen mit Töplitzstr. 1) nach Plänen von Carl Diehl. Trotz identischer Geschosshöhe, Mansarddach und Sandsteingliederung – im Vergleich zum Nachbarhaus- asymmetrisch gestaltet mittels Erker, Balkon und abgewalmten Giebel.

Nr. 14

1902 errichtet als neobarockes Doppelmietshaus (zusammen mit Paul-Ehrlich-Str. 24) nach Plänen von Franz Carl Becker. Nach Osten mitsamt dem Nachbargebäude (jenseits von dessen oktogonalem Eckerker) symmetrische Fassaden mit Balkonrisaliten; Schlusssteine z. T. als Köpfe ausgebildet.

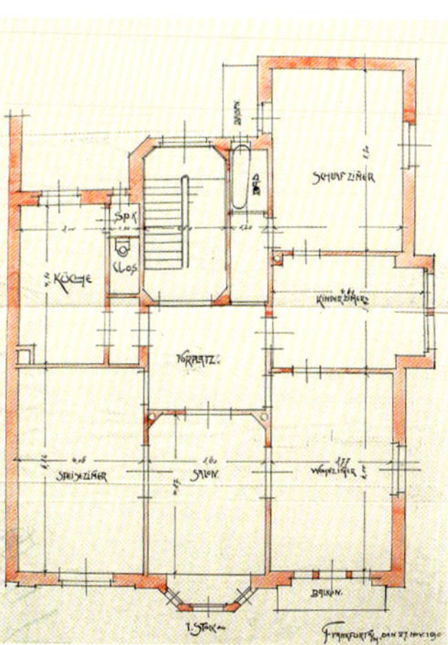

Vogelweidstr. 8 (links)

Vogelweidstr. 10, Grundriss (1. OG)

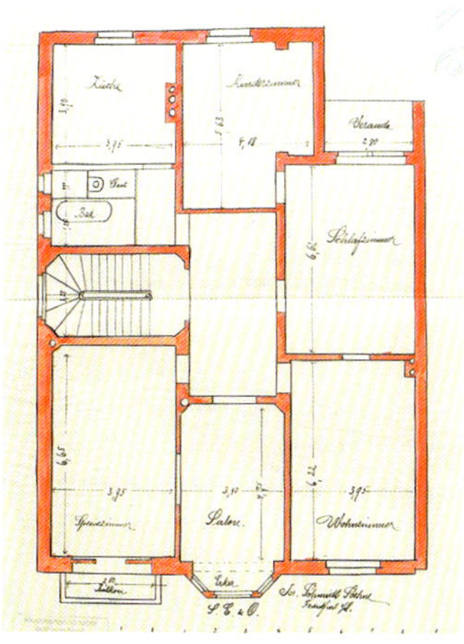

Vogelweidstr. 12 mit Grundriss

Vogelweidstr. 20

Vogelweidstr. 14 mit Kopfreliefs

Nr. 16 (s. o. Paul-Ehrlich-Str. 24)

*Nr. *18*
1903 errichtet als Mietshaus nach Plänen von Albert Klöckner (durch Neubau ersetzt).

Nr. 20
1902 erbaut als schmales Mietshaus in Formen der Neurenaissance nach Plänen von Carl Diehl doppelachsig mit übergiebeltem Eckrisalit.

*Nr. *22*
1913 errichtet als Mietshaus durch die Baufirma Julius Hermann Lönholdt nach eigenem Entwurf (durch Neubau ersetzt).

WAIDMANNSTRASSE

1898 angelegt als Goldsteinstraße, 1900 umbenannt in Waidmannstraße

*Nr. *1*
1922 errichtet als Wohn- und Geschäftshaus nach Plänen von Franz Vietze & Wilhelm Helfrich von deren Baufirma (durch Neubau ersetzt).

Nr. 7, 9
1905 errichtet als Doppelmietshaus durch die Baufirma Freytag (1924 und 1927 umgebaut, nach 1970 erneut verändert).

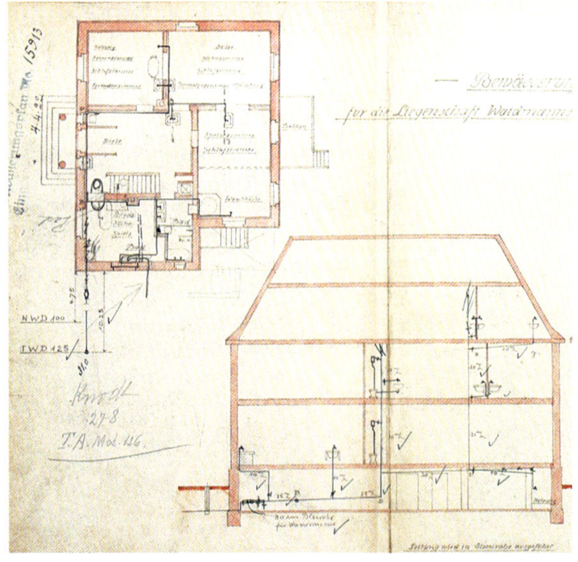

Waidmannstr. 1, Grundriss und Schnitte
Waidmannstr. 7–9

Waidmannstr. 11–13
Waidmannstr. 25

Waidmannstr. 29–31
Waidmannstr. 33

Waidmannstr. 37–39
Waidmannstr. 37–43

*Nr. *11,13*
1907 erbaut als Mietshäuser nach Plänen des Architekten Willi Lutz für und durch den Maurermeister Philipp Kreh (Nr. 11 weitgehend modern ersetzt).

Nr. 15, 17
1938 erbaut als modernes Doppelmietshaus nach Plänen von Richard Heinrich Achenbach.

*Nr. *19*
1914 erbaut als Mietshaus (durch Neubau ersetzt).

*Nr. *21*
1914 errichtet als Mietshaus nach Plänen von Oswald Bauch durch dessen Baufirma (durch Neubau ersetzt).

*Nr. *23*
1914 errichtet als Mietshaus (durch Neubau ersetzt).

Nr. 25
1911 errichtet als neobarockes Einfamilienhaus durch die Baufirma Wagner – vermutlich nach Plänen von Carl Friedrich Wilhelm Leonhardt. Symmetrische Fassade, zentriert in halbrundem Vorbau, aufwändigem Sandsteingiebel und Zwilllingsgaube.

*Nr. *27*
1911 erbaut als Einfamilienhaus (wahrscheinlich als Pendant zu Nr. 25; durch modernes Mietshaus ersetzt).

Waidmannstr. 45–47
Waidmannstr. 49–51

Waidmannstr. 4–6
Waidmannstr. 8–10

Nr. 29, 31
1906 errichtet als altdeutsche Doppelvillen nach Entwürfen von Carl Friedrich Wilhelm Leonhardt, jeweils symmetrisch mit Zwillingsgiebeln in Fachwerk und leicht variierten Erkern.

*Nr. 33, *35*
1906 errichtet als Doppelvillen in derben Mischformen von Neobarock und Jugendstil nach Plänen von Carl Friedrich Wilhelm Leonhardt: Vermutlich ehemals symmetrische Giebelfronten mit Eckerkern in den Außenachsen (Nr. 35 durch Neubau ersetzt).

Nr. 37, 39
1907 erbaut als neobarockes Doppelmietshaus nach Plänen von Leonhard Hänel: Weitgehend symmetrische Fassaden – Außenachsen mit Giebeln, Binnenachsen mit Loggien; variierte Gliederung und Dekor aus hellem Sandstein.

Nr. 41, 43
1907 erbaut als neobarockes Doppelmietshaus nach Plänen von Willi Lutz: Weitgehend symmetrische Fassaden – Außenachsen mit Giebeln, Binnenachsen mit Loggien; variierte Gliederung und Dekor aus hellem Sandstein.

Nr. 45, 47
1905 errichtet als Doppelmietshäuser im Stil des Neoklassizismus durch die Baufirma von Ernst Friedrich Ambrosius nach deren Plänen: Annähernd symmetrische Fassaden auf einem Sockel aus Buntsandstein, formal gleichen Risaliten, doch nur bei Nr. 47 übergiebelt.

*Nr. 49, *51*
1905 errichtet als Doppelmietshäuser im Stil des Neoklassizismus duch die Baufirma von Ernst Friedrich Ambrosius nach deren Plänen. Fassade von Nr. 49

mit axialem Risalit, dessen rechteckigen Grundriss sphärische Dreiecksgewölbe in abschließenden Halbkreis überleiten; darüber ehemals Mansarddach und (vermutlich) ein Giebel (Nr. 51 über dem Erdgeschoss modern ersetzt).

*Nr. *2*
1924 erbaut als Mietshaus nach Plänen von Joseph Ernst Richter.

Nr. 4, 6 Villa Mouson
1936 erbaut als moderne Doppelvilla für August Mouson nach Plänen von Robert Wollmann (von diesem ebenso 1926 der expressionistische Klinkerturm der Mousonfabrik an der Waldschmidtstr./Ostend, der – allen kursierenden Behauptungen zum Trotz – als das erste Hochhaus von Frankfurt gilt).

Nr. 8, 10
1928 erbaut als symmetrische Doppelvilla nach Plänen von Paul Hoffmann: Unter Mansarddach symmetrische Fassaden mit Eckrisaliten.

Nr. 12
1929 errichtet als Doppelvilla am Übergang zur Moderne (zusammen mit Eschenbachstr. 37) nach Entwurf von Carl Schad durch dessen Baufirma. Unter hohem Walmdach symmetrische Fassaden, Ecken durch runde Vorbauten betont.

Nr. 18
1908 erbaut als Villa nach Plänen von Carl Friedrich Wilhelm Leonhardt.

Nr. 20, 22
1909 erbaut als Doppelvilla nach Plänen von Carl Friedrich Wilhelm Leonhardt für sich selbst.

2.7.2 Bergauf: Dependance entlang der Landwehr / zwischen Sachsenhäuser Warte und Goetheturm

„Der Plan sieht schöne Promenaden nach dem Wald, freie Plätze bequeme Verkehrswege zwischen Ost- und West und der Innenstadt vor und nimmt namentlich auch auf die Erhaltung der schönen Aussicht nach dem Taunus und nach Bergen bedacht … Die Straßen sind derartig vorgesehen, dass sie sich längst des Berges hinziehen. Vorgärten, Wichs, freie Plätze sind vorgesehen, und ist die Anlage der jungen Straße, welche vom Berge herabführen soll, terrassenartig, kein Haus soll dem andern die Aussicht versperren. Das Alignement bietet Raum für eine Bevölkerung von 150.000 Menschen.“
(William H. Lindley, 1888)

„Und dort auf der Höhe, wo die Landwehr hinzog,
zwischen der Sachsenhäuser Warte und dem Goetheturm,
entsteigen jetzt Siedlungen dem Boden.
Dahinter dehnt sich weithin der herrliche Stadtwald aus.“
(Friedrich Bothe, 1937)

Mühlberg, 1864 (Ausschnitt aus dem Delkeskamp-Plan)

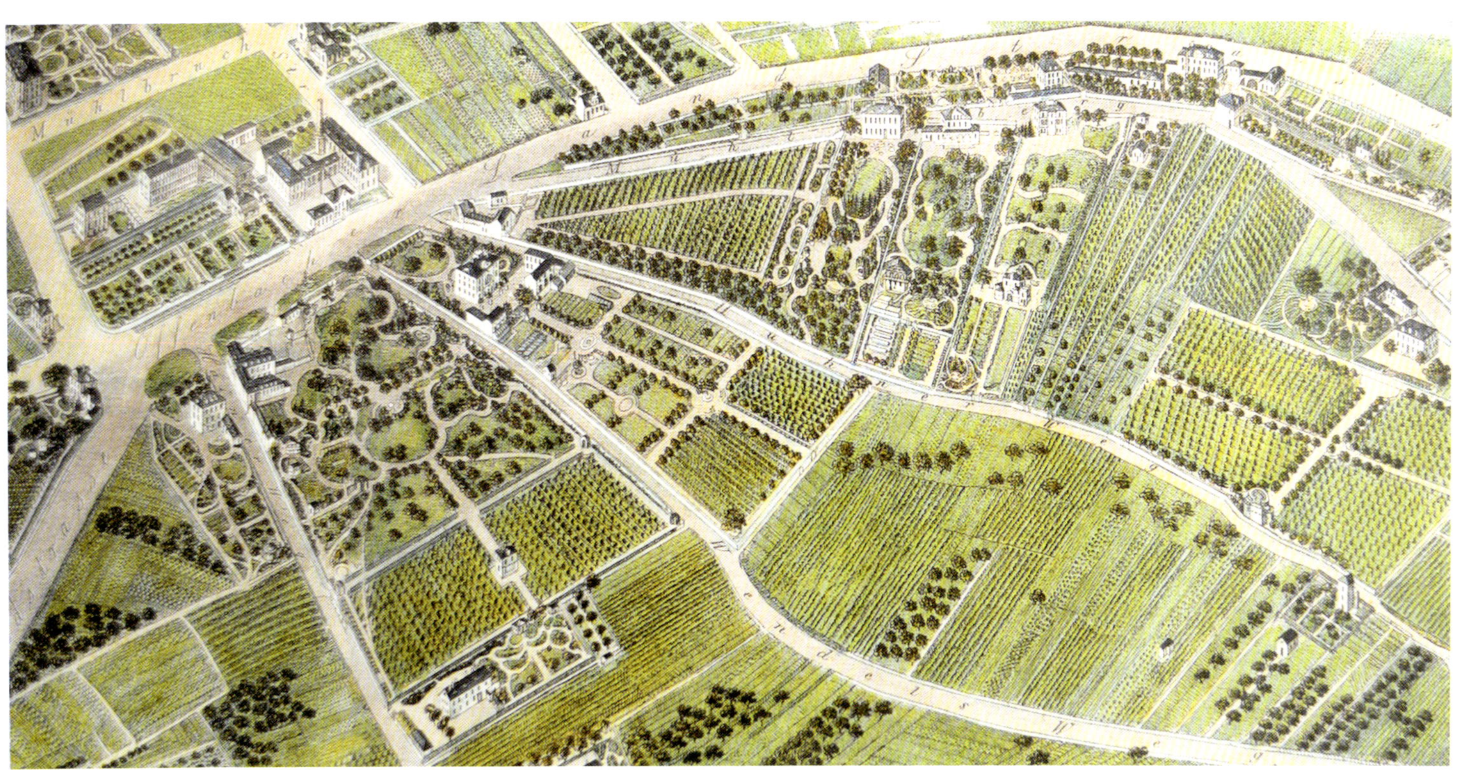

Willemer-Häuschen

Fast ein halbes Jahrhundert trennt diese beiden Zitate – eine Zeitspanne, während der sich die Vision des damaligen Tiefbaudezernenten *Lindley* (1853–1917) aus dem Dreikaiserjahr immerhin zu einem Drittel erfüllte. Grundlage dafür war der *Generalbaulinienplan für Sachsenhausen* von 1895, dessen Billigung durch das Stadtparlament der damalige Oberbürgermeister Franz Adickes als persönlichen Erfolg verbuchte (in einem Brief schrieb er: *„ein ziemlich lebhaft bekämpfter Bebauungsplan für den Sachsenhäuser Berg, an dem ich selbst mit viel Liebhaberei gearbeitet habe, ist von der Stadtverordneten-Versammlung mit großer Mehrheit genehmigt").*

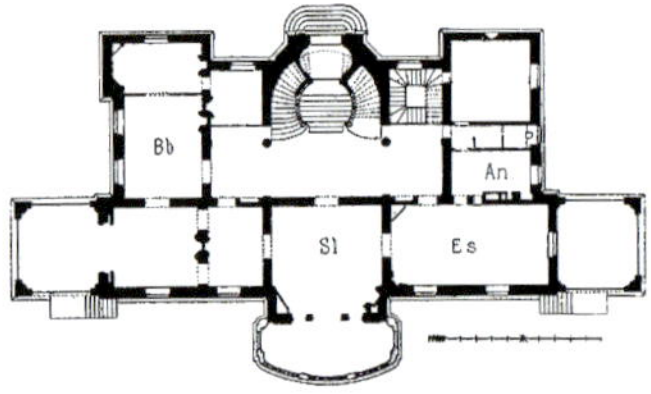

Fabrikantenvilla Oehler / Ansicht und Grundriss, um 1880

Die Rodung der Hänge und ihre Nutzung zum Weinbau (ab 1389) hatten spätestens im 18.Jahrhundert auf dem *Sachsenhäuser Berg* und seinem *Mühlberg*-Sporn zum Bau barocker Winzer- und Sommerhäuser geführt (s. o. 1.1). Deren Gärten und pflegeleichte Streuobstwiesen verdrängten seitdem allmählich die Weinstöcke. Spätestens seit 1754 konnten Äpfel in größerer Menge gekeltert werden – der *Ebbelwoi* stieg über Sachsenhausen hinaus für die gesamte Stadt zum zunächst konkurrenzlos scheinenden *Lokalgetränk* auf. Doch nur fünf Jahre nachdem *Johann Jacob Willemer* den turmähnlichen Ausbau seines Winzerhäuschens vollenden konnte, erhielt der Brauer *Johann Gerhard Henrich* 1835 vom Senat die Konzession, in den Mühlberg einen *Felsenkeller* zu treiben. Innerhalb einer weiteren Generation entstanden beiderseits der *Darmstädter Landstraße* (ehem. *Breiter Weg*) knapp 100 Brauereien, d.h. ein ganzer Produktionszweig verließ die Innenstadt, siedelte sich jenseits des Flusses am Berg an und höhlte diesen zu kühler Bierlagerung mit einem kaum überschaubaren System aus Kellern aus (s. Rödel / Fabrikarchitektur). Mit der Anlage von Brauereien einher ging der Bau aufwändiger *Brauervillen* – allerdings von geringer Anzahl, da nach 1870 die meisten Familienbrauereien in Aktiengesellschaften aufgegangen waren. Als einzige erhalten blieb die *Villa Henninger* (Wendelsweg 64; 1872 erbaut für Heinrich Henninger). *Villa Binding* (Darmstädter Landstr. 198; 1884 erbaut für Conrad Binding) oder *Villa Kempff* (Grethenweg 44; erbaut 1896 für Philipp Kempff, der vom Leiter einer Apfelweinkelterei zum Brauereidirektor aufstieg, Architekt: *Wilhelm Wüst*) sind längst Neubauten gewichen. Die Hangmitte des Sachsenäuser Bergs schien sich also durch die Doppelnutzung für Wohnen und Gewerbe zum *gemischten Viertel* zu entwickeln. Einer konsequen-

Stützmauer am Fuß des Mühlbergs

Brauervilla Kempff / Ansicht, 1896

ten Stadterweiterung vorausgegangen war ebenso das monumentale Wohnhaus des Offenbacher Fabrikanten *Karl Gottlieb Oehler*, das oberhalb jener noch erhaltenen *Villa Hahn* (s. o. 1.1) schon 1871 entstand (Auf dem Mühlberg 30): In einem zwei Generationen zuvor durch die Familie *Bansa* angelegten Park und anstelle ihres klassizistischen Sommersitzes ließ er durch den aus der Nachbarstadt berufenen Baumeister *Jaeger* in beherrschender Position seine *Fabrikantenvilla* errichten – ein symmetrisches Gebäude im Geschmack der französischen Renaissance (aus der Bansazeit um 1810 blieb am *Hühnerweg* der runde *Goethe-Tempel* schräg gegenüber vom Willemer-Häuschen). Aus der *Villa Oehler* wurde 1938 eine Geburtsklinik der Bethanien-Diakonie, mit Kriegsausbruch ein Lazarett und zuletzt ein Altersheim.
Anlässlich der Arbeiten am Bahndamm hatte sich auch am Fuß des Bergs entlang der *Mörfelder Landstraße* ein Saum aus ländlichen Wohnhäusern gebildet (um 1869–76 – Nrn. 47a, 61–63, 73–75, 85), der auf weitere Ausdehnung des Stadtteils bergauf deutete. Oben an der Darmstädter Landstraße setzte bereits 1868 der Architekt *Jacob Lieblein* (1841–94) einen die Warte ergänzenden Akzent mit den symmetrisch seine monumentale Kuppelkapelle flankierenden Portalbauten (Nr. 229) des Südfriedhofs. Dass an jenem Wehrturm ab 1880 die geradlinig aus dem Tal herauf geführte *Schweizer Straße* in spitzem Winkel auf die Landstraße treffen sollte, scheint heute vergessen (s. o. 2.5.4) und Lindleys obiges Zitat. Alte Feldwege wurden stattdessen erweitert und ostwärts durch Wohnstraßen ergänzt, die zumeist nach Städten in Franken benannt sind.
Versucht man aus dieser verwirrenden Urbanisierung frühe Indizien für den Zusammenhang von *Malerstraßen* im Tal und auf dem Berg zu sammeln, so ließe sich – abgesehen vom Ausblick, der Maler inspiriert hat – als frühes Architekturbeispiel die bereits 1879 entstandene, längst abgebrochene *Villa Wecker* nennen (Grethenweg 45, Architekten: *Joh. Alex. Linnemann & Phil. Strigler*); denn sie war im obersten Geschoss als Maleratelier ausgebaut. Dennoch blickte die städtische Bauverwaltung weiterhin misstrauisch auf die Entwicklung der Hangbebauung: Noch 1907 musste sich der renommierte Architekt *Paul Paravicini* verpflichten, sein Sommerhaus (Grethenweg 46) ohne Heizungsmöglichkeit zu errichten, um dadurch eine ganzjährige Nutzung und Nachfolgebauten zu verhindern. Widersprüchlich scheint allerdings die gleichzeitige Errichtung jener monumentalen *Sandsteinmauer* entlang der Offenbacher Landstraße, die den Hang des *Mühlbergs* sichern sollte; denn diese lässt auf ein sich steigerndes Interesse

Villa Hahn

der Stadtplaner schließen. Dass wenig später der einheimische Bildhauer und Maler *Fritz Boehle* sein Ateliergebäude (1910; 1. Wartegäßchen 5) auf den Kamm des Sachsenhäuser Bergs setzen konnte, hing nicht nur mit der Nähe zu seinem wichtigsten Auftraggeber (der Binding-Brauerei), sondern auch mit dem endlich abgeschlossenen Verkauf seines Hauptwerks *„Schreitender Stier“* zusammen (s. o. 2.5.2).

Goethe-„Tempelchen“

Spät erst wurde gegenüber die Grünanlage am Hochbehälter des Wasserwerks nach ihm anerkennend *Boehlepark* genannt. Mit dem Ausbau neuer Straßen oberhalb des *Wendelsplatz*es und der ab hier die Offenbacher Landstraße dekorativ begleitenden Monumentalmauer (1906/07) einher ging 1910/14 die durch Initativen der Anlieger ausgelöste Aufstellung langfristig gültiger Bebauungs- bzw. Fluchtlinienpläne für *Sachsenhäuser*- und *Lerchesberg* (dieser damals noch in Bethmann'schem Besitz) – auch wenn der nahende Krieg deren Umsetzung bis 1928/29 verzögerte (s. Mag.Akt. T 20 / 1121). In jene knappe Zeitspanne fällt 1921 die Umbenennung am Osthang des Mühlbergs in *Steinhausenstraße* anlässlich des 75. Geburtstags des Frankfurter Malers *Wilhelm Steinhausen* (s. o. 2.4.2).

Während unten zwischen Forsthaus- und Mörfelder Landstraße unter der Ägide von *Ernst May* 1927/33 die *Heimat-Siedlung* durch *Franz Roeckle* in geschlossenen Reihen klarer Kuben aus dem Boden wuchs, wurde 1929 oberhalb der *Sachsenhäuser Warte* das Gelände östlich der Darmstädter Landstraße für die *Siedlung Hainerweg* (resp. *Sachsenhäuser Berg*) ausgewiesen: Beiderseits des ehemalige Gräben und Gebück begleitenden *Sachsenhäuser Landwehrwegs* sollten sich zwischen Gärten am Waldrand Ein- und Zweifamilienhäuser für *„die deutsche Familie"* reihen (allerdings – nicht wie im Tal – unter flachen Dächern, sondern in einem dem inzwischen neuen Regime gemäßen, wenn auch schlichten *„Heimatstil"* mit hohen Satteldächern). Mindestens 150 Wohnheiten waren 1933/36 im Bau – also während derselben Jahre, in denen der heute die einstige Idylle durch Lärm störende *Rhein-Main-Flughafen* entstanden ist.

Rechtzeitig zum 200. Todestag Goethes (†22.03.1832) war bereits 1931 ihm zu Ehren, wo vom höchsten Geländepunkt (149 m) die Landwehr wieder ins Tal hinab führte (s. Einleitung), ein hölzerner Aussichtsturm im *„Wild-West-Stil"* entstanden, der aus 45 Metern Höhe den Blick über die Baumkronen hinweg auf Sachsenhausen und die Stadtteile jenseits des Mains ermöglicht (2014 saniert; ihm voraus ging benachbart die inzwischen ebenfalls wieder hergerichtete *Goetheruhe*, zu der seit 1924 ein niedriger Turm gehört hatte). All den nun über den Hang zwischen

Südfriedhof

Sachsenhäuser Warte

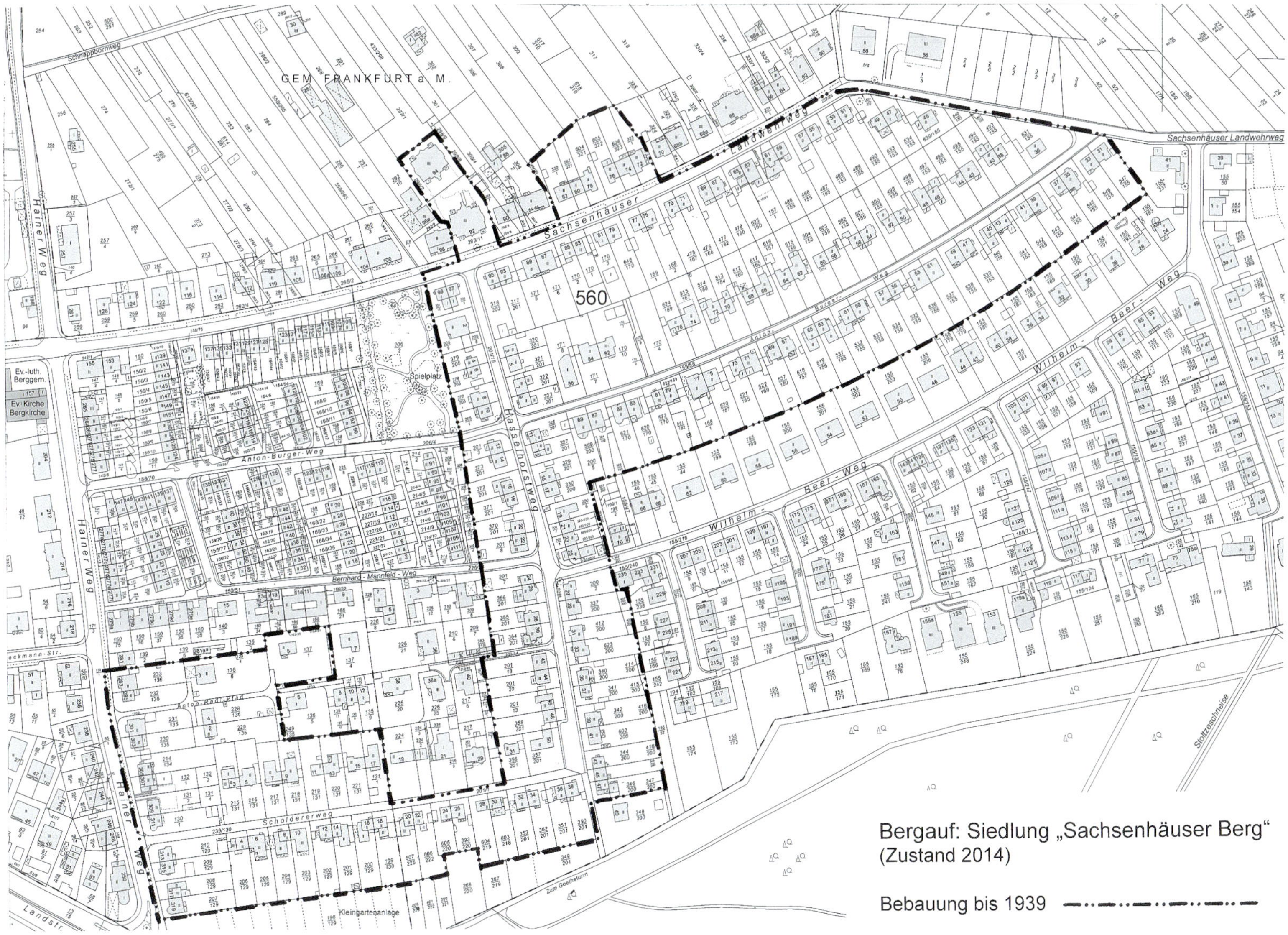

Bergauf: Siedlung „Sachsenhäuser Berg“ (Zustand 2014)

Bebauung bis 1939

Hainer- und Wendelsweg verspannten Straßen (untertreibend wie die historischen Verbindungen ebenso *Wege* und *Pfade* genannt) gab man ausnahmslos die Namen von Frankfurter Malern, die meist zur *Kronberger Malerschule* gehört haben. Hierin liegt schließlich die Begründung, sich im Hinblick auf das eigentliche Malerviertel auch dieses jüngeren Wohnquartiers – zumindest kursorisch – anzunehmen: *Anton Burger*, *Heinrich Hasselhorst, Anton Radl, Otto Scholderer*, ebenso wie *Bernhard Mannfeld* und *Wilhelm Beer*. Sieht man von den nach den beiden letzten benannten Wegen ab, deren Bebauung (wie bei der später hinzugekommenen *Max-Beckmann-Straße*) erst nach 1950 erfolgte, entstanden während der letzten Jahre vor dem Zweiten Weltkrieg oben am Sachsenhäuser Berg immerhin mindestens 150 Häuser, deren Planung auf 51 Architekten zurückgeht. Unter ihnen gibt es sogar serielle Siedlungs-Entwerfer wie *Otto Schiebener* (23 Häuser), *Walter Haas* (18), *Adolf Kürzinger* (13) und *Johann Petry* (7) – wie westlich in den 50er Jahren *Ernst* und sein Sohn *Gerhard Balser* (1893–1964 bzw. 1929–2013). Und wiederum wählten damals führende Architekten wie *Alois Giefer* (1898–1982) oder sein Kompagnon *Hermann Mäckler* (1910–85) den Hang zum Bau eigener Villen. Dass fast alle jene frühen Einzel- und Doppelhäuser inzwischen verändert oder ersetzt wurden, liegt außerhalb dieser Betrachtung.

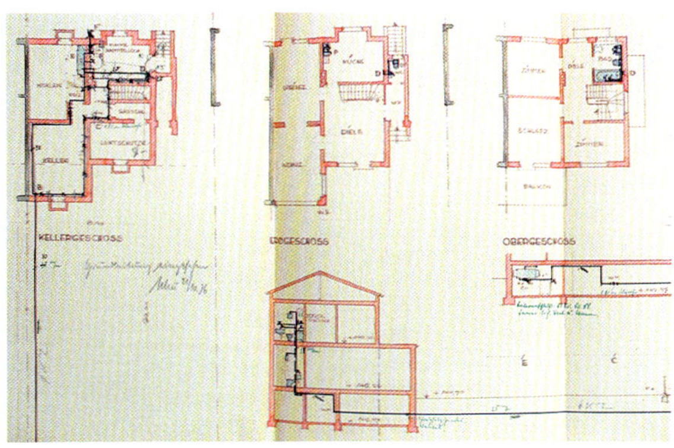

Anton-Burger-Weg 54 / Grundrisse und Schnitte

STRASSEN UND GEBÄUDE

„Siedlung Sachsenhäuser Berg" im Bestand von 1937, aber mit aktueller Nummerierung:

ANTON-BURGER-WEG

Benannt nach dem Frankfurter Maler Anton Burger (1824–1905) – ab 1842 Schüler des Städel'schen Kunstinstituts, ab 1858 in Kronberg als Mitbegründer der dortigen Malerkolonie

Hausnr.	*Baujahr*	*Architekt / Baufirma*	*Bauherr*
31	1936	Johann Petry	Josef Saul
33	1935	Hermann Geittner	Philipp Klauer
35	1936	W. Koban (DA)	Eduard Schmidt
37	1936	W. Koban (DA)	M. Flor
39	1936	Walter Haas	H. Grosch
41	1936	Walter Haas	Elise Schack
43	1937	Otto Schiebener	Philipp Walter
45	1935	Otto Schiebener	Karl Ludwig Krönig
47	1935	Jacob (?)	Braun Wilhelm Dörflein
49	1936	Alex. Hoffmann	Franz Zeiler
51	1936	Otto Schiebener	J. Puchner
53	1936	Otto Schiebener	J. Herrmann
55	1935	Otto Schiebener	Otto Lamm
57	1935	Otto Schiebener	Theodor Hartmann
59	1935	Otto Schiebener	Leo Knoblauch
61	1935	Otto Schiebener	Johann Hertenstein
63	1935	– Schmidt	Ludwig Klüber
71	1936	Alex. Hoffmann	Heinrich Zeltner
73	1935	– Kemper	Alfred Gerts
75	1935	Emil Belthle	Oskar Hegewald
79	1935	Adolf Kohaut	Johann Battenberg
85	1936	Alex. Hoffmann	Georg Schmidt
87	1937	Otto Schiebener	W. Billmann
89	1936	Paul Junior	Dr. Richard Ritter
40	1936	Hans Hach	Karl Hering
42	1936	Hans Hach	Rudolf Krill
44	1936	Walter Haas	Otto Falk
46	1936	Walter Haas	K. Ehrhard
48	1935	H.A.&K. Harth	Karl Schiller
50	1935	– Linenbach	Johanna Otto
52	1937	Fritz Kupke	W. Hoffmann
54	1936	Fritz Kupke	Dr. Sievers
56	1935	Walter Haas	Alfred Schade
58	1935	Heinrich Sonn	Hermann Liegle
60	1936	Heinrich Sonn	Karl Stricker
62	1935	Otto Schiebener	Friedrich Weber
68	1938	Fritz Kupke	Ludwig Weiss
70	1935	Walter Haas	Hans Holstein
72	1935	Walter Haas	Wolfgang Singer
74	1935	Otto Schiebener	Ludwig Noe
76	1935	Hans Hach	Ferdinand Zeh

ANTON-RADL-PFAD

Benannt nach dem Wiener Maler Anton Radl (1774–1852), der 1794 nach Frankfurt übersiedelte.

Hausnr.	*Baujahr*	*Architekt / Baufirma*	*Bauherr*
1	1933	Franz Schuster	Philipp Sehring
3	1932	Fischer & Bildhäuser	August Heilig
5	1933	Walter Grossmann	Dr. Rudolf Holle
2	1933	– Wagner	Johanna Odernheimer
4	1932	– –	Josef Madl

BERNHARD-MANNFELD-WEG

Benannt nach dem Dresdner Maler Bernhard Mannfeld (1848–1925), der seit 1895 an der Städelschule lehrte. Die Bebauung erfolgte erst nach dem Zweiten Weltkrieg.

HAINER WEG

Benannt nach dem im Tal an der Quirinspforte beginnenden Waldweg südwärts in das ehemalige Dorf Dreieichenhain (=im Hain).

Hausnr.	*Baujahr*	*Architekt / Baufirma*	*Bauherr*
283	1932	Philipp Eith	Anna Rüttger
285	1932	Weigand Dracker	G. Arndt
301	1932	Fischer & Bildhäuser	H. Acker
303	1932	Jean (?) Klüg	Albert Walter
305	1933	Fischer & Bildhäuser	Karl Müller
307	1932	Carl Ribbe	A. Fussan
309	1932	Weigand Dracker	Ernst Dochow
311	1933	– –	G. Amelung
313	1933	– –	Albert Lindmann
315	1932	Max Kemper	Josef Franken
319	1932	Max Kemper	Franz Schmidt

HASSELHORSTWEG

Benannt nach dem Frankfurter Maler Heinrich Hasselhorst (1825–1904), der ab 1842 Schüler und Lehrer der Städelschule war.

Hausnr.	*Baujahr*	*Architekt / Baufirma*	*Bauherr*
3	1933	Johann Petry	Eduard Fröbel
5	1933	Johann Petry	Johann Altmann
7	1933	Johann Petry	B. Dehmer
9	1933	Johann Petry	Walter Henkel
11	1933	Johann Petry	W. Pfaff
13	1933	Johann Petry	Max Jentsen
15	1934	Adolf Kürzinger	Karl Kleffer
17	1933	Fritz Bender	Jak. Goebbels & Hrch. Happel
19	1935	Otto Schiebener	Ludwig Glenz
21	1936	Otto Schiebener	Heinrich Emde
23	1934	Walter Schüler	Georg Fischer
27	1934	Adolf Kürzinger	W. Dirks

29	1933	Otto Schiebener	Georg Suffa
31	1934	Adolf Kürzinger	Paul Emil Arp
33	1933	Jac.Braun (Baufirma)	Alfred Fender
35	1935	Otto Schiebener	O.Riester
37	1933	Otto Schiebener	Friedrich Zimmermann
39	1933	Otto Schiebener	Ernst Jacob
41	1933	Josef Jellinek	J. Mohr
43	1934	– –	Paul Zucker
45	1934	Walter Haas	Franz Zöllner
47	1933	Walter Haas	R. Michels
6	1933	Ernst Bender	H.Becker
8	1933	Walter Schüler	Josef Walter
10	1933	Otto Schiebener	Helene Henss
12	1933	Karl Gutmann	H.W. Schröder
14	1934	Adolf Kürzinger	J. Scheich
16	1934	Otto Schiebener	H. Weiss
18	1933	Emil Belthle	Therese Muth
20	1934	Adolf Kürzinger	J. Wohlfart
22	1934	Adolf Kürzinger	Otto Fabian
24	1934	Karl Blattner jr.	M. Möhrlein
26	1933	Walter Schüler	Johann Hinkel
28	1933	Copeneuer	Heinrich Garbe
30	1934	Walter Schüler	W. Wehr
42	1934	Walter Haas	K.O. Uhlemann
44	1933	Carl Ribbe	Friedrich Thon
46	1934	Walter Haas	A. Fritsch
48	1935	Gottlob Schaupp	Gottlob Schaupp
50	1934	Sepp Correggio	Dr. Gössel

MAX-BECKMANN-STRASSE

Benannt nach dem Frankfurter Maler Max Beckmann (1884–1950), der 1925–33 an der Städelschule lehrte. Die Bebauung erfolgte erst nach dem Zweiten Weltkrieg.

SACHSENHÄUSER LANDWEHRWEG

Benannt nach der ehemaligen Landwehr.

Hausnr.	*Baujahr*	*Architekt / Baufirma*	*Bauherr*
51	1934	Adolf Kürzinger	Michael Schmidt
53	1934	Adolf Kürzinger	J. Zimmer
55	1935	Adolf Kürzinger	J. Knoblach
57	1935	A. Michhirz (?)	D. Morgot
59	1935	Heinz Buff & W. Junior	Käthe Streith
61	1937	August Schlittenhard	Karl Diel
63	1935	– –	Emil Wagner
65	1935	Heinrich Bollak	Otto Abel
67	1935	Otto Schiebener	Heinrich Assal
69	1935	Otto Schiebener	Fritz Brehm
71	1936	M. Leipold & F. Eischer	A. Gehring
73	1934	Walter Haas	K. Schäfer
75	1935	M. Hackuh	Peter Kistner
77	1934	Heinz Müllender	H. Dielmann
93	1933	Jean Klüg	Clemens Erb
95	1933	Adolf Kürzinger	F. Hüttner
97	1933	Gebr. Nicol	Heinrich Schleich
99	1933	Willi Beer	Georg Keiper
72	1937	Walter Haas	H. Wickleder
74	1936	H. Schwenk	H. Schiller
76	1937	Friedrich Jobst	P. Wolf
78	1937	A. Michhirz (?)	Dr. Seyfried
80	1936	A. Michhirz (?)	Konrad Kraus
82	1937	H. Kietzinger (HU)	Wilhelm Wiegand
94	1933	Adolf Kürzinger	W. Spaniol

SCHOLDERERWEG

Benannt nach dem Frankfurter Maler Otto Scholderer (1834–1902), der 1849–51 an der Städelschule studierte.

Hausnr.	*Baujahr*	*Architekt / Baufirma*	*Bauherr*
3	1932	Franz Schuster	Theodor Sprengel
5	1932	Carl Ribbe	Karl Muth
7	1932	Franz Schuster	Franz Herzlein
9	1932	Walter Haas	Paul Johann
11	1932	Bauhütte	Johann Lorenz
13	1933	Otto Schiebener	H. Schütz
15	1932	F. Rindsfüßer	Bernhard Schneider
17	1932	Walter Schüler	A. Scheurer
31	1933	Joh. Müller d. J.	H. Bauschmann
4	1933	Walter Schüler	Georg Hauske
6	1932	Walter Schüler	F. Veith
8	1933	Carl Ribbe	P. Delck
10	1933	Carl Ribbe	H. Willhardt
12	1932	Walter Schüler	Dr. F. English
14	1933	Bauhütte Ffm. GmbH	Jean Steuner
16	1933	Georg Feick	F. Armbruster
18	1932	Karl Hieronymus	K. Hieronymus
20	1933	Adolf Kürzinger	Rühl
22	1933	Adolf Kürzinger	A. Belz
24	1933	– –	Heinrich Theile
26	1933	Otto Schiebener	E. Sanden
28	1934	Walter Haas	Otto Krämer
30	1934	Walter Haas	Martha Büsing
32	1934	August Schlittenhard	Georg Augustin
34	1935	Georg Alix	W. Staubach
36	1934	Walter Haas	Jakob Scheu
38	1934	Walter Haas	H. Alles

WILHELM-BEER-WEG

Benannt nach dem Frankfurter Maler Wilhelm Beer (1837–1907), der seit 1897 als Lehrer an der Städelschule wirkte. Die Bebauung erfolgte erst nach dem Zweiten Weltkrieg.

Goetheturm

3 VERÄNDERUNGEN

Bei Ausbruch des Zweiten Weltkriegs konnte das *Malerviertel* als urbanisiert gelten. Nahezu alle Bauplätze waren genutzt, und zur Bebauung der mehr als 40 vorhandenen Großgärten bestand noch kein Anlass. An ihnen als Flächenreserve vergriff man sich erst nach der Beseitigung von Trümmern und dem Wiederaufbau des bis 1945 Zerstörten.

3.1 WELTKRIEG – AUSGELAUFENE LÖSCHBECKEN, AUSGEBRANNTE GEBÄUDE (BIS 1945)

Nur vier Jahre blieben dem Wohnquartier, bis ein großer Teil dessen, was während 65 Jahren entstanden war, im Bombenhagel des Zweiten Weltkriegs in Trümmern lag. Obwohl es hier außer Flussbrücken und Bahnanlagen eigentlich nichts Kriegswichtiges zu zerstören gab, glaubte man 1941/42 ausreichende Vorsorge getroffen zu haben: Zum Bergen der Bewohner war der *Schifferbunker* (wenn auch etwas weit entfernt am alten Friedhof) entstanden. Zum Löschen zu erwartender Brände standen in den Grünanlagen von *Holbeinstraße* und *Thorwaldsenplatz* eigens ausgehobene Wasserbassins zur Verfügung. Tragisch war nun, dass gerade sie bei den ersten großen Bombardements getroffen wurden und ausliefen. Kein einziger Großbrand konnte somit rasch gelöscht werden. Bomben der Alliierten trafen z. B. sämtliche Schulen, beide Kirchen, die meisten Ufervillen, das Städel, das Hippodrom. Die benutzbar gebliebenen *Mainbrücken* sprengte zu guter Letzt die deutsche Wehrmacht selbst (am 25.03.1945 – am Tag, bevor die Amerikaner in Frankfurt einrückten). Zuvor wurden bei einem der schwersten Luftangriffe auf die Mainstadt – in den Jahren 1943/44 meist durch jeweils ca. 500 Flugzeuge der Briten nachts bzw. der Amerikaner tagsüber – während einer halben Stunde um die Mittagszeit des 25. September 1944 allein in Sachsenhausen 133 Menschen in den Ruinen ihrer Häusern verschüttet, von denen 81 nur noch tot geborgen werden konnten (für die gesamte Stadt lauten die Vergleichszahlen 598 zu 470). Bereits am 29. Januar hatten Hunderte von Sprengbomben und zigtausende von Stabbrandbomben den Stadtteil zerstört: Sämtliche Wohnhäuser im Mittelteil der Schweizer Straße (zwischen Schweizer Platz und Gartenstraße), ebenso die untere Steinlestraße lagen in Trümmern. Kaum ein Bauwerk erlitt keinen Schaden, wobei im Vergleich zu derartigen Schäden zersplitterte Fensterscheiben nicht erwähnenswert scheinen.

Holbeinstr. 41–43 / Trümmerbild, 1944

Städel, um 1950

Von den 772 Gebäuden im Quartier wurden knapp 100 (d. h. ca.13 %) weitgehend demoliert.
Auf den Krieg folgte die Beschlagnahme intakt gebliebener Gebäude durch die amerikanische Besatzungsmacht. Bereits vor dem offiziellen Kriegsende hatten am 1. Mai 1945 sämtliche Bewohner der Burnitzstraße innerhalb weniger Stunden ihre Häuser und Wohnungen zu verlassen – zurück in ihre leer geräumten Behausungen durften sie erst drei Jahre später.

3.2 WIRTSCHAFTSWUNDER – AUFBAU UND NEUBAU (BIS 1970)

Vordringlichste Aufgaben nach dem Zweiten Weltkrieg waren Wiederaufbau und Ersatz ruinierter Bausubstanz, was sich bis in die späten 50er Jahre hingezogen hat. Was unwiderruflich verschwunden blieb, sind bauliche Details. Beim Wiederaufbau entfiel alle nutzlose Dekoration, und aus viergeschossigen Mietshäusern mit Zierfassaden wurde fünfgeschossige Funktionsbauten von gleicher Dimension mit glatt verputzten Fronten, kleineren Fenstern, flacheren Dächern. Diese schnörkellos nachfolgende Ersatzarchitektur des *Malerviertel*s differiert traditionell zwischen kleinen Einfamilienhäusern im Stil der frühen 40er Jahre und modernen Bürobauten von größeren Dimensionen:
Im Auftrag der *„Siedlungsgesellschaft für das Verkehrspersonal"* entstand 1952 im einst Messer'schen Garten ein Trio aus kleinen Reihenhäusern (Kennedyallee 56–58), und die neue *Deutsche Bundesbahn* komplettierte 1955–67 auf ihrem Gelände die in den späten 30er Jahren begonnene Mietshausreihe (Oskar-Sommer-Str. 9–17). Dem Viertel erspart blieben allerdings Hochhäuser, wie sie jenseits des Flusses entlang dem Untermainkai aufragen. Lediglich am Schaumainkai stehen drei voluminöse Bürogebäude, deren in Kuben von unterschiedlicher Größe zerlegte Baumassen sich südwärts durch einstige Gärten bis in die parallele Städel- bzw. Steinlestraße hinziehen, dadurch aber die Dominanz von Kuppel oder Turm der beiden führenden Kunstmuseen kaum stören: Ihnen voraus ging schon 1950 ein sich über die ehemaligen Einzelgrundstücke Schaumainkai 87–91 (ehem. Villen Borgmann & Schauroth) erstreckendes Bürogebäude von sechs Geschossen nach Plänen des Architekten *Franz H. Throll*, mit dem das *„Villensterben"* begann. Ab 1957 folgte das im Architekturbüro *J. W. Proesler* entworfene Bürohaus der *Nassauischen Heimstätte* (NH; Schaumainkai 47; ehem. Villa Hauck). Bis 1960 entstand nach Plänen von *Herbert Rimpl* & *Jean Wolf* der gestufte Verwaltungsbau der *Landesversicherungsanstalt* (LVA; Schaumainkai 55; ehem. Villen de Neufville & Metzler). Währenddessen übergriff die Randbebauung von Sachsenhausen die *Mörfelder Landstraße* und rückte im Anschluss an die eine Generation ältere *Heimatsiedlung* ab 1950 planvoll im Tal mit sozialem Wohnungsbau als *Fritz-Kissel-Siedlung* vor. Wenig später zerlegten konzentrische Ringstra-

Schweizer Str. 54 / Baurest Gartenstr. 77–83 / Wiederaufbau

Schweizer Str. 50–52 / Baurest

Kennedyallee 56–58

Oskar-Sommer-Str. 1–13

Bauplan Schaumainkai 87–91

Städel, um 1960

Landesversicherungsanstalt / Stresemannallee 55–61 (LVA)
Stresemannallee 19–23 / (ehem.) Haus der Elektrotechnik

oben: Schaumainkai 47 (NH) / Nassauische Heimstätte

ßen den Hang des *Lerchesbergs* für ca. 250 Villen, aus denen sich die bis zur Jahrtausendwende nobelste Wohngegend der Südstadt bildete. Schließlich wurde ab 1975 im Malerviertel unter dem Architekten *Günther Rheingans* das Zentralgebäude der *Nord-West-Schuhwaren Einkaufsgesellschaft* errichtet (Schaumainkai 69 / Rembrandtstr. 9; ehem. Villen Günther bzw. Heunisch); im Vergleich dazu besticht das nachträglich modernisierte NH-Gebäude durch Eleganz. Als vierter Großbau hinzugekommen war im Südwesten bereits 1959–61 das einstige *Haus der Elektrotechnik*, dessen Entwurf dem Büro *Apel, Becker, Beckert* entstammt (Stresemannallee 19–23; ehem. Hippodrom). Am Horizont auf dem *Sachsenhäuser Berg* bestimmten seit 1970/71 *Sonnenring* und *-hügel* nach Entwürfen von *Günther Balser* die Stadtsilhouette im Süden (entsprechend einem Bebauungsplan von 1967).

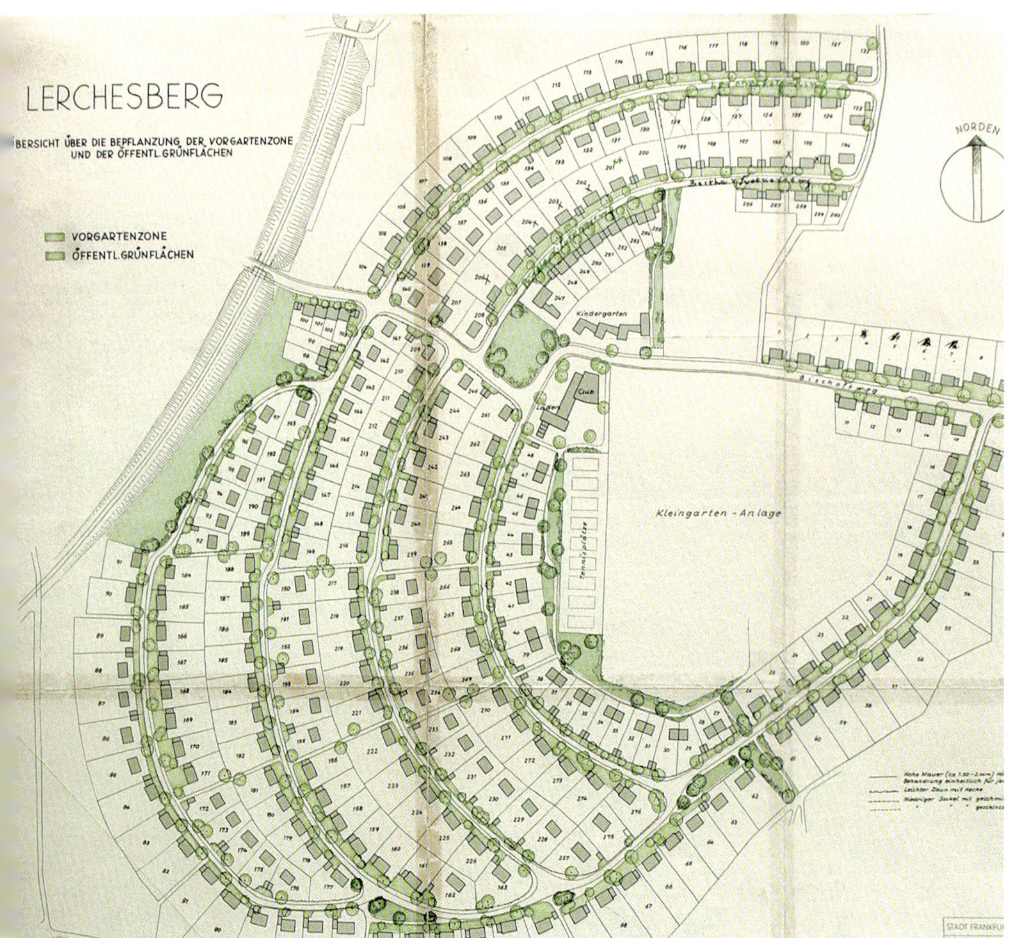

Lerchesberg / Parzellenplan, 1956

3.3 MARKT UND MUSEEN / KUNST UND KREMPEL (BIS 1990)

In die 70er Jahre zurück reichen die Vorbereitungen zweier Zusatzfunktionen für das Gelände direkt am Main – die eine sporadisch und mobil, die andere permanent. Anregungen dazu lieferten Paris und Berlin. Zu ihren Wegbereitern wurden zwei Oberbürgermeister aus konkurrierenden Parteien und ein Kulturdezernent, der sie beide im Amt überdauert hat.

Es war die Idee des volksnahen *Rudi Arndt*, Frankfurt mit einem ***Flohmarkt*** zu beglücken. Dabei hatte er – nach Pariser Vorbild – an den Direkthandel mit entbehrlichen Gütern zwischen Privatleuten gedacht. Er selbst machte eines Samstags im Sommer 1972 mit Funden aus Keller und Speicher den Anfang, und auf *Eisernem Steg* sowie unter den schattigen Platanen des anschließenden Südufers florierte alsbald das Geschäft mit dem Trödel. Zur Freude von Schnäppchenjägern umfasste das Angebot der Amateurverkäufer jeglichen Alters nahezu alles – Spielsachen und Sammeltassen, Comic-Hefte und Bücher, Radios und Schallplatten, Kleider und sogar be-

„Museumsufer" (östlicher Teil)

klebte Koffer zu deren Abtransport. Zehn Jahre später hatte sich daraus mit fast 700 Verkaufsständen und bis zu 20.000 Neugierigen der größte Trödelmarkt des Kontinents entwickelt: Doch längst stand auch billige Neuware aus fernen Landen und sogar Diebesgut zum Verkauf (wenn jemandem das Fahrrad abhanden kam, lautete der ernst gemeinte Ratschlag, auf dem Flohmarkt danach zu fahnden). Zudem störten samstags bereits in aller Frühe bis hin zur Kennedyallee Lärm durch Transport und Streit bei der Platzierung von Wühltischen, Verunreinigung der Vorgärten und Fahrzeugchaos, weil Parkplätze fehlten. Ein daher notwendig scheinendes Intermezzo des Flohmarkts auf dem damals noch verfügbaren Schlachthofgelände (ab 1984) führte zum Abwandern von Verkäufern und Kunden ins konkurrierende Offenbach. Seit 1990 scheint alles besser geregelt, und Ordnung ist eingekehrt. Nur noch an jedem zweiten Samstag wird seitdem der Schaumainkai zum unüberschaubaren Bazar – doch flussab westlich der Dürerstraße bleibt er dauerhaft frei vom Krempel fliegender Händler; denn hier drängen sich Besucher von Kunstausstellungen.

Was den Berlinern ihre Museumsinsel bedeutet, schätzen Frankfurter und Fremde am ***Museumsufer*** – auch wenn diese Bezeichnung für den Schaumainkai (bis hinauf zur *Alten Brücke*) erst 1975 aufkam und 1978 offiziell wurde. Und dafür gesorgt haben als Oberbürgermeister *Walter Wallmann* und sein Kulturdezernent *Hilmar Hoffmann*. Doch damals umfasste das *Malerviertel* gerade einmal drei Institutionen und somit lediglich die Hälfte des heutigen Angebots: *Städelpinakothek*, *Liebieghaus* und *Museum für Kommunikation* – dieses (im Vergleich zu den beiden anderen) zwar das jüngste, aber immerhin bereits 1958 eröffnet unter dem Namen *Bundespostmuseum* als Nachwirkung der damals längst gescheiterten Wahl Frankfurts zur Bundeshauptstadt. Sein ursprüngliches Gebäude reicht ebenso in die

Städelmuseum / Fassadenmitte (Ausschnitt)

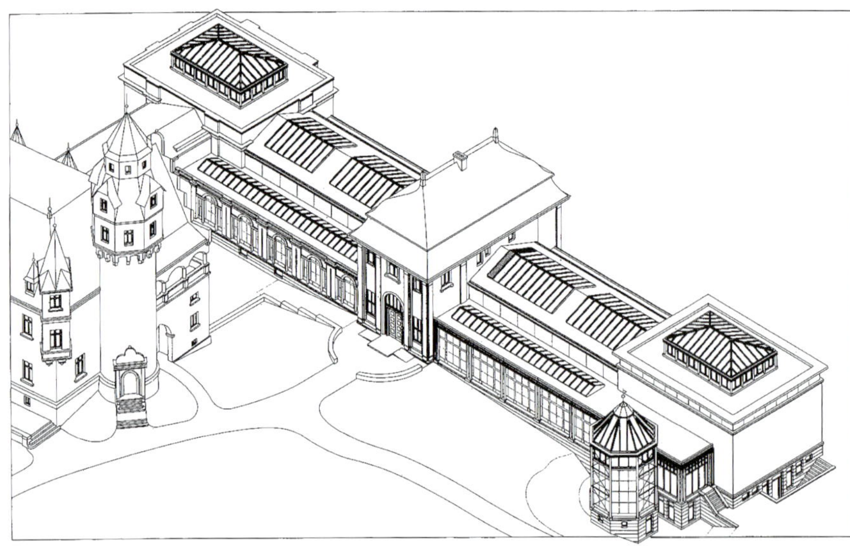

Liebieghaus / Isometrie

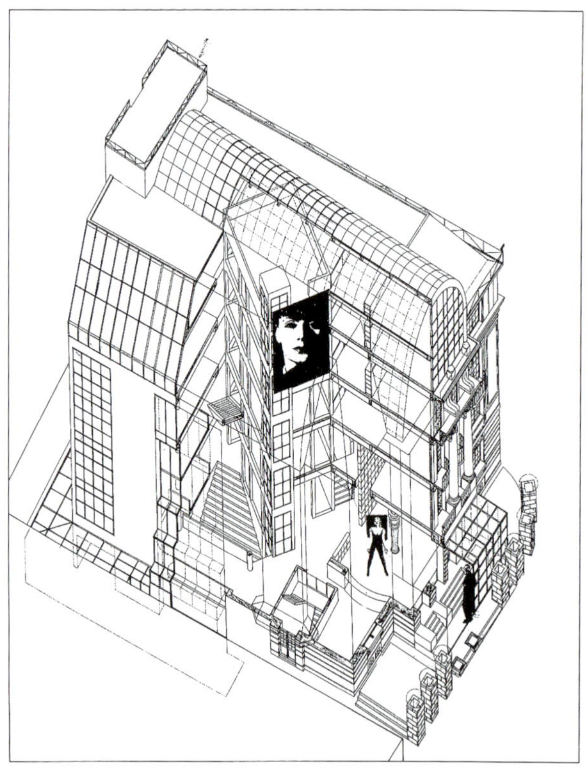

Filmmuseum / Isometrie

Filmmuseum

Jahrzehnte um 1900 zurück. Doch auch *Film-* und *Architekturmuseum* und sogar das erst um die Jahrtausendwende gegründete *Museum Giersch* gingen aus dem Umbau historischer Wohnhäuser hervor. Flussauf, wenn auch außerhalb des *Malerviertel*s, wird das *Sachsenhäuser Museumsufer* komplettiert durch das *Museum der Weltkulturen* (ehem. Museum für Völkerkunde; Schaumainkai 29), das *Museum Angewandte Kunst* (MAK, ehem. Museum für Kunsthandwerk; Schaumainkai 17), das *Bibelmuseum* (Metzlerstr. 19) und das *Ikonen-Museum* (Brückenstr. 3–7).

Bereits durch die Bezeichnung unterscheidet sich das Trio der Kunstgalerien im Quartier von den drei Technikmuseen: Jene verweisen bescheiden auf ihre Stifter – *Städel, Liebieg, Giersch* –, die eigens inszenierten Neugründungen erheben vollmundig nationalen Anspruch durch Zusätze wie *„Deutsch-“* (Film- und Architekturmuseum) oder *„Bund-“* (wie ursprünglich

Museum Giersch

PFEILER
STÜTZE

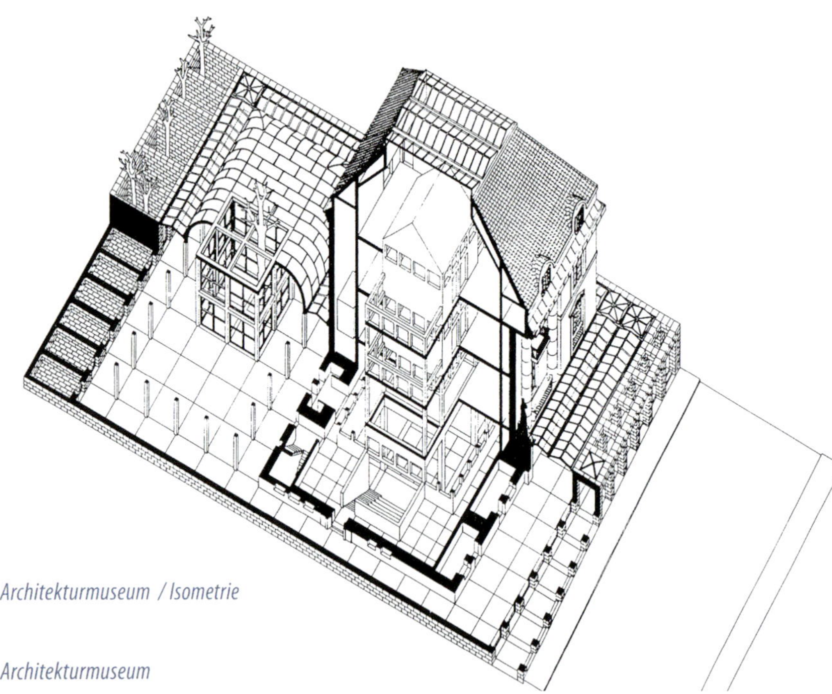

Architekturmuseum / Isometrie

Architekturmuseum

das Museum für Kommunikation). Allen gemeinsam ist die architektonische Erneuerung bzw. Ergänzung während der letzten sechs Jahrzehnte, um der Fülle von Exponaten gerecht zu werden:
Internationale Bedeutung durch seine Sammlungen erreicht allein das ursprünglich 1878 vollendete ***Städelmuseum***: Von konkurrierenden Pinakotheken europäischer Metropolen unterscheidet es sich durch eine bewältigbare Überschaubarkeit. Dieses Hauptwerk des Architekten *Oskar Sommer* (s. o. 2.3.2) wurde 1944 teilweise in Trümmer gelegt und erhielt 1955 in einer ersten Phase der Veränderung nach Entwürfen von *Johannes Krahn* (1908–74) moderne Eckrisalite, die zwar in Volumen und Kontur dem Zerstörten ähneln, jedoch auf dekorative Details völlig verzichten (nach gleichen Kriterien auf das Funktionale reduziert wurden bis 1966 die meisten Räume).

Museum für Kommunikation / Alter Teil und neuer Teil

Als selbständige und insofern unangepasste Architektur gestaltete der Wiener *Gustav Peichl* (*1928) seinen entlang der Holbeinstraße, also an der Westflanke des großen Grundstücks 1988–91 gewachsenen Neubau – ein durch Farbe und Form gleichsam kristallin und abweisend wirkender Solitär. Als Gelenk beider brachte zur Jahrtausendwende eine nach außen wirksame dritte Veränderung einen transparenten Einbau in den westlichen der beiden Höfe, die mit historistischer Ergänzung des Kernbaus zu H-förmigem Gebäudekomplex um 1920 entstanden waren. Doch diese Eisen-/Glaskonstruktion dient durch ihre Restaurantnutzung eher kulinarischem als kulturellem Genuss. Schließlich folgte 2009–12 nach preisgekröntem Wettbewerbsentwurf durch die hiesigen Architekten *Till Schneider & Michael Schumacher* (*1959 bzw. *1957) eine letzte, aus den rahmenden Straßen nur als verglaster Hügel wahrnehmbare Erweiterung durch Unterkellerung der weiten Wiesenfläche zwischen Pinakothek und Akademie. Mit der Übernahme seiner durch Baron *Heinrich von Liebieg* bis 1896 errichteten Villa durch die Stadt Frankfurt war das ***Liebieghaus*** für deren Skulpturensammlung entlang der Steinlestraße erweitert worden. Doch der dortige Galerieflügel (Steinlestr. 16) des im Dienst der hiesigen Bauverwaltung stehenden Breslauers *Paul Kanold* blieb ab 1909 Torso (s.o. 2.3.3); denn westlich des zentrierenden Portalpavillons fehlte bis 1987 eine symmetrische Komplettierung. Sie wurde bis 1990 auf Betreiben des damaligen Museumsdirektors *Herbert Beck* nach Plänen des Frankfurter Architekurbüros *Brigitte* bzw. *Ernst Ulrich Scheffler (*1944) & Thomas Warschauer* (*1945) geschaffen – im Umriss als spiegelbildliche Widergabe des Vorhandenen, doch ohne dessen Zierrat und in moderner Schlichtheit. Zur Ergänzung der musealen Kunstschau am Sachsenhäuser Ufer ließ das Frankfurter Stifterpaar *Carlo* und *Karin Giersch* flussab die ehemalige Villa Eduard Holzmanns von 1911 im Jahr 2000 zu dem nach ihnen benannten ***Museum Giersch*** (Schaumainkai 83) umbauen – ein mitsamt seinen Interieurs erhaltenes Haus, das vorwiegend regionale Malerei des 19. Jahrhunderts in Wechselausstellungen präsentiert.
Flussauf steht an der *Untermainbrücke* als erstes der drei eher den Fortschritt der Technik dokumentierenden Sammlungsgebäude das ***Deutsche Filmmuseum*** (Schaumainkai 41) – ursprünglich 1910 als repräsentables Mietshaus in prominenter Eckposition nach Plänen von *Friedrich Sander* errichtet, 1981–

84 nach Entwurf des Wiesbadeners *Helge Bofinger* (*1940) für die neue Funktion verändert: Spiritus rector des Umbaus zum Filmmuseum war jener langjährige Kulturdezernent *Hilmar Hoffmann*. Die Realisierung all der Ansprüche von Nutzer und Planer beließ nur die historische Gebäudehülle. Im Gegenzug füllte sich das somit geschaffene Raumvakuum mit diagonal ins Zentrum gerücktem Aufzugsturm, um den sich vom Keller bis unter das neue Tonnendach Flächen für Kino und technische Exponate von der Laterna magica bis zur Filmprojektion gruppieren ließen. Gleichzeitig erhielt daneben die nach Plänen von *Fritz Geldmacher* 1912 für *Jacob Carl Junior* (wie Nr. 41) errichtete Doppelvilla (Schaumainkai 43–43a) ihre heutige Funktion als ***Deutsches Architekturmuseum***: Hier war es der Gründungsdirektor *Heinrich Klotz*, nach dessen Vorstellungen der Kölner Architekt *Oswald Matthias Ungers* (1926–2007) sein Projekt „Haus im Haus" entwickelt hat, bei dessen Realisierung bis 1984 vom historischen Raum – wie beim Nachbarhaus – nichts überdauerte. Zum Ausgleich dafür kam als vielfach durchbrochene Mauer aus Buntsandstein ein artfremder Sockelwall hinzu. Als drittes Projekt folgte drei Grundstücke weiter das ***Museum für Kommunikation***, dessen alte Namen *Bundespost-* oder *Deutsches Postmuseum* einander abgelöst haben (Schaumainkai 53). Entwickelt hat es sich aus der 1891 durch *Franz von Hoven* für *Otto de Neufville* errichteten Villa, die der letzte Krieg ruinierte und ein erster Museumsumbau 1958 noch mehr dezimierte. Für Hoffmanns übergreifendes *Projekt Museumsufer* verlor sie Weiteres an ursprünglicher Anmutung, wurde aber durch einen 1984–90 nach Entwurf des Stuttgarter Architekturbüros *Günter Behnisch* (1922–2010) tief in den einstigen Garten geschobenen Eventtrakt ergänzt, der sich als transparente und anscheinend schwererlose Konstruktion sogar neben dem massiven Versicherungskoloss der LVA zu behaupten vermag. Interessant ist er nicht nur – wie die frühe Postmuseumsvariante – für Philatelisten, sondern gleichermaßen für Technikfans, ob sie sich nun für Postkutschen oder modernste Telekommunikation interessieren.

Ausblick auf das Malerviertel vom Main Tower

3.4 AUSBLICK / VOM HOLBEINSTEG ZUM HOLBEINVIERTEL (BIS 2015)

Als direkte Verbindung von *Maler-* zu *Bahnhofsviertel* überspannt seit 1990 der *Holbeinsteg* den Main – knapp ein Jahrhundert nachdem ein erster Entwurf zur Mainüberbrückung an dieser Stelle 1895 vorgelegen hatte (s. o. 2.2.3). Wie sein Vorbild *Eiserner Steg* ist er lediglich für Fußgänger zu nutzen und verkürzt – außer den täglichen Weg über den Fluss zwischen Wohnung und Arbeitsplatz – für Besucher bedeutender Ausstellungen die Distanz von Hauptbahnhof zu Museen. Der Brückenentwurf entstammt dem Büro *AS&P* des Städteplaners *Albert Speer* (*1934). Den Namen verdankt er der gleichnamigen Straße, die er über den Fluss hinweg fortsetzt und in verlängerter Achse mit der *Windmühlstraße* verbindet – eine elegante Konstruktion von insgesamt 210 Metern Länge, davon 142 Meter frei hängend zwischen zwei Pylonen von jeweils 33 Metern Höhe.

Bis heute ungebrochen in dieser Wohngegend blieb offensichtlich die Attraktivität des Malernamens Holbein – sogar für ein neues Quartier muss er nun herhalten: Bald schon sollen fast 200 Wohneinheiten südlich der Burnitzstraße innerhalb eines modernen *Holbeinviertels* stehen (158 Eigentumswohnungen in Reihenhäusern aus fünf Geschossen und 38 Einfamilienhäuser) – dies alles im Gleisgelände des aufgelassenen *Güterbahnhofs-Süd*. Bis 2017 dürfte ebenso der inzwischen anstelle des abgebrochenen *Henninger-Turms* (1959–61, Höhe 120 m) am Sachsenhäuser Berg wachsende Wohnturm vollendet sein. Und in jener Tradition wird auch auf ihm ein 20 Meter höher rotierendes Restaurant den beschaulichen Rundblick über Sachsenhausen mit seinem *Malerviertel* und das gesamte Frankfurter Stadtgebiet bieten, was am Nordufer der 200 Meter hohe *Main Tower* durch verdeckende Hochhäuser nicht komplett ermöglicht.

ANHANG

Entsprechend der regionalen Bedeutung dieser Studie sind die Hinweise auf Sekundärliteratur spärlich; denn ein Großteil des wiedergegebenen Wissens wirkt für den Frankfurter selbstverständlich und bedarf keines Nachweises. Allgemeine Aussagen fußen somit auf den Forschungen vieler, detaillierte Feststellungen hingegen sind Akten entnommen, die zuvor größtenteils noch nicht in die lokale Fachliteratur eingegangen waren (insbesondere gilt dies für Magistratsakten mit Korrespondenz, Beschlüssen und Berichten zwischen Behörden, Magistrat und Stadtverordneten-Versammlung). Verwiesen sei darauf, dass Namen – auch von Bauten, Straßen, Stadtteilen und Orten – in jedem Kapitel bei Erstnennung kursiv, Zitate außerdem immer in Anführungszeichen (und meist mit Quellenangabe) gedruckt sind.

QUELLENHINWEISE

Auf Adressbücher ist nur bedingt Verlass; denn sie nennen ein vorhandenes Wohnhaus frühestens zwei Jahre, nachdem es gebaut wurde. Insofern kann es, wo andere Schriftquellen und das Gebäude selbst keinen genauen Hinweis liefern, zu geringfügigen Fehldatierungen kommen. Die meisten Daten und Fakten entstammen jenen präziseren Akten des Magistrats, den Unterlagen des Wasserwerks und weiteren städtischen Ämtern sowie dem Archiv der ehemaligen Maklerfirma Israel Schmidt Söhne. Alle Unterlagen befinden sich im Frankfurter Institut für Stadtgeschichte (ISG) und sind hier pauschal aufgezählt.

Holbeinsteg

Magistratsakten, 1887–1937

a) MAGISTRATSAKTEN (nach Signaturen im ISG)

T 20 / 919 III a–c Schaumainkai (1875–1930)
T 20 / 921 Schweizer Straße (1875–88)
T 20 / 923 Brücken-, Hedderichstraße (1875–76)
T 20 / 925 Schweizer Straße (1876)
T 20 / 927 Gartenstraße (1876–89)
T 20 / 928 III Stresemannallee (1898–1910)
T 20 / 944 I Oppenheimer Platz (1879–1893)
T 20 / 1014 II Anlage von Straßen / Gesetze (1875–1930)
T 20 / 1074 III–VI Straßenbenennungen (1903–28)
T 20 / 1118 Straßenkataster (1882–1929)
T 20 / 1121 I–III Umlegungen / Sachsenhäuser Berg (1909–29)
T 25 / 1330 Schaumainstraße /-kai (1889–1929)
T 25 / 1342 Gartenstraße (1873–1928)
T 25 / 1351 Gutzkowstraße, Schweizer Platz (1874–89)
T 25 / 1370 Grethenweg (1875–1907)
T 25 / 1373 I–III Forsthausstraße (1875–1929)
T 25 / 1381 Holbein-, Schadow-, Burnitzstraße (1877–1929)
T 25 / 1393 Schweizer Platz und -Straße (1878–1913)
T 25 / 1412 Diesterweg-, Schwanthalerstraße (1881–1909)
T 25 / 1414 Städel-, Dürerstraße (1881–1927)
T 25 / 1430 Cranach-, Morgenstern-, Schneckenhofstraße (1884–1904)
T 25 / 1458 Rembrandt-, Rubens-, Moretto-, Steinlestraße (1887–1917)
T 25 / 1463 Ziegelhüttenweg (1889–1921)
T 25 / 1475 Textorstraße (1899–1903)
T 25 / 1475 Wilhelmstraße (1890–1930)
T 25 / 1479 Veitstraße (1891–1900)
T 25 / 1523 Kaulbachstraße (1899 ff.)

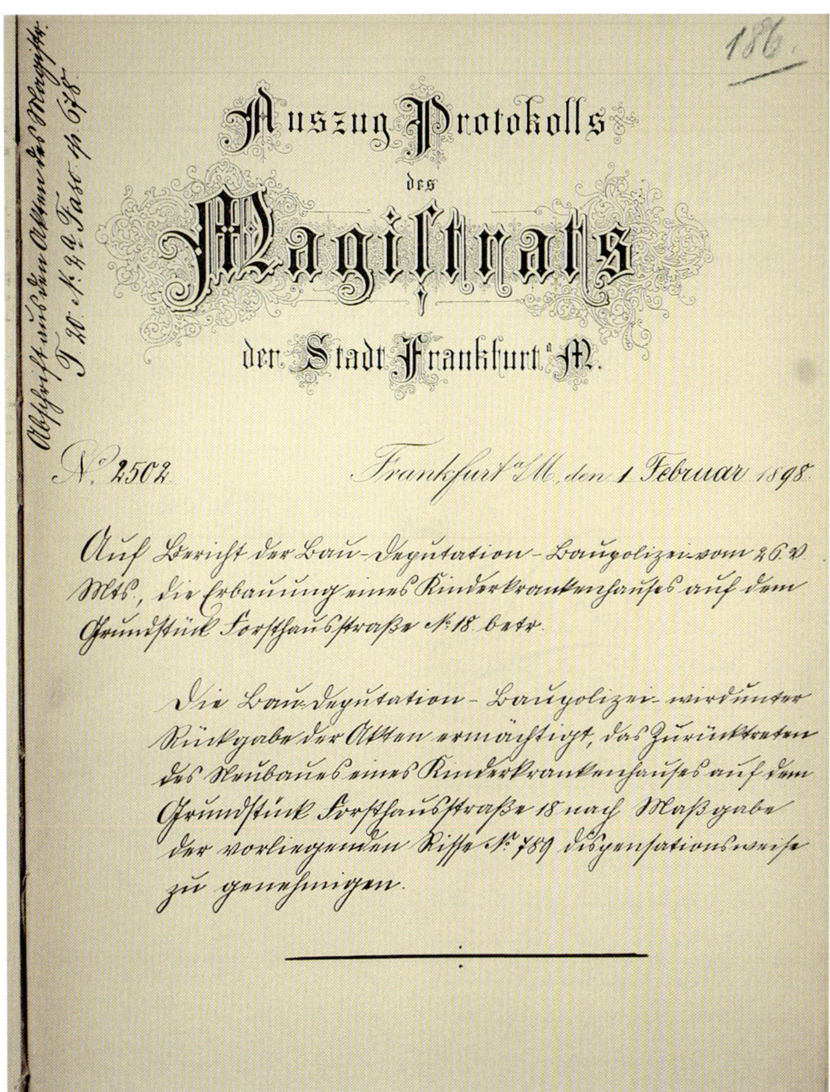

186.

Auszug Protokolls des Magistrats der Stadt Frankfurt a/M.

No. 2502 Frankfurt a/M, den 1 Februar 1898.

Auf Bericht der Bau-Deputation-Baupolizei vom 26. d. Mts., die Erbauung eines Kinderkrankenhauses auf dem Grundstück Forsthausstraße No. 18 betr.

Die Baudeputation-Baupolizei wird unter Rückgabe der Akten ermächtigt, das Zurücktreten des Neubaues eines Kinderkrankenhauses auf dem Grundstück Forsthausstraße 18 nach Maßgabe der vorliegenden Risse No. 789 dispensationsweise zu genehmigen.

Magistratsprotokoll, 1898

b) WASSERWERKSAKTEN UND -PLÄNE
(nach Nummern der Archivkartons)

K 217 Achenbachstraße
K 306 Böcklinstraße
K 330 Burnitzstraße
K 350 Dürerstraße
K 400 Franz-Lenbach-Straße
K 425 Gartenstraße
K 499 Hans-Thoma-Straße
K 505 Hedderichstraße
K 531 Holbeinstraße
K 573 Kaulbachstraße
K 575/76 Kennedyallee
K 690 Morgensternstraße
K 723 Nordheimstraße
K 742 Oppenheimer Landstraße
K 745 Oskar-Sommer-Straße
K 752/53 Passavantstraße
K 771 Rembrandtstraße
K 799 Rubensstraße
K 812 Schadowstraße
K 815 Schaubstraße
K 815/16/17 Schaumainkai
K 830 Schneckenhofstraße
K 831 Schreyerstraße
K 845/46 Schwanthalerstraße
K 851/52 Schweizer Straße
K 872 Städelstraße
K 876/77 Steinlestraße
K 883 Stresemannallee
K 891 Textorstraße
K 893 Thorwaldsenplatz
K 894 Thorwaldsenstraße
K 896 Tischbeinstraße

c) PLÄNE AUS DER BAUAUFSICHT / BAB UND DEM HOCHBAUAMT / HBA

BAB 111–112 Liebieghaus
BAB 138–139, 396 Bonifatiuskirche
BAB 145, 522, 529 Hippodrom
BAB 241,328 Städel
BAB 371 Lukaskirche
HBA 064, 136 Carl-Schurz-Schule
HBA 075 Holbein-Mittelschule
HBA 134 Schwanthaler- /Textorschule
S-8/5 :73 Schillerschule

d) PLÄNE DER MAKLER ISRAEL SCHMIDT SÖHNE UND AUS ANDEREN QUELLEN

(nach Siglen / Planschränken und -nummern)

S-8 / 1

Achenbachstraße:
4.406, 4.409, 4.410,
Böcklinstraße:
4.126, 5.369, 5.463, 5.541, 5.551, 6.458, 7.044, 7.153, 7.255,
Burnitzstraße:
2.796 -2.800, 4.404, 4.407, 4.408, 4.411, 5.446, 5.510, 5.511, 6.877, 7.259,
Cranachstraße:
2.433,
Dürerstraße:
2.813, 4.284,
Eschenbachstraße:
4.250, 5.526, 5.846, 6.044, 6.160, 6.315, 6.627, 7.083,
Franz-Lenbach-Straße:
4.813, 6.095,
Gartenstraße:
0.583, 0.585, 1.560, 2.016, 2.636, 2.812, 3.152, 3.162, 3.418, 3.792, 3.871, 3.872, 3.934, 4.084, 4.309, 4.421, 4.436, 4.541, 4.629, 5.142, 5.163, 5.204, 5.333, 5.347, 5.348, 5.494, 5.832, 5.944, 6.035, 6.065, 6.152, 6.803, 6.972, 6.973, 6.980, 7.326,
Hans-Thoma-Straße:
4.922, 5.295, 5.301, 5.710, 5.719, 5.959, 6.007, 6.981, 7.041,
Hedderichstraße:
3.436, 3.979,
Holbeinstraße:
3.170, 4.035, 4.386, 4.525, 4.971, 5.365, 5.627, 7.208,
Kennedyallee:
0.905 -0.910, 2.873 -2.882, 3.782, 3.794, 3.854, 4.029, 4.032, 4.059, 4.080, 4.187, 4.354, 4.396- 4.398, 4.415, 4.416, 4.418, 4.419, 4,425, 4.431, 4.432, 4.568, 4.611, 4.741, 4.837, 4.842, 4.846, 4.869, 4.877, 4.936, 5.185, 5.370, 5.610, 5.611, 5.757, 5.810, 5.897, 5.993, 6.043, 6.199, 6.259, 6.291, 6.459, 6.484, 6.589, 6.597, 6.781, 6.788, 6.789, 6.859, 7.002, 7.089,
Morgensternstraße:
1.556, 3.161, 3.992, 3.994, 5.104, 5.923, 6.477,
Nordheimstraße:
4.101, 5.565
Oppenheimer Landstraße:
2.804 -2.808, 6.960,
Oskar-Sommer-Straße:
3.437, 3.438,
Passavantstraße:
4.027, 4.195, 5.555, 7.245,
Paul-Ehrlich-Straße:
4.000, 4.070, 4.121, 4.361, 4.375, 4.467, 4.685, 4.686, 5.842, 6.092, 6.135, 6.163, 6.253, 6.280, 6.463, 6.831, 7.123, 7.133, 7.180, 7.199, 7.319, 7.320,
Rembrandtstraße:
5.031, 5.823, 7.082,
Rubensstraße:
5.138, 5.139, 6.623, 7.095,

Schadowstraße:
6.408,
Schaubstraße:
6.880,
Schaumainkai:
0.437, 0.459, 1.161, 2.434, 3.791,
3.818, 3.899, 4.153, 4.154, 4.314,
4.340, 4.584, 4.585, 5.751, 5.803,
5.908, 6.563, 6.593, 6.919, 7.119,
Schneckenhofstraße:
7.280,
Schreyerstraße:
5.525,
Schwanthalerstraße:
1.045,
Schweizer Straße:
3.847, 4.085, 4.435, 4.818, 5.425,
5.706, 5.709, 5.711, 5.714, 5.716,
5.718, 5.737, 5.804, 5.988, 6.832,
7.079,
Städelstraße:
3.965, 4.919, 4.921, 4.923, 4.924,
5.886, 6.102, 6.122, 6.149, 6.725,
Steinlestraße:
3.841, 3.935, 3.936, 4.853, 4.854,
5.106, 5.123, 7.213,
Stresemannallee:
2.921, 4.456, 5.558,
Textorstraße:
1.063, 1.067, 3.145,
Thorwaldsenstraße:
3.816, 4.173, 4.405, 4.448, 5.447,
5.448, 6.150, 6.708, 7.252,
Töplitzstraße:
3.915, 6.047, 7.200,
Vogelweidstraße:
2.811, 4.382, 4.403, 5.418, 6.368,
6.769, 6.822, 6.849,
Waidmannstraße:
3.760, 4.026, 4.577, 5.643, 5.890,
6.072,

S-8 / 2

Gartenstraße.
0.728 -0.730, 0.817,
Holbeinstraße.
0.697, 0.816,
Kennedayallee:
0.835,
Schaumainkai:
0.675, 0.724, 0.725, 0.727,
Sachsenhäuser Berg-Plan (1953):
0.882

S-8 / 3

Gartenstraße:
0.906,
Holbeinstraße:
0.905,
Paul-Ehrlich-Straße:
0.181,
Schaumainkai / Germania:
1.160-1.164, 1.592

LITERATURAUSWAHL

Architekten- und Ingenieurverein (Hrsg.):
Frankfurt am Main und seine Bauten, Frankfurt a. M. 1886
– ders. (Hrsg.):
Frankfurt am Main 1886–1910, Frankfurt a. M. 1910

Behnke, Gustav:
Lehranstalten, in: Frankfurt a. M. und seine Bauten 1886, S. 184 ff.

Bezirksverein Sachsenhausen:
Jahresberichte Frankfurt am Main

Bingemer, Heinrich u. a.:
Rund um Frankfurt, Frankfurt a. M. 1924 (Reprint 1985)

Bott, Gerhard (Hrsg.): Die angenehme Lage der Stadt Frankfurt am Main, Frankfurt a. M. 1954

Breymann, G. A.:
Allgemeine Bau-Contructions-Lehre, I. Theil Contructionen in Stein, Stuttgart 1870 (4. Aufl.)

Brückl, Reinhold:
Sachsenhausen von den Anfängen bis 1806, Frankfurt a. M. 1993

Dessoff, Albert:
Kunst und Künstler in Frankfurt am Main im 19. Jahrhundert, Frankfurt a. M. 1909

Dietz, Alexander:
Alt-Sachsenhausen (aus dem Nachlass hrsg. von Fried Lübbecke), Frankfurt a. M. 1935

Gerber, Harry:
Die Stadt Frankfurt am Main und ihr Gebiet, in: Die Stadt Goethes – Frankfurt am Main im 18. Jahrhundert, Frankfurt a. M. 1932 (Reprint 1982), S. 17 ff.

Geul, Albert:
Das Aeußere der Wohngebäude, Stuttgart 1874

Großkinsky, Manfred mit Birgit Sander und Susanne Wartenberg (Hrsg.):
Heinrich von Liebieg, Austellungskatalog, Frankfurt a. M. 2012

Herausgeber der Deutschen Bauzeitung und des Deutschen Baukalenders:
Baukunde des Architekten, in: Deutsches Bauhandbuch Bd. II, Berlin 1884

Horne, Anton:
Die Straßen von Frankfurt am Main, Frankfurt a. M. 1895

Joseph, Daniel:
Geschichte der Baukunst, Bd. 3.2 / XIX. Jahrhundert, Leipzig 1912 (2. Aufl.)

Jung, Rudolf und Wolff, Carl: Die Baudenkmäler in Frankfurt am Main,
Bd. 2 Weltliche Bauten, Frankfurt a. M. 1898

Kanold, Paul:
Wissenschaftliche Institute und Sammlungen, in: Frankfurt a. M. 1910, S. 111 ff.

Klötzer, Wolfgang:
Sachsenhausen 1885, Frankfurt a. M. 1985
– ders.:
Sachsenhausen in alten Ansichten, Frankfurt a. M. 1978
– ders. (Hrsg.):
Frankfurter Biographie, 2 Bde., Frankfurt a. M. 1994 und 1996

Köhler, Jörg R.:
Städtebau und Stadtpolitik im Wilhelminischen Frankfurt, in: Studien zur Frankfurter Geschichte 37, Frankfurt a. M. 1995

Kramer, Waldemar:
Frankfurt Chronik, Frankfurt a. M. 1964

Lampugnani, Vittorio Magnago (Hrsg.):
Museumsarchitektur in Frankfurt 1980–1990, München 1990

Lübbecke, Fried:
Das Antlitz der Stadt nach Frankfurts Plänen von Faber, Merian und Delkeskamp 1552–1864, Frankfurt a. M. 1952

Müller, Bernard:
Bilderatlas zur Geschichte der Stadt Frankfurt am Main, Frankfurt a. M. 1916 (Reprint 1976)

Nahrgang, Karl:
Das Dorf Sachsenhausen, in: Die Frankfurter Altstadt, Frankfurt am Main 1949

Nordmeyer, Helmut:
Rundgang durch das alte Frankfurt-Sachsenhausen, Gudensberg-Gleichen 2003

Nosbisch, Werner (Hrsg.):
Das Wohnungswesen der Stadt Frankfurt a. M., Frankfurt a. M. 1930

Risse, Heike:
Frühe Moderne in Frankfurt am Main 1920–1933, Frankfurt a. M. 1984

Rödel, Volker:
Ingenieurbaukunst in Frankfurt am Main 1806–1914, Frankfurt a. M. 1983
– ders.:
Fabrikarchitektur in Frankfurt am Main 1774–1924, Frankfurt a. M. 1984

Sauerwein, Friedrich:
Neubauten in Frankfurt am Main, 3 Bde., Frankfurt a. M. 1879 ff.

Schaumann, Gustav:
Schulen und Kindergärten, in: Frankfurt a. M. 1910, S. 96 ff

Schembs, Hans-Otto:
Sachsenhausen von 1806 bis zur Gegenwart, Frankfurt a. M. 2000

Schmid, Armin:
Frankfurt im Feuersturm, Frankfurt a. M. 1965

Schomann, Heinz:
Das Frankfurter Bahnhofsviertel und die Kaiserstraße, Stuttgart 1988
– ders.:
Das Frankfurter Holzhausenviertel, Petersberg 2010
– ders.:
Eisenbahn in Hessen 1839–1939, Bd. 2.1, Stuttgart 2005

Schumann, Ulrich Maximilian:
Die Freiheit zu bauen – Bürgerarchitektur des 19. und 20. Jahrhunderts, in: Salden, Hubert (Hrsg.): Die Städelschule Frankfurt am Main 1817–1995, Mainz 1995, S. 95 ff.

Six, Barbara:
Das Frankfurter Liebieghaus, in: Ausstellungkatalog Liebieghaus, Frankfurt a. M. 2012, S. 363 ff.

Steiner, Evelyn:
Villa Albert Metzler / Pariser Chic am Mainufer, in: Die neue Bürgerstadt / das Frankfurt der Architekten Burnitz (Ausstellungskatalog, hrsg. von Michael Stöneberg), Frankfurt am Main 2014, S. 190 ff.

Stöneberg, Michael (Hrsg.):
Die neue Bürgerstadt / das Frankfurt der Architekten Burnitz (Ausstellungskatalog), Frankfurt a. M. 2014

Stübben, Joseph:
Der Städtebau, in: Handbuch der Architektur, Halbb. 9, Stuttgart 1907 (2. Aufl.)

Voelcker, Heinrich (Hrsg.):
Die Stadt Goethes – Frankfurt am Main im 18. Jahrhundert, Frankfurt a. M. 1932 (Reprint 1982)

Wohlfarth, Jacob (Hrsg.):
Erinnerung an Frankfurt am Main, Frankfurt a. M. ca. 1850

Zeller, Thomas:
Die Architekten und ihre Bautätigkeit in Frankfurt am Main 1870–1950, in: Beiträge zum Denkmalschutz 14, Frankfurt a. M. 2004

ABBILDUNGSNACHWEIS

Schwarz-Weiß-Aufnahmen (1975–82) aus dem Denkmalamt der Stadt Frankfurt
Historische Stadt- und Baupläne (1874–1936) aus dem Institut für Stadtgeschichte / Frankfurt
Gemälde (S. 14 oben / Foto: Horst Ziegenfusz und S. 347–348) aus dem Historischem Museum der Stadt Frankfurt
Luftaufnahme und Stadtpläne (Vor- / Nachsatz und S. 2, 133, 288, 321) aus dem Vermessungsamt der Stadt Frankfurt
Moderne Farbaufnahmen und Planskizzen (2012/15) von Heinz Schomann

aus Privatarchiven:
Seite 27, 334/335 von Wolfgang Richter (Nidderau)
Seite 173, 210 unten links, 240 Mitte rechts, 325 oben rechts aus den Archiven von Stefan Erdmann, Anneliese Feuser bzw. Norbert Versbach – sämtlich durch die Vermittlung von Jens-Holger Jensen

aus Publikationen (siehe Literaturauswahl):
Seite 15 oben aus: Bott 1954
Seite 19, 22 unten links aus: Wohlfarth 1850
Seite 21 oben, 50 Mitte und unten, 51, 52, 54 unten, 226 oben links und Mitte, 227 oben Mitte und rechts, 318 oben links aus: Frankfurt 1886
Seite 21 unten, 36 unten, 49 unten, 65 unten, 160 oben rechts, 285 Mitte rechts aus: Klötzer 1978
Seite 22 unten rechts, S. 48 aus: Schumann 1995
Seite 24 unten, 167 Mitte links aus: Rödel 1984
Seite 29 oben, 300 Mitte rechts aus: Schembs 2000
Seite 46 aus: Steiner 2014
Seite 47 aus: Klötzer 1996
Seite 56 links aus: Großkinsky 2012
Seite 70 oben rechts, 212 oben rechts, 298 oben links, 300 unten rechts aus: Frankfurt 1910
Seite 81 aus: Risse 1984
Seite 164 unten, 226 unten links, 228 unten links aus: Sauerwein
Seite 286 aus: Kleine Presse 1888 (19.08.)
Seite 330 oben, 332 oben aus: Lampugnani 1990

Weitere Abbildungen aus dem Archiv des Verfassers

Trotz intensiver Recherche war es nicht in allen Fällen möglich, die Rechteinhaber der Abbildungen ausfindig zu machen. Berechtigte Ansprüche werden im Rahmen der üblichen Vereinbarungen abgegolten.

NACHWORT

Eigenwillig scheint es, sich auf mehr als 300 Buchseiten mit einem Gebiet zu beschäftigen, das 100 Jahre lang namenlos blieb. Auch könnte die dazu nötige Fülle an Benennungen für all die Flächen und Wege verwirren. Zum Verständnis städtebaulicher Entwicklung sind sie jedoch unverzichtbar: Wie andernorts vollzog sich ebenso in *Frankfurt* Stadtentwicklung spontan oder planvoll, nach wechselnden Kriterien aber selten monokausal, manchmal unverständlich und gelegentlich falsch – all das in permanenter Auseinandersetzung von vermeintlicher Behördenwillkür mit dem Bürgerwillen. Die Motivation zu einer solchen Hommage an *Sachsenhausen* ergab sich aus zwei Gründen – von drinnen wie von draußen, d. h. einerseits aus der Autorenvita, andererseits aus anregenden Nachfragen von Bewohnern des *Malerviertels*. Dass sich 2015 das Datum von Johann Friedrich Städels Testament zum 200 Mal jährte, ergab sich als willkommener Zufall.

Dazu einige Hinweise zum Methodischen: Dieser Band fußt auf Spaziergängen und Aktenstudium, weniger auf der Kombination von Exzerpten wissenschaftlicher Literatur. Im Gegenteil: Sie diente lediglich dem Einbetten des eng gefassten Themas in zeitgenössische Verhältnisse, zu denen ausreichend Publikationen vorliegen. Fast lückenlos entstammen die hier verwerteten Informationen den Akteien verschiedener Ämter der Frankfurter Stadtverwaltung. Allerdings fehlt, was man eigentlich erwartet, das Aktenarchiv der Baugenehmigungsbehörde mit Plänen und Daten eines jeden Hauses, das zwischen 1874 und 1939 errichtet wurde. Mitsamt den umgebenden Bauwerken der Altstadt ist es zu 90 % während der Kriegsjahre 1943/44 verbrannt. Unterlagen zu Gebäuden in Privathaushalten existieren so selten, dass nach Vererbung oder Verkauf während mehrerer Generationen ein Nachforschen kaum lohnt. Als wichtigste Quelle müssen daher die alten Leitungspläne des Wasserwerks gelten: Sie liefern zumindest das Baujahr und – wenn auch nur lückenhaft – die Namen planender Architekten; denn, wo eigentlich als Zeichen ihres Einverständnisses Baumeister und Bauherr Unterschrift oder Stempel platzieren sollten, tat dies oft stellvertretend für beide der die Wasserleitungen verlegende Installateur. Daher kann manche Schlussfolgerung falsch sein.

Aus zeitlicher Ferne Einstiges zu beurteilen, mag leicht erscheinen, weil man geneigt ist, Wertungen von heute auf die Vergangenheit zu übertragen, relativiert sich jedoch, wenn nicht nur die Folgen, sondern ebenso die Ursachen analysiert werden. Diesem Ziel gilt dieser Band über das hiesige *Malerviertel* – ebenso wie die beiden vorausgegangenen Studien über *Holzhausen* – oder *Bahnhofsviertel*. Alle drei widmen sich überschaubaren Quartieren innerhalb der zwischen einstiger Stadtmauer und Landwehr nach der Wende zum 19. Jahrhundert gewachsenen Vorstädte: Zum vorwiegend als Geschäftsviertel entwickelten Bereich vor dem Hauptbahnhof kontrastiert gegenüber am südlichen Mainufer das zwischen denselben Brückenachsen angelegte Malerviertel, auf dessen gewerbliche Nutzung offiziell erst spät verzichtet wurde – zugunsten des Wohnens, dem z. B. gleich anfangs weit nördlich das Quartier um das Schlösschen der Familie Holzhausen ausschließlich diente. Diese abgeschlossene Trilogie aus Stadtvierteln von jeweils ähnlicher Größe und Einwohnerzahl macht in ihrer Gesamtheit zwar insgesamt kaum mehr als zwei Prozent der bebauten Stadt bzw. ihrer Menschen aus, kann jedoch beispielhaft für viele Aspekte der Entwicklung Frankfurts zwischen 1870 und 1940 gelten.

Seit der Veröffentlichung der beiden rasch vergriffenen älteren Publikationen sind Jahre vergangen, die zusätzliche Informationen brachten. Deren wichtigste sollen zumindest hier nachgetragen werden: Zum *Frankfurter Bahnhofsviertel* (1988): Architekt für das Haus Kaiserstraße 46 war *Philipp Reinhardt Kleinhansz*, die Häuser 68–70 entwarfen *Carl v. Kramer* und *Carl Runkwitz* (siehe dort S. 166 bzw. 170), *Adam Bruno* wurde 1849 geboren (S. 308). Zum *Frankfurter Holzhausenviertel* (2010): Aus dem Wettbewerb der „Eigenheim-Baugesellschaft" ging 1911 der Frankfurter *Hermann Senf* als Sieger hervor mit einem Bebauungsvorschlag aus herrschaftlichen Villen in klassizistischer Symmetrie beiderseits der Kastanienallee (dazu gibt es eine Wettbewerbs-Skizze; bedacht mit dem 2. Preis wurde *Heinz Stoffregen* / Bremen, mit dem 3. Preis der Gartenstadtarchitekt *Paul Schmitthenner* / München, zur Ausführung gelangte keines der Projekte – vgl. S. 59, 259, 290). Entworfen wurden die Häuser Falkensteiner Str. 4 von *Friedrich Benzing* (S. 155, 249)

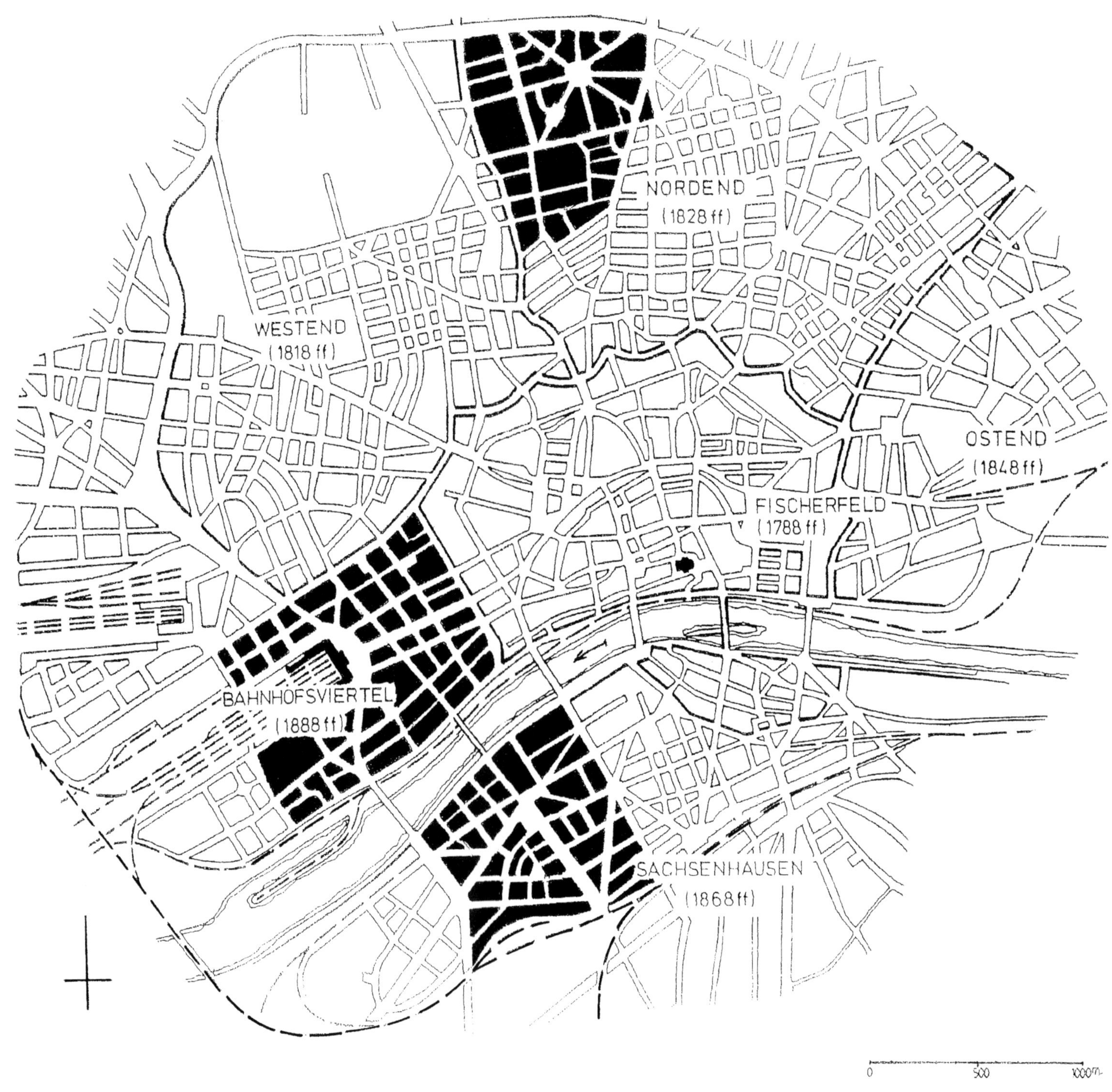

Positionsplan von Bahnhofs-, Holzhausen- und Malerviertel

bzw. Kleebergstraße 5 von *August Schneider* (S. 199, 259).

Wiederum zu danken habe ich nun den Mitgliedern des Vorstands vom *Kuratorium Kulturelles Frankfurt,* ohne den auch dieses Buch über das Malerviertel nicht hätte erscheinen können. Mit Hinweisen, Material und Ratschlägen unterstützten Beate Hoffmann, Jens-Holger Jensen, Hans-Otto Schembs, Dr. Werner Wenzel, Gabriele Ziehensack. Aus den städtischen Ämtern hinzu kamen Andrea Szapiro und Christian Meyer (Bauaufsicht), Heike Kaiser (Denkmalamt), Beate Dannhorn (Historisches Museum), Andreas Monschein, Klaus Rheinfurth und Alfred Zschietzmann (Institut für Stadtgeschichte). Bei der technischen Umsetzung von Manuskript und Bildern halfen engagiert Beate Hoffmann, mein Freund Wolfgang Richter (Nidderau) sowie mein Sohn Lars. Meine Frau Juliane las die abschließende Korrektur. Ihnen allen gilt gleichermaßen mein Dank.

Im Sommer 2015 *Dr. Heinz Schomann*

S. 348–349: Bildausschnitt: Aus Philipp Diehls Vogelschauplan von Frankfurt 1934

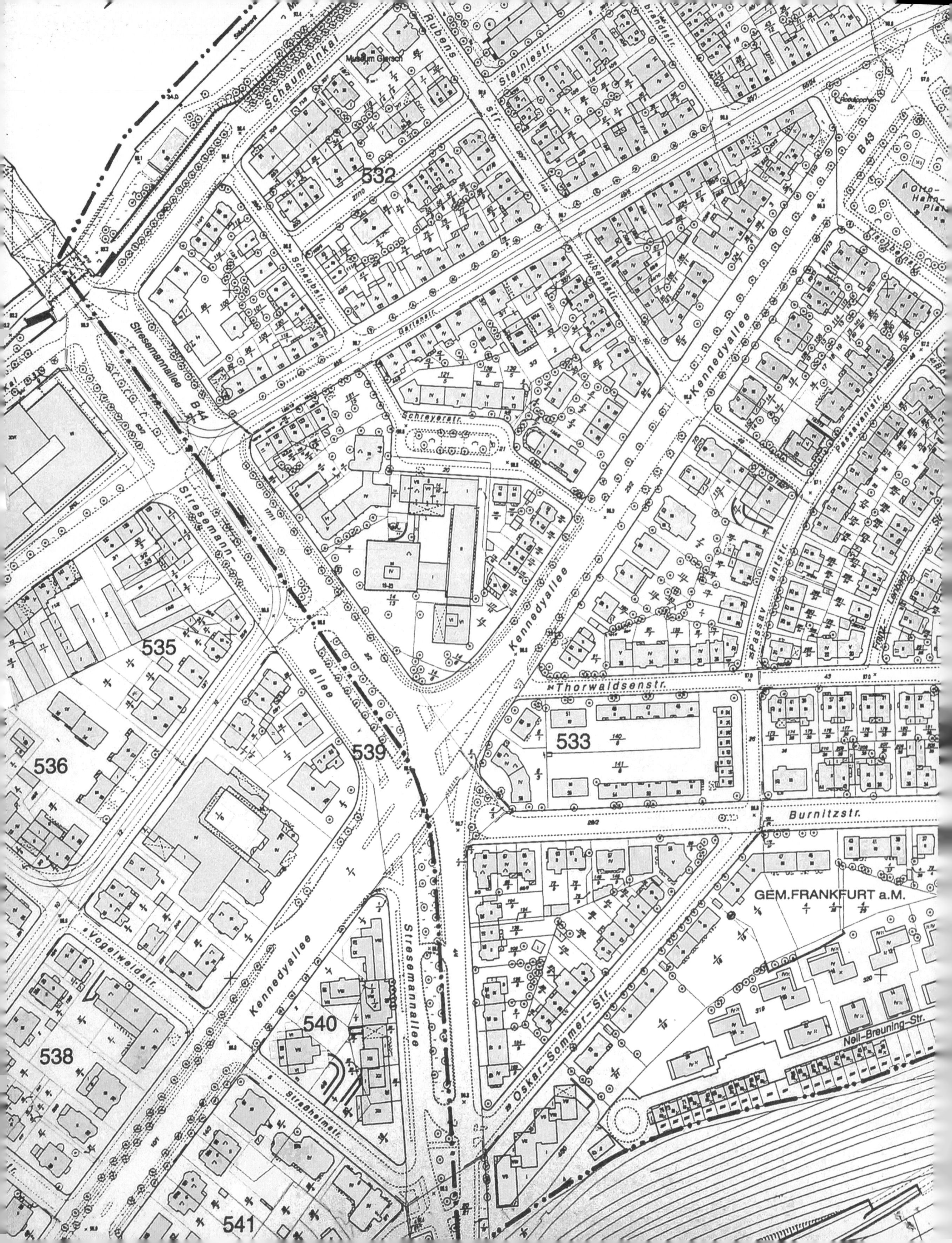

Schaumainkai
Museum Giersch
Rubens str.
Steinlestr.
532
Schaubstr.
Gartenstr.
Rubensstr.
B 43
Otto-Hahn-Platz
Stresemannallee B44
Schreyerstr.
Kennedyallee
Stresemann-allee
535
536
539
533
Thorwaldsenstr.
Passavantstr.
Burnitzstr.
GEM.FRANKFURT a.M.
Vogelweidstr.
Kennedyallee
Stresemannallee
540
538
Oskar-Sommer-Str.
Nell-Breuning-Str.
541

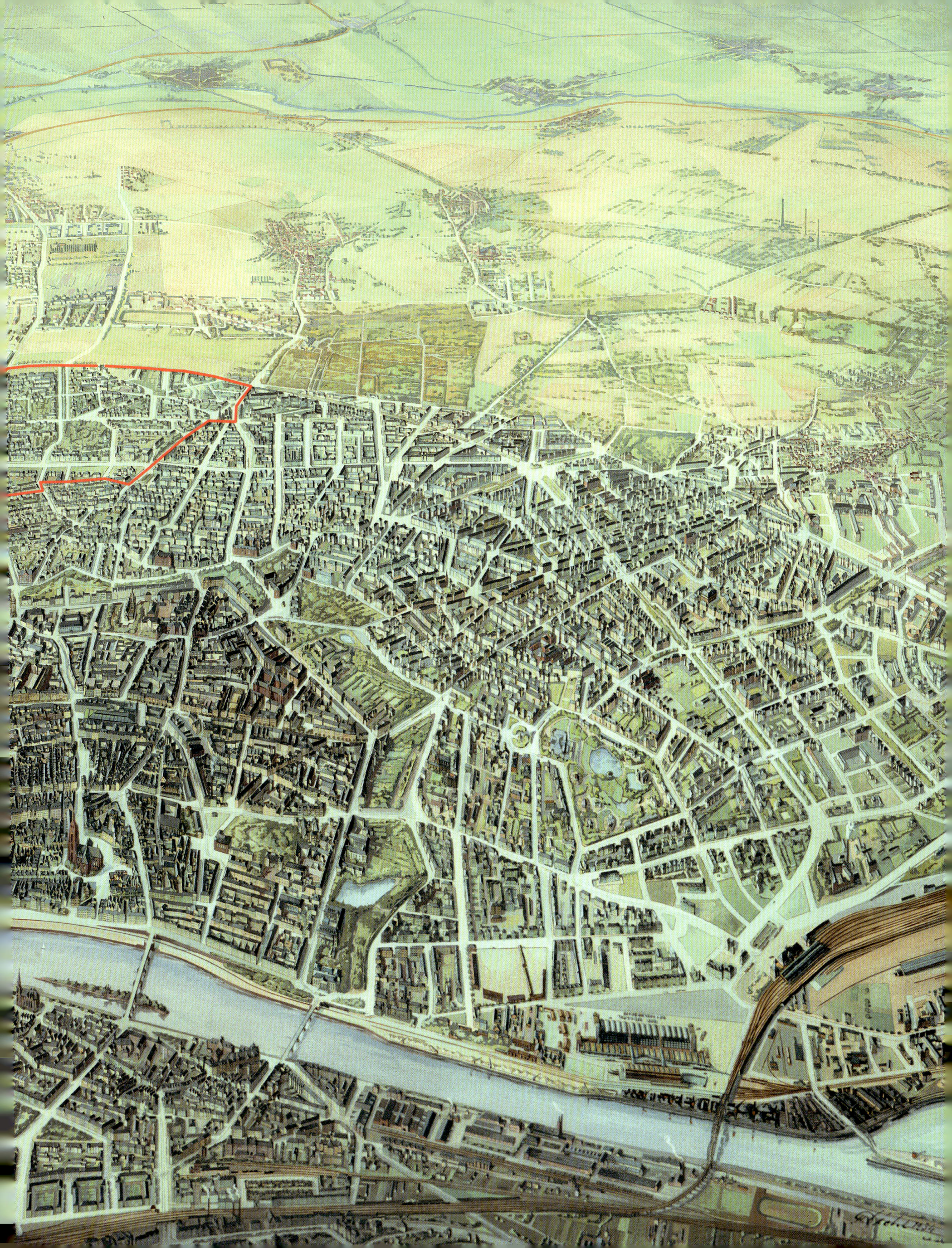